WARNFRIED
DETTLING

WIRTSCHAFTS KUMMERLAND?

WARNFRIED DETTLING

WIRTSCHAFTS KUMMERLAND?

Wege aus der Globalisierungsfalle

KINDLER

Die Deutsche Bibliothek – CIP-Einheitsaufnahme

Dettling, Warnfried:
Wirtschaftskummerland? : Wege aus der Globalisierungsfalle /
Warnfried Dettling. – München : Kindler, 1998
ISBN 3-463-40331-5

Die Folie des Schutzumschlags sowie die Einschweißfolie
sind PE-Folien und biologisch abbaubar.
Dieses Buch wurde auf chlor- und säurefreiem Papier gedruckt.

Umschlaggestaltung: Agentur Zero, München
Gestaltung und Herstellung: von Delbrück, München
Umbruch: Ventura Publisher im Verlag
Druck und Bindearbeiten: Clausen und Bosse, Leck
Printed in Germany
ISBN 3-463-40331-5

5 4 3 2 1

»Der Enkel wird essen und trinken genug,
Doch nicht in beschaulicher Stille;
Es poltert heran ein Spektakelstück,
Zu Ende geht die Idylle.«

Heinrich Heine:
Deutschland. Ein Wintermärchen
Januar 1844

»Arsch huh,
Zäng ussenander!«*

BAP
9. November 1992

*»Arsch hoch, Zähne auseinander!«

INHALT

Prolog

Wirtschaftswunderland. Wirtschaftskummerland

Eigentlich könnten sie ganz zufrieden sein. Nach wie vor gehören sie zu den reichsten Ländern auf der Erde. Ihre Gesellschaft erfreut sich einer sozialen Ruhe und Stabilität wie kaum eine andere auf der Welt, so aufregende Länder wie Liechtenstein, Luxemburg und die Schweiz einmal ausgenommen. Von Naturkatastrophen bleiben Land und Leute weitgehend verschont: Was ist schon ein Oderbruch alle hundert Jahre im Vergleich zu den Hurrikanen und Überschwemmungen, die ständig über Nordamerika hinwegstürmen und dort ganze Städte und Dörfer abräumen? Ihre Politiker und Parteien ertragen die Eingeborenen dieses glücklichen Landes in der Mitte Europas mit großem Gleichmut. In Zeiten, in denen in ihrer Nähe – in Italien beispielsweise – ganze Parteiensysteme im Orkus der Korruption verschwinden, wirken ihre Parteien und Politiker vorbildlich, fast unsterblich, sind immer schon und immer noch da, *sicut erat in principio et nunc et semper* … Nicht einmal an neue Gesichter in der Politik müssen sie sich gewöhnen, sie kennen ja kaum, was auch nicht weiters schlimm ist, die alten. Einer steht für alle: In seiner »überdurchschnittlichen Durchschnittlichkeit«, die die Finanzwissenschaftler Guy Kirsch und Klaus Mackscheidt schon sehr früh an ihm bewundert haben, re-

präsentiert ihr Kanzler nun schon seit bald sechzehn Jahren sein Volk, seit 25 (!) Jahren seine Partei, die sich das, so scheint es, auch ganz gerne gefallen lassen, jedenfalls solange es »weiter so« gut geht – und die immer wieder angekündigten und immer wieder verschobenen Reformen die Ruhe nicht wirklich stören.
Gewiß: Da gibt es, ein ärgerlicher und störender Sachverhalt, die vielen, die zu vielen Arbeitslosen, viereinhalb Millionen an der Zahl, und es gibt viele, zu viele, vor allem auch Kinder und Jugendliche, die auf Sozialhilfe angewiesen sind. Aber geht es nicht selbst ihnen »bei uns«, in materieller Hinsicht jedenfalls, so gut wie (fast) nirgendwo auf der Welt? Und tauchen viele von ihnen – Zahlen, die keiner kennt – nicht irgendwo in den Nischen des Schwarzmarkts, des Schrebergartens oder der Nachbarschaftshilfe unter statt dort wieder auf, wohin sie das Arbeitsamt treuherzig schickt, in den Hotels und Gaststätten etwa oder bei den Hopfen- und Spargelbauern in der Holledau?
Irgendwie paßt das alles nicht zusammen: die Nürnberger Statistiken, die alarmieren sollen, und der soziale Gleichmut, der sich eingerichtet hat in diesen Verhältnissen – und sich von den monatlichen Ritualen aus Nürnberg nicht wirklich stören läßt. Die Katastrophenszenarien (»Wenn wir erst einmal eine Million Arbeitslose haben ...«) werden in Deutschland nun schon seit bald einem Vierteljahrhundert von Jahr zu Jahr, von Million zu Million revidiert, was Zeitpunkt, Zahl und Eintrittswahrscheinlichkeit angeht, ganz so wie der nahende Weltuntergang von den Zeugen Jehovas. Doch es herrscht Ruhe im Lande, und diese Ruhe wird weniger unterbrochen als vielmehr unterstrichen, wenn – wie ein nostalgisches Zitat aus früheren Zeiten – Kohlekumpel, nicht gerade die Verdammten dieser Erde und schon gar nicht die Vergessenen der Subventionsmilliarden, die Bannmeile des Bonner Bundeshauses sprengen. »Daß wir das noch erleben dürfen«, freute sich damals mit ihnen, den Grünen (!) und den Sozialdemokraten ein kluger Kopf in der *Frankfurter Allgemeinen Zeitung*.

Die Sehnsucht nach Sicherheit …
Könnte diese soziale Idylle, die eigentlich gar nicht sein dürfte, Beobachtern aus dem Ausland aber sofort auffällt, nicht einfach daran liegen, daß die Deutschen *summa summarum* (noch) in einer »stimmigen Gesellschaft leben«, wie der Sozialforscher Meinhard Miegel, Direktor des einflußreichen Bonner Instituts für Wirtschaft und Gesellschaft (IWG), das einmal genannt hat – eine Erkenntnis, die ihnen spätestens dann immer wieder dämmert und die sie besonders dann immer wieder neu zu schätzen wissen, wenn sie gerade von einer Urlaubsreise wieder mal nach Hause kommen? So, wie es ist, könnte es, denken sie sich dann, eigentlich immer bleiben. Längst haben sie zu diesem historischen Augenblick gesagt, wie sie es einmal in frühen Jahren in Goethes *Faust* gelesen haben: »Verweile doch, Du bist so schön …« Von Veränderungen dagegen haben sie, so glauben sie, nicht viel zu erwarten – und schon gar nichts Gutes, und doch ahnen sie, daß sich vieles ändern wird.

Die Gegenwart auf Dauer stellen und das Ganze staatlich abgesichert: Man mag in dieser politischen Geisteshaltung ja durchaus auch liebenswerte Züge dieses einstmals ruhelosen Volkes entdecken, das noch vor ein paar Jahrzehnten ganz Europa in Angst und Schrecken versetzt hat. Aber man kann in dieser politischen Attitüde auch, schaut man in die Zukunft, den eigentlichen Grund für die Reformblockaden sehen, die ja überall mit Händen zu greifen sind. »Es geht euch vielleicht noch zu gut, der Leidensdruck ist bei euch vermutlich geringer, als er bei uns war«, antwortete spontan-höflich der frühere holländische Ministerpräsident Ruud Lubbers, der Anfang der achtziger Jahre in seinem Land längst in einer konzertierten Aktion aus Regierung und Opposition, Arbeitgeberverbänden und Gewerkschaften den langen Marsch durch die Reformen des Sozialstaats begonnen hatte, als in Deutschland die fortschrittlichen Kräfte sich gerade darauf vorbereiteten, unter dem Banner der 35-Stunden-Woche mit Lohnausgleich auf die Barrikaden zu gehen.

Die Gegenwart als Utopie. Ein Volk, saturiert im Status quo, weder reaktionär noch revolutionär, aber stets mit notorisch schlechter Laune. Dabei hätten die Deutschen allen Grund, zufrieden zu sein mit sich und mit ihrem Schicksal. Sie hätten sogar Grund, sich zu freuen und zu feiern: ihre wirtschaftliche Prosperität, ihre soziale Stabilität, neuerdings auch die deutsche Einheit und vor allem die Art und Weise, wie sie sie, ohne Pauken und Trompeten, damals vollzogen haben und wie sie sie jetzt alljährlich zum 3. Oktober, in einer Mischung aus Folklore, versuchter Würde und Realsatire begehen, mit Schwarzwälder Trachtengruppen auf dem Berliner Alex und national-bemühten Reden aus Schwerin, Stuttgart oder was gerade an der Reihe ist – eine Mischung freilich, die sie im Ausland eher liebenswert, weil harmlos macht. All dies und noch viel mehr, vor allem der Prozeß der politischen Zivilisierung, den sie in vergangenen Jahrzehnten so erfolgreich absolviert haben, könnte Grund genug zu Gelassenheit, ja sogar zu einem Anflug von Stolz sein. Stolz vor allem auf ihr deutsches Modell, diesen rheinischen Kapitalismus der besonderen Art. Doch weit gefehlt. »Was ist des Deutschen Vaterland?« fragen die amerikanischen Deutschlandkenner und -liebhaber David Schoenbaum und Elizabeth Pond in ihrem lesenswerten, 1997 erschienenen Deutschlandbuch (*Annäherung an Deutschland. Die Strapazen der Normalität*), und sie antworten, eine bekannte Wendung von Ernst Moritz Arndt variierend: »So weit das deutsche Jammern reicht.«
Der Deutschen Unfähigkeit zu feiern, ihr Unvermögen, sich zu freuen über das, was sie erreicht haben, zu freuen auch über das, was *nicht* eingetreten ist – von nationaler Hybris über außenpolitischen Größenwahn bis zu den in Italien, Österreich, Frankreich üblichen rechtsradikalen Wahlprozenten: Dieses Unvermögen entspringt wohl der gleichen verkorksten Seelenlage wie damals ihre »Unfä-

higkeit zu trauern«, die Alexander und Margarete Mitscherlich in einem berühmten Buch in den sechziger Jahren für die Nachkriegs- und Nach-Hitler-Generation diagnostiziert haben. Zukunftsverängstigt fixieren sie sich jetzt auf eine Gegenwart, die sie doch, das spüren sie so diffus wie genau, nicht festhalten können, sosehr sie sich auch darum bemühen – so wie auch die Generation ihrer Väter scheitern mußte bei dem Versuch, zu verdrängen und zu verschweigen, was sie gesehen und getan haben zwischen 1933 und 1945. Damals, 1968 und danach, haben die Töchter und Söhne ihre Väter konfrontiert mit den Traumata der Vergangenheit, mit dem, was war, und gefragt: Warum? Heute muß diese Generation, erwachsen geworden, ihre Kinder konfrontieren mit den Chancen der Zukunft – und was geschehen muß, damit sie eine haben, wenn sie vermeiden will, bald von ihren Kindern und Enkeln gefragt zu werden, warum sie es sich vor allem gemütlich gemacht hat im Status quo, solange es eben ging. Damals, in den fünfziger und sechziger Jahren, haben eine Generation der Erwachsenen und ihre Politiker die Vergangenheit verdrängt. Heute ist wieder eine Generation der Erwachsenen und ihre Politiker dabei zu verdrängen: diesmal die Zukunft. In beiden Fällen erscheinen, zieht man nur den Vorhang weg, dieselben Figurationen, Träume und Alpträume auf der politischen und gesellschaftlichen Bühne. Damals war es die Hoffnung auf wirtschaftlichen Erfolg und Stärke, die die Vergangenheit vergessen, das Gewissen beruhigen und die Zukunft positiv erscheinen ließ. *Wirtschaftswunderland.* Heute ist es die Angst vor dem wirtschaftlichen und sozialen Niedergang, die die Zukunft verdrängen, die eigenen Besitzstände verteidigen und die am Rande einfach vergessen läßt. *Wirtschaftskummerland.*

... und die Angst vor Veränderungen

Das Projekt einer erfolgreichen Wirtschaftsgesellschaft hat weit getragen. Nach Krieg und Zerstörung ein Land wirtschaftlich wieder aufzubauen ist mehr als eine ökonomische Leistung. Aber, im

Rückblick wenigstens sollte man es einräumen, ein nur ökonomisches Projekt mußte schon damals zu kurz greifen, und künftig taugt es weniger denn je als Modell einer »guten Gesellschaft«. Die politischen und ökonomischen Fortschritte in den fünfziger und sechziger Jahren haben sich automatisch in einer besseren Lebensqualität niedergeschlagen. Wer wieder einen Paß hatte, wußte, was Freiheit war. Gefüllte Regale in den Läden meinten mehr als bloßen Konsum. Es ging materiell aufwärts, und das bedeutete immer zugleich ein besseres Leben, mehr Lebenschancen, und dies in einer Zeit, als die natürliche und soziale Umwelt noch intakter war als heute. Inzwischen hat ein bloß quantitativer Fortschritt seine Unschuld verloren. »Immer mehr« muß nicht immer auch heißen »immer besser«.

Wirtschaftliches Wachstum bleibt notwendig, aber es ist nicht länger hinreichend für eine »stimmige« Gesellschaft, weil es keine Rücksicht nimmt auf soziale und ökologische Zusammenhänge und Folgen. Hinzu kommt: Die Wirtschaft wird künftig weiter wachsen, langsamer als bisher, aber auf einem immer höheren Niveau. Die Zukunft allein schon deshalb als wirtschaftlichen und sozialen Niedergang zu bejammern, weil es nicht mehr so weitergehen wird wie bisher; wegzusehen, solange es eben noch geht; die Bestände zu verteidigen und ansonsten die Entwicklung fatalistisch hinzunehmen und sie eben dadurch zu befördern – das ist eine gegenwärtig zwar verbreitete, aber eine nicht eben berauschende Alternative. Die Angst vor Veränderungen mag verständlich sein, begründet ist sie, gesamtwirtschaftlich jedenfalls, nicht. Damit aus Veränderungen Chancen werden, sind freilich politische Anstrengungen notwendig, die mehr sind als Vollzug ökonomischer Sachzwänge. »Geld und Macht sind notwendige Mittel, aber sie sind nicht die geeigneten Maßstäbe für eine gute Gesellschaft«, hat der amerikanische Kommunitarier Robert Bellah in seinem Buch *The Good Society* (»Die gute Gesellschaft«) angemerkt.

Die falsche Hybris damals, die das Wachstum des Bruttosozialprodukts zu dem einzigen Maßstab für eine erfolgreiche Gesellschaft verklärte, und der falsche Alarmismus heute, der in geringeren Zuwachsraten schon Krise und Katastrophe wittert, haben einen gemeinsamen Grund: Sie verwechseln die Wirtschaft mit der Gesellschaft. In Zeiten der Armut und der Not, nach Krieg und Zerstörung, wenn aber die gesellschaftlichen Traditionen und Zusammenhänge, die »Gewohnheiten des Herzens« *(Habits of the Heart)*, von denen Robert Bellah in einem anderen Buch spricht, noch vital sind, kann daraus durchaus eine Erfolgsgeschichte werden: eine Gesellschaft nicht nur der steigenden Erwartungen, sondern vor allem mit steigenden Erfolgschancen. Die alte Bundesrepublik war dafür lange Zeit ein glückliches Beispiel. Mehr Arbeit und mehr Geld, ein immer höherer Lebensstandard und ein immer umfassenderer Sozialstaat schlugen sich in einer insgesamt positiven Glücksbilanz nieder, für den einzelnen wie für die Gesellschaft. Die wirtschaftlichen Indikatoren wurden immer besser – und die sozialen Traditionen noch lange nicht schlechter.

Aber lange vor ihrem Ende, vor dem Zusammenbruch der Mauern zwischen Ost und West, lange auch bevor der Begriff der »Globalisierung« zu seiner Karriere angesetzt hatte, begannen sich die Widersprüche und Paradoxien erfolgreicher kapitalistischer Wohlfahrtsgesellschaften bemerkbar zu machen. Warum fühlen sich Menschen und Gesellschaften, die immer mehr haben, nicht auch immer besser und zufriedener? Man kann die Antwort auf dieses Paradoxon einfach beschreiben: Mit ihrem ökonomischen Erfolg gefährden, ja zerstören Gesellschaften immer auch, gegen ihre eigene Absicht, die nichtökonomischen Grundlagen für das Glück und die Wohlfahrt der Menschen und der Nationen. Das gilt für die natürliche wie für die soziale und die moralische Umwelt der Menschen. In der Sprache der Bibel: Der Mensch lebt nicht vom Brot allein – und eine Gesellschaft nicht nur von ihrem Bruttosozialprodukt. Die Irritationen und Ängste einer nur auf Erwerb, Produktion und Konsum fixierten Arbeitsgesellschaft, die jetzt der Globalisierung untergeschoben werden, sind von ihr verschärft, nicht aber verursacht.

Erfolg und Grenzen einer Wirtschaftsgesellschaft

Die klassische Formel zum Erfolg hatte einen einfachen Namen: Wirtschaft und Wachstum. Sie brachten Arbeit für alle. Wohlstand für alle. Soziale Sicherheit für alle. Die neoklassische Formel zur Angst folgt einem ähnlichen Schema. Auch sie läßt sich auf einen einfachen Begriff bringen: »Globalisierung«. Die Globalisierung soll, so geht die stehende Rede, die Arbeitsplätze vernichten, die soziale Sicherheit erschüttern, Wohlstand und Wohlfahrt gefährden. Dies ist das Leitmotiv, der Cantus firmus der Zeitkritik, die man gegenwärtig in fortschrittlichen Kreisen vor sich hin summt. Diese Zeitkritik kümmert sich wenig um den Fakt, daß bisher durch Globalisierung oder, weniger dramatisch, durch internationale Arbeitsteilung und Produktion in Deutschland mehr Arbeitsplätze geschaffen als vernichtet worden sind. Und schon gar nicht kümmert sich diese Zeitkritik um das moralische Dilemma, das aus der weltweit ungleichen Verteilung von Arbeit und Einkommen entspringt. Aus welchem moralischen Grund sollte Arbeit im Ruhrgebiet wertvoller als, sagen wir, in Bangladesh oder in Südkorea sein? Es sind oft die nämlichen Aktionen und Akademien, die jahrelang und aus gutem Grunde zum Teilen aufgefordert haben (»Einfacher leben, damit andere überleben!«) – und die jetzt ihren national-sozialen Raum gegen eine Globalisierung, die – wie unvollkommen auch immer – in diese Richtung weist, wohlstandsprotektionistisch einhegen wollen.

Was aber schwerer wiegt: Die alten Formeln zum Erfolg und die neuen Formeln der Angst sind auch aus einem ganz anderen Grund gefährlich. Sie lenken die öffentliche Aufmerksamkeit, die privaten Interessen und die politischen Leidenschaften und nicht zuletzt die finanziellen Ressourcen in eine falsche Richtung. Wenn »wir« nur wieder genügend Arbeit schaffen; wenn »wir uns« nur, auf welche Weise auch immer, vor den Auswirkungen der Globalisierung schützen, dann, ja dann wird alles wieder fast so sein wie früher, als die Schlote rauchten, weitsichtige Unternehmer und fleißige Arbeiter das Bruttosozialprodukt steigerten, die Frauen Kinder und Familie hüteten – und im Kino immer wieder *Casablanca* zu sehen war.

Es werden, gewiß, immer weniger, die diese Utopien der Vergangenheit in offener Rhetorik feiern, aber als heimliches politisches Curriculum stecken sie noch immer hinter vielen Verlautbarungen aus Politik, Verbänden und leider auch der Wissenschaft. Die daran glauben, darauf hoffen oder es insgeheim wenigstens wünschen: Repräsentieren sie nicht noch immer einen breiten Konsens im Lande?

Es mag ja gute Gründe geben für *graduelle*, für *Anpassungs*-Reformen anstelle von *strukturellen* Reformen oder gar von *Systembrüchen*, wie sie beispielsweise die britische Premierministerin Margaret Thatcher in den achtziger Jahren in Großbritannien gegen Widerstände durchgesetzt und der US-Präsident Ronald Reagan mehr rhetorisch als politisch inszeniert hat. Aber erklärt und rechtfertigt das die Konservierung der Routinen und Leitbilder, wie sie in Deutschland ja nicht nur Helmut Kohl, der Dritte im Bunde jener konservativen Wende-Regierungen vor zwanzig Jahren, sondern auch die gesamte Sozialdemokratie propagiert und praktiziert?

Es ist *eine* Sache, für Reformen beim Handeln zu plädieren. Es ist eine *andere* Sache, im Denken auf eine gewisse Radikalität zu verzichten, auch hier nur an Symptomen zu kurieren, statt an die Wurzeln zu gehen. Das Land, die Politik und auch politische Entwürfe stecken in einem gewissen Dilemma: Die Reformen, die die achtziger und neunziger Jahre bisher gesehen haben, bleiben wohl zu homöopathisch-harmlos. Doch Revolutionen haben selbst für das theoretische Spiel ihren Charme verloren. Was also tun? Gibt es eine dritte Möglichkeit?

Auch dort nach Lösungen suchen, wo unbequeme Antworten warten

In seinen Vorlesungen zur Logik der Forschung pflegte der Philosoph Karl R. Popper, der Begründer des kritischen Rationalismus, eine Geschichte zu erzählen. Der Held dieser Geschichte ist ein Betrunkener, der auf dem Weg nach Hause seinen Schlüssel verloren hat. Er sucht und sucht, so verzweifelt wie beharrlich, unter einer Laterne. Doch er kann den Schlüssel einfach nicht finden. Ein Passant kommt des Weges und fragt, was er denn da mache. »Dumme Frage«, so die gereizte Antwort, »ich suche meinen Schlüssel und kann ihn nicht finden.« Der Passant, hilfsbereit, sucht eine Weile mit, doch ergebnislos. Ob er sicher sei, den Schlüssel hier verloren zu haben? »Nein«, erwidert der Betrunkene, »verloren habe ich ihn dort hinten, im Dunkeln.« Warum er denn dann ausgerechnet unter der Laterne danach suche, will der freundliche Weggenosse wissen. »Weil es da so schön hell ist«, lallt da, verärgert, unwirsch, verständnislos, der Betrunkene …

Im Rahmen seiner Vorlesungen über die Grundlagen der Wissenschaftstheorie wollte Popper seinen Studenten mit dieser Geschichte klarmachen: Sucht Erklärungen für Zusammenhänge, die ihr nicht mehr einordnen könnt, nicht immer nur im Lichte der alten Theorien. Die Großen der Wissenschaftsgeschichte, Galileo Galilei, Isaac Newton, Albert Einstein und andere haben ein neues Weltbild erfunden, als die alten Theorien die Dinge, die doch offensichtlich waren, nicht mehr plausibel erklären konnten. Und Thomas S. Kuhn, ein Schüler Poppers, hat in seinem berühmten Buch über die *Struktur wissenschaftlicher Revolutionen* zeigen können, daß neue Theorien und Leitbilder sich nicht deshalb durchgesetzt haben, weil sie so überzeugend waren, sondern weil die alten einfach obsolet geworden und zusammengebrochen sind, weil sie nichts mehr erklären konnten – und ihre Anhänger nach und nach ausgestorben sind.

Sind wir heute, was Politik, Wirtschaft und Gesellschaft betrifft, nicht in einer ähnlichen Situation? Ist Poppers Geschichte nicht auch ein Gleichnis für unsere gesellschaftliche Lage? Gibt es nicht immer mehr Dinge, die mit unserem alten politischen Weltbild nicht mehr plausibel zu erklären sind? Gleichen nicht jene, die noch immer auf Arbeit für alle als Königsweg in eine bessere Zukunft hoffen, dem verwirrten Trunkenen an der Laterne, genauso wie auch jene, die in der Globalisierung den Grund allen sozialen Übels sehen?

Auch die alten, jetzt im globalen Wettbewerb stehenden Industriegesellschaften haben ihren Schlüssel nach Hause, zum wirtschaftlichen und sozialen Erfolg, verloren. Die einen suchen ihn dort, wo es so schön hell war, vor allem im dritten Viertel unseres Jahrhunderts, nämlich unter der Laterne der vollbeschäftigten industriellen Arbeitsgesellschaft. Die anderen stehen unter der nämlichen Laterne und jammern, daß einer, die Globalisierung nämlich, das Licht ausgeknipst hat. So suchen und jammern sie schon eine ganze Weile. Sie sehnen sich wie E.T. nach Hause. Sie wollen wieder dorthin, wo sie hergekommen sind.

Aber was, wenn sie den Schlüssel gar nicht unter der Laterne verloren haben? Wenn es das alte Zuhause gar nicht mehr gibt? Dann müssen sie weiterziehen. Aufbrechen zu neuen Ufern. Sich etwas anderes einfallen lassen. Etwas Neues bauen.

Das ist im Grunde die einfache These dieses Buches. Die deutsche Gesellschaft befindet sich, wie andere entwickelte Industriegesellschaften auch, kurz vor dem Ende des 20. Jahrhunderts nicht in dieser oder in jener Krise: in einer Krise des Arbeitsmarkts oder des Sozialstaats. In einer Krise der Demokratie oder der Staatsfinanzen. Und Staat und Gesellschaft stehen auch nicht einfach vor diesem oder jenem Problem: die Arbeitslosigkeit zu bekämpfen. Die Schuldenberge abzubauen. Die Renten zu sichern. Wir erleben gegenwärtig den Übergang in eine andere Formation der Gesellschaft. Krisen kann man überwinden. Probleme kann man lösen.

Übergänge muß man gestalten: an Wertzielen orientiert und zugleich bereit, neue Wege zu gehen.

Die alte Gesellschaft, die wir kennen, befindet sich, hier wie anderswo, mitten in einem tiefgreifenden Wandel. Hinter dem Rücken der Akteure vollziehen sich grundstürzende Veränderungen. Sie sind in der neueren Geschichte nur zu vergleichen mit dem Ende der Agrar- und dem Beginn der Industriegesellschaft. Es gibt kein Zurück. Die alten Schlüssel sind verloren. Und wenn sie einmal gefunden werden, dann passen sie nicht mehr für die Gesellschaft der Zukunft.

Diesen sozialen Wandel kann man beklagen und bejammern als Niedergang und Zerfall, und Zeitungen, politische Reden und evangelisch-akademische Gespräche sind voll davon. Das Dumme dabei ist nur: Die Krisenrhetorik bekommt langsam einen Bart, und sie bewegt sich längst ebenso in einer Endlosschleife wie die diversen Ansätze zur Rentenreform.

Die Geschichte der Bekämpfung der Arbeitslosigkeit stimmt jene, die sie noch immer bis zum Jahre 2000 halbieren wollen, nicht eben heiter. Wer am Ende des Jahrhunderts noch immer und gänzlich unbefangen von einer »Krise der Familie« redet, wie es amerikanische Familiensoziologen zu Beginn des Jahrhunderts getan haben, das Land der idealen Familie mit der Seele suchend – damals die Farmerfamilie im Wilden Westen, heute die bürgerliche Normalfamilie in den fünfziger Jahren –, der dürfte alles mögliche erreichen, nur den real existierenden Familien, den Kindern und ihren Müttern und Vätern wird er damit vermutlich nicht helfen.

Ein Ende, das ein Anfang ist

Das Buch schlägt deshalb eine dritte Perspektive vor.

Familie, Arbeit, Wohlfahrt sind am Ende des 20. Jahrhunderts nicht in einer Krise, und sie machen auch keine Probleme. Etwas

Neues entsteht. Und es entsteht wie immer chaotisch. Nicht durchgeplant. Unter Schmerzen. Aber immerhin: Zum ersten Male in den letzten 200 Jahren entsteht in Deutschland eine neue Ordnung der Dinge nicht als Folge von Kriegen, sondern als evolutorischer Prozeß.

Was ich damit meine, läßt sich am besten mit einer Metapher beschreiben, die ich Ulrich Beck verdanke. Wenn eine Raupe sich in einen Schmetterling verwandelt, dann macht es wenig Sinn, von einer »Krise« zu reden. Es entsteht etwas Neues. »Vielleicht kann sie sogar fliegen.« Im Unterschied zu Raupe und Schmetterling verfügen Menschen aber über eine besondere Fähigkeit: Sie können, im Prinzip wenigstens, denken: nachdenken und beeinflussen auch (über) das, was sie im Prozeß der Transformation sein und werden wollen. Es sind dies die beiden Eigentümlichkeiten, und sie hängen zusammen, durch die sich Menschen – der griechische Philosoph Aristoteles hat wohl als erster darauf hingewiesen – von anderen Lebewesen unterscheiden: Sie sind auf Gemeinschaft hin angelegt, und sie haben die Fähigkeit, zu sich und zu ihrer Zukunft »auf Distanz« zu gehen – und auf diese Weise Konturen, Umrisse und Gestalten zu erkennen. Der Mensch ist ein soziales und er ist ein vernunftbegabtes Wesen.

Transformation. Gestaltung. Erfindung. Abschiede und Anfänge: Das sind die Stichworte zur Lage der Nation und der Gesellschaft. Vielen wird der Abschied leichtfallen. Die Gesellschaft, die wir verlassen, war nicht die beste aller Welten. Sie hat die Natur und die Frauen ausgebeutet. Vollbeschäftigung hat es – Heide Simonis, die Ministerpräsidentin von Schleswig-Holstein, weist lapidar darauf hin – nie wirklich für alle, sondern auch in den besten Zeiten vor allem für Männer gegeben.

Doch den meisten Deutschen fällt der Abschied schwer. Es war mit Sicherheit eine ihrer glücklichsten Epochen. Die gesellschaftliche Entwicklung der letzten hundert Jahre erzählt auch, bei allen Katastrophen, eine große Erfolgsgeschichte, und dies nicht nur in wirtschaftlicher Hinsicht. Die europäischen Wohlfahrtsstaaten, allen voran der deutsche Sozialstaat, haben wie wenige Systeme auf der Welt politische Freiheit, wirtschaftliche Dynamik und sozialen Zusammenhalt möglich gemacht. Es gibt vieles zu verlieren. Und die Gesellschaft, in die wir hineingehen, wird gewiß nicht einfach eine »schöne neue Welt«; sie birgt alte und neue Gefahren, aber auch ungeahnte Chancen und Möglichkeiten. Veränderungen sind notwendig, nicht primär, um Gefahren abzuwehren und Katastrophen zu verhindern, sondern um immer mehr Menschen bessere Lebenschancen zu schaffen, um Wohlstand und Wohlfahrt weiterzuentwickeln. Es gibt vieles zu gewinnen.

Im übrigen haben wir gar nicht die Wahl: Die Veränderungen vollziehen sich, wie gesagt, hinter unserem Rücken, ob wir wollen oder nicht. Aber wir haben die Wahl, *wie* wir die Übergänge gestalten und – dies vor allem – wer die Kosten des Wandels zu tragen hat und ob einzelne oder wachsende Gruppen von den Chancen der neuen Zeit dauerhaft ausgeschlossen werden. »Das Ganze hat etwas von einem maoistischen Abenteuer«, hat der Publizist Joscha Schmierer, der Chefredakteur der Theoriezeitschrift *Kommune*, einmal über die Einführung des Euro geschrieben, und er gehört ja zu den ganz wenigen, die von beidem, von Mao und Euro, etwas verstehen. »Ein langer Marsch durch die Sümpfe des Alltags.« Das gilt nicht nur für den Euro, sondern für die Politik überhaupt.

Wer es lieber etwas abendländischer hat, mag sich an Aeneas erinnern und an die Gedanken, die ihm durch den Kopf gingen, als er seinen Vater Anchises aus dem brennenden Troja trug, unterwegs nach Rom, wo es bekanntlich nicht nur um die Gründung einer Stadt, sondern um die Verwirklichung einer Idee ging. Er handelte nach der Maxime: Den Einsichtigen führt das Schicksal. Den Widerspenstigen zerrt es hinter sich her. (*Volentem ducunt fata. Nolentem trahunt.*)

Eine neue Zivilisation

Der Trend- und Zukunftsforscher Matthias Horx unterscheidet in seinem Buch *Das Zukunftsmanifest* drei Zivilisationen: die feudale Ordnung, den modernen Staat und schließlich die globale Weltgesellschaft. Das vorliegende Buch macht es etwas bescheidener. Ein *sozialgeschichtlicher Rückblick* (Kapitel 1) soll daran erinnern, wie und warum der Sozialstaat in Deutschland entstanden und so geworden ist, wie wir ihn heute haben, mit all seinen Leistungen und Erfolgen, Widersprüchen und Grenzen. Er verdankt sich, wie der holländische Sozialwissenschaftler Abram de Swaan in seinem brillanten Buch *Der sorgende Staat* gezeigt hat, einer historisch, sozial und politisch einzigartigen »Figuration« in den achtziger Jahren des vergangenen Jahrhunderts, dem Zusammenspiel nämlich zwischen gemäßigten Arbeiterführern, Großunternehmern sowie aktivistischen, reformorientierten Bürokraten und Politikern.

In diesem Beziehungs- und Reformdreieck spielte das politische Regime eine Schlüsselrolle. Eine der spannenden Fragen wird sein, ob und unter welchen Bedingungen sich eine neue Figuration denken ließe, die gut hundert Jahre nach den Anfängen des Sozialstaats eine *Wohlfahrtsgesellschaft* neu begründen könnte, die für die nächsten hundert Jahre das möglich oder gar wahrscheinlich machen könnte, wofür der Sozialstaat doch lange und erfolgreich stand: Die großen Sozialversicherungen aus der Bismarck-Ära waren und sind ein Hort der gesellschaftlichen Stabilität. Sie stellen originelle Systemveränderungen dar als Antwort auf die strukturellen Verwerfungen jener Zeit. Beides, Strukturwandel und Systemveränderung, wird in Kapitel 2 beschrieben.

Heute freilich zeigen sich immer deutlicher nicht nur die finanziellen, sondern auch die sozialen und kulturellen Grenzen des traditionellen Sozialstaats. Vielfach verschärft der Sozialstaat die sozialen Probleme, die er doch eigentlich lösen soll. So, wie er ist, erschwert er die Rückkehr der Arbeitslosen in die Welt der Arbeit.

Außerdem hat er noch keine rechten Mittel und Wege gefunden, seine obrigkeitsstaatlichen Deformationen abzuschütteln oder – positiv gewendet – mit selbständigen und emanzipierten Menschen umzugehen: Das sind die kulturellen Grenzen des modernen Wohlfahrtsstaats. Alles in allem bedarf es, das ist die zentrale These des Buches, *struktureller Reformen*, um die ursprünglichen Ziele des Sozialstaats auch in veränderten Zeiten zu erreichen. Erneuern, um zu bewahren, so könnte das Motto lauten. *Wenn alles so bleiben soll, wie es ist, dann muß sich vieles ändern*. Am Ende bleibt nur die Wahl, entweder selbst schöpferisch neue Strukturen zu schaffen oder aber selbst Teil der Zerstörung des Alten zu werden.

Die soziale Re-Konstruktion einer neuen Wohlfahrtsgesellschaft oder auch: einer aktiven Bürgergesellschaft ist vor allem deshalb notwendig, weil drei große Entwicklungen die Rahmenbedingungen für Staat, Wirtschaft und Gesellschaft und insbesondere für den Sozialstaat dramatisch verändert haben. In Kapitel 3 werden Globalisierung, Digitalisierung und Individualisierung beschrieben und analysiert, soweit es für das Argument und die These des Buches notwendig ist.

Die beschriebenen Veränderungen haben massive Folgen vor allem für jene beiden Fundamente, die den Wohlfahrtsstaat bisher getragen, die Integration der Menschen in die Gesellschaft besorgt, die wilden jungen Männer sozial diszipliniert haben – und überhaupt dafür verantwortlich waren, daß es den Menschen insgesamt gutging. Die Rede ist von der Familie und von der Erwerbsarbeit. Ihnen sind die Kapitel 4 und 5 gewidmet. Dabei wird sich rasch zeigen, daß mehr ansteht als die Anstrengung, beides zu bewahren, so gut es eben geht. Es geht um einen neuen Gesellschaftsvertrag.

Der alte Gesellschaftsvertrag läßt sich in drei Maximen beschreiben: Die Wirtschaft versorgt all jene mit Erwerbsarbeit, die arbeiten wollen und können. Der Sozialstaat kümmert sich um all jene, die nicht arbeiten können: Kinder, Arbeitslose, Alte und Kranke. Familie, Nachbarschaft und die freie Wohlfahrt wenden sich den

Menschen »jenseits von Angebot und Nachfrage« zu, fangen sie in ihren sozialen Netzen auf, schenken ihnen Sicherheit und Geborgenheit unabhängig von Leistung und Versagen – kurzum und aus heutiger Sicht: Sie allein sorgen dafür, daß Menschen nicht aus der Gesellschaft fallen, wenn sie aus der Erwerbsarbeit fallen.

Die gesamte gesellschaftspolitische Debatte geht im Grunde um die Frage, ob diese Maximen des alten Gesellschaftsvertrags auch plausible Annahmen für die Zukunft darstellen oder nicht. Es gibt wichtige und traditionsreiche politische und geistige Strömungen im Lande, die an die Reform der Erwerbsarbeitsgesellschaft, an die Reform der Systeme der sozialen Sicherung und an die Restauration der Familie bzw. der Wohlfahrtsverbände glauben.

Dies ist *nicht* die Position dieses Buches. Das bedeutet keineswegs, die Möglichkeiten der Erwerbsarbeit geringzuschätzen oder die Notwendigkeit staatlich verbürgter Solidarität zu verkennen – sie dürfte in Zukunft eher wachsen – oder die Leistungen der Familien, die Kinder großziehen, geringzuachten. Es bedeutet nicht einmal, die Wohlfahrtsverbände, was offensichtlich deren ständiger Alp ist, durch Selbsthilfegruppen zu ersetzen oder die politischen Parteien durch Bürgerinitiativen. Insoweit dürfen sie alle beruhigt sein.

Es bedeutet allerdings, dies dann aber auch konsequent: Die herkömmlichen Einrichtungen des alten Gesellschaftsvertrags werden sich ändern müssen. Und selbst dann, wenn sie dies geschafft haben, wird auf sie alleine als Grundlagen für eine gute Gesellschaft kein Verlaß mehr sein. Jenseits von Markt und Staat wird ganz neu ein Dritter Sektor entstehen müssen, eine sozial aktive Gesellschaft im eigentlichen Sinne, in der dann allerdings Wohlfahrtsverbände, Selbsthilfegruppen, genossenschaftliche Unternehmen, soziale Netzwerke, Familien einen ganz neuen Stellenwert gewinnen werden.

Auch wer für eine evolutorische Reform des Sozialstaats plädiert, wird damit nicht viel Erfolg haben, wenn dies im gedanklichen

Bezugsrahmen des alten Gesellschaftsvertrags geschieht. Kapitel 6 beschreibt die soziale Bürgergesellschaft als Reformperspektive für den Wohlfahrtsstaat, bevor abschließend nach den Bedingungen der Möglichkeit einer neuen Reformfiguration gefragt wird: Wie stehen die Chancen für einen neuen Aufbruch? In eine Gesellschaft, die wirtschaftlichen *und* sozialen Reichtum möglich macht. In eine Gesellschaft, die weder die ökonomische Vernunft noch ihre moralischen Gefühle ständig verletzen muß. Kurz: In eine wirtschaftlich *und* sozial erfolgreiche Gesellschaft.
Der Epilog wirft einen Blick in dieses »Zukunftsland« jenseits von Wirtschaftswunder und Wirtschaftskummer. Die Deutschen haben länger als andere gebraucht, sich auf Veränderungen einzustellen. Sie haben jetzt die Chance und alle Voraussetzungen, in einer veränderten Welt aufs neue ein Gesellschaftsmodell zu verwirklichen, das ihren besten Traditionen ebenso gerecht wird wie den Herausforderungen der Zukunft.

ERSTES
KAPITEL

DER WOHLFAHRTSSTAAT.
Von der Notwendigkeit einer Reform an Haupt und Gliedern

These 1: Ende oder Wende: Auf diese Formel läßt sich das Schicksal des Wohlfahrtsstaats am Ende des 20. Jahrhunderts bringen. In seinen alten Formen und Verfahren hat er zwar noch eine Periode des (mehr oder weniger) sanften Niedergangs vor sich. Ohne strukturelle Reformen aber wird er seinem Auftrag, sozialen Zusammenhalt, gesellschaftliche Solidarität und soziale Sicherheit zu organisieren, auf Dauer nicht mehr gerecht werden können.

These 2: Der Sozialstaat ist im 19. Jahrhundert nicht von der Arbeiterklasse auf den Barrikaden erkämpft worden, und er verdankt seine Entstehung auch nicht einer konspirativen Verschwörung des Kapitals. Er ist vielmehr das Werk einer einzigartigen »Figuration« (Norbert Elias): Reformbereite Gewerkschaftsführer, weitsichtige Unternehmer und Teile der politischen Klasse (Politiker wie Beamte) bildeten jenes Reformbündnis, welches – zum Teil gegen die eigenen ideologischen Beschlußlagen und gegen die eigenen Klasseninteressen – soziale Sicherheit und sozialen Ausgleich als »kollektives Gut« (Mancur Olson) hergestellt haben.

These 3: Im Lauf der Zeit haben Politiker und Bürger den Sozialstaat, der ursprünglich auf überschaubare Gruppen, Zeiten und Risiken angelegt war, auf immer mehr Lebenslagen und immer mehr Gruppen ausgedehnt: Der Sozialstaat expandierte zum Wohlfahrtsstaat. Dabei mußte er langsam, aber sicher in eine dreifache Krise geraten:

- **Die finanzielle Krise:** *Der Sozialstaat war und ist von Voraussetzungen abhängig, die er selbst nicht schaffen kann. So müssen vor allem der Arbeitsmarkt (Vollbeschäftigung) und die demographische Entwicklung (Bevölkerungsaufbau) einigermaßen im Gleichgewicht sein. Wenn die Zahl der Leistungsempfänger (zum Beispiel der Arbeitslosen oder der Sozialhilfeempfänger oder der Rentner) wächst und die Zahl der Leistungserbringer, der Steuer- und Beitragszahler, abnimmt, dann geraten die Fundamente des Sozialstaats ins Wanken. Je mehr man ihn braucht, desto weniger ist auf ihn Verlaß.*
- **Die soziale Krise:** *Der real existierende Sozialstaat in Deutschland – mit seiner Verfassung des Arbeitsmarkts und mit seinen relativ hohen sozialen Transfers – schafft zum Teil jene sozialen Probleme selbst, die er doch gerade verhindern sollte: Er grenzt Menschen aus, statt sie in die Gesellschaft zu integrieren. Es ist dies die Sozialstaats- oder die »Arbeitslosigkeitsfalle« (Fritz W. Scharpf).*
- **Die kulturelle Krise:** *Der deutsche Sozialstaat ist historisch eine Schöpfung des Obrigkeitsstaats. Bis heute hat er Schwierigkeiten, sich auf selbständige, eigenwillige und emanzipierte Menschen einzustellen. Historisch vielleicht verständlich, richtet er sein Augenmerk besonders darauf, die Menschen zu betreuen, statt sie stark zu machen, Defizite aufzuspüren und auszugleichen, statt Ressourcen und Fähigkeiten zu aktivieren.*

Diese drei Strukturprobleme lassen sich nicht durch Ad-hoc-Reparaturen lösen. Sie erfordern eine Reform an Haupt und Gliedern.

Das sozialdemokratische Jahrhundert

Das zu Ende gehende 20. Jahrhundert hat viele Namen. Mit gutem Grund kann man es auch als das »Jahrhundert des Sozialstaats« bezeichnen. Damit soll gesagt sein, daß in den vergangenen hundert Jahren ein staatlich verbürgtes und gemeinschaftlich erbrachtes Füreinander-Dasein Wirklichkeit wurde, wie es frühere Zeiten so nicht gekannt haben und spätere Zeiten möglicherweise so nicht mehr kennen werden. Ausdruck und Gestalt fand dieses soziale Bewußtsein in den Systemen der sozialen Sicherung. Als kollektive, landesweite und verbindliche Arrangements gegen die Risiken der individuell-biographischen und der gesellschaftlichen Entwicklung waren sie, historisch betrachtet, eine Antwort des Staates auf die gesellschaftlichen Verwerfungen beim Übergang von der Agrar- in die Industriegesellschaft. In grundsätzlicher Perspektive antwortete die staatlich verbürgte und kollektiv erbrachte Solidarität – damals wie heute – auf Fragen sozialer Integration und Ungleichheit. In normativer Hinsicht war der Sozialstaat immer auch eine Antwort auf die Frage: Wieviel Ungleichheit und Exklusion verträgt eine Gesellschaft, genauer: Welches Maß an sozialen Ungleichheiten will sie als hinnehmbar, also als noch legitim betrachten?

Dies war nicht nur eine normative, sondern immer auch eine sehr praktisch-politische Frage: Wieviel Ungleichheit und Exklusion verträgt eine Gesellschaft, ohne auseinanderzufallen, ohne von ihren Bürgern in Frage gestellt und abgelehnt oder gar – damals kein absurder Gedanke – revolutionär beseitigt zu werden? Sicherheitsstiftenden Institutionen kommt, damals wie heute, eine zentrale Bedeutung für die Sozial- und Systemintegration der Gesellschaft(smitglieder) zu.

Soziale Sicherheit als Systemvorteil Der Frankfurter Wirtschaftswissenschaftler Diether Döring weist auf einen wichtigen Antrieb für die Sozialpolitik der alten Bundesrepublik hin: »Für die *alte* Bundesrepublik, die sich nicht als Nationalstaat definieren konnte, hatte die Gewährleistung eines hohen Standes sozialer Sicherheit ihrer Bürger neben dem Versprechen wirtschaftlicher Wohlstandssteigerung einen starken Anteil an ihrer *Legitimation* als Teilstaat. Mit der deutschen Einigung dürfte diese Rolle mindestens geschwächt worden sein. Ein weiterer Gesichtspunkt knüpft in anderer Weise an die Teilstaatlichkeit an: diese schloß im Falle Deutschlands eine Konkurrenz verschiedener Systeme ein, die es der alten Bundesrepublik nahelegte, auch auf dem Feld der sozialen Sicherheit die Überlegenheit des eigenen Weges zu demonstrieren. Diese *Systemkonkurrenz*, die in schwächerem Maße sicher auch in den anderen westeuropäischen Ländern wirksam war, ist mit dem Ende der deutschen und europäischen Teilung entfallen. Der Wegfall beider Antriebe bedeutet, daß Chancen eröffnet werden, den Inhalt des Konsenses neu zu bestimmen. Dies dürfte eine Ursache für die Zuspitzung der Diskussion um die sozialen Sicherungssysteme sein.« (Diether Döring/Richard Hauser: *Soziale Sicherheit in Gefahr*, Frankfurt am Main 1995)

Die großen Sozialversicherungen aus der Bismarck-Ära waren und sind ein Hort der gesellschaftlichen Stabilität. Sie gehören zu den ganz wenigen Institutionen, die die Katastrophen des 20. Jahrhunderts im Kern unverändert überstanden haben. Im historischen Rückblick kann man gerade darin einen besonderen Legitimationsgrund erblicken: Gesellschaftliche oder gar private Initiativen oder Assoziationen wären nicht in der Lage gewesen, die Folgen der Industrialisierung, von zwei Weltkriegen, mehreren Inflationen und Währungsreformen und nicht zuletzt der deutschen Wiedervereinigung 1989/90 sozial erfolgreich zu bewältigen. Dies ist ein starkes (historisches) Argument für die etatistische Ausrichtung des deutschen Sozialstaats. Es wird zu fragen sein, ob dieser historische Erfolg sich gerade als hinderlich erweist für zukunftsfähige Reformen, die mehr und anderes darstellen als finanzielle Einschnitte und Selbstbeteiligungen oder eine Privatisierung sozialer Risiken.

Solidarität – warum und wozu?

Wie und warum ist die (Notwendigkeit der) Solidarität in der Neuzeit überhaupt entstanden? Was waren die Gründe dafür, die es auch und gerade den Gewinnern der Industrialisierung als vernünftig und notwendig haben erscheinen lassen, Solidarität und soziale Sicherheit als ein kollektives Gut in ausreichendem Maße zu »produzieren«?

Es sind drei Entwicklungen, die in diesem Zusammenhang von besonderer Bedeutung waren und vermutlich auch für die Zukunft sein werden:

Die Entdeckung der Abhängigkeit: Bei der Soziogenese der Solidarität spielen, erstens, die Interdependenzen zwischen den Reichen und den Armen, zwischen den Mächtigen und den Machtlosen, eine zentrale Rolle. Die Armen haben für die Reichen, damals wie heute, ein doppeltes Gesicht: Sie sind als Banditen gefürchtet, als Landgehilfen willkommen. Die *Interdependenzen*, denen sich niemand entziehen konnte, waren ein entscheidendes Moment bei der Entstehung von Solidarität. Die Folgen individueller Risiken für die zunächst nicht Betroffenen, die externen Effekte der Armut, die *alle*, auch die Reichen, kollektiv betrafen, haben solidaritätsbildende Prozesse in Gang gesetzt. Konnten anfangs noch, beispielsweise, einige glauben, sich durch »Flucht« den Folgen der Cholera entziehen zu können, so war diese Option spätestens dann versperrt, als die Cholera alle Grenzen überwand, und es stellte sich die Frage nach kollektiven Anstrengungen, zum Beispiel nach (der Qualität von) sanitären Anlagen. Die Cholera im 19. Jahrhundert ist als Paradigma der neuen bedrohlichen urbanen Interdependenz eindrücklich beschrieben worden: Sozial- und Gesundheitspolitik als Schutz *vor* Armen, nicht so sehr als Schutz *der* Armen. Werden die »externen Effekte« moderner Katastrophen wie zum Beispiel der Brandrodungen in Indonesien ähnliche soziale Folgen haben?

Das Doppelgesicht der Armut »In den Feudalgesellschaften bargen die Armen für die Etablierten sowohl Gefahren als auch Chancen: Den Reichen drohten gewaltsame Angriffe auf Leib, Leben und Eigentum, sie konnten die ›kräftigen Armen‹ aber auch für sich arbeiten lassen oder als Soldaten in den Machtkämpfen mit konkurrierenden Eliten einsetzen. In den späteren Phasen der Staatenbildung und der kapitalistischen Entwicklung sah man die Armen als eine Gefahr für die öffentliche Ordnung, den sozialen Frieden und sogar die öffentliche Gesundheit an, zugleich jedoch als eine Resevearmee mit potentiellen Arbeitern, Rekruten, Konsumenten oder politischen Anhängern.« (Abram de Swaan, Soziologe an der Universität Amsterdam)

Wege aus der Rationalitätenfalle: Zum zweiten waren es die aus der Theorie der *kollektiven Güter* bekannten »Rationalitätenfallen«, deren angestrebte Überwindung zur Entstehung eines »sorgenden Staates«, das heißt zu verbindlichen, kollektiven und landesweiten Lösungen geführt hat. Jede Anstrengung von Reichen, die externen Effekte der Armut einzudämmen, diente zunächst immer auch jenen, die nichts dazu beigetragen hatten. Gemeinden, die besonders »sozial« zu Armen waren, haben diese in Scharen angezogen und gerade dadurch die Grundlagen ihres sozialen Verhaltens zerstört.
Der moderne Sozialstaat ist voll von solchen Rationalitätenfallen. Was damit gemeint ist, läßt sich am einfachsten bei der Finanzierung (»Umlageverfahren«) eines Betriebsausflugs erklären: Wenn alle ein und denselben Betrag bezahlen, handelt derjenige subjektiv rational, der für diesen »Zwangsbeitrag« möglichst viel herausholt, also trinkt und konsumiert. Der Publizist Konrad Adam hat dieses Verhalten in einer seiner brillanten Polemiken in der *Frankfurter Allgemeinen Zeitung* als eine Logik »nach Art des Kalten Büffetts« beschrieben. Wenn das aber alle tun, steigen die Kosten, ein Ergebnis, das keiner wollte.

Rationalitätenfallen Der amerikanische Nationalökonom Mancur Olson jr. hat Rationalitätenfallen schon in den sechziger Jahren in seinem bahnbrechenden Buch *Die Logik des kollektiven Handelns* beschrieben, etwa am Beispiel der Gewerkschaften: »... die meisten Erfolge einer Gewerkschaft, selbst wenn sie noch eindrucksvoller wären, als der linientreue Gewerkschafter behauptet, stellen für den rationalen Arbeiter keinen Anreiz zum Beitritt dar; seine persönlichen Anstrengungen blieben ohne merkliche Wirkung auf das Ergebnis, und die Erfolge würden ihm in jedem Fall zugute kommen, ob er nun die Gewerkschaft unterstützt oder nicht.«
Der Finanzwissenschaftler Guy Kirsch von der Universität Fribourg, einer der bedeutendsten politischen Ökonomen der Gegenwart, würdigt Olsons Leistung: »Die Theorie von Olson ist gemeinhin als Meilenstein in der jüngeren Geschichte der Analyse der Kollektivgüter und der Kollektive gefeiert worden. Nicht zu Unrecht; die Theorie erklärt in der Tat ... auf elegante Weise eine ganze Menge:
a) Sie zeigt, daß und warum auch dort, wo gemeinsame Interessen bei vielen vorliegen, diese – weil sie rational handeln – das verhindern, was in ihrem Interesse liegen würde, und ein nützliches Kollektiv *nicht* zustande bringen.
b) Sie zeigt, daß ohne Zwang und selektive Anreize große Kollektive nur auf der Basis *altruistischen Schenkens* gebildet werden können.
c) Sie zeigt, daß und warum etwa Gewerkschaften, aber auch Staaten sich sinnvollerweise nicht nur auf den Hinweis ihrer Leistung im Bereich der Kollektivgüter verlassen, wenn es darum geht, Mitglieder zu werben.
d) Sie erlaubt zu erklären, warum es soviel leichter ist, ohne Zwang und ohne selektive Anreize das freiwillige, also altruistisch motivierte Engagement für kollektive Belange bei denen zu finden, die ein Mindestmaß an privaten Gütern schon haben.« (Guy Kirsch: *Neue Politische Ökonomie*, Düsseldorf, 4. Aufl. 1997)

Allgemein ausgedrückt: Kollektive Güter werden weniger als nötig (suboptimal) produziert und in der Regel übermäßig, vor allem auch von »Trittbrettfahrern«, konsumiert. Oder aber Solidargemeinschaften müssen die schlechten Risiken ausschließen, also gerade jene, die am meisten auf Solidarität angewiesen sind. Deshalb haben sich die Vorläufer der Sozialversicherungen – wie zum Beispiel Hilfsvereine oder auf genossenschaftlicher Basis funktionierende Selbsthilfeeinrichtungen oder die kleinen selbstverwalteten Hilfskassen auf Gegenseitigkeit – als wenig effektiv erwiesen, um die sozialen Fragen der Industrialisierung zu lösen. Der Sozialstaat ist die Antwort auf dieses Dilemma, das aus der Logik des kollektiven Handelns folgt.

Eine »Figuration« für Reformen: Und schließlich hat ein historisch einzigartiges Bündnis zwischen Arbeit, Kapital und Politik/Verwaltung die Ausbildung kollektiver, landesweiter und beitragsfinanzierter Zwangsversicherungen erst möglich gemacht. Der deutsche Sozialstaat ist nicht auf den Barrikaden von der Arbeiterklasse erkämpft worden, und er verdankt sich auch nicht einer kapitalistischen Verschwörung zur Stabilisierung des Systems. Er ist das Ergebnis einer einzigartigen historischen, sozialen und politischen Konstellation.

Dieser Rückblick entlang den theoretischen Linien, die die »Logik des kollektiven Handelns« von Mancur Olson jr. und die Zivilisationstheorie von Norbert Elias gezogen haben, bringt die ermöglichenden Bedingungen der Soziogenese der Solidarität wieder in Erinnerung und läßt fragen, ob vergleichbare Bedingungen heute noch oder morgen wieder vorliegen: Sind die Armen noch in der Lage, der Gesellschaft Schaden zuzufügen? Gibt es noch wechselseitige Abhängigkeiten, oder können sie wieder »aufgebaut« werden? Je weniger dies alles der Fall wäre, um so mehr müßten sich Solidarität und soziale Verantwortung ganz aus sich selbst heraus begründen. Beides kann man ja definieren als das Wissen um die allgemeine Interdependenz aller Angehörigen eines Volkes. Hat sich die Balance der wechselseitigen Abhängigkeiten verschoben? Haben sich die Bedingungen und Voraussetzungen verändert, unter denen Individuen fremde Interessen in ihr Kalkül aufnehmen? Welche Figurationen lassen sich denken oder befördern, die ähnliche Reformdurchbrüche wie vor hundert Jahren wahrscheinlich machen?

In Deutschland entstand der Sozialstaat zusammen mit dem modernen Kapitalismus und seinen sozialen Folgen: Der Kapitalismus hat den Sozialstaat nötig, aber auch möglich gemacht. Der Entstehung der Demokratie gingen beide zeitlich voraus. Nach dem Scheitern der ersten deutschen Demokratie, der Weimarer Republik, nach Tyrannis, Krieg und Katastrophe ist es dann in der zweiten Hälfte des 20. Jahrhunderts auch und gerade in der alten Bundesrepublik Deutschland zum Entstehen, Wachstum und Triumph einer wohlfahrtsstaatlichen Demokratie gekommen, die wie kaum eine andere gleichzeitig drei Wertziele gemeinsam zu optimieren verstand: nämlich persönliche und politische Freiheit (Demokratie), wirtschaftliche Dynamik und Wohlstand (Kapitalismus) sowie Gerechtigkeit, Sicherheit und Solidarität (Sozialstaat). Läßt sich dieser Erfolg nur als Bilanz für die Vergangenheit oder auch als Programm für die Zukunft beschreiben?

Zwischen Amerika und Asien: Das europäische Modell

Es wachsen die Zweifel, ob die glückliche Verbindung dieser drei Ziele auch im 21. Jahrhundert gelingen wird. Der Soziologe Ralf Dahrendorf spricht offen von einer »Quadratur des Kreises«, doch er will damit eine Aufgabe, keine Resignation beschreiben. Der deutsche Sozialstaat versteht sich jedenfalls nicht länger gleichsam von selbst.

In globaler Perspektive konkurrieren gegenwärtig unterschiedliche Gesellschaftsmodelle miteinander:

Das angelsächsische Modell, wie es vor allem in den Vereinigten Staaten von Amerika ausgeprägt ist, legt besonderen Wert auf persönliche Freiheit (Individualismus und Selbstverantwortung) sowie auf wirtschaftliche Dynamik und Wettbewerbsfähigkeit. Doch es vernachlässigt Aspekte des gesellschaftlichen Zusammenhalts, jedenfalls soweit der Staat gefordert wäre. Man könnte die berühmte Frage des Soziologen Werner Sombart (»Warum gibt es keinen Sozialismus in Amerika?«) auch so übersetzen: *Warum gibt es* – siehe das Scheitern der Gesundheitsreform von Präsident Clinton – *keine Solidarität in Amerika?*

Die asiatischen Modelle (Singapur, Korea, China und andere) versuchen hartnäckig und auch mit ökonomischem Erfolg, Fragen der wirtschaftlichen und der politischen Entwicklung, freie Märkte und freiheitliche politische Institutionen voneinander zu trennen. Sie ordnen alles dem wirtschaftlichen Ehrgeiz unter – und vertrauen dabei auf einen traditionsverbürgten Zusammenhalt der Gesellschaft, von dem sie aber doch auch ahnen, daß er mit Wachstum und Wohlstand langsam, aber sicher erodieren wird.

Das europäische Modell (man müßte eigentlich auch bezüglich Europas im Plural sprechen, zu verschieden sind Schweden und Italien, Frankreich und Deutschland, doch im weltweiten Vergleich überwiegen die Gemeinsamkeiten) schließlich hat in den vergangenen Jahrzehnten das große Versprechen eingelöst und den Menschen individuelle Entfaltung, einen hohen Lebensstandard und ein ausgebautes System sozialer Sicherung gebracht. Das europäische Modell bejaht die soziale Verantwortung des Staates. Es läuft jedoch Gefahr, im Wettbewerb der wirtschaftlichen Standorte an Boden zu verlieren, falls die europäischen Länder nicht die Kraft zu Reformen aufbringen sollten. Müßte man eine Prognose wagen, so dürfte man wohl voraussagen, daß die europäischen Länder, Deutschland nachdrücklich eingeschlossen, an Demokratie und sozialem Zusammenhalt ihrer Gesellschaften vorrangig festhalten werden und die Fragen der wirtschaftlichen Wettbewerbsfähigkeit eher nachrangig behandeln. Man mag darin eine durchaus sympathische politische Attitüde sehen, wenn diese Möglichkeit denn *langfristig* im politischen Angebot zu haben wäre.

Diese drei Modelle unterscheiden sich vor allem dadurch, wie sie es mit (der Kombination von) Freiheit, Gerechtigkeit und Wohlstand halten. Das sind unbequeme Alternativen, wenn man zwischen ihnen wählen muß. Vor diese Wahl dürften wir gestellt werden, wenn sich nichts ändert. Umgekehrt gilt aber auch: Das europäische und vor allem auch das deutsche Modell haben durchaus Zukunft, wenn der Impuls des Bewahrens sich nur auf die genannten drei Wertziele bezieht, die nach wie vor wichtig, ja unerläßlich sind für eine gute Gesellschaft, nicht aber auf die *Strukturen*, die in den vergangenen hundert Jahren zum Gefäß für diese Werte geworden sind. Die Werte sind heilig. Die Strukturen sind frei. Eine Erneuerung der erfolgreichen Triade (Freiheit, Wohlstand, Gerechtigkeit) setzt eine neue Zuordnung von Wirtschaft (Markt), Staat (Demokratie) und Gesellschaft – und in allen diesen Bereichen *grundlegende Restrukturierungen* voraus.

Unvereinbare Ziele? Ralf Dahrendorf, Soziologe und ehemaliger Direktor der London School of Economics, beschreibt die Schwierigkeiten, die die Staaten damit haben, diese drei Ziele miteinander zu vereinbaren: »Alle Gemeinwesen der Welt, ob entwickelt, halbentwickelt oder unterentwickelt, müssen heute drei Aufgaben gleichzeitig lösen: Sie müssen versuchen, Wohlstand zu schaffen oder zu erhalten, und zwar unter den Bedingungen des Weltmarktes und seiner rauher werdenden Winde. Sie müssen versuchen, sozialen Zusammenhalt und Solidarität herzustellen, was nicht nur wegen der Folgen des weltweiten Wettbewerbs schwierig ist. Und sie müssen versuchen, politische Freiheit zu erhalten angesichts vieler Versuchungen, diese Freiheit einzuschränken. Niemand wird diese drei Ziele voll befriedigend erreichen. Man kann versuchen, sie gleichzeitig zu verfolgen, man kann sich einer Verbindung von Wettbewerbsfähigkeit, sozialem Zusammenhalt und politischer Freiheit annähern, die für viele Menschen Lebenschancen bietet, aber ich zumindest sehe kein Beispiel für ein Land, von dem man sagen könnte, dort sei es wirklich gelungen. Denn in der Praxis verhalten sich die meisten

Gemeinwesen so, als könne man nur zwei der drei Ziele mit Aussicht auf Erfolg anstreben.« (Ralf Dahrendorf: »Weltmacht und Sozialökonomie«, in: *Merkur*, Heft 9/10 1997)

Diese Restrukturierung von Staat, Wirtschaft und Gesellschaft muß auf verschiedenen Ebenen ansetzen.

Reform des Sozialstaats auf allen Ebenen

Die Reform betrifft *erstens* den Sozialstaat als *Sozialversicherungsstaat*. Kann und soll es in Zukunft weiterhin seine Aufgabe sein, den Lebensstandard der erwerbstätigen Menschen, wie er sich aus ihrem normalen (männlichen) Erwerbsleben, ihrer beruflichen Normalbiographie also, ergeben hat, auch in jenen Phasen zu sichern, in denen sie nicht (mehr) arbeiten können? Im Alter also, bei Krankheit und bei Arbeitslosigkeit? Oder sollte sich der Sozialstaat in Zukunft auf die Bekämpfung der Armut, auf die Integration der Armen und Arbeitslosen und auf eine soziale Grundsicherung beschränken und alles weitere der persönlichen Vorsorge überantworten – verbunden vielleicht mit einem Versicherungszwang (nicht: einer Zwangsversicherung), um für den einzelnen das Risiko der Unterschätzung künftiger Gefahren zu unterlaufen und so auch die Gesellschaft vor jenen zu schützen, die sich sonst nicht versichern?

In jedem Fall muß neu verhandelt werden, was der Staat an sozialer Sicherheit garantieren kann und was er den einzelnen und den gesellschaftlichen Kräften überlassen kann und muß – ein Aspekt, auf den auch die beiden Frankfurter Ökonomen und Sozialpolitiker Diether Döring und Richard Hauser verweisen: »Die starke Ausrichtung der Leistungen auf die *Lebensstandardsicherung* und der Verzicht auf wirksame mindestsichernde Mechanismen im Rahmen der Sozialversicherung sind revisionsbedürftig. Dieser Ansatz ermöglicht keine sinnvolle Arbeitsteilung zwischen dem Staat, der betrieblichen Sozialpolitik und der Eigenvorsorge der

Bürger. Ganz im Gegensatz zur Lebensstandardsicherung ... ist eine wirksame Mindestsicherung wegen der erforderlichen Umverteilung *nur* durch den Staat organisierbar.«

Die fällige Reform betrifft *zweitens* den Sozialstaat als *Fürsorgestaat* (Reform der Sozialhilfe): Wie läßt sich soziale Ausgrenzung ebenso verhindern wie eine Kultur der Abhängigkeit? Droht eine neue soziale Spaltung zwischen jenen Aktiven, die die Fürsorge bezahlen, und jenen Passiven, die von der Fürsorge leben? Läßt sich dieser soziale Graben durch das Prinzip der Gegenseitigkeit überbrücken, das da lautet: Jeder in Not hat Anspruch auf Hilfe der Solidargemeinschaft? Jeder, dem so geholfen wird, hat die Pflicht, nach Kräften etwas zurückzugeben? Und wie lassen sich der Sozialstaat und die Arbeitsmarktordnung so reformieren, daß sie nicht als Barrieren gegen die Arbeitslosen wirken und diese wirksam draußen halten, sondern als Brücken, die sie wieder möglichst rasch in die Mitte der Gesellschaft zurückführen?

Die Reform des Sozialstaats betrifft *drittens* die *Wiedergewinnung des Sozialen aus den Wurzeln der Gesellschaft*. Es stellt sich hier eine Aufgabe, die noch kaum auf der Tagesordnung der Politik und der politischen Debatte steht. Der Grundgedanke ist aus der Ökologie bekannt. Natürliche und soziale Ressourcen erneuern sich nicht beliebig und nicht von selbst. Die Frage gewinnt deshalb an Bedeutung: Wie lassen sich soziale Ressourcen pfleglich behandeln und erneuern, und dies in einer Zeit, in der sich die Schere zwischen dem immer knapperen (natürlichen) Angebot und der wachsenden Nachfrage nach sozialen Dienstleistungen immer weiter öffnet – so daß eine soziale Dienstleistungskatastrophe droht, wenn nichts geschieht? In Zukunft werden immer mehr Menschen auf soziale Dienste angewiesen sein. Aber es wird immer weniger (Familienfrauen) geben, die diese Dienste buchstäblich von der Wiege bis zur Bahre für Gottes Lohn erbringen werden. Wohlfahrts-

gesellschaft bedeutet nicht zuletzt dieses: Möglichst viele Menschen sollen auch an der Herstellung von sozialen Gütern und Diensten beteiligt werden; sie sollen auch als soziale Produzenten aktiv werden und nicht nur als soziale Konsumenten passiv bleiben. Die zentrale Frage lautet daher: Was kann Politik dafür leisten, die soziale Gesellschaft als Ergänzung zum sozialen Staat ins Spiel zu bringen?

Diese drei Dimensionen der Reform betreffen sämtliche Ebenen des Staates: den Bund, die Länder und nicht zuletzt die Städte und die Gemeinden. Die Reform des Sozialstaats wird nur gelingen, wenn sie sich nicht auf die nationale Ebene beschränkt, sondern die Städte und Gemeinden als eigenständige sozialpolitische Akteure ernst nimmt – und verändert. Und umgekehrt: Eine politische und soziale Aufwertung der Kommunen wird nur dann erfolgreich sein, wenn dies als eine bedeutsame gesellschaftliche Aufgabe, als ein Projekt gesellschaftlicher Reformen und demokratischer Veränderungen begriffen und inszeniert wird – und wenn Bund und Länder dafür die notwendigen Voraussetzungen schaffen. Sie reichen von großzügigen Öffnungs- und Experimentierklauseln in den einschlägigen Gesetzen bis hin zu einer anderen Finanzverfassung nach dem Motto: Mehr Aufgaben und mehr Geld in Städte und Gemeinden.

Eine Veränderung auch der kommunalen Sozialpolitik ist heute angesagt, die jenen Reformen entspricht, welche kommunale Sozialpolitik in der Mitte des vergangenen Jahrhunderts vorbildlich machte. Bis heute bilden die Reformen jener Zeit Rahmen und Hintergrund für *das* Paradigma, das auch heute noch, in einer völlig veränderten Welt, Kommunalpolitik leitet und anleitet: kommunale Sozialpolitik als eine quasi-staatliche Veranstaltung. Sozial ist eine Stadt, eine Gemeinde nach diesem Leitbild immer dann, wenn sie möglichst viel für die Bürger tut und möglichst wenig von ihnen fordert. Das *war einmal* fortschrittlich.

Drei Dimensionen. Drei Ebenen der Reform. Doch eine Reformbewegung, wie sie im vergangenen Jahrhundert die *Gründung* des ersten deutschen Sozialstaats hervorgebracht hat, ist gegenwärtig, wo es um seine *Neukonstitution* und um seine *Transformation in die Wohlfahrtsgesellschaft* geht, nirgendwo sichtbar. Die politische Aufmerksamkeit wird in Atem gehalten durch die Folgen der Vereinigung, durch die Finanzkrise der sozialen Haushalte, durch die Folgen der Globalisierung für Staat, Wirtschaft und Gesellschaft. Krisenmanagement auf der nationalen Ebene, oft mehr schlecht als recht. Ein Föderalismus, der seinen ganzen Ehrgeiz darin verzehrt, auf nationaler und europäischer Ebene zu intervenieren und zu blockieren, statt politisch sinnfällig in den Bundesländern zu demonstrieren, wie man es bei sozialen Reformen oder bei Bildungsreformen anders und besser machen könnte: Der Föderalismus in Deutschland macht keinen Unterschied. Städte und Gemeinden werden mit den sozialen Folgen der gesellschaftlichen Umwälzungen alleine gelassen, und sie gehen dabei doch oft genug mutig und einfallsreich neue Wege.

Reformimpulse von unten Die beiden Sozialwissenschaftler Maria Oppen und Alexander Wegener vom Wissenschaftszentrum Berlin konstatieren eine Reformbewegung, die von der kommunalen Ebene ausgeht: »Seit Beginn der 90er Jahre ist auch in Deutschland eine Reformbewegung zu erkennen, die eine Vielzahl von Städten und Gemeinden erfaßt hat und die zunehmend auf die Länderebene übergreift. ... Die Restrukturierung zielt konzeptionell insbesondere auf Effizienzsteigerung durch Ablösung tradierter bürokratischer Strukturen und Verfahren. Insbesondere soll die bürokratische Struktur entflechtet und dezentralisiert werden, um höhere Transparenz des Verwaltungshandelns zu erhalten. Der bürokratische Steuerungsmechanismus, gekennzeichnet durch Recht, Hierarchie und Inputorientierung, soll ersetzt werden durch neue Steuerungsprinzipien und -mechanismen wie Ergebnissteuerung, Kunden- und Bürgerorientierung (Qualitätspolitik) und Wettbewerbspolitik. ... Insgesamt ist in Deutschland eine Modernisierung von ›unten nach oben‹ durch die Kommunen zu beobachten, die sich durch einen eklatanten Mangel an politischer Unterstützung – weder durch gewählte politische Vertreter der Kommunen noch durch intermediäre Organisationen oder andere Gebietskörperschaften – auszeichnet.« (Maria Oppen/Alexander Wegener: »Restrukturierung der kommunalen Dienstleistungsproduktion«, in: *Jahrbuch des Wissenschaftszentrums Berlin 1997)*

Kommunalpolitik hat im Selbstverständnis der politischen Klasse wie auch der Bürger keinen der Bundes- und der Landespolitik vergleichbaren Rang. Der deutsche Sozialstaat steht auf dem Kopf, er ruht nicht auf der Basis der Gesellschaft. In der Wissenschaft und in der öffentlichen Debatte meint »Reform des Sozialstaats« fast wie selbstverständlich immer und vor allem die Agenda in der nationalen Arena. Solange sich daran nichts ändert, stehen die Aussichten für eine Reform schlecht.

Solidarität neu begründen

Die gesellschaftlichen Bedingungen von Solidarität haben sich verändert. Die wechselseitigen *Abhängigkeiten* der »Reichen« von den »Armen«, allgemeiner: der Gewinner und der Verlierer der Modernisierung haben sich gelockert; sie werden, jedenfalls vordergründig betrachtet, als Folge von Globalisierung und technologischem Fortschritt nicht mehr so elementar erlebt wie in der Agrar- oder in der Industriegesellschaft. Damit stellt sich die Aufgabe, das Bewußtsein dieser wechselseitigen Abhängigkeiten und Verantwortlichkeiten neu zu begründen. Eine angenehme Gesellschaft bleibt nach wie vor ein kollektives Gut, das nur alle gemeinsam erstellen und genießen können. Die Kosten einer gespaltenen, häßlichen Gesellschaft haben alle, auch die »Reichen«, zu tragen. Die Früchte des Erfolgs schmecken besser, wenn es auch anderen so gut geht, daß sie vor sich selbst und vor anderen ihre Würde und ihren Respekt bewahren können. Die neue *Figuration* für die fälli-

gen Reformen ist einstweilen nur schwer auszumachen (siehe Epilog). Sie wird wie damals davon abhängen, daß die Eliten des Landes sich als fähig erweisen, über ihre eigenen Klassen-, Partei- und Ideologie- Interessen hinaus zu denken und zu handeln.
Leichter schon lassen sich – in der Theorie wenigstens, so schwer es auch in der Politik sein mag – Wege aus den *Rationalitätenfallen* aufzeigen. Das Elend des Bildungs- und Hochschulwesens, beispielsweise, ist nicht von schlechten Menschen, sondern von falschen Strukturen verursacht. Und über die hohe Zahl der Arbeitslosen braucht man sich nicht zu wundern, wenn es kaum Anreize gibt, auch schlechter bezahlte Tätigkeiten anzunehmen. Ebensowenig bedeutet eine zumutbare Eigenbeteiligung bei bestimmten Krankheitskosten schon eine soziale Demontage. Erst wenn jene, die von der «Solidargemeinschaft» empfangen, ihr auch nach Kräften zurückgeben, wird gegenseitige Solidarität sinnfällig und plausibel – und nach allen Seiten leichter begründbar.

ZUSAMMENfASSUNG

1. Die Reform des Wohlfahrtsstaats an Haupt und Gliedern setzt eine neue Besinnung und Verständigung über Grundlagen, Ziele und Methoden gesellschaftlich organisierter Solidarität voraus. Wozu und zu welchem Ende betreibt man *heute und morgen* Sozialpolitik? Um den Lebensstandard der Arbeiter, Beamten und Angestellten zu sichern? Um gesellschaftliche Gleichheit herzustellen? Um die soziale Spaltung der Gesellschaft und die soziale Ausgrenzung großer Teile der Bevölkerung zu verhindern?
Ein Sozialstaat, der alles will, wird nichts erreichen.

2. Die Grundlagen gesellschaftlich organisierter Solidarität haben sich verändert. Die wechselseitigen Abhängigkeiten zwischen den Modernisierungsgewinnern und den Modernisierungsverlierern sind in den Zeiten der Globalisierung und der Digitalisierung nicht mehr so elementar zu erleben und so einfach zu entdecken. Wie damals bei der Pest und Cholera die adligen Herrschaften auf ihren Kutschen und Chaisen, so versuchen

auch heute wieder einige, sich durch Flucht (des Kapitals) aus der Solidarität zu retten. Damit aus Abhängigkeiten Solidarität wird, müssen beide Seiten aufeinander angewiesen sein. Das ist leichter und erfahrbarer in geschlossenen, jedenfalls überschaubaren Räumen. Im Ancien régime waren die Landstreicher als Banditen gefürchtet, als billige Landarbeiter willkommen. In der Industriegesellschaft konnte die Arbeiterbewegung dem Kapital und vor allem sich selber sagen: »Alle Räder stehen still, wenn dein starker Arm es will.« – Und heute?

3. Eine nachhaltige Sozialpolitik muß nicht nur in der Gegenwart auf soziale Gerechtigkeit achten, sondern auch für die Zukunft die Bedingungen der Möglichkeit gesellschaftlicher Solidarität erhalten und verbessern. Dafür ist es notwendig:

- den Sozial*staat* in seinen Zielen und in seiner Reichweite zu beschränken und ihn, wo immer möglich, durch die Einführung wettbewerblicher Elemente leistungsfähiger zu machen (»more for less«). Der Sozial*staat* der Zukunft wird ein Staat sein, der die für eine sozial integrative Armutspolitik notwendige Umverteilung durchsetzt, der in die Menschen investiert und die notwendige soziale Infrastruktur vorhält.
- die gesellschaftliche Solidarität durch das »Prinzip der Gegenseitigkeit« (Daniel Yankelovich) auf eine sozialpsychologisch stabilere Grundlage zu stellen. Es gibt eine Solidaritätspflicht nicht nur für die »Produzenten«, sondern auch für die »Konsumenten« gesellschaftlich erbrachter Solidarität.
- das Soziale von den Wurzeln der Gesellschaft her wiederzuentdecken, also die Städte und Gemeinden als einen sozial produktiven Ort aufzuwerten, auszurüsten und zu verändern.

Eine Wohlfahrtsgesellschaft für freie und sozial verantwortliche Menschen – auf diesen Nenner könnte man die fällige Transformation des Wohlfahrtsstaats bringen.

ZWEITES
KAPITEL

STRUKTURWANDEL UND SYSTEMVERÄNDERUNG.
Eine weltgeschichtliche Epochenschwelle

These 1: Auf die sozialen Umbrüche im 19. Jahrhundert und auf den damaligen Strukturwandel in Wirtschaft und Gesellschaft haben die politischen Eliten in Deutschland in einer bemerkenswerten sozialen Reformbewegung sehr innovativ und weltweit vorbildlich reagiert. Die Entdeckung der Abhängigkeiten zwischen Reichen und Armen, Gewinnern und Verlierern, Kapital und Arbeit führte zu kollektiven Anstrengungen, die sozialen Probleme jener Zeit gemeinsam zu lösen. Sowohl auf der kommunalen wie auf der nationalen Ebene entstanden neue Institutionen, um mit dem Epochenbruch auf eine möglichst soziale Art und Weise fertig zu werden. Das 19. Jahrhundert war eine Zeit nicht nur technischer und industrieller, sondern auch sozialer Erfindungen.

These 2: Am Ausgang des 20. Jahrhunderts stellt sich eine Aufgabe von vergleichbarer Größenordnung. Den Sozialstaat neu zu denken heißt, auf den Strukturwandel am Ende der industriegesellschaftlichen Moderne mit angemessenen Systemveränderungen zu reagieren. Es ist freilich eine offene Frage, ob das Ende der Industriegesellschaft erleben wird, was deren Beginn ausgezeichnet hat: ein Bündnis zwischen Politik und Wirtschaft, Gewerkschaften und Öffentlichkeit, das die notwendigen Reformen auch gegen Widerstände durchsetzt.

These 3: Es muß politisch entschieden werden, welche sozialen Aufgaben auf welchen staatlichen Ebenen am besten erfüllt werden sollen: ob auf der europäischen, auf der nationalen oder auf der Ebene der

Länder und der Kommunen. Wer die »Reform des Sozialstaats« auf die nationale Agenda verkürzt, wird eine wichtige Perspektive der Reform gar nicht erst in den Blick bekommen: die notwendige Dezentralisierung staatlicher Aufgabenerfüllung.

These 4: Die Städte und Gemeinden sind sowohl bei der Modernisierung ihrer Verwaltungen (»New Public Management«) als auch in ihrer sozialen Phantasie (zum Beispiel Arbeit statt Sozialhilfe) vielfach weiter, kreativer und innovativer als der Bund und die Länder. Der soziale Problemdruck, den sie am unmittelbarsten spüren, läßt ihnen auch gar keine andere Wahl. Vor allem in den großen Städten verdichten sich der ökonomische, technologische, soziale und kulturelle Wandel und seine Folgen wie in einem Brennglas. Doch angesichts der politischen und rechtlichen Rahmenbedingungen (Finanzverfassung; Politikverflechtung; ein kooperativer und im Ergebnis zentralistischer Föderalismus, bei dem es den Bundesländern mehr darauf ankommt, im Bund mitzuregieren, als den Kommunen politischen und finanziellen Handlungsspielraum zu verschaffen) kann von einer kommunalen *Selbst*verwaltung im politischen Sinn längst nicht mehr die Rede sein. Im Gegenteil: Der Bund hat allgemeine gesellschaftliche Entwicklungen und ihre Folgen (Arbeitslosigkeit [beispielsweise über die Sozialhilfe] und die Migration) kommunalisiert. »Die kommunale Selbstverwaltung, im Grundgesetz garantiert und in der Praxis viel gepriesen als das Wurzelwerk der Demokratie, lockert sich und ist am Verdorren«, so bilanziert bitter der Freiburger Oberbürgermeister Rolf Böhme.
Diese Entwicklung aber hat weitreichende Konsequenzen für die soziale Qualität des Gemeinwesens und für seine Fähigkeit, mit dem neuen Strukturwandel auf eine soziale Art und Weise fertig zu werden.

Gesellschaft im Wandel

»Noch nie hat die Menschheit für so viel Wandel so wenig Zeit gehabt.«

Diese Bemerkung mutet sehr aktuell an. Sie könnte das Ende des Kalten Krieges, die historischen Umbrüche nach 1989 oder aber die Globalisierung und Digitalisierung und ihre Folgen meinen. Doch sie beschreibt das beginnende Industriezeitalter. Der Historiker Hagen Schulze spricht im Blick auf jene Zeit von einer »weltgeschichtlichen Epochenschwelle« zwischen der Französischen Revolution und dem Ersten Weltkrieg. Im Übergang von der ständisch gegliederten Agrargesellschaft zur Gesellschaft der industriellen Massenzivilisation sieht er einen »Bruch in der Weltgeschichte, vergleichbar allenfalls mit jener Umwälzung, die einst aus den steinzeitlichen Jäger- und Sammlerhorden wohlorganisierte Gemeinschaften von Ackerbauern, Viehzüchtern und Städtebauern gemacht hatte. Während sich aber die neolithische Revolution über lange Zeiträume erstreckt und den Menschen die Anpassung ermöglicht hat, war der Eintritt in das Industriezeitalter die Sache weniger Generationen.«

Es waren vier säkulare gesellschaftliche Veränderungen, welche die Gesellschaft im 19. Jahrhundert umgepflügt haben: Da waren einmal Bevölkerungsexplosion, Landflucht und Verstädterung, die *demographische Umwälzung* also. Die *industrielle Revolution* hat körperliche Arbeit, tierische oder menschliche Muskelkraft, durch Maschinen ersetzt. Das führte in der Folge nach und nach zu einer Reorganisation der Gesellschaft. Die Schwerpunkte des Lebens, der Berufe, der Gesellschaft verlagerten sich vom Handwerk in die Fabrik. Es kam zu der von Adam Smith als Grundlage und Geheimnis des »Reichtums der Nationen« gepriesenen Arbeitsteilung nicht nur zwischen Berufen, Fertigkeiten und Tätigkeiten, sondern auch zwischen den Geschlechtern, zur Trennung zwischen Familie und Beruf, zwischen Lebenswelt und Arbeitswelt. Als dritte Ver-

änderung beschreibt der Historiker den *Triumph der Menschen über Raum und Zeit:* Die Welt wird kleiner, die Distanzen kürzer, die Menschen mobiler. Der Umstand, daß man jetzt, buchstäblich, mehr machen konnte, weckte die Allmachtsgefühle des modernen Menschen. Schließlich führte die neue *Verfügbarkeit über Wissen und Nachrichten* zu einer allmählichen »Emanzipation« der Menschen aus den Händen der traditionellen Autoritäten, nach und nach auch zum Entstehen einer »kritischen« Öffentlichkeit.
Dies waren die vier großen Veränderungen beim Übergang von der Agrar- in die Industriegesellschaft. Heute, da die industriegesellschaftlichen Muster langsam auslaufen, können wieder vier große Veränderungen beschrieben werden:

Die Globalisierung oder der weltweite Wettbewerb der immobilen Produktionsfaktoren (Standort) um die mobilen (Arbeit, Wissen, Kapital): Der klassische Sozialstaat war eine nationale Veranstaltung. Was bedeutet nun der Wettbewerb nicht nur der Güter, Dienstleistungen und Arbeitskräfte, sondern auch der Wettbewerb zwischen sozialen und politischen Ordnungsmodellen – für die Zukunft der Solidarität und des Sozialstaats in Deutschland?
Die Digitalisierung oder der technologische Fortschritt: Immer weniger Menschen können immer mehr Güter und *technische* Dienstleistungen herstellen. Wachstumsbranchen werden vor allem in den personenbezogenen sozialen Dienstleistungen zu suchen und zu finden sein, dort also, wo Menschen körperlich anwesend sein müssen. Welche Folgen hat das für Leben und Gesellschaft? Wie kann ein neuer sozialer Ausgleich (Umverteilung) zwischen dem globalisierten und dem lokalen Sektor der Gesellschaft gelingen? Oder muß man sich mit einer Brasilianisierung Europas einfach abfinden, dem Auseinanderfallen eines ganzen Landes, eines ganzen Kontinents in reiche, hochproduktive, eben globalisierte Zonen und in verarmte, abgehängte, verslumte Regionen?
Die Individualisierung oder der wachsende Wunsch »emanzipier-

ter« Menschen, nicht als Objekte verwaltet zu werden oder gar funktionieren zu müssen: Die Menschen wollen zunehmend als Subjekte handeln und wählen und sich einbringen können, und dies alles nicht nur in eine ferne parlamentarische (nationale und europäische) Demokratie, sondern auch ganz konkret in die Gestaltung der Lebenswelt, in die (Selbst-)Organisation der Gesellschaft.

Die Grenzen des Wachstums der Wirtschaft und des Staates. Die Zeiten von Big Government, Big Business, Big Unions, überhaupt von bürokratischen Großorganisationen sind vorbei. Das jedenfalls ist eines der prägenden Grundgefühle der Epoche. Perspektiven für eine solidarische Gesellschaft, die an diesem Grundgefühl vorbeigehen, werden es in Zukunft schwer haben. Zerfällt mit den Großorganisationen von Solidarität (Nation, Gewerkschaften, Kirchen) auch diese selbst und übrig bleibt ein sozialer Darwinismus, das Recht des Stärkeren? Wie läßt sich Solidarität als ein Gefühl der Verantwortung für jene Gruppen, Aufgaben und Generationen wachhalten, die den eigenen Horizont, den eigenen Stamm, die eigene Nation, ja sogar Europa transzendieren?

Alle großen Institutionen und Organisationen, die gegenwärtig das öffentliche und das private Leben prägen, von den Volksparteien bis hin zu den Volkskirchen, von den Gewerkschaften bis hin zu den Organisationen des Kapitals, von den kollektiven Systemen der sozialen Sicherheit über die bürgerliche Familie bis hin zur Organisation des Arbeitslebens, haben ihre Ursprünge im 19. Jahrhundert, sind mit der industriegesellschaftlichen Moderne gewachsen und groß geworden – und sie werden das Ende der Industriegesellschaft so, wie sie sind, nicht überleben. Damals wie heute, morgen wie gestern führen diese großen Veränderungen dazu, daß sich, wie der Historiker Hagen Schulze resümiert, auch »das tägliche Leben großer Menschenmassen radikal (verändert), und alte Bindungen, Mythen und Loyalitäten verblassen«.

Neue Ordnungs- und Legitimationsideen

Als Reaktion auf die gesellschaftlichen Veränderungen, auf die sozialen und politischen Herausforderungen der frühen Industrialisierung entstanden die großen Oppositions- und Gestaltungsideen des 19. Jahrhunderts: der Liberalismus oder der Ruf nach persönlicher, politischer und wirtschaftlicher Freiheit. Der Sozialismus oder der Ruf nach Solidarität und Gerechtigkeit. Der Konservativismus als eine Gegenbewegung gegen Rationalismus und Aufklärung. Jenseits und dazwischen irgendwo die katholische Soziallehre, die ja immer beides zugleich war: sozialkonservativ jenseits (Tradition und Familie) und sozialreformerisch innerhalb der kapitalistischen Arbeitswelt. So unterschiedlich diese ideenpolitischen Mächte des 19. Jahrhunderts auch waren, so haben sie doch auf dialektische Weise zusammengewirkt, um den Kapitalismus zu zähmen und den Wohlfahrtsstaat als konstruktive Antwort auf die Beben der Industrialisierung zu entwickeln.

Dabei begann die Befriedung einer unruhigen Gesellschaft durch soziale Reformen in den Städten und Gemeinden, nicht im Reich. Die Kommunen bereiteten dem Sozialstaat den Weg. Sie schufen die Anfänge einer Sozialpolitik als praktische Antwort auf die drängenden Probleme jener Zeit (Seuchen und Hygiene, Straßen und Verkehr, Kanalisation und Wasser). Aber auch der andere Lebensstil des Stadtmenschen stellte sie vor neue Probleme. »Aus diesen Problemen resultierte schließlich eine neuartige Form der Kommunalpolitik, die mit Hilfe einer kompetenten Leistungsverwaltung in die städtische Wirtschaft und Gesellschaft gezielt eingriff, um Daseinsvorsorge zu betreiben. Vor dem Aufstieg des modernen Interventionsstaates wurde in den großen Städten ein gut Teil seines Handlungsrepertoires entwickelt und erfolgreich praktiziert«, so bilanziert der Bielefelder Sozialhistoriker Hans-Ulrich Wehler im dritten Band seiner großangelegten *Deutschen Gesellschaftsgeschichte* die Entwicklung.

Die Städte zeigten sich in der Lage, die Vielzahl herandrängender

Probleme in wenigen Jahrzehnten zu bewältigen: eine kommunale Erfolgsgeschichte ohnegleichen. Sie hatte ihre Institutionen, ihre Methoden und ihre Mentalitäten, die den Erfolg möglich gemacht haben und wiederum durch diesen Erfolg gerechtfertigt und gestärkt wurden. Die Probleme wurden gelöst durch kommunale Unternehmen: Wasserwerke, Gaswerke, Elektrizitätswerke, Verkehrsbetriebe, Schlachthöfe. Die Städte waren außerordentlich erfolgreich, und sie waren es nicht zuletzt durch diese Unternehmen in öffentlicher Regie, die sich in Deutschland, anders als in vielen anderen westlichen Ländern, durchgesetzt haben. Diese deutsche Besonderheit läßt sich im Blick zurück als *Munizipalsozialismus* beschreiben oder im Blick auf Gegenwart und Zukunft als *Infrastruktursozialismus* kritisieren, wie es der Geschäftsführer des Bonner Empirica-Instituts, Ulrich Pfeiffer, tut. Doch damals gab es gute Gründe dafür – und es gab, dies vor allem, schnelle Erfolge.

Unternehmen in kommunaler Regie »In einer international vergleichenden Perspektive besaßen die deutschen Städte die modernste Leistungsverwaltung, die mit einem hohen Maße an Interventionsbereitschaft eine weit verstandene Daseinsvorsorge anstrebte – und öfters auch schon erreichte. Ingeniöse Problemlösungen wie der Kommunalbetrieb oder das gemischtwirtschaftliche Unternehmen, das Arbeits- und das Gesundheitsamt galten als vorbildlich.« (Hans-Ulrich Wehler)

Diese Erfolgsgeschichte begründete das Selbstbewußtsein der deutschen Kommunalbeamten, das sich bis auf den heutigen Tag erhalten hat. »Wir sind die öffentliche Vernunft«, diese Selbstauskunft eines Kommunalbeamten zeugt von einem Überlegenheitsgefühl sowohl gegenüber den »Irrungen und Wirrungen« einer »bloßen« Gesellschaft wie gegenüber alternativen Formen der Organisation kommunaler Dienste.

Das bürgerliche Reformbündnis

Noch erstaunlicher ist freilich, im Rückblick, etwas anderes: Wie konnte es kommen, daß diese städtische Reformpolitik über Jahrzehnte hinweg von der *bürgerlichen* Mehrheit getragen und gewollt und von *bürgerlichen* Kommunalpolitikern und -beamten entwickelt und durchgesetzt wurde? Ein Reformbündnis gleichsam gegen die eigene Interessenlage?

Es gab vor allem drei Gründe, die diese Entwicklung zu einer kommunalen Sozialpolitik begünstigten, und sie reichen von recht praktischen zu sehr grundsätzlichen Überlegungen. Die Unterschichten und die Arbeiterklasse mußten rechtzeitig befriedigt und befriedet, die sozialen Minen des Staates und der Gesellschaft mußten entschärft werden. Dann war damals, gerade in den bürgerlichen Kreisen und gespeist aus den Quellen des bürgerlichen Protestantismus, noch ein städtisches Gemeinwohlideal lebendig, eine Vorstellung vom »öffentlichen Interesse«, die – als geistig-politische Haltung – dem privaten Gewinnstreben Grenzen setzte. Schließlich gab es in der Verwaltung eine lebendige reformbürokratische Tradition, die zur Steuerung schwieriger gesellschaftlicher Prozesse durch die staatliche Verwaltung anhielt.

So waren es praktische und idealistische Gründe, hygienische und religiöse Faktoren, die *das Vertrauen in obrigkeitliche Lösungen* verstärkt haben. Die Wirkungen waren offensichtlich, für die vielen einzelnen wie für das große Ganze. »Das Leistungsangebot und die Integrationskraft der deutschen Städte trugen mit dazu bei«, schreibt Hans-Ulrich Wehler, »daß es 1914 nicht von Ferne eine vorrevolutionäre Situation gab.«

Damals entstanden die Strukturen und Verfahren, mit denen die Städte und Gemeinden bis vor kurzem ganz gut lebten. Damals setzte sich das Paradigma guter Kommunal- und Sozialpolitik durch: Eine gute Stadt ist eine, die möglichst viele Güter und Dienste für die Bürger möglichst gut bereitstellt. Diese Logik trägt freilich ihre eigene Expansion in sich. Der Erwartungshorizont, in dem das städtische Leistungsangebot wahrgenommen wurde, dehnte sich ständig aus. Je erfolgreicher der kommunalpolitische Interventionismus agierte, desto mehr wuchs das Anspruchsniveau. Oder einfacher: Die Kommunalpolitik wird immer umfangreicher und auch besser, aber sie kann die Bürger doch nie so recht zufriedenstellen. Versorgung statt Teilhabe: Das ist das Problem. Versorgung statt *revolutionärer* Teilhabe: Das war der Erfolg. Diese Tendenz wurde in den achtziger Jahren des vergangenen Jahrhunderts verstärkt durch die nationale Sozialgesetzgebung des Reichs. Reichskanzler Fürst Bismarck sah sich vor die Option gestellt, die drohende soziale Revolution gewaltsam zu unterdrücken oder aber energisch soziale Reformen einzuleiten, um den revolutionären Bestrebungen den Wind aus den Segeln zu nehmen. In dieser Situation entschied sich Bismarck zunächst für eine Doppelstrategie: Mit dem Sozialistengesetz im Jahre 1878 unterdrückte und mit den Sozialgesetzen ab 1881 integrierte er die Arbeiterbewegung. Grundsätzlich votierte er für soziale Reformen als den besseren Weg, um dem Staat die Loyalitäten der »breiten Massen« zu verschaffen. Der Staat sollte von möglichst vielen als eine wohltätige Einrichtung erlebt und als solche akzeptiert werden. »Bismarck hatte das cäsaristische Ziel«, schreibt der Historiker Thomas Nipperdey, »die Arbeiter staatlich zu domestizieren.« Soziale Reformen als eine andere und wirksamere Form des Staatsschutzes: Das war die alles überragende politische Perspektive, auf die es Bismarck ankam.

Ausgrenzung als Integrationsstrategie Eine besondere Bismarcksche Taktik beschreibt der Publizist und Historiker Volker Ullrich: »Als Bismarck sich anschickte, den *Kulturkampf* gegen die katholische Kirche zu beenden, hatte er bereits einen neuen Präventivkrieg nach innen eröffnet: gegen die sozialdemokratische Bewegung. Es gehörte zu seiner Herrschaftstechnik der ›negativen Integration‹, innenpolitische Konflikte anzuheizen, Minderheiten als *Reichsfeinde* zu stigmatisieren, um auf diese Weise die Mehrheit zu sammeln und auf sein Ziel der konservativen Stabilisierung zu verpflichten. Was die Bestrebungen der Sozialdemokratie anging, war es für Bismarck viel einfacher, eine Gefahrensituation zu simulieren, als im Falle des Zentrums. Denn in den Augen des Bürgertums galten die Sozialdemokraten als *vaterlandslose Gesellen*, seit sie im Herbst 1870 gegen die Annexion von Elsaß-Lothringen Stellung bezogen und ihre Sympathien mit der neuen Republik in Frankreich bekundet hatten. Das diffuse Gefühl, daß in Gestalt der Emanzipationsbewegung des *vierten Standes* eine neue, bedrohliche Kraft heranwuchs, steigerte sich unter dem Eindruck der Pariser Kommune und der Resonanz, die sie unter deutschen Sozialdemokraten fand. In einer Reichstagsrede vom 25. Mai 1871 nannte August Bebel, neben Wilhelm Liebknecht Führer der 1869 gegründeten *Sozialdemokratischen Arbeiterpartei* (SDAP), den Kampf in Paris ›ein kleines Vorpostengefecht‹, und er prophezeite, ›daß die Hauptsache uns in Europa noch bevorsteht, und daß, ehe wenige Jahrzehnte vergehen, der Schlachtruf des Pariser Proletariats: ›Krieg den Palästen, Friede den Hütten, Tod der Not und dem Müßiggange!‹ der Schlachtruf des gesamten europäischen Proletariats sein wird‹.« (Volker Ullrich: *Die nervöse Großmacht. Aufstieg und Untergang des deutschen Kaiserreiches 1871–1918*, Frankfurt a. M. 1997)

Von der Krise zur Stabilität ...

Der kurze geschichtliche Rückblick zeigt die historische Logik des deutschen Wohlfahrtsstaats, und es könnte sein, daß gerade sie es ist, die künftigen Reformen im Wege steht. Die Lektionen lassen sich in vier Aussagen zusammenfassen:

Erstens: Der Strukturwandel der Gesellschaft hat zu neuen Ordnungs- und Legitimationsideen und zu Veränderungen im politisch-administrativ-ökonomischen System geführt.

Geändert haben sich einmal der Kapitalismus und sein Selbstverständnis. »Staatliche Hilfe und Schadensreparatur, staatliche Förderung und Steuerung der sogenannten ›freien‹ Verkehrswirtschaft hatten sich als unumgänglich erwiesen«, stellt Hans-Ulrich Wehler fest.

Geändert haben sich ebenso der Staat, sein Selbstverständnis, seine Rechtfertigungslehren. Das politische System war, angesichts der drohenden sozialen Krisen, um seine Legitimation einerseits und um Ruhe und Ordnung andererseits besorgt. Beides führte nach und nach zu einer (ideologischen und faktischen) Aufwertung der Staatsintervention.

Diese Verbindung von organisiertem Kapitalismus und Interventionsstaat lag damals im wechselseitigen Interesse aller. Die einen sahen darin eine Möglichkeit, den drohenden Klassenkampf zu entschärfen, andere erblickten darin eine Chance, genau damit zu drohen und so soziale Fortschritte zu erkämpfen, wieder andere setzten auf eine wirtschaftliche Entwicklung, die nicht durch soziale Erschütterungen gefährdet werden sollte.

Zweitens: Strukturwandel und Systemveränderung haben zu einem politisch-bürokratisch-korporativistischen Komplex geführt, der für mehr als hundert Jahre, bis hinein in unsere Tage, die Konflikt- und Konsenskultur in Deutschland geprägt hat.

Die vielfältigen Formen der Kooperation zwischen Unternehmen und Gewerkschaften, Wohlfahrtsverbänden und Staatsapparat haben das »deutsche Modell« erst möglich – und es am Ende immer unbeweglicher gemacht. Wie tief dieser Korporatismus in den Hirnen und Herzen der Deutschen verankert ist, zeigt nicht zuletzt die Tatsache, daß niemand, auch nicht seine schärfsten neoliberalen Kritiker, offen und öffentlich einen »Systembruch« oder eine wirklich radikalliberale Revolution à la Margaret Thatcher fordert.

Drittens: Die Systemveränderung als Antwort auf den Strukturwandel zu Beginn der Industrialisierung war das Werk eines politisch unwahrscheinlichen Reformbündnisses.

Damals gab es eine breite soziale Bewegung. Die »soziale Frage«

gehörte vor 1914 zu den am meisten diskutierten politischen Themen. Gegen Ende des vergangenen Jahrhunderts gab es ein großes Reformprojekt, eine breite intellektuelle und soziale Bewegung, die vom konservativen Akademiker bis zum sozialistischen Arbeiter reichte. Das Proletariat beschwor in Reden und auf Märschen die Revolution und den Sieg über den Kapitalismus – und trug doch, durch disziplinierte Arbeitskämpfe, seinen Teil zur Reform, zur *Institutionalisierung des Klassenkampfs* bei.

Viertens: Das Paradigma *für Staat, Wirtschaft und Gesellschaft, das sich auf diese Weise herausbildete (gezähmter Kapitalismus, Sozialstaat, nach 1918 auch politische Demokratie), hat über alle Katastrophen hinweg das politische Denken und Handeln orientiert und eine Entwicklung garantiert, die sich auf den Nenner bringen läßt: von der Krise zur Stabilität.*

Der erste Strukturwandel fand seine Antwort in einer Systemveränderung. Und die Folgen dieser Systemveränderung sind es, die die Gesellschaft immer wieder stabilisiert haben: bis auf den heutigen Tag.

... und von der Stabilität zur Krise?

Am Ende des 20. Jahrhunderts stellt sich die Frage, ob mit Blick auf Gegenwart und Zukunft nicht von ähnlichen Verwerfungen auszugehen ist. Und ob und welche Systemveränderung der neue Strukturwandel nach sich ziehen wird.

Der Strukturwandel am Ende des 20. Jahrhunderts ist vor allem gekennzeichnet durch den technologischen Fortschritt und durch die Globalisierung. Sichtbar und folgenschwer zeigt er sich in der Arbeitswelt. Das Ende der traditionellen Arbeitsgesellschaft ist das Epizentrum aller anderen Veränderungen.

Die Formel vom »Ende der Arbeitsgesellschaft« meint dabei nicht, daß die Arbeit für die Menschen weniger wichtig wird, im Gegenteil: Arbeit gewinnt, wie jedes knappe Gut, an Wert.

Die Formel vom »Ende der Arbeitsgesellschaft« meint auch nicht, daß die Zahl der Arbeitsplätze abnehmen muß. Im Gegenteil: Die jüngste Vergangenheit brachte einen stetigen Anstieg der Zahl der Arbeitsplätze.

Die Formel vom »Ende der Arbeitsgesellschaft« meint auch nicht, daß es in unserer Gesellschaft nicht genug zu tun gäbe. Im Gegenteil: Es wachsen allüberall die gesellschaftlichen Bedarfe.

Die Formel vom »Ende der Arbeitsgesellschaft« meint nur eines, das allerdings mit aller Wucht und Macht: den Sachverhalt, daß die formale, organisierte, gut bezahlte, tariflich abgesicherte und sozial geschützte Erwerbsarbeit als das Fundament für den Lebens- und Sozialstandard, für das Selbstwertgefühl und die soziale Integration aller Menschen immer mehr zum Privileg einer Minderheit werden wird. Präziser müßte man deshalb vom Ende der *Erwerbsarbeit* sprechen. Was sein Ende findet ist die berufliche »Normalbiographie«: *ein* Leben, *ein* Beruf, *eine* Sicherheit.

Das Angebot an Arbeit wird weltweit zunehmen (Globalisierung). Die Nachfrage nach Arbeit wird (in den alten Industrieländern) als Folge des steten Produktivitätsfortschritts immer weiter abnehmen. Der Wunsch nach Arbeit dürfte weiter wachsen (Frauen, Einwanderer). Zum ersten Mal werden die freigesetzten Arbeitskräfte nicht so einfach aufgefangen werden können wie im 19. Jahrhundert die Bauern durch die Industrie oder in den sechziger und siebziger Jahren des 20. Jahrhunderts viele aus der Textil- und Montanindustrie »freigesetzte« Arbeitskräfte durch den expandierenden öffentlichen Sektor im Bildungs-, Sozial- und Gesundheitswesen.

Die ökonomische Entwicklung hat den Sozialstaat möglich, die Widersprüche und Folgen des Kapitalismus haben ihn nötig gemacht. Was wird geschehen, wenn die legitimatorischen Wirkungen von Wachstumserfolgen kleiner werden? Was muß geschehen, wenn sich wie damals die Rahmenbedingungen ändern? Was kann politisch überhaupt geschehen, wenn gerade die Erfolge der Vergangenheit die Reformen für die Zukunft blockieren – und wenn diese Blockaden von der Mehrheit der Wähler als willkommene Dämme gegen Veränderungen und nicht als Hindernisse auf dem Weg in eine bessere Zukunft erlebt werden?

Die gesellschaftlichen Umbrüche damals und heute

Dieses Buch schlägt für die Politik in Bund, Ländern und Gemeinden eine andere Sicht der Dinge vor. Vor uns liegen nicht die mageren Jahre, sondern eine neue formative Periode für Staat und Gesellschaft. Die historische Phase nach 1850 kann auch als Ermutigung interpretiert werden, es wieder auf eine ähnliche Weise zu versuchen: nicht aus der Defensive heraus, nicht mit schlechtem Gewissen und als Verlierer der historischen Entwicklung über die »Globalisierungsfalle« zu jammern, sondern einen gedanklichen Beitrag für künftige Reformprojekte zu leisten, wenn denn deren politische Zeit einmal gekommen sein wird.

Die Antwort auf den Kapitalismus war der Sozialstaat. Die Antwort auf die Globalisierung wird die Wohlfahrtsgesellschaft sein. Globalisierung und Wohlfahrtsgesellschaft werden gemeinsam einen neuen Reichtum der Gesellschaft begründen, der über die »Errungenschaften« der Industriegesellschaft und des alten Sozialstaats hinausgeht. Um die Chancen der Entwicklung zu sehen, braucht es eine Art gelassenen Optimismus, nicht jene Kultur der Angst, deren zentrale politische Aussage in der unfrohen Botschaft besteht: Seid vorsichtig und fürchtet euch! Es ist nicht so sehr eine Frage der »objektiven« Entwicklung, sondern eine Frage der mentalen Verfassung, ob aus dem Wandel ein Aufbruch wird. Damals handelten nicht nur die Sozialisten, sondern auch die Beamten in der öffentlichen Verwaltung, in den Kommunen und in den Reichsministerien in der Gewißheit: Mit uns zieht die neue Zeit …

Der Sozialstaat war ein integraler Bestandteil des Projekts der Moderne.

Dieser Optimismus ist verflogen. Die inneren und äußeren Voraussetzungen für das alte Reformprojekt gibt es nicht mehr. Die Zeiten haben sich verändert, und wir uns mit ihnen. An die selbsttätige Harmonie einer liberalen Wirtschaft und Gesellschaft mag niemand mehr glauben. Dahin ist aber auch das Vertrauen in den Staat als den großen Löser aller Probleme. Nicht nur eine kapitalistische Wirtschaft, sondern auch eine (wohlfahrts-)staatliche Bürokratie kann Lebenswelten kolonisieren, kann Menschen und Beziehungen entfremden.

In dieser Lage kann man resignieren, öffentlich verkünden, daß die großen Megatrends eben am Ende doch auf einen Niedergang des Sozialen und auf ein Ende der Demokratie hinauslaufen. Oder man kann aus der Not eine Tugend machen und aus dem Wandel eine Chance.

Das Projekt der Moderne und alle, die daran beteiligt waren, haben eine große Geschichte erzählt: von mehr Demokratie, von wirtschaftlichem und sozialem Wohlstand, von drohenden Krisen auch und Katastrophen, vor allem aber von großen Chancen und Reformen. Vielleicht gibt es bald eine neue Geschichte zu erzählen von dem Reichtum einer Gesellschaft, die über den Fragen nach der wirtschaftlichen Wettbewerbsfähigkeit nicht den sozialen Zusammenhalt vergißt, sondern Wohlstand und Wohlfahrt auf eine neue Weise versteht – und verwirklicht.

ZUSAMMENfASSUNG

1. Vom Strukturwandel zur Systemveränderung: Was sich im Rückblick als Ergebnis und als Erfolg beschreiben läßt, stellt sich im Blick auf Gegenwart und Zukunft als Aufgabe – und als Chance: Ziele neu zu definieren; Strukturblockaden zu lockern; wirtschaftliche Prosperität und soziale Stabilität in ein neues Gleichgewicht zu bringen. Diese Aufgaben stellen sich in einer völlig veränderten Welt. Es sind die Erfolge der Vergangenheit, die die Strukturanpassungen an die Zukunft erschweren.

2. Diese Erfolge der Vergangenheit haben es nicht verhindert, daß auch als *Reaktion* auf Modernisierung, Industrialisierung und Strukturwandel im 19. Jahrhundert und auf die dadurch verursachten gesellschaftlichen Verwerfungen destruktive und totalitäre politische Heilslehren im 20. Jahrhundert an Macht gewannen, die den Menschen eine Erlösung von den modernen Übeln versprochen haben. Andere Länder, Großbritannien etwa oder die Vereinigten Staaten, haben auf den Epochenbruch ihrer Zeit anders reagiert: In allen wirtschaftlichen und sozialen Krisen haben sie nie ihre Demokratie und ihre Zivilgesellschaft verloren. Staaten und Gesellschaften sind – bis zu einem gewissen Grad jedenfalls – frei, wie sie auf einen Strukturwandel reagieren, ob sie stärker und besser oder schwächer und mit weniger Chancen daraus hervorgehen: Sie können ihre Zukunft wählen. Die düstere Prognose des Soziologen Ralf Dahrendorf, das 21. Jahrhundert werde möglicherweise ein autoritäres Zeitalter werden, muß nicht das letzte Wort sein. Aber in jedem Fall ist die Reform des Wohlfahrtsstaats als schöpferische Antwort auf die Zeitenwende auch ein demokratisches Projekt, vielleicht sogar das entscheidende.
3. Die soziale und politische Mitwirkung der Bürger in den Städten und Gemeinden ist noch ein weites und braches Feld, das auf alle wartet, die tatsächlich, in Willy Brandts geflügeltem Wort, »mehr Demokratie wagen« wollen. Alle Versuche in den vergangenen fünfzig Jahren – von einer Parlaments- über die Parteien- bis hin zu einer Wahlrechtsreform –, auf der nationalen Ebene mehr Leben und Teilhabe in die politische Demokratie zu bringen, sind entweder gescheitert oder sie haben nicht weit geführt. Die »Beseitigung der Demokratiedefizite in der Europäischen Union«, wie die kostenlose Floskel lautet, wäre schön und gut, aber eine parlamentarische europäische Demokratie ist noch weit weg, sie bringt den Menschen Demokratie nicht näher. Demokratie wird sich in Zukunft gewiß auch in Stimme und Wahl zeigen, schon weil es keine vernünftigen Alternativen gibt, aber eine *»starke Demokratie«* (Benjamin Barber) wird sich vor allem in einer möglichst weitgehenden Teilhabe und Selbstorganisation in möglichst vielen Lebenswelten ausdrücken. Wer es ernst meint mit einer »Erneuerung der Demokratie«, sollte seinen Blick und seine Reformen in die sozialen Nahbereiche schweifen lassen.

DRITTES
KAPITEL

INDIVIDUALISIERUNG, GLOBALISIERUNG, DIGITALISIERUNG.
Die veränderten Rahmenbedingungen

These 1: Die Reformdebatten der neunziger Jahre (Steuerreform, Bildungsreform und Rentenreform; Reform des Sozialstaats und des Arbeitsmarkts) bleiben oberflächlich und unzureichend, solange sie nicht in einen Zusammenhang gebracht und vor dem Hintergrund fundamentaler Veränderungen konzipiert werden.

These 2: Die anstehenden Reformen setzen ein Vorverständnis darüber voraus, ob wir es in Deutschland, Europa und der Welt mit normalen oder mit qualitativen Veränderungen zu tun haben. Daß sich Gesellschaften verändern, ist nichts Besonderes. Bei normalen Veränderungen genügen die alten Routinen oder allenfalls Anpassungsreformen. Qualitative Veränderungen erfordern strukturelle Reformen.

These 3: Es sind vor allem drei Entwicklungen, die das Leben der Menschen und die Gesellschaft im Ganzen tiefgreifend verändern werden: Globalisierung, Individualisierung und Digitalisierung (oder allgemeiner: der technologische Fortschritt).

These 4: Alle drei Entwicklungen sind nicht neu. Ein Großteil der internationalen Niederlassungen der Firma Siemens sind zum Beispiel im letzten Drittel des vorigen Jahrhunderts in Südostasien gegründet worden. Von der Individualisierung der Liebe und der Ehe sprechen Familiensoziologen schon seit Beginn des Jahrhunderts, als die Liebesheirat die von den Eltern geplante Heirat mehr und mehr ersetzte. Die kulturkritische Frage, ob die neuen Medien (Buchdruck, Radio, Fernsehen, Internet ...) die Menschen vereinsamen und die Gesellschaft auflösen, hat nicht erst der amerikanische Kommunikationsforscher Neil Postman *(Amüsieren wir uns zu Tode?)* so einseitig wie provokativ gestellt. Neu sind diese Entwicklungen nicht, aber:

These 5: Alle drei genannten Entwicklungen haben sich in den vergangenen Jahren und Jahrzehnten in ihrer Dynamik beschleunigt und dadurch ihre Qualität verändert. Das hat weitreichende Folgen insbesondere für die Familien und die Arbeitswelt, für jene beiden Fundamente also, auf die der alte Sozialstaat bauen konnte. Und:

These 6: Alle drei Entwicklungen verlaufen nicht linear und eindimensional, sondern sie bringen aus ihrer Mitte heraus gegenläufige Bewegungen hervor: Die Globalisierung führt zu einer Aufwertung der kleinen Räume und der lokalen Welten. Die Digitalisierung und die weitere Entzauberung der Welt bringt eine Revitalisierung von Glaubenssystemen, die gegenwärtig an dem religiösen Furor (Pfingstler, Evangelikale, Islam, eine engere und sich abschließende römisch-katholische Kirche) zu erkennen ist, der fast über die ganze Welt hinwegbraust – mit einer bemerkenswerten Ausnahme: Europa. Die Individualisierung macht neue Formen der Gemeinschaft und der Solidarität möglich, aber auch nötig.

Globalisierungsfalle?

Individualisierung und Globalisierung sind die beiden Reizworte in der gegenwärtigen gesellschaftspolitischen Debatte. Wer seine soziale Gesinnung politisch korrekt zum Ausdruck bringen möchte, tut es am besten dadurch, daß er die Individualisierung der Gesellschaft beklagt und sie für den angeblichen »Verfall des sozialen Zusammenhalts« verantwortlich macht. Das ist die eher konservative Variante der Zeitkritik.

Andere führen die Globalisierung ins Feld und argumentieren, daß sie die Tradition des deutschen Sozialstaats im besonderen und des europäischen sozialen Modells im allgemeinen prinzipiell in Frage stelle. Das ist die eher linke Variante der Zeitkritik, und sie ist besonders in Frankreich ausgeprägt und verbreitet.

Eine neue Form von Klassenkampf Der französische Philosoph und Sozialstaatstheoretiker André Gorz sieht eine »neue Form von Klassenkampf: Das globalisierte heimatlose Finanzkapital gegen die Geburt eines supranationalen europäischen Staates ... Die Handlungs- und Entscheidungsfähigkeit der Regierungen, der Politik, wird auf wichtigen Gebieten derart eingeengt, daß die Regierungen, die Politik, total diskreditiert sind. Die Macht des Geldes erhebt sich über die gesellschaftspolitische Macht des Staates und ersetzt den Gesetzgeber, den Willen des Volkes, durch sogenannte Marktgesetze, die von niemandem verantwortet werden und für deren Auswirkungen niemand zur Rechenschaft gezogen werden kann.

Das ist die gegenwärtige Lage. Aus ihr gibt es keinen nationalen Ausweg. Wohl aber einen supranationalen. Ein supranationales Staatengebilde von der Größe der EU könnte den Vorrang der Politik, die demokratisch kontrollierbare gesellschafts- und wirtschaftspolitische Handlungsfähigkeit für seine Mitgliedstaaten wiederherstellen.«
(aus: *Frankfurter Allgemeine Zeitung* vom 1. August 1997)

Wer die Globalisierung dämonisiert, hat drei Möglichkeiten, auf diesen Dämon zu reagieren: Er kann versuchen, den nationalen

Sozialstaat gegen die Globalisierung zu verteidigen, solange und so weit die nationalen Füße noch tragen. Oder man kann – weil die alten europäischen Nationalstaaten, jeder für sich, zu schwach sind – das neue Europa als eine große und starke und soziale Nation planen, die den Rest der Welt im wahrsten Sinne des Wortes Mores lehrt, ihm also soziale Sitten beibringt. Dies könnte man den französischen Weg in die Zukunft nennen, der freilich auch anderswo viele Anhänger hat. Und schließlich kann man auf die Globalisierung auch einfach fatalistisch reagieren und mit vielen Verteidigern des Standorts Deutschland fragen: *Globale Wirtschaft – nationale Sozialpolitik: Wie lange geht das noch gut?* In diesem Verständnis führt die Globalisierung dazu, daß nicht nur die Formen, sondern auch die Idee des Sozialstaats zur Disposition gestellt werden müssen. Es ist dies der radikalliberale Weg in die Zukunft. Seine Anhänger sehen in der Globalisierung ebenfalls die Ursache weitreichender Entwicklungen, nur bewerten sie ebendiese Entwicklungen ganz anders: Wenn der Sozialstaat obsolet werden sollte, so können sie eine klammheimliche Freude darüber nicht verbergen.

Das sind unbefriedigende Alternativen. Sie laufen allesamt in die Globalisierungsfalle. Weder die sozialnationalen noch die sozialeuropäischen Protektionisten noch die marktradikalen Anhänger der Globalisierung fragen nach politischen und sozialen Wegen aus der Globalisierungsfalle. Alle drei Reaktionen tragen – die einen mit Wissen und Willen, die anderen »contre cœur« – dazu bei, daß das alte europäische Modell zerfällt – *und nichts Neues an seine Stelle tritt*. Die einen bemühen sich nicht, was die sozialen Dinge betrifft, um eine *schöpferische* Zerstörung des Alten. Die anderen bemühen sich nicht um eine schöpferische *Bewahrung* des Alten. Der bekannte österreichisch-amerikanische Nationalökonom Joseph A. Schumpeter hat, bezogen auf einzelne Unternehmen, von einer *schöpferischen Zerstörung* gesprochen und darin eine Eigentümlichkeit des Kapitalismus gesehen. Kann es so etwas wie eine schöpfe-

rische Zerstörung auch in anderen Bereichen der Gesellschaft geben? Kann man sie anstreben, um zu verhindern, daß mit der Zerstörung des Alten auch all das zerstört wird, was einem aus guten Gründen lieb und teuer ist – eine Entwicklung, die all jene befördern, die der Zerstörung des Alten tatenlos zusehen oder sie allenfalls bejammern und beklagen wie die schwarzen Weiber in der griechischen Tragödie, die ja auch hellsichtig waren und das Unheil kommen sahen, es aber nicht abwenden konnten? Es ist gewiß ein erhebendes Gefühl, aktiver Teil einer Tragödie zu sein, die unter dem Namen Globalisierung über die europäische Welt hinweggeht. Die aber unter deren Trümmern begraben werden, werden solch erhabenen Gefühlen wenig abgewinnen können.
Neben der Globalisierung ist es ein anderer gesellschaftlicher Megatrend, dem gesellschaftszerstörerische Wirkungen zugeschrieben werden. Die Individualisierung der Gesellschaft wird dafür verantwortlich gemacht, daß der soziale Zusammenhalt verlorengehe, Ehen geschieden werden, den großen Organisationen, Kirchen, Gewerkschaften, Parteien die Mitglieder davonlaufen. *Zerstörung des Sozialen*, Erosion der gesellschaftlichen Solidarität lauten die Stichworte. Vom *Niedergang des sozialen Kapitals* spricht Robert Putnam, Politologe an der Harvard University, und er meint damit, daß die Bereitschaft der Menschen, etwas mit anderen gemeinsam zu machen (Kegeln, Musik, Mitglied zu werden in Verbänden und Vereinigungen), in den vergangenen 25 Jahren in den Vereinigten Staaten jedenfalls dramatisch abgenommen habe. Dieser Niedergang des sozialen Kapitals sei Ursache aller möglichen sozialen Übel, vom Drogenkonsum über die Arbeitslosigkeit bis hin zur Gewaltkriminalität.

Verfall, Niedergang, lauter Abstiege? Und kein neues Leben blüht aus den Ruinen? Es ist wahr, daß die alten Gemütlichkeiten vorbei sind. In den wirtschaftlichen Beziehungen war es angenehmer und gemütlicher, als, beispielsweise, eine Stadt wie Schweinfurt noch die ganze Welt mit Kugellagern versorgen konnte. Ohne jede Konkurrenz. In den privaten Beziehungen war es angenehmer und gemütlicher, wenigstens für die Männer, aber auch für viele Frauen, solange die geschlechtsspezifische Rollenteilung noch funktionierte und wo es an Geld nicht gefehlt hat. Individualisierung kennt gewiß nicht mehr die Gemütlichkeit der kleinen heilen Welt, wenn sie denn im Alltag je so heil und gemütlich war, wie die Legende und eine verklärte Erinnerung es wollen. Aber deshalb muß Individualisierung noch lange nicht den Zerfall der Gesellschaft bedeuten; sie kann auch zu neuen Formen der sozialen und politischen Teilnahme führen. Globalisierung und technologisch bedingter Strukturwandel werden ganz gewiß die Formen der gesellschaftlichen und der staatlich verbürgten Solidarität ändern, aber am Ende der großen Transformation muß nicht weniger, es kann auch mehr soziales Miteinander stehen, müssen die Menschen nicht unbedingt schlechter, sie können auch besser leben. Aus den Veränderungen der Zeit droht erst dann eine Katastrophe zu werden, wenn sich Staat, Wirtschaft und Gesellschaft außerstande erweisen, auf eine neue Lage neue Antworten zu geben, wenn sie kapitulieren vor der Aufgabe, mit neuen Ideen und mit institutionellen Reformen zu reagieren. Das ist nicht ausgeschlossen. Aber das Spiel ist auch noch nicht entschieden. »Die Wahrheit liegt auf dem Platze«, pflegt Experte Otto Rehhagel zu sagen, und er weiß, wovon er redet.

Aufklärung, Emanzipation, Autonomie

Individualisierung ist keine neue Erscheinung. Der Begriff der »Individualisierung« verweist auf eine Entwicklung, die spätestens mit der Aufklärung begonnen hatte, vielleicht sogar schon viel früher, mit dem christlichen Verständnis der Schöpfungsgeschichte, mit der Idee nämlich, daß Gott den Menschen als einzelnen und einzigartigen Menschen erschaffen und gemeint hat: *Ich habe Dich bei Deinem Namen gerufen.*

Wie auch immer: Der kategorische Imperativ von Immanuel Kant: *Sapere aude! Habe Mut, Dich Deines eigenen Verstandes zu bedienen!* weist den Weg zwar nicht automatisch in ein aufgeklärtes Zeitalter aufgeklärter Individuen, wie man am Ende des 20. Jahrhunderts nicht weiter begründen muß, wohl aber in die Befreiung des Menschen »aus den Händen« (nichts anderes heißt ja Emanzipation) der überlieferten Autoritäten wie Kirche, Sippe oder Dorfgemeinschaft. Kants Imperativ *Sapere aude!* verweist ihn auf seine Autonomie als Individuum, auf die Freiheit und Not seiner persönlichen Entscheidung und seiner eigenen Wahl. Fortan leben die Menschen unter dem *Zwang zur Häresie*, so der einprägsame Titel eines lesenswerten Buches des US-amerikanischen Religionssoziologen Peter L. Berger: Die Menschen müssen fortan selbst entscheiden, woran sie glauben, wie sie leben, welchen Traditionen und Autoritäten sie folgen wollen und welchen nicht. Individualisierung bedeutet nicht, daß für die Menschen Traditionen und soziale Beziehungen oder religiöse Orientierung unwichtig werden, nur verstehen sie sich in einer individualisierten, »aufgeklärten« Welt nicht mehr von selbst.
Traditionen, soziale Beziehungen, religiöse Orientierungen sind nicht mehr vorgegeben, sondern gleichsam »aufgegeben«. Sie müssen begründet und angenommen und können auch abgelehnt werden.

Vor einer neuen Renaissance?

Die Menschen definieren sich selbst immer weniger aus ihren kollektiven Identitäten heraus: als Mitglied einer Gewerkschaft, einer Kirche oder einer Partei. Sie entdecken sich selbst als Person. Der Soziologe Ulrich Beck spricht vom »Zeitalter des eigenen Lebens«, und der Sozialpsychologe Gerhard Schmidtchen spricht in der Zusammenfassung der Ergebnisse einer großen Jugendstudie ganz empirisch von »Zeichen einer Neorenaissance« für die Gegenwart.

Aufstand der Person »Der Hauptfaktor in allen Überlegungen, was der Sinn des Lebens sein könnte, ist die Persönlichkeitsentwicklung. Und zwar in Richtung auf Autonomie. Man möchte unabhängig sein, frei von Angst, aber auch frei von Überheblichkeit. ... Die Person steht auf gegen das, was sie begrenzt und zu deformieren versucht. Dieses Grundmuster ist dem der Renaissance vergleichbar. Eines ihrer wesentlichen Geschichtsprodukte war die Reformation. Sie war das Ergebnis eines Aufstandes der Person. Auch heute ist der Aufstand der Person das zentrale Geschehen, das viele Erscheinungen in Politik, Familie und Schule erklären kann. Die großen Ortientierungsprobleme unserer Zeit haben uns eine Neorenaissance beschert. Da das Individuum in neue Welten nicht aufbrechen kann, sondern dazu moderne Institutionen braucht, könnten Reformationen bevorstehen.« (Gerhard Schmidtchen: *Wie weit ist der Weg nach Deutschland?* Opladen 1997)

Das Individuum und seine Institutionen war immer ein großes Thema der wissenschaftlichen Soziologie, der persönlichen Leidensgeschichten und der politischen Reformen. Institutionen haben stets ein doppeltes Gesicht. Sie ermöglichen und begrenzen Freiheit. Sie sind unentbehrlich, um gesellschaftliche Aufgaben zu erfüllen, und sie können genau dies verhindern. Gegenwärtig gewinnt dieses Thema, so scheint es, besondere Brisanz. Hinter der Fassade der modernen Zeitkritik an einer egoistischen, weil individualistischen Gesellschaft und an einer Jugend, die sich angeblich für nichts mehr interessiere, verbirgt sich eine überraschende Entdeckung: Die jungen Menschen orientieren sich, fragt man sie nach ihren ethischen Grundsätzen und nach ihren Lebenszielen, durchaus an humanitären Werten (»andere nicht ausnutzen, sondern sie fördern; hilfsbereit sein und Frieden stiften; ehrlich zu sich selbst sein und verzichten können; guter Beruf und interessante Arbeit; Partnerschaft, die mich ausfüllt; Familie und Kinder«). Aber sie glauben nicht, daß man mit humanitären Werten und »moralischem« Verhalten in dieser Gesellschaft sehr weit kommt.

So wird aus der Sozialpsychologie der Jugend ironischerweise, aber nicht zufällig eine Sozialpsychologie der Gesellschaft der Erwachsenen – und des öffentlichen Verhaltens. Sie spielt die aufgeregte Frage: »*Was ist eigentlich los mit der Jugend?*« zurück in die Welt der Erwachsenen, wo sie ja auch hingehört: »*Was ist eigentlich mit der Gesellschaft und ihren Institutionen los?*« Welchem geistigen Bauplan folgen, in welcher geistigen Verfassung sind eigentlich all jene Institutionen, denen die Jungen in ihrem Leben begegnen, vom Kindergarten bis zur Universität, von den Betrieben bis zu den Gewerkschaften, von den Parteien bis zu den Parlamenten? Sind diese Institutionen nicht alle bevölkert von ethischen Minimalisten? Und könnte es nicht sein, daß der moralische Pessimismus junger Leute gerade darin seinen Grund hat?

In der konservativen Kulturkritik, links wie rechts, wird Individualisierung fast durchweg als Trend zu Egoismus, Hedonismus und zum ausschließlichen Streben nach dem eigenen Vorteil interpretiert und verworfen.

Diese Kritik beschreibt zutreffend einen Teil der sozialen (und übrigens auch der politischen) Wirklichkeit. Natürlich gibt es Menschen, die nur an ihren eigenen Vorteil denken und nur darauf bedacht sind, ihren individuellen Nutzen zu mehren. Sie benutzen andere als Mittel zum eigenen Zweck, und der Zwecke höchster ist die Mehrung des eigenen Vorteils. Dieses Leitbild kann man als einen »utilitaristischen Individualismus« beschreiben – und kritisieren. (Diese Kritik wäre übrigens glaubwürdiger, wenn sie auch jene ökonomischen und politischen Modelle einbeziehen würde, die in Wirtschaft und Gesellschaft das Eigennutzaxiom zum Maß aller Dinge machen.)

Was freilich oft übersehen wird: Schon ein lediglich auf den eigenen Vorteil bedachtes Verhalten kann Formen der Zusammenarbeit hervorbringen. Auch eigennützige Individuen erreichen ihre Ziele oft besser, manchmal sogar ausschließlich dadurch, daß sie mit anderen ebenso eigennützigen Individuen zusammenarbeiten. Oft ist es vernünftiger, mit anderen zu kooperieren, als gegen sie zu konkurrieren. Es ist nicht immer einfach und eindeutig zu sagen, wo und wann der utilitaristische Individualismus in einen *kooperativen Individualismus* umschlägt.

Bei den kooperativen Formen des Individualismus suchen autonome und selbständige Individuen die Zusammenarbeit, um gemeinsam einen Vorteil zu erreichen, den jeder von ihnen allein nicht realisieren könnte. So haben feindliche Soldaten im ersten Weltkrieg an der Westfront nach und nach Formen der Kooperation entwickelt, die ihnen gemeinsame Vorteile, von der Essensversorgung bis zur Rettung des eigenen Lebens, gebracht haben. In einer theoretisch eleganten und politisch anregenden Studie hat der Wirtschaftswissenschaftler Robert Axelrod gezeigt, daß und wie eine »Evolution der Kooperation« auch dann möglich ist, wenn Individuen und Gruppen sich ausschließlich an ihrem eigenen Vorteil orientieren. Etwas populärer als sein doch recht anspruchsvolles Buch ist ein Film geworden, der eine ähnliche Botschaft enthält. *Schindlers Liste* hat eindrucksvoll gezeigt: Man kann Gutes tun, ohne gut zu sein. Man muß nicht immer gleich solidarisch sein, solidarisch denken und solidarisch fühlen, um sich menschlich zu verhalten oder um die Interessen anderer in die eigenen Überlegungen aufzunehmen. Moral ist immer und überall eine knappe Ressource. Man sollte sparsam mit ihr umgehen.

Oft genug liegt es lediglich an den Zeiten und den Umständen, ob wir Selbstverwirklichung oder Selbstlosigkeit erkennen. Der Soziologe Hans Bertram, der das Konzept des kooperativen Individualismus von dem französischen Sozialwissenschaftler Emile Durkheim übernommen und weiterentwickelt hat, formuliert es so: »Der preußische Beamte, der an Pflichterfüllung und Vaterland glaubte, konnte darin sicherlich ebenso die Möglichkeit sehen, sich selbst zu verwirklichen, wie dies heute der Zivildienstleistende tun kann, der Alte und Gebrechliche pflegt und im Gegensatz zum preußischen Beamten Pflichterfüllung nicht als sein oberstes Leitmotiv ansieht. In beiden Fällen ist die Selbstverwirklichung des Individuums möglicherweise Richtschnur des Handels. Nur haben sich die Rahmenbedingungen geändert, unter denen Selbstverwirklichung thematisiert werden kann.«

Diese Überlegungen sind für die Zukunft der Solidarität in einer individualisierten Gesellschaft von einiger Bedeutung. Es gab in der Vergangenheit und es wird künftig immer mehr Beispiele geben, wo Hingabe an andere eine wirksame Form ist, sich selbst als Person zu verwirklichen – und auf diese Weise ein interessanteres Leben zu führen. Nicht nur für das Überleben an der Front oder für die soziale Qualität des Gemeinwesens, sondern auch für den wirtschaftlichen Erfolg des Standorts Deutschland dürfte viel davon abhängen, ob kompetente und autonome, hochspezialisierte und eigensinnige und in moralischer Hinsicht möglicherweise ganz und gar durchschnittliche Individuen gelernt haben, miteinander zu kooperieren, gemeinsam ein Ziel zu verfolgen, zu lernen auch, daß sich individuelle und kollektive Interessen nicht ausschließen, sondern ergänzen und bedingen. Ideen, Informationen, Individuen machen den Unterschied aus, auch für den Wirtschaftsstandort Deutschland. Eine solche *Kultur der Zusammenarbeit* wird freilich in Deutschland nirgendwo, in keiner Schule und in keiner Universität, eingeübt, schon gar nicht kultiviert, obwohl davon am Ende für den sozialen *und* wirtschaftlichen Erfolg des Landes mehr abhängen dürfte als von der ganzen üblichen Standortrhetorik.

Das Denken an und das Handeln für andere kennt viele Motive. Damit ist nichts gesagt gegen jene, die sich aus Liebe oder aus christlicher Barmherzigkeit für andere aufopfern. Moralische Gefühle, menschlicher Respekt und politische Klugheit gebieten es gleichermaßen, religiös begründete Formen selbstloser Hingabe zu achten und auch zu unterstützen. Der »barmherzige Samariter« und der »gute Hirte« sind alte christliche Symbole für das Sich-um-andere-Kümmern. Aber es sind nicht mehr die einzigen Mög-

lichkeiten. Es gibt viele Quellen für die Motivation, anderen zu helfen, und man sollte sie *alle* pfleglich behandeln.
Dabei ist es allerdings weder notwendig noch sinnvoll, soziales Verhalten in Stellung zu bringen gegen persönliche Entfaltung und gegen die Selbstverwirklichung der Menschen. Solidarität und Individualismus zusammenzudenken und auch praktisch zusammenzubringen wird dagegen immer mehr zu einer wichtigen Voraussetzung für eine soziale Kultur des konkreten Helfens, aber auch der abstrakten Solidarität. In Deutschland freilich bedeutet dies, anders als etwa in den Vereinigten Staaten, noch immer einen Paradigmenwechsel für die »ehrenamtliche Tätigkeit«. Das deutsche Leitbild des Ehrenamts läßt die Möglichkeit eines altruistischen Individualismus gar nicht so recht zu. Im Vordergrund stehen hier das Samariter- und das Hausfrauensyndrom: Nur wer von sich absieht, kann für andere dasein. Nur wer sich aufopfert, tut etwas Gutes. Die Würde des Dienens liegt gerade darin, daß sie unsichtbar bleibt – und sich schweigend für andere hingibt. Daß, wer anderen hilft, auch selber etwas davon hat und haben soll, klingt hierzulande anstößig – und mindert die Tugend der Tugendhaften. Das hat sich seit den Tagen des deutschen Idealismus, der Pflicht und Neigung gegeneinander ausspielte, kaum geändert.
Dagegen gibt es in den Vereinigten Staaten eine lange Tradition, daß Menschen Zeit für andere aufbringen und ihnen helfen, weil sie selbst ein besseres, ein interessanteres Leben führen und in der Nachbarschaft und in ihrer Gemeinde sichtbar eine positive Rolle spielen wollen. Sie entfalten ihren Individualismus, indem sie etwas für andere tun. Sie verwirklichen sich selbst, indem sie sich fürs Gemeinwesen einsetzen. Sie führen ein abwechslungsreiches, ein spannendes Leben, indem sie in ihrer freien Zeit nichts anderes tun als Verletzte bergen, Menschen aus eingestürzten Häusern befreien oder in Krankenhäusern als Freiwillige arbeiten. Sie sorgen für andere und helfen sich damit selbst. Mit einem Wort: Sie praktizieren einen altruistischen, einen solidarischen Individualismus.

Caring for Others and Helping Ourselves, so lautet der treffende Untertitel eines schönen Buches von Robert Wuthnow, in dem er dieses Konzept entwickelt und mit vielen Beispielen illustriert, wie die Handlungen der Solidarität *(Acts of Compassion)* immer auch eine andere Dimension haben – und haben sollen. In Deutschland hat Ulrich Beck diese Tradition aufgegriffen mit seinem Buch *Kinder der Freiheit*.

Individualismus oder Altruismus? Robert Wuthnow hat eine Untersuchung im »Independent Sector«, dem Dritten Sektor, in dem sich Freiwillige für Aufgaben in ihrer Gemeinde engagieren, durchgeführt. Mit hundert der Befragten wurden Tiefeninterviews geführt. Einer davon war Jack Casey, ein freiwilliger Helfer beim Rettungskommando der Feuerwehr, der sich einerseits weit überdurchschnittlich für andere einsetzt, nach eigenem Selbstverständnis andererseits aber ausgesprochen unabhängig von anderen ist und vor allem seinen eigenen Interessen folgt. Am Beispiel von Jack Casey, den er während seines Dienstes auf der Feuerwache trifft, beschreibt Robert Wuthnow die Motive für gemeinschaftliches Engagement: »Eine der Arten, in denen sich in Amerika Sorge für andere und Mitleid äußern, ist die freiwillige Hilfe. Gewiß verfügen nicht viele Amerikaner über die Möglichkeit und die Ausbildung, dies in so nachdrücklicher Form wie Jack Casey zu zeigen: Unter den von der Umfrage des Independent Sector Erfaßten sind weniger als ein Prozent bei der Feuerwehr oder der Notrettung tätig. Doch die freiwillige Hilfe bietet die Möglichkeit, etwas zu bewirken; das zu tun, was man kann; die eigenen Fähigkeiten ohne großes Aufheben einzusetzen; der Gemeinde zu einem angenehmeren Dasein zu verhelfen. Viele Einrichtungen in den Gemeinden sind auf freiwillige Mitarbeiter angewiesen. Fast 31 Millionen arbeiten jährlich freiwillig in ihren Kirchengemeinden oder Synagogen. 20 Millionen helfen in Schulen, übernehmen Unterricht oder sind in ähnlichen Erziehungseinrichtungen aktiv. 16 Millionen stellen sich Krankenhäusern, Genesungsheimen, Kliniken oder Gesundheitsorganisationen zur Verfügung ...
Jack Casey erzählt weiter, nachdem wir unterbrochen wurden, da er

eine mobile Intensivstation zur Maple Avenue bringen mußte. Durchschnittlich einmal am Tag, so berichtet er, ist er mit dem Notarztwagen im Einsatz. Auf das gesamte Jahr berechnet, versieht er etwa sechsmal bei Großalarm seinen Dienst als Feuerwehrmann. Drei Stunden pro Woche gibt er beim Roten Kreuz Erste-Hilfe-Kurse. In den zurückliegenden Wochen stellte er sich im Rahmen der von ihm vor mehreren Jahren initiierten privaten Gesundheitsmaßnahmen unentgeltlich als Ausbilder für Kurse über Herzkrankheiten zur Verfügung.
Seine Erfahrungen bei seiner Freiwilligentätigkeit sind durchaus gemischt. Manche von ihnen bereiteten ihm derart viel Vergnügen, daß er sie auch ausgeführt hätte, wenn sie niemandem geholfen hätten. Als Beispiel dafür stehen die Maßnahmen für die Schüler. Gern lädt er sich immer noch nebenbei etwas auf ...
Jack Casey ist also das Musterbeispiel eines sich um die Mitmenschen kümmernden und ihnen Mitgefühl entgegenbringenden Amerikaners. Sein Wille, anderen zu helfen, ist derart ausgeprägt, daß er viel mehr tut als das, wozu sich die Mehrzahl der Bevölkerung verpflichtet glaubt. Der typische Freiwillige leistet pro Woche fünf Stunden Dienst – Jack Casey mindestens fünfzehn. Der durchschnittliche Amerikaner besucht einen Krankenhauspatienten – Jack Casey hat dafür gesorgt, daß der Kranke oder Verletzte dorthin gebracht wurde. Doch Jack Caseys Persönlichkeit hat auch andere Züge ...
Wie kann Jack Casey ein derart ausgeprägter Individualist sein und zugleich soviel Mitgefühl gegenüber anderen zeigen? Wie ist er in der Lage, sein Leben im Dienst für andere aufs Spiel zu setzen und dennoch überzeugt zu sein, er rangiere an erster Stelle? Wie schafft er es, sich selbstlos der Gemeinschaft zur Verfügung zu stellen und dennoch zu behaupten, er habe das Fell eines Bären?
Wie kann die amerikanische Bevölkerung Milliarden von Stunden für freiwillige Hilfsleistungen aufwenden, sich in vielfältigster Weise um andere kümmern und sorgen und zugleich eine Nation von Individualisten sein, die sich der persönlichen Freiheit, des individuellen Erfolgs und der Verfolgung des Eigeninteresses rühmt? Wie vereinbaren wir diese paradoxen Bestandteile unserer Tradition miteinander?« (Robert Wuthnow: »Handeln aus Mitleid«, in: Ulrich Beck [Hrsg.]: *Kinder der Freiheit,* Frankfurt a. M. 1997)

Die drei Phasen des Wertewandels

Die wohlfeile Kritik an der angeblichen Ego-Gesellschaft unserer Tage lebt auch von idealisierenden Rückblicken: Früher hätten die Menschen von früh bis spät an alles mögliche, vorzugsweise an andere, an Gott und an das Gemeinwohl, nur nicht an sich selbst gedacht. Heute habe der Wohlstand die Menschen verdorben. Früher sei nicht nur alles anders, sondern auch alles besser gewesen: die Kapaune und die Frauen zarter, die Kinder folgsamer, die Jünglinge strebsamer, die Arbeiter fleißiger, die Kapitalisten asketischer, die Bettler bescheidener, die Unternehmer risikofreudiger – alles in allem eine schöne und erfolgreiche, eine *angenehme Epoche* eben.

Dabei ist gerade die mittlere und ältere Generation nach dem Zweiten Weltkrieg in Deutschland ein Musterbeispiel dafür, wie beides zusammengeht: individuelle Bedürfnisse und kollektive Anstrengungen; das Verfolgen eigener Interessen und gleichzeitig die Realisierung des Gemeinwohls; der Aufbau eines Landes aus den Ruinen und die Mehrung des eigenen Wohlergehens. Die Kriegsgeneration hat in den dreißiger und vierziger Jahren erlebt, wie sich kollektive Leidenschaften auf destruktive, pathologische Weise austoben können, und sie hat dann, beim Wiederaufbau des Landes, demonstriert, wie dies auch auf eine konstruktive Weise geschehen kann: Wirtschaftswunder. Dabei hat diese Generation, ganz gegen ihre eigene Absicht, mit dem Wohlstand und dem Wirtschaftsaufschwung auch die normativen und die seelischen Grundlagen der Gesellschaft nachhaltig verändert, dieselbe Generation, die sich hernach oft nicht genug über den »Werteverfall« entrüsten konnte. Vielleicht haben Wirtschaft und Wohlstand die Gesellschaft nachhaltiger verändert als Krieg und Zerstörung, nachhaltiger vielleicht auch als die viel gerühmte und gescholtene Generation der Achtundsechziger. Der Wandel der Wertorientierung, als *Wertewandel* ein Dauerthema aller möglichen und unmöglichen Diskussionen, läßt sich nämlich einfach erklären: Er hat etwas zu tun mit dem wachsenden Wohlstand in den fünfziger, sechziger und siebziger Jahren *und* er hat, später dann, in den achtziger und neunziger Jahren, verschärft in die Gegenwart hinein, etwas zu tun mit der Angst vor dem Absturz. Heute suchen die Menschen eine neue Balance zwischen dem Streben nach der persönlichen Entfaltung und dem Zeithaben für andere, ein neues Gleichgewicht zwischen, wenn man so will, individuellen und sozialen Werten. Es ist dieser sozialpsychologische Hintergrund, vor dem der amerikanische Soziologe Amitai Etzioni, der Begründer der Kommunitarier, seine Goldene Regel für eine »Verantwortungsgesellschaft« formuliert: »Achte und respektiere den sozialen Zusammenhalt und die Moral der Gesellschaft so, wie du wünschst, daß die Gesellschaft auch deine Freiheit und Autonomie achtet und respektiert.«

Die neue Goldene Regel Das Ziel des Kommunitarismus breschreibt Amitai Etzioni: Es »müssen in Zukunft Wege und Möglichkeiten gefunden werden, die Tugenden der Tradition mit den Früchten der modernen Freiheit zu verbinden. ... Das kommunitaristische Bestreben, wie ich es verstehe, zielt ... darauf, einen Weg zu finden, der Elemente der Tradition (auf Tugenden basierende Ordnung) mit Elementen der Moderne (gut geschützte Autonomie) verbindet. Folglich gilt es, ein Gleichgewicht zu finden zwischen universalen individuellen Rechten und dem Allgemeinwohl (zwei Konzeptionen, die allzuoft als nicht miteinander vereinbar betrachtet werden), zwischen dem Selbst und der Gemeinschaft. ... Die neue Goldene Regel [lautet]: Achte und wahre die moralische Grundordnung der Gesellschaft in gleichem Maße, wie Du wünschst, daß die Gesellschaft Deine Autonomie achtet und wahrt.« (Amitai Etzioni: *Die Verantwortungsgesellschaft. Individualismus und Moral in der heutigen Demokratie,* Frankfurt a. M. 1997)

Askese und Ordnung – Emanzipation und expressiver Individualismus: Die neue Balance

Im Rückblick auf die vergangenen fünfzig Jahre lassen sich mit dem amerikanischen Sozialforscher Daniel Yankelovich drei Phasen unterscheiden, was die gesellschaftliche Wertorientierung der Menschen betrifft, und jede dieser Phasen ist Ausdruck und Ergebnis einer eigentümlichen Dynamik zwischen Wirtschaft und Werten, Wohlstand und Gesellschaft. Yankelovichs These: Der wirtschaftliche Erfolg verändert die Wertelandschaft, und diese Veränderung strahlt aus in sämtliche Bereiche der Gesellschaft. Dabei kommt es nicht nur auf die ökonomischen Indikatoren wie zum Beispiel Bruttosozialprodukt und Lebensstandard, sondern ebensosehr darauf an, wie die Menschen die wirtschaftliche Entwicklung und den wachsenden Wohlstand wahrnehmen und interpretieren. Wie der Wohlstand die Menschen und die Gesellschaft verändert (der »Wohlstandseffekt«), ist immer auch eine psychologische und soziale, nicht nur eine ökonomische Kategorie. Eine wirtschaftlich und politisch intelligente Antwort auf diesen sozialen und Wertewandel kann nicht in der eitlen Hoffnung bestehen, daß das Pendel eines Tages wieder zurückschlagen werde (»Die Analogie vom Pendel, so populär sie auch sein mag, erweist sich immer als falsch«, schreibt Yankelovich), sondern nur in einer kreativen »Anpassung« an die veränderte Lage.

Daniel Yankelovich unterscheidet drei typische Phasen in der Entwicklung westlicher Industriegesellschaften: Zunächst die friedliche Koexistenz zwischen dem damals noch neuen Wohlstand und den alten Werten. Dann das Fest wirtschaftlicher Dynamik und kultureller Selbstentfaltung auf einer Titanic, die (scheinbar) nie untergehen wird. Und schließlich: die neue Angst, vor allem der Mittelklasse, vor dem Abstieg. Der amerikanische Sozialforscher kann zeigen, »wie Veränderungen in der amerikanischen Wirtschaft die amerikanischen Werte neu gestalten«, so das Thema seines Gutachtens für die Brookings Institution, eine berühmte amerikanische Denkfabrik, aber er macht auch deutlich, daß er nicht nur die USA, sondern ebenso andere Länder, vor allem Deutschland und Japan, meint, wenn er über den Zusammenhang von Wirtschaft, Wohlstand und Werten nachdenkt.

In der *ersten Phase*, nach dem Zweiten Weltkrieg, haben die Menschen den beginnenden Wohlstand als neu, vorläufig und zerbrechlich erlebt. Sie trauen ihm gleichsam (noch) nicht so recht über den Weg – und halten sich eben deshalb lieber noch an die alten Tugenden des Fleißes, der Sparsamkeit und der Askese als der Kunst, die Befriedigung von Bedürfnissen aufzuschieben. Die Menschen wissen noch sehr genau, wie es einmal anders war, und fürchten, daß es wieder anders kommen könnte. Die Wirtschaft boomt, aber die Werte bleiben. Die Gesellschaft modernisiert sich, »aber die Werteordnung bleibt konservativ und traditionell«. In Deutschland (West) war dies die Zeit der Wirtschaftswundergesellschaft, verklärt von manchen noch heute, über dreißig Jahre später, als die gute alte Zeit: So war es einmal, und so sollte es wieder werden – mit den alten Tugenden zu einem neuen Aufschwung! In den USA dauerte die Erinnerung an die wirtschaftliche Depression, an Not und Armut (»Depressionspsyche«) bis weit in die siebziger Jahre, in Deutschland noch einige Jahre länger, und Japan ist gerade erst dabei, diese erste Phase zu verlassen.
Die *zweite Phase* des Wohlstandseffekts ist die kurze Phase des wirtschaftlichen Überflusses, in der die Erinnerungen an schlechte Zeiten den Menschen genauso fern waren wie die Ängste und Sorgen vor einer ungewissen Zukunft. »Der Reichtum wird ewig anhalten«, beschreibt Yankelovich das Gefühl der Epoche in den siebziger Jahren, und erst auf dieser ökonomischen und sozialpsychologischen Grundlage konnten dann andere Werte wachsen: »Das Streben nach Selbstausdruck und nach Selbstverwirklichung prägt die neue Werteordnung.« Es waren, ironisch genug, konservative Regierungen (Reagan, Thatcher, Kohl), die einer ihrer

selbst sicheren und mit sich selbst zufriedenen Wirtschaftsgesellschaft erst das gute Gewissen gegeben haben, um danach eher hilflos zu versuchen, ihr wieder (»Back to Basics«, wie die britischen Konservativen ihren entsprechenden Versuch nannten) Werte einzuziehen. Nicht nur in Großbritannien ist dieser Versuch, eine radikale Marktliberalität und eine konservative »Werte«politik zu verbinden, gescheitert. Es ist das tragische Dilemma vieler Konservativer, die unbeabsichtigten Folgen ihres eigenen Tuns nicht gewollt, aber auch nicht verstanden zu haben, und so prägt ihre Ära immer und überall jenes doppelte Leitmotiv eines wirtschaftlichen Optimismus und eines moralischen Pessimismus. Das Fest ist vorbei. Es endete so abrupt, wie es begonnen hatte. Die Menschen spüren, daß es so nicht weitergehen kann, daß ihr Wohlstand bedroht ist, daß sie sich einrichten müssen »in einer schwierigeren wirtschaftlichen Umwelt, die weniger fair und weniger offen ist und die ihnen mehr abverlangt«. In dieser *dritten Phase* breitet sich ein neues Gefühl in den westlichen Industriegesellschaften aus, das das Zusammenleben der Menschen ebenso verändern dürfte wie die politischen Machtverhältnisse. Die neuen Werte der siebziger und der achtziger Jahre verlieren ihren Zauber und ihre Unschuld, aber die alten Werte kehren nicht einfach zurück. So ist die dritte Phase des Wohlstandseffekts in wirtschaftlicher Hinsicht gekennzeichnet durch eine Angst, daß alles außer Kontrolle geraten könnte, und in kultureller Hinsicht durch ein Bemühen um ein neues Gleichgewicht alter und neuer Werte, einen neuen Kompromiß zwischen Individualismus und Gemeinschaft, Selbstverwirklichung und Verantwortung, Härte und Mitgefühl.

Nicht nur ist in ökonomischer Hinsicht das wirtschaftliche Fieber der achtziger Jahre einer nüchterneren Einschätzung gewichen, die Ent-Täuschungen werden auch in den persönlichen Glücksbilanzen sichtbar. Die Hybris der zweiten Phase hatte ihren Preis. Die Menschen entdecken jetzt verwundert, daß sehr unterschiedliche Strategien zu sehr ähnlichen Frustrationen führen können. So mögen zu viel Arbeit *und* zu viel Selbstverwirklichung die eigene Lebensqualität eher verschlechtern, weil beides zuwenig Zeit läßt für Freunde und Familie. In der dritten Phase des Wohlstandseffekts arrangieren sich die Menschen in einer wieder knapper werdenden Welt, und sie suchen nach neuen Synthesen zwischen Werten und Zielen, die sie für gleich legitim halten und ebendeshalb lieber gemeinsam optimieren als unabhängig voneinander maximieren wollen: Kinder *und* Beruf, das Leben genießen, ohne auf berufliches, soziales und ökologisches Engagement verzichten zu wollen, globales Denken *und* ein neues Gefühl für Region und Nation. Selbstverwirklichung ist legitim, aber nicht auf Kosten anderer. Die Menschen halten am Neuen und Traditionellen zugleich fest.

Das Prinzip der Gegenseitigkeit Einen Ausweg aus dem lähmenden Entweder-Oder zwischen Tradition und Moderne weist Daniel Yankelovich: »Aus unseren Untersuchungen geht eine neue Sehnsucht der Menschen nach Gemeinschaftlichkeit, Disziplin und absoluten statt relativen moralischen Werten hervor. Doch den meisten fällt es trotz dieser Sehnsucht schwer, zu den traditionellen Werten wirtschaftlicher Notzeiten zurückzukehren. Nachdem sie einmal vom Apfel des radikalen Individualismus gegessen haben, können sie die alte Lebensweise nicht wieder aufnehmen.
Das hat zur Folge, daß wir heute in einem Klima der moralischen Unsicherheit leben. Die Menschen wissen nicht länger, was und wem sie glauben und wie sie leben sollen. ... Ich vertrete die Hypothese, daß wir eine Brücke schlagen können zwischen den traditionellen Werten, die erneuert werden sollen, und denjenigen individualistischen Werten, die den Menschen am teuersten sind und die der Gemeinschaft am wenigsten schaden, indem wir verstärkt Wert auf die Reziprozität zwischen Individuen und Institutionen legen. Die Reziprozität läßt sich in beide Wertekanons integrieren. In ihr kommen traditionelle Werte zum Tragen, und gleichzeitig ist sie mit denjenigen Aspekten des Individualismus vereinbar, die der Gemein-

schaft nicht gänzlich abträglich sind. Ich vertrete darüber hinaus die These, daß die staatliche Unterstützung von Werten wie Kooperation, Reziprozität und Gemeinschaft eine hinreichende Aussicht auf Erfolg hat. Wir mögen zwar nicht die absoluten Herren unseres Geschickes sein, wir sind aber auch nicht die hilflosen Opfer unpersönlicher Mächte oder ideologischer Eiferer.« (Daniel Yankelovich: »Reziprozität«, in: Warnfried Dettling [Hrsg.]: *Die Zukunft denken. Neue Leitbilder für wirtschaftliches und gesellschaftliches Handeln*, Frankfurt a. M. 1996)

Daniel Yankelovichs Sicht der Dinge ist, so scheint es, anderen Angeboten auf dem ideenpolitischen Markt der Wertediskussion überlegen, und das aus mehreren Gründen. Die Wertedebatte im allgemeinen kann wieder vernünftiger geführt werden, und konkrete Fragen, zum Beispiel in der Sozialpolitik, offenbaren im Licht seiner Theorie erst ihre ganze Dramatik:
In der Phase des Überflusses war die Frage nach den moralischen Grundlagen der Sozialpolitik leicht zu beantworten. Die Gesellschaft war ein soziales Spiel, bei dem alle gewinnen konnten. So machten in der ersten Phase (»Neuer Wohlstand – Alte Werte«) Wohlstand und Wachstum immer neue Sozialprogramme bezahlbar, und auf der anderen Seite waren die alten sozialen Normen und Netze (Familie!) noch lebendig und stark – mit der für den Sozialstaat angenehmen Folge, daß er nicht über Gebühr von einer Anspruchsinflation ausgebeutet wurde. In der zweiten Phase hat sich das geändert: Jetzt sollte der Sozialstaat nicht nur die traditionellen Werte und Lebensformen, auf ihnen aufbauend, unterstützen und wo nötig ergänzen, sondern auch die Individualisierung der Lebensentwürfe, die Differenzierung der Gesellschaft und die Selbstentfaltung des Menschen ermöglichen und absichern, ein für den Sozialstaat neuer, aber immer noch erträglicher Zustand, solange die finanzielle Lage entspannt, Deutschland noch nicht vereint und der internationale Wettbewerb noch nicht so brutal war. In der zweiten Phase des Wohlstandseffekts war eben vieles

nicht nur normativ, sondern auch finanziell möglich. Ein angenehmer Zustand, diese kurze Phase einer scheinbar immerwährenden Prosperität, doch damit scheint es nun vorbei.

Jetzt, in der dritten Phase, spitzt sich die soziale Frage zu. Die Gesellschaft wird, so scheint es, auch in sozialer Hinsicht zu einem Nullsummenspiel, bei dem den einen nur gegeben werden kann, was den anderen genommen wird. In knappen Zeiten, in denen die Arbeitseinkommen geringer, die Menschen am Rande der Gesellschaft mehr und das Geld in den privaten und öffentlichen Kassen weniger wird, werden sich viele fragen, warum sie eigentlich für die anderen sorgen sollen, wo sie doch mit sich selbst und ihren eigenen Problemen schon genug zu tun haben. *In Zeiten wie diesen werden auch Solidarität und gesellschaftliche Moral zum knappen Gut.* Die neue Lage muß nicht bedeuten, daß sich die Gesellschaft hin zu einem Sozialdarwinismus entwickelt, aber sie stellt in jedem Fall die Solidarität der Mehrheit auf eine harte Probe. Die moralischen Grundlagen für eine solidarische Gesellschaft müssen neu ausgehandelt werden. Das erfordert Umdenken auf allen Seiten.

»Der neue Wert heißt ›Gegenseitigkeit‹. Niemand soll mehr erwarten, ohne bestmögliche Gegenleistung etwas zu erhalten.« So interpretiert Yankelovich seine Umfragedaten, und er fährt fort: »Kein realistisch denkender Sozialpolitiker wird sich diesem Wertewandel infolge des Wohlstandseffektes entziehen können.« Nur auf neuen Wegen – »Workfare« wenn immer möglich statt »Welfare« – dürfte die notwendige Solidarität in einer Zeit knapper Kassen und angesichts der drohenden Spaltung der Gesellschaft noch zu haben sein. Doch solch neue Strategien sind in den bisherigen Ideologien zum Sozialstaat, seien sie konservativer, liberaler oder linker Abstammung, nicht vorgesehen. Diese traditionellen Lehren der Sozialpolitik führen deshalb, wie Christopher Jencks als Resümee seines anregenden Buches *Rethinking Social Policy* trocken bilanziert, notwendig »zu einer schlechten Sozialpolitik«.

Aber auch für die allgemeine Wertedebatte in Wirtschaft und Gesellschaft öffnen sich neue und vor allem praktische Perspektiven. Daniel Yankelovich ist nicht so optimistisch wie der Soziologe Ronald Inglehart, der, ein typischer Vertreter der zweiten, prosperierenden Phase, einen kulturellen und sozialen Umbruch vom »Materialismus« zum »Postmaterialismus« beschreibt und vorhersagt; er ist aber auch nicht so pessimistisch wie die Demoskopin Elisabeth Noelle-Neumann, die schon seit vielen Jahren besorgt warnt (»Werden wir alle Proletarier?«), daß den Deutschen ihre Arbeitsmoral abhanden gekommen sei: ein Welt- und Gesellschaftsbild, das sich in den vierziger bis sechziger Jahren, also in der ersten Phase des Wohlstandseffekts, geformt hat. Daniel Yankelovich dagegen beharrt darauf, und er hat dafür gute Daten und Gründe: Die Gesellschaft ist weder »in Ordnung« noch in »Unordnung«, sie ist in Bewegung und im Übergang.
Was oft als moralische Krise der Gesellschaft beklagt wird, erweist sich, schaut man nur genauer hin, als Konflikte unterschiedlicher, aber legitimer Werte in einer Zeit rasanten sozialen Wandels. Wertkonflikte und Wertkompromisse prägen das Bild der Gesellschaft. Wer in den nächsten Jahren und Jahrzehnten Unternehmen und Arbeitswelt, Wirtschaft und Gesellschaft innovativ so organisiert, daß sie diesem neuen Value Mix entsprechen, der wird auch ganz konkrete wirtschaftliche und politische Vorteile haben. So konnte eine im Auftrag des Landesgewerbeamts Baden-Württemberg erstellte Studie, die mittelständische Unternehmen in Zürich, Lyon und London auf familien- und frauenfreundliche Strukturen hin verglichen hat, beispielsweise zeigen, daß sozial innovative Betriebe auch wirtschaftlich erfolgreicher sind. Eine Standortdebatte, die den menschlichen und den »moralischen« Faktor, die Dynamik zwischen Wirtschaft und Werten links oder rechts liegen läßt und nur über Ökonomie redet, wird am Ende auch in wirtschaftlicher Hinsicht wenig erfolgreich sein.

Die zweite Moderne

Der Blick zurück auf den Wandel der gesellschaftlichen Wertorientierungen in der zweiten Hälfte des 20. Jahrhunderts zeigt: Es bilden sich neue Balancen heraus zwischen verschiedenen, oft widersprüchlich erscheinenden Werten, die man als Verfall nur dann beschreiben kann, wenn man der Vorstellung von einer »guten alten Zeit« anhängt, wenn man also eine kurze Phase von fünfzehn bis zwanzig Jahren, die fünfziger und die sechziger Jahre, gleichsam fundamentalisiert für alle weiteren Überlegungen. Ansonsten wird der Blick frei und zeigt ein vielfältigeres, vor allem ein ambivalentes Bild: Individualisierung muß nicht automatisch und eindimensional zu einem Verlust an Gemeinschaft und Solidarität führen. Sie erfordert freilich künftig andere Formen und Begründungen, die Rücksicht darauf nehmen, daß jede »Organisation« von Solidarität es in Zukunft mit selbständigen, anspruchsvollen und oft auch schwierigen Menschen zu tun haben wird und sich nicht mehr auf wirkmächtige Sozialmilieus, auf verbindliche Vorgaben und Autoritäten oder auf andere sichere Grundlagen verlassen kann. Die Selbstverständlichkeiten werden weniger. *Individualisierung* ist immer auch eine Art *Entgrenzung, die von innen kommt.*

Aus anderen Gründen, aber mit ähnlichen Folgen ist nun auch die *Globalisierung* dabei, Sicherheiten und Selbstverständlichkeiten abzuräumen. Es gibt keine verbindlichen Grenzen mehr, die den Sozialstaat nach innen schützen und »Gefahren« von außen abwenden. *Globalisierung* ist immer auch eine Art *Entgrenzung, die von außen kommt.*

Diese Entgrenzung des persönlichen, gesellschaftlichen und politischen Lebens reicht weit über die Welt der Ökonomie hinaus. Der britische Historiker Paul Kennedy, bekannt geworden durch seine Bücher *Aufstieg und Fall der großen Mächte* und *In Vorbereitung auf das 21. Jahrhundert*, sieht in der Globalisierung »das Signum des 21. Jahrhunderts«, eine Entwicklung, die nicht nur die Wirtschaft, sondern auch die Gesellschaft und den Staat, die Kultur und das Alltagsleben der Menschen tiefgreifend verändern wird: »Das Phänomen der Globalisierung scheint mir das tiefgreifendste und herausforderndste Problem, das die modernen Demokratien am Ende des 20. Jahrhunderts haben und dem sie sich in den nächsten Jahrzehnten werden stellen müssen.«

Die Folgen der Globalisierung werden die ökonomische und die soziale Landschaft und die geistig-mentale Landkarte, mit der wir uns in jenem neuen Gelände zu orientieren vermögen, grundlegend verändern. Das schreckliche G-Wort hat die Leute aufgescheucht und in einen Globalisierungsschock versetzt, und die Gründe dafür liegen in ihrer Sorge um Arbeit, Sicherheit und Wohlstand. Zwar hat es sich seit Adam Smith herumgesprochen, daß die Arbeitsteilung der Schlüssel zum »Reichtum der Nationen« ist, doch die neue, weltweite Arbeitsteilung, welche einen wichtigen Aspekt der Globalisierung darstellt, versetzt sie in Furcht und Schrecken.

Die internationale Arbeitsteilung hat nicht nur quantitativ an Umfang zugenommen, sie hat sich auch in ihrer Qualität verändert. Die quantitative Dimension läßt sich ablesen an der Ausweitung des Handels. Gegenwärtig ist das Handelsvolumen etwa hundertmal so hoch wie im Jahr 1950. Die qualitative Veränderung besteht darin, daß heute dort produziert wird, wo Kapital, Wissen und günstige Rahmenbedingungen zusammenkommen. In den frühen Industriegesellschaften hingegen, und erst recht in den Zeiten davor, wurde dort produziert, wo die natürlichen Voraussetzungen gegeben waren, sei es, daß Gewürze, Kaffee, Kakao, Portwein von den wärmeren in die kälteren Regionen der Erde verschifft wurden, sei es, daß die Kohle-, Stahl- und Werftindustrien sich dort ansiedelten, wo die natürlichen Voraussetzungen gegeben waren (Bodenschätze, Flüsse, Meere). Heute wird nicht nur die Produktion, sondern auch Forschung und Entwicklung zunehmend ins Ausland verlagert. Globalisierung kann man deshalb, wie gesagt, verstehen als Wettbewerb der immobilen Produktionsfaktoren (Standorte!) um die mobilen (Arbeit, Wissen, Kapital). Globalisierung meint aber mehr als eine Internationalisierung wirtschaftlicher Aktivitäten. Das hätte spätestens dann deutlich werden müssen, als führende Repräsentanten Südostasiens selbstbewußt und offensiv ihre Formen der Demokratie verteidigt haben. Globalisierung, das bedeutet künftig mehr denn je einen Wettbewerb der Ideen und Konzepte, wie man eine Gesellschaft am besten organisieren solle. In den vergangenen Jahrzehnten war das deutsche Modell erfolgreich und galt deshalb in weiten Teilen der Welt als Vorbild. Läuft jetzt der umgekehrte Prozeß? Die Stimmen sind nicht zu überhören: »Es wäre gut, wenn wir nicht in westlicher Überheblichkeit glaubten, wir hätten die Interpretation von Demokratie letztendlich gepachtet, wir hätten letztendlich die Definition von sozialer Verantwortung gepachtet und wir besäßen die endgültige Kenntnis über die beste Gestaltung von Wirtschaftssystemen«, so der Chefvolkswirt der Deutschen Bank, Norbert Walter. Da ist von einem »kulturellen Selektionsprozeß« die Rede, und es wird unumwunden empfohlen, »wir sollten jenes Modell kopieren, das Erfolg hat«. Globalisierung stellt die Demokratie auf den Prüfstand. In ihrem Schatten werden Gesellschaftsmodelle vorgeschlagen und aufgewertet, die jene einzigartige europäische Synthese von politischer Demokratie, wirtschaftlicher Dynamik und sozialem Zusammenhalt auflockern, wenn nicht gar aufheben.

An der Schwelle zum autoritären Jahrhundert? Ralf Dahrendorf, der Soziologe der offenen Gesellschaft, gibt ein eher düsteres Szenario: »Die Entwicklungen, die mit dem Stichwort Globalisierung beschrieben werden, sind der Demokratie, wie sie im Westen seit 200 Jahren verstanden wird, nicht förderlich. Globalisierung vollzieht sich in Räumen, für die noch keine Strukturen der Kontrolle und Rechenschaft erfunden sind, geschweige denn solche, die den ein-

zelnen Bürger ermächtigen. Globalisierung entzieht dem einzigen Domizil der repräsentativen Demokratie, das bisher funktioniert hat, dem Nationalstaat, die ökonomische Grundlage. Globalisierung beeinträchtigt den Zusammenhalt von Bürgergesellschaften, auf denen der demokratische Diskurs gedeiht. Globalisierung ersetzt die Institutionen der Demokratie durch konsequenzlose Kommunikation zwischen atomisierten Individuen.
Das ist ein düsteres Gemälde, bei dessen Anblick daran zu erinnern ist, daß Prozesse der Globalisierung Grenzen haben. Sie haben regionale, aber auch ökonomische und soziale Grenzen. Dennoch drängt der Schluß sich auf, daß die Entwicklungen zur Globalisierung und ihre sozialen Folgen eher autoritären als demokratischen Verfassungen Vorschub leisten. Autoritäre Verfassungen aber können dauern; sie sind weder so katastrophenträchtig noch so prekär wie totalitäre Diktaturen. Ein Jahrhundert des Autoritarismus ist keineswegs die unwahrscheinlichste Prognose für das 21. Jahrhundert.« (Ralf Dahrendorf: »An der Schwelle zum autoritären Jahrhundert?«, in: Ulrich Beck [Hrsg.]: *Perspektiven der Weltgesellschaft,* Frankfurt a. M. 1998)

Es ist deshalb nützlich, die verschiedenen Dimensionen der Globalisierung auch begrifflich zu unterscheiden, wie es Ulrich Beck in seinem Buch *Was ist Globalisierung?* vorgeschlagen hat. Der Münchner Soziologe spricht einmal vom *Globalismus* und meint damit die »neoliberale Ideologie der Weltmarktherrschaft«. Ebensogut könnte man auch von einem international gewendeten Marktradikalismus sprechen und damit die ökonomistische Lehre beschreiben und kritisieren, die die (Welt-)Gesellschaft auf die (Welt-)Wirtschaft und diese auf das ökonomische Eigennutzaxiom verkürzt. In den alten Zusammenhängen hieß das noch: Was gut ist für General Motors, ist gut für die Vereinigten Staaten von Amerika. Was gut ist für die Wirtschaft, ist auch gut für die Gesellschaft.
Mit dem Begriff *Globalität* verweist Beck auf die Tatsache, daß

»geschlossene Räume« fiktiv geworden sind: »Wir leben längst in einer Weltgesellschaft.« Zum dritten schließlich meint *Globalisierung* den Prozeß, der transnationale Bindungen und Räume schafft: die »Herausforderung des Nationalstaates durch transnationale Akteure«. Globalisierung verweist also auf ganz unterschiedliche Prozesse in ganz verschiedenen Bereichen (Umwelt, Religion, Politik, Wirtschaft).

Ähnlich wie Beck argumentiert auch der bekannte britische Soziologe Anthony Giddens. In seinem Buch *Jenseits von Links und Rechts* beschreibt der Direktor der London School of Economics drei Entwicklungen, die den Kontext der alten Politik haben obsolet werden lassen: Unter *Globalisierung* versteht Giddens, anders als die eng geführte mitteleuropäische Debatte, nicht primär ein ökonomisches Weltsystem, sondern eine »Veränderung in Raum und Zeit«, die dazu führt, daß bisher fremde Menschen und Ideen, ferne Ereignisse und Lebensweisen direkte Folgen haben für die lokalen Lebenswelten der Menschen und umgekehrt. Mit dem Begriff der *posttraditionellen Gesellschaft* meint er eine Gesellschaft, in der die Traditionen ihren Status ändern: Sie werden nun offen ins Blickfeld gerückt; man kann sie nicht mehr nur bewahren, man muß sie begründen und sich für sie entscheiden. »Traditionen in traditioneller Weise zu verteidigen wird zum Fundamentalismus.« Das gilt für religiöse Traditionen ebenso wie für traditionelle Industriezweige, und es gilt für Lebensweisen (Familie, Freundschaft) ebenso wie für den traditionellen Wohlfahrtsstaat. Und das Eindringen von *»sozialer Reflexivität«* in immer mehr Lebensbereiche bedeutet, daß sämtliche Institutionen, ob Familie oder Gewerkschaften, Parteien oder Betriebe, Kirchen oder Liebe, es mit Menschen zu tun haben, die sich nicht einfach ein- oder gar unterordnen, sondern die die soziale Wirklichkeit, deren Teil sie sind, selber hervorbringen wollen. Weil die Traditionen ihren Status ändern und soziale Reflexion in alle Poren der Gesellschaft eindringt und zudem die Lebenswelt des Menschen immer mehr entgrenzt wird, wird das Individuum immer mehr auf sich selbst verwiesen. Die neue Renaissance, von der der Sozialpsychologe Gerhard Schmidtchen spricht, hat ihre Ursachen auch in globalen und gesellschaftlichen Veränderungen.

Digitalisierung oder: Die vernetzte Gesellschaft

Globalisierung und Individualisierung werden vorangetrieben durch eine dritte Entwicklung, die die Zukunft prägen und das Zusammenleben der Menschen, Völker und Staaten verändern wird: Alles, was mit Computer, Fernseher, Telekommunikation zu tun hat, wird raffinierter und leistungsfähiger. Das 21. Jahrhundert wird das Jahrhundert der Telekommunikation. Dieser Megatrend wird den Reichtum der Nationen fördern, vor allem auch die Entwicklung jener Regionen, die als »Entwicklungsländer« oder Dritte Welt zu bezeichnen bis vor kurzem noch üblich war. Er wird wie bisher auch weiter dazu führen, daß immer weniger Menschen immer mehr Güter und (technische) Dienstleistungen produzieren können. Mensch und Gesellschaft werden mit immer weniger Aufwand an Erwerbsarbeit immer besser versorgt. Neben den Chancen birgt dieser Trend aber auch die Gefahr, daß neue Spaltungen entstehen und ganze Gruppen und Regionen abgehängt werden (können) – jene, die zur digitalen Welt keinen Zugang haben oder wollen: die neuen Analphabeten des Informationszeitalters.

Digitale Welt »Von der zunehmenden Individualisierung der Telekommunikationsdienstleistungen werden nicht nur die professionellen Nutzer der Telekommunikation profitieren. Auch für die privaten Kunden entstehen immer individuellere Telekommunikationsservices.
Künftig werden praktisch alle Kunden auf der Basis standardisierter Abgebotsbausteine mit maßgeschneiderten Telekommunikationsdienstleistungen bedient. Diese Dienstleistungen werden eine zu-

nehmend breite Palette von multimedialen Anwendungen integrieren. Das komfortable Telephonieren zu Hause und unterwegs wird ebenso Bestandteil der Angebotspakete für die Telekommunikationsnutzer sein wie der schnelle Internet-Zugriff, das multimediale Teleshopping oder multimediagestützte Applikationen im Bereich des Telelearning. Die Telekommunikationsunternehmen werden ihren Kunden die Fernwartung der technischen Anlagen ihres Hauses oder ausgefeilte Sicherheitsanwendungen bieten. Pflegebedürftige oder kranke Menschen können mit Hilfe von Telemedizinservices weiter in ihrem heimischen Umfeld leben. Telearbeitsanwendungen ermöglichen die bessere Vereinbarkeit von Familie und Beruf.
Diese und eine Vielzahl weiterer Nutzungsformen der Telekommunikation werden in Zukunft für die Kunden zu individuellen Anwendungspaketen gebündelt. Die wachsende Intelligenz der Telekommunikationsinfrastrukturen ermöglicht es zudem, diese Pakete schnell und flexibel um weitere Dienstleistungen zu erweitern und so dem sich wandelnden Bedarf der Kunden anzupassen.« (Ron Sommer: »Vor dem Quantensprung: Digitale Welt«, in: Theo Sommer [Hrsg.]: *1998. Der Ausblick auf das kommende Jahr* [*Zeit Punkte*, Juni 1997])

Schätzungen gehen davon aus, daß gegen Ende des Jahrhunderts weltweit etwa 700 Millionen Menschen das Internet nutzen werden. Die wahre Bedeutung dieses Quantensprungs in die digitale Welt greift jedoch viel tiefer und geht weit über die schlichte Feststellung hinaus, daß eben mehr Menschen mehr Medien »benutzen« (so wie früher andere Hilfsmittel auch). Die revolutionäre Wirkung der Digitalisierung besteht auch nicht einmal in der gewiß wichtigen Tatsache, daß die Telekommunikation zu einer der Schlüsseltechnologien des 21. Jahrhunderts werden wird, zum weltweit größten Markt und überhaupt zu einem entscheidenden Wettbewerbsvorteil. Ihre wahre Bedeutung liegt darin, daß sie die Organisation der Gesellschaft verändern wird.
Die Liaison von PC und TV, der rasche Zugriff auf, der leichte Austausch von Informationen werden Alltag und Arbeitswelt, Bildung und Handel, die Kooperation in und zwischen Unternehmen

von Grund auf neu gestalten. So werden Menschen in Deutschland und in Europa arbeiten, die Deutschland und Europa nie sehen werden, sondern lieber in Kuala Lumpur oder in Kalifornien leben (bleiben). »Information wants to be free«, so bilanziert das Nachrichtenmagazin *Time* in seiner Ausgabe vom 3. Februar 1997 die inhärenten Folgen einer vernetzten Welt. Informationen wollen frei sein, eine vernetzte Welt kennt keine Grenzen, und eine Informationsgesellschaft braucht und bringt andere Menschen: »Die treibende Kraft hinter der Informationsoffenheit ist nicht politischer Idealismus, sondern ökonomische Realität. Anders als im industriellen Zeitalter, als fügsame Arbeiter, die immer die gleichen stumpfsinnigen Tätigkeiten ausführten, von Vorteil waren, erfordert das Informationszeitalter smarte Wissensarbeiter, deren fragende und vieles hinterfragende Haltung ermutigt werden muß, wenn ein Unternehmen und eine Nation im Wettbewerb vorne bleiben wollen.«

Beck und Giddens bringen diese Veränderungen auf einen neuen Begriff: *zweite Moderne*. Mit diesem Konzept wollen sie sich einmal von den Beliebigkeiten der Postmoderne, vor allem aber von der ersten, der industriegesellschaftlichen Moderne abgrenzen.

Die erste Moderne war gekennzeichnet durch eine territoriale Abgrenzung (Nationalstaat), durch klare und eindeutige Konfliktlinien (Klassenkampf, Kulturkampf), durch eine Demokratisierung der nationalen Politik (parlamentarisches Regierungssystem), durch Integration der Menschen in die Gesellschaft (über Erwerbsarbeit), durch einen auf der Erwerbsarbeit ruhenden Sozialstaat und nicht zuletzt durch eine Trennung von Privat und Öffentlich, von Familie und Beruf. Der Fortschritt hatte in der ersten Moderne noch eine Richtung, und er hatte seine Methoden: Markt und Staat, Wachstum der Wirtschaft und Wachstum des Sozialstaats. In der zweiten Moderne müssen sich all die Institutionen neu begründen, die in der ersten Moderne entstanden: Volkspartei und Volkskirche, Gewerkschaften und vor allem *Familie und*

Arbeitswelt – die beiden Stabilitätsanker des Lebens und der Gesellschaft und die Grundlagen des Sozialstaats.

ZUSAMMEN*f*ASSUNG

1. Dieses Kapitel hat die Veränderungen beschrieben, die gegenwärtig auf Politik, Gesellschaft und nicht zuletzt auf den Alltag der Menschen einstürzen. Es sind dies Veränderungen, die nicht auf *eine* Ursache zurückzuführen sind, deren Folgen aber von den Zeitgenossen, vor allem von den Modernisierungsverlierern, in einen *diffusen Zusammenhang* gebracht werden. Das macht sie dann schwerer handhabbar: ein Zustand, den die Politik erst mitverursacht hat und an dem sie nun leidet.

2. Die Veränderungen, welche die Industriegesellschaft über ihre Grenzen hinaustreiben, haben die Qualität sozialer Konflikte grundlegend verändert. Im Lauf der Zeit ist es gelungen, den alten sozialen Konflikt zwischen Kapital und Arbeit zu institutionalisieren und durch konfliktfähige und organisationsfähige Konfliktparteien nicht zu »lösen«, aber zu entschärfen, ja auf schöpferische Weise auszutragen. Die Bedingungen dieser Möglichkeit haben sich verändert: Gegen globale und komplexe Zusammenhänge läßt sich schlecht streiken. Der Schlachtruf der Arbeiterklasse, an dem sie sich erkannt hat, hat eine makabre Wendung erfahren: Alle Räder stehen still, wenn *sein* (des Kapitals) starker Arm es will. Aus den klaren, »echten« Konflikten der Vergangenheit sind allerorten diffuse Ängste und, in den Worten des amerikanischen Soziologen Lewis A. Coser, *»unechte* soziale Konflikte« geworden. Solche Konflikte lösen vor allem bei den sozialen und kulturellen Modernisierungsverlierern Ängste aus, die herumvagabundieren wie herrenlose Hunde. Ist ein solcher Zustand erst einmal eingetreten, dann ist vernünftige Politik nur noch schwer möglich, dafür aber um so mehr nötig, bevor es zu spät ist.

3. In der Wahrnehmung der Menschen schürzt sich gegenwärtig ein Knoten scheinbar unentwirrbarer Probleme. So schreiben viele die Arbeitslosigkeit der Globalisierung zu in einem Ausmaß, das in der Wirklichkeit keine Entsprechung hat. Der weiteren europäischen Einigung sehen sie mit gemischten Gefühlen entgegen, weil sie mit der Deutschen Mark das vertraute Symbol ihres Wohlstands verlieren und weil auf den Güter-,

Dienstleistungs- und Arbeitsmärkten ein schärferer Wind wehen wird. Das eine aber hat mit dem anderen wenig zu tun. Auch die allersouveränsten Nationalstaaten würden von den globalen Umwälzungen betroffen. Globalisierung und Digitalisierung erreichen Länder und Regionen ganz unabhängig davon, ob und wie diese sich, etwa durch Bildung gemeinsamer Märkte oder politischer Zusammenschlüsse, darauf einstellen. So werden die Menschen durch die Gleichzeitigkeit des Neuen überfordert, das sie nicht durchschauen und das für viele nur in einem gemeinsamen Nenner zusammenläuft: Angst und Abwehr. Die Kultur der Angst ist die andere Seite des Versagens der öffentlichen Aufklärung. Und das alles in einer soziohistorischen Lage, in der viele, zu Recht oder zu Unrecht, fühlen, daß der soziale Zusammenhalt schwächer werde (Individualisierung) – und in der außerdem die Kosten der Veränderungen nicht einfach durch Geld eingewattet werden können, was ja von der ferneren (Sozialstaat) über die jüngere Vergangenheit (Subventionsmilliarden für die Landwirte) bis in die Gegenwart hinein (Anschluß der neuen Länder an das national-soziale Territorium der alten Bundesrepublik) stets der Fall war: mit durchaus befriedender Wirkung.

4. Die Politik hat angesichts dieser Veränderungen in den Außen- und in den Innenwelten der Menschen ein heimliches Bündnis geschlossen, das die Lage verschlimmert und eine angemessene Antwort erschwert hat: Regierung und Opposition sind übereingekommen, die Veränderungen möglichst lange und möglichst wirksam zu tabuisieren. Dem zugrunde liegt die tiefe Überzeugung, Mehrheiten ließen sich in Zeiten wie diesen nicht mit politischen Wahrheiten verteidigen oder erringen. Wenn schon Veränderungen, dann möglichst so, daß es niemand merkt: hinter dem Rücken der Akteure; ohne öffentlich darüber zu debattieren; ohne das Risiko vor allem, im politischen Wettbewerb dadurch Punkte zu verlieren. Es ist diese politische Methode, die sich erschöpft hat – und jetzt auf die Politik zurückschlägt. Das politische Geschäft wirkt nicht zuletzt deshalb so bleiern, weil die Politik es versäumt hat, rechtzeitig die Zusammenhänge und die absehbaren Folgen (auf dem Arbeitsmarkt etwa oder bei der demographischen Entwicklung) zu erklären, und weil sie dies auch noch nach dem zynischen Motto getan hat: Keine offene und öffentliche Rede über »Probleme«, die man nicht gleich »lösen« kann. Die vergangenen Jahre haben gezeigt, wie nun umgekehrt ein Schuh draus wird: Keine wirkliche Bewegung in der Politik, weil man nie öffentlich (und auch in den Parteigremien nicht) darüber geredet hat.

5. Eine wahrhaftige, schöpferische und vor allem realitätstüchtige Antwort auf die großen Veränderungen der Zeit hätte in drei Aussagen bestehen können:

- Es gibt Entwicklungen (Globalisierung, Individualisierung, Digitalisierung), von denen jede Politik ausgehen und aus denen sie das Beste machen muß, *aber auch kann*, wenn sie diese Entwicklungen als Chancen nimmt für die fälligen Reformen in der Lebens- und in der Arbeitswelt.
- Es gibt Grenzen der Globalisierung wie auch der Individualisierung. Nicht alle Bereiche des Lebens sind der Globalisierung ausgesetzt. So hat die Politik etwa beim Steuerrecht, im Bildungswesen, bei der Organisation der nationalen und kommunalen Sozialpolitik weite Handlungsspielräume, die sie bisher nicht nur nicht ausnutzt, sondern – gemeinsam mit den Herolden der »Globalisierungsfalle« – systematisch verschweigt. In der Globalisierungsfalle sitzen vor allem jene, die sich nicht bewegen wollen oder können, die den »Arsch nit huh« und die »Zäng nit ussenander« bekommen (so die Gruppe BAP; für alle Hochdeutschen: »… die den Hintern nicht hoch und die Zähne nicht auseinanderbekommen«).
- Es gibt Möglichkeiten, die allgemeinen Fragen der Zeit durch neue Formen der transnationalen Kooperation (besser) zu lösen und gleichzeitig den konkreten Sehnsüchten der Menschen nach Zugehörigkeit auf ganz anderen Ebenen und durch neue Formen lokaler Vielfalt und Autonomie zu entsprechen. Die Politik des Bundes und der Länder könnte auf die nationalen und internationalen Veränderungen durch eine neue und demonstrative Hinwendung zu den lokalen Lebenswelten der Menschen antworten.

Die folgenden Kapitel versuchen, Familie, Arbeitswelt und die soziale Bürgergesellschaft im Licht dieser Veränderungen zu analysieren und einige Pfade der Reform aufzuzeigen.

VIERTES
KAPITEL

DER WANDEL DER PRIVATEN BEZIEHUNGEN.
Über die Zukunft der Familie

These 1: Die Familie steckt nicht in einer Krise, sie verändert ihre Formen. Nach wie vor hat ein Leben in verläßlicher Partnerschaft, möglichst auch mit Kindern, in einer neuen Balance zwischen beruflichen Orientierungen und dauerhaften persönlichen Beziehungen einen hohen Stellenwert für junge Frauen und junge Männer.

These 2: Wo Familien gelebt werden, schneiden sie im Vergleich zu Familien in früheren Zeiten nicht schlecht ab. Es gibt keinen Grund zur Verklärung der scheinbar guten alten Zeit, aber auch keinen Grund zum Alarmismus über die Gegenwart. Neu ist allerdings das leise Verschwinden der Familien mit mehreren Kindern vor allem aus unseren großen Städten.

These 3: So zeigt das aktuelle Bild gegenläufige Tendenzen: Die »strukturelle Rücksichtslosigkeit« von Wirtschaft und Gesellschaft gegenüber den Familien, von der der Fünfte Familienbericht spricht, führt dazu, daß es immer weniger Familien gibt in Deutschland. Dagegen sind die Beziehungen zu Kindern und Eltern, oft über Generationen hinweg, intensiver geworden. Beziehungen werden den Menschen wichtiger als Institutionen. Es gibt eine Tendenz zu einer »multilokalen Mehrgenerationenfamilie« (Hans Bertram).

These 4: Familie ist nach wie vor wichtig als Ort und Symbol normativer Beziehungen (Alltagssolidaritäten). Das wird sie aber nur bleiben können, wenn innerhalb und außerhalb von Familien ein neues

Leitbild gelebt werden kann, das Emanzipation und Hingabe, Freiheit und Verantwortung nicht als Gegensätze, sondern als die beiden Seiten einer modernen Solidarität und einer modernen Familie beschreibt (»solidarischer Individualismus«).

These 5: Über die Zukunft der Familien und über die Zukunft verantwortlicher Beziehungen, die die eigenen Interessen transzendieren, wird die Anwort auf die Frage entscheiden, ob die Gesellschaft einen mittleren Grund findet zwischen einer bloßen Rhetorik der Familienwerte, die den veränderten Bedingungen nicht gerecht wird, und einer neuen Gleichgültigkeit, die nicht zu begreifen vermag, daß Alltagssolidaritäten *auch* das Ergebnis politischer Anstrengungen sind: Wo immer sie sich entfalten sollen, brauchen sie finanzielle und gesellschaftliche Unterstützung.

Familie als Projektionsfläche der Gesellschaft?

Die Jugend verwahrlost. Die Eltern sind nicht mehr in der Lage, ihre Kinder richtig zu erziehen. Kein Wunder, sind doch die Mütter zunehmend berufstätig, und die Scheidungsraten steigen. Die Familie versagt bei ihrer Aufgabe, Kinder und Jugendliche in die Gesellschaft zu integrieren. Die Krise in Staat und Gesellschaft ist im Kern eine Krise der Familie.

Diese Diagnose zur Lage der Familie und der Nation ist nicht neu – und sie ist ein Zitat. Doch es stammt nicht, wie man meinen könnte, aus der Regierungserklärung eines konservativen Politikers unserer Tage. Im Jahre 1929 berief der amerikanische Präsident Hoover eine Kommission, welche die Entwicklungstendenzen der amerikanischen Gesellschaft analysieren sollte. Der damals bekannte Familiensoziologe William F. Ogburn und sein Mitarbeiter Clark Tibbitts verfaßten für diesen Bericht das Kapitel über »Wandel und Entwicklung von Ehe und Familie in den Vereinigten Staaten«. In ihrem 1933 vorgelegten Report klagen sie über den Verfall der Werte, über die Krise der Familie und überhaupt über das Zerbröseln sozialer Bindungen, und sie vergleichen den sozialen Niedergang in der Gegenwart mit dem idealen Bild einer fernen Familie. Damals mußten die Farmer im amerikanischen Westen und ihre Familien herhalten, um die »gute alte Zeit« zu verklären. Hier und heute ist es die bürgerliche Familie, wie sie einmal gewesen – und dann der Belagerung der Moderne und der Subversion durch Hedonismus und Emanzipation zum Opfer gefallen sein soll.

Es ist ein altes und vertrautes Muster. Über die Krise der Familie wird nicht erst verhandelt, seit der amerikanische Präsident Ronald Reagan und die britische Premierministerin Margret Thatcher Anfang der achtziger Jahre die »Family Values«, die »Familienwerte« auch deshalb entdeckt haben, weil sie vergessen machen wollten, daß in ihrem ideologischen Weltbild eines entfesselten Kapitalismus für Familien kein systematischer Ort und in ihrem Haushalt für Familien kein Geld vorgesehen war. Familienklagen haben eine lange Tradition. Schon Auguste Comte, der Begründer der Soziologie, hat vor vielen Jahren befürchtet, daß die soziale Unordnung und Anarchie nach der Französischen Revolution die Familie als soziale Institution zerstören würde. In Deutschland gab es zu Beginn des 20. Jahrhunderts eine breite Diskussion über die Zerrüttung der Familien. Damals wie heute stützte sie sich auf eine Reihe von Tatsachen und Vermutungen, auf Fakten und Fiktionen, die von den Propheten des Untergangs zu einem zeit- und kulturkritischen Mix verarbeitet und dann als höchst bedrohlich erlebt wurden. Zu den Beobachtungen und Übertreibungen von damals gehörten ebenso die »sexuellen Ausschweifungen des Mannes«, die die Ehen zerstörten, wie die steigende Zahl der Kirchenaustritte und der Scheidungen: Diese stiegen in Deutschland von 0,1 Prozent der bestehenden Ehen im Jahre 1904 auf 0,3 Prozent 1921 an. Das Jahr 1939 brachte schließlich die Scheidung aufgrund unheilbarer Zerrüttung (ein sozialer Fortschritt übrigens, der der Bevölkerungspolitik des Dritten Reichs geschuldet war), und immer mehr Frauen gingen einer außerhäuslichen Erwerbstätigkeit nach. Damals wie heute war dieser Sachverhalt für viele ein untrügliches Zeichen für den Niedergang der Familie.

Die Dauerkrise der Familie

So wurde und wird immer wieder der Untergang von Ehe und Familie vorhergesagt. Wie stets in Zeiten von wirtschaftlichen, politischen und sozialen Umbrüchen bietet sich die Familie als Projektionsfläche an für Ängste und Sehnsüchte in einer unwirtlichen Welt. Wann immer im gesellschaftlichen und im Alltagsleben der soziale Streß zunimmt, wird die Familie zum Thema – und zu einem Fluchtpunkt, der orientieren soll in unruhiger Zeit. Doch schon allein die lange Dauer der Krise der Familie sollte aufhorchen lassen. Die Familie steckt, damals wie heute, nicht in einer Krise, sie verändert »nur« ihre Formen. Die Familie wirft keine »Probleme« auf, die man, wenn man nur will, so einfach »lösen« kann. Es geht vielmehr um die Frage, ob und wie in posttraditionalen Gesellschaften ein Leben mit Kindern und in gegenseitiger Verpflichtung möglich ist und wieder wahrscheinlicher wird.

Eine solche Interpretation der »Krise der Familie« ist weniger dramatisch als der verbreitete Alarmismus, aber auch etwas anderes als die konservative Hoffnung auf frühere Zeiten. So, wie es war, wird es nie mehr werden. Die privaten Beziehungen der Menschen – zwischen Mann und Frau, zwischen Eltern und Kindern, zwischen den drei und vier Generationen – sind gegenwärtig einem tiefgreifenden Wandel unterworfen, der nicht nur Schmerzen und Verluste, sondern auch Gewinne und Bereicherungen kennt. *In* den Familien waren die Beziehungen zwischen Eltern und ihren Kindern, alles in allem, noch nie so entspannt, so partnerschaftlich wie in unseren Tagen. Mütter lernen von ihren Töchtern die neuesten Entwicklungen in Mode und Musik, und die Söhne hocken oft bis in ihre zwanziger Jahre hinein im elterlichen Nest, weil sie hier, anders als früher, beides haben: Geborgenheit und Freiheit, Bequemlichkeit und Abwechslung, Rückzug und Aufbruch in die Abenteuer des Lebens. Eltern und Kinder haben noch nie in der Geschichte soviel Lebenszeit gemeinsam gehabt wie gegenwärtig und in Zukunft. Heute investieren Eltern mehr Zeit und mehr Geld in ihre Kinder, als es noch vor wenigen Jahrzehnten denkbar und möglich war. Kinder werden wieder wichtiger für die Eltern. Sie werden, in der hölzernen Sprache der Experten, zu den wichtigsten, oft zu den einzigen »Bezugspersonen«, wenn die Eltern einmal alt sind. Alles in allem: Mögen auch auf der *gesellschaftlichen* Ebene Anzeichen für einen neuen Konflikt der Generationen auftauchen (Jung gegen Alt, Generationenvertrag, Renten), so war doch auf der Ebene der *privaten Beziehungen* das Klima zwischen den Generationen nie so gut und so entspannt wie heute.

Die öffentliche Aufmerksamkeit freilich konzentriert sich auf andere Veränderungen, die dann flugs zu einem Katastrophenszenario gebündelt werden: Immer mehr junge Menschen schieben die Heirat auf oder heiraten gar nicht mehr. Die Zahl der Geburten ist seit Mitte der siebziger Jahre deutlich gesunken, und auch neuere Angaben des Statistischen Bundesamts, daß die Zahl der Geburten in Deutschland im Jahre 1996 erstmals seit 1990 wieder zugenommen habe, widersprechen dem nur scheinbar: Nicht das generative Verhalten hat sich geändert. Es sind stärkere Jahrgänge, die jetzt heiraten und Kinder haben (können). Aber immer mehr junge Frauen verzichten offenbar ganz auf Kinder. Die Zahl der Scheidungen wächst, vor allem in den großen Städten.

Kein Grund zur Klage, aber Anlaß zum Handeln!

Der Mythos von der heilen Familie, die nun entschwunden sei, und der Alarmismus über ihren Untergang, der unmittelbar bevorstehe, vermitteln nicht nur ein höchst verzerrtes Bild. Die Idealisierung der Vergangenheit und das Jammern über die Gegenwart injizieren vielmehr in Politik und Gesellschaft ein lähmendes Gift, das den Aufbruch in eine andere Zeit gerade verhindert, in eine Gesellschaft, in der die Menschen ihr Recht auf ein eigenes Leben ebenso verwirklichen könnten wie ein Leben mit Kindern; den Aufbruch in eine Gesellschaft, in der ein fairer Ausgleich zwischen den Geschlechtern ebenso möglich wäre wie zwischen den Generationen; den Aufbruch in eine Gesellschaft auch, die ihren wirtschaftlichen (produktiven) Reichtum nicht länger mit einer sozialen Armut erkaufen müßte: der Armut an Familien und an einem Leben mit Kindern.

Der alte Mythos von der bürgerlichen Familie verbreitet einen falschen Zauber. Die real existierenden Familien schneiden heute im Vergleich zur Vergangenheit nicht schlecht ab. In früheren Zeiten wurden die Ehen sehr oft zweckbezogen begründet (»Drum prüfe, wer sich ewig bindet, ob sich die Wies' zum Acker findet!«). Sie waren von kurzer Dauer und emotional nicht sehr hoch besetzt.

Eine empirisch wie historisch sehr materialreiche Studie über die »Familie an der Schwelle zum neuen Jahrtausend« rückt die Proportionen etwas zurecht: »Die durchschnittliche Dauer einer Ehe lag vor dem 18. Jahrhundert unterhalb der einer Ehe von heute«, so erinnert der Herausgeber Walter Bien vom Deutschen Jugendinstitut. »Trotz zunehmender Scheidungszahlen sind Ehen niemals langlebiger gewesen als heute.« In Berlin war im Jahre 1925 die Scheidungsrate sogar höher als heute.

Und auf der anderen Seite schießt der nicht mehr ganz neue Alarmismus sich auf falsche Objekte und Bewegungen ein. Es sind nicht die Scheidungen, die den Verfall oder das Brüchigwerden von Ehe und Familie anzeigen. Es ist eine andere Entwicklung, die Sorgen bereiten könnte: Familien mit (mehreren) Kindern verschwinden lautlos aus der Gesellschaft. Dieser Exodus der Familien, vor allem aus unseren großen Städten, stellt die eigentliche und dramatische Veränderung dar. Die Deutschen leben, was Familie und Kinder betrifft, in einem geteilten Land. Geteilt nicht mehr zwischen Ost und West, sondern zwischen Stadt und Land; zwischen den urbanen Zentren und den ländlichen Regionen; zwischen dem produktiven Reichtum und der reproduktiven Armut; den, ökonomisch betrachtet, reichen Regionen des Landes und jenen, in denen das Bruttoinlandsprodukt geringer, aber die Zahl der Kinder größer ist.

Für Politiker und Parteien, Parlamente und Regierungen besteht weniger Anlaß zu einem kulturpessimistischen Lamento über die »Krise der Familie« oder über den »Niedergang der Familienwerte«, wohl aber gibt es für sie Grund genug zum politischen Handeln, das die Rahmenbedingungen verbessert, damit Frauen und Männer mehr und besser Familie leben können. »Familien brauchen Hilfe«, hat der Familienforscher Franz Xaver Kaufmann einmal lapidar bemerkt, »aber es ist schwer, ihnen zu helfen.« Das ist wohl wahr: Die privaten Beziehungen der Menschen sind – zum Glück, möchte man sagen – sehr politikresistent. Aber es wäre schon viel gewonnen, wenn die offensichtlichen Benachteiligungen der Familien wenigstens etwas gemildert und nicht weiter verschärft würden; wenn die soziale Infrastruktur für die Familien ausgebaut würde – und wenn die Politik nicht, über alle Parteigrenzen hinweg, völlig widersprüchliche Leitbilder der Familienpolitik verfolgen würde mit dem Ergebnis, daß das Sozialrecht konterkariert, was das Ehe- und Familienrecht normiert. Im Jahre 1976 war das Ehe- und Familienrecht seiner Zeit voraus, indem es die partnerschaftliche Ehe normierte. Doch die sozial- und steuerrechtlichen sowie die gesellschaftlichen Rahmenbedingungen stimmen nicht mit den veränderten Leitbildern und Lebensplanungen der Menschen überein, und es sind die Familien, die Frauen vor allem und die Kinder, die darunter schwer zu leiden haben. Es ist in Deutschland schwerer als in anderen Ländern, Familie mit Kindern zu leben.

»Jede zweite Ehe wird geschieden« – Ein falscher Alarm?

Das Nachdenken über die Familie schwankt in Deutschland zwischen Mythos und Katastrophe. »Jede dritte Ehe wird geschieden, in Städten sogar jede zweite!« Schlagzeilen wie diese sollen den Verfall der Familie demonstrieren. Doch was besagt dieser Hinweis wirklich? Der Familiensoziologe Hans Bertram von der Humboldt-Universität in Berlin weist zu Recht darauf hin, daß diese Zahlen Auflösungstendenzen suggerieren, »die in dieser Form eher Ausdruck eines statistischen Artefakts sind«. Die üblichen Scheidungsstatistiken sagen über die sozialen Veränderungen relativ wenig aus: Sie verwirren mehr, als sie erklären.

Natürlich trifft es zu, daß Ende der sechziger Jahre auch hier die heile Welt zu Ende ging. Seit Anfang der siebziger Jahre sind die Scheidungszahlen deutlich angestiegen. In Berlin kommen heute auf hundert Ehen fünfzig, in München vierzig, in ländlichen Gebieten dreizehn bis fünfzehn Scheidungen. Aber die Dramatik solcher Kassandrarufe hängt ganz und gar davon ab, wie groß die jeweiligen Jahrgänge sind, die sich im heiratsfähigen Alter befinden – und wie stark die Heiratsneigung in den jeweiligen Jahrgängen ist. Seit gut zwanzig Jahren sinken zum Beispiel die Heiratsziffern Lediger, und es nimmt die Anzahl der Unverheirateten in einem Jahrgang zu. Je weniger Leute aber heiraten, aus welchen Gründen auch immer, desto mehr verfallen nach dieser Rechnung, *bei gleichen Scheidungszahlen*, Ehe und Familie. Bertram schlägt deshalb vor, die Relation der Geschiedenen an der Bevölkerung des jeweiligen Altersjahrgangs als Indikator für die Stabilität oder Brüchigkeit von Beziehungen zu nehmen, und da sieht das Bild schon ganz anders, nämlich viel differenzierter aus:

> Im Jahre 1961 waren in der Altersgruppe der 30- bis 45jährigen bei den Frauen 3,2 Prozent und bei den Männern 1,7 Prozent geschieden. Dieses Bild hat sich bis 1970 nicht wesentlich verändert, lediglich bei den Männern stieg der Anteil auf 2,2 Prozent. Dagegen haben sich die Anteile im Jahr 1991 in den alten Bundesländern verdreifacht: auf 8,4 Prozent bei den Frauen und 6,7 Prozent bei den Männern. 1994 waren in der Altersgruppe der 30- bis 45jährigen 7,3 Prozent der Männer und 8,9 Prozent der Frauen geschieden.

Hinter diesen dürren Zahlen verbergen sich gewiß persönliche und oft auch Familientragödien, und der Hinweis des Frankfurter Soziologen Karl Otto Hondrich auf mögliche »Individualisierungsopfer« ist angebracht und ernst zu nehmen. Aber wahr ist auch, daß es nach wie vor eine kleine Minderheit ist, nicht die Hälfte und auch nicht ein Drittel, die sich scheiden läßt. 1996 wurden im gesamten Bundesgebiet 175 550 Ehen geschieden. Die Scheidungszahlen haben sich seit Jahren, wenn auch auf einem hohen Niveau, stabilisiert, bei uns und auch in anderen Teilen Nord- und Westeuropas, und sie liegen in Deutschland eher niedriger als in den meisten europäischen Ländern. Wie sie sich entwickeln werden, läßt sich schwer voraussagen. Wenn die Ehen immer später beginnen und wenn immer weniger Ehen geschlossen werden, dann werden auch immer weniger Ehen geschieden werden. Wenn die Rahmenbedingungen für eine Vereinbarkeit von Familie und Beruf sich verschlechtern, wird der soziale Streß wachsen, Ehen und Familien belasten und Scheidungen eher wahrscheinlicher machen. Der Trend zu neuen Formen der Selbständigkeit, zu Teleheimarbeit und zu gemeinsam arbeitenden Paaren (»working couples«) mag die Stabilität von Beziehungen begünstigen, für die Kooperation bei Konflikten ja meist besser ist als Harmonie bei Entfremdung.

Die Scheidungsziffern: Kein Grund zur Dramatisierung

Eine *konkrete* Scheidung kann ein Drama werden. Die Dramatik von Scheidungszahlen *insgesamt* aber hängt immer auch von den früheren Jahrgangsstärken, der damaligen Heiratsneigung und vielen anderen Faktoren ab. Auch ein Blick auf die Veränderung familienrelevanter »Kennziffern« im 20. Jahrhundert zeigt ein eher undramatisches Bild. Die Zeitreihen zeichnen sich eher durch Kontinuität als durch abrupte Veränderungen aus. So ist etwa der Anteil der Verheirateten an allen Frauen bei der Altersgruppe der 40- bis 44jährigen 1994 fast genauso hoch wie 1890. Auffällig ist für die beiden Autoren des Deutschen Jugendinstituts, Walter Bien und Hiltrud Bayer, »das hohe Sockelniveau von 75%, das bisher von beiden Geschlechtern trotz Kriegseinflüssen, Notzeiten, Scheidungsboom und Modernisierung nicht unterschritten wurde«. Wie es weitergeht, ist schwer vorhersehbar. Prognosen hängen davon ab, ob man die langfristigen Trends in die Zukunft verlängert oder ob man die Veränderungen in der jüngsten Zeit zugrunde legt. Der langfristige Trend gibt eher Anlaß zur Entwarnung. In den letzten 40 Jahren sind die Scheidungszahlen »im Vergleich zu den Eheschließungen zwar gestiegen, aber nur moderat von eins auf ca. zwei pro tausend Einwohner pro Jahr, so daß selbst eine weitere Zunahme der Scheidungsziffer um 2% im Jahr 1996 keine große Auswirkungen auf die Stabilität des Verheiratetenanteils hätte«. Wenn man freilich die jüngsten Veränderungen bei den jungen Erwachsenen betrachtet, dann muß man deutliche Veränderungen erwarten. (Walter Bien [Hrsg.]: *Familie an der Schwelle zum neuen Jahrtausend,* Opladen 1996)

Vor allem aber: Scheidungszahlen sagen in der sozialen Wirklichkeit etwas über das Ende einer Ehe aus, nicht aber über das Ende einer Familie. Etwa die Hälfte aller Ehescheidungen betrifft Ehepaare ohne Kinder. Bei Familien mit zwei, drei oder mehr Kindern sind Scheidungen relativ selten. Von den geschiedenen Ehepaaren haben nur etwa 20 Prozent zwei, drei oder mehr Kinder. Die Zahl der von Scheidung betroffenen Kinder hat sich seit 1970 deutlich langsamer erhöht, als es der Anstieg der Scheidungen vermuten ließe. Auch diese Hinweise wiederum sollten nicht als Argument gelesen werden, die Situation zu verharmlosen. Aber der oft verbreitete Alarmismus findet in der tatsächlichen Entwicklung ebensowenig eine Grundlage. Noch immer leben – eine subversive, weil vergessene Zahl – im alten Bundesgebiet mehr als drei von vier Kindern unter 18 Jahren (78 Prozent) bei ihren beiden leiblichen Eltern.
Betrachtet man die Entwicklung gar in historischer Perspektive, kommt man zu einem noch überraschenderen Ergebnis: »Die Chancen von Kindern, gemeinsam mit beiden leiblichen Eltern aufzuwachsen, sind in diesem Jahrhundert weit stärker von den historischen Ereignissen beeinflußt worden als von den Wandlungstendenzen der letzten 15 bis 20 Jahre. Den höchsten Anteil an Kindern, die in Einelternfamilien aufwuchsen, findet man in der Generation der 1933 bis 1938 Geborenen.« Zu diesem erstaunlichen Ergebnis kommt jedenfalls Hans Bertram in seinen familienhistorischen Untersuchungen, und er bilanziert: »Die Prozentsätze der Kinder, die bei beiden Eltern aufwachsen, liegen gegenwärtig höher oder mindestens genauso hoch wie im Durchschnitt dieses Jahrhunderts.« Bertram spricht von einer »Familisierung des kindlichen Aufwachsens in unserer Gesellschaft«.

Von einem Verfall der Familie kann, so betrachtet, keine Rede sein. Weder hat die vielbeklagte Individualisierung zu einem Ende der Familie geführt, noch bedeutet bei jenen, die sich scheiden lassen, das Ende der »horizontalen« sozialen Beziehungen zwischen den Ehepartnern automatisch auch das Ende der »vertikalen« sozialen Beziehungen zwischen Eltern und Kindern. Vielmehr läßt sich ein bemerkenswerter Wandel beobachten, aber der bezieht sich auf die institutionelle Dimension der Ehe, nicht auf diejenige der Elternschaft. *Die Elternschaft wird wichtiger und verbindlicher als die Ehe. Beziehungen werden wichtiger als die Institutionen.*

Alles in allem läßt sich also weder in den großen Städten und schon gar nicht in den ländlichen Gebieten die These von einer *zunehmenden* Brüchigkeit familialer Beziehungen empirisch belegen, vielmehr zeigt sich eine enorme Stabilität von Beziehungen, *sofern man sie eingeht.* Familien heute sind stabiler, als die einen denken. Die Trends für die Zukunft aber sind bedrohlicher, als die anderen befürchten. Die Familien zerbrechen nicht, sie werden einfach weniger, sie schwinden dahin.

Für Politiker und Parteien, denen Familien und dauerhafte soziale Beziehungen wichtig sind, bedeutet dies, daß sie immer beides politisch bedenken müssen: Familien waren und sind wichtig für das humane und soziale Kapital einer Gesellschaft. In ihnen lernen Menschen soziale Tugenden und Kompetenzen. In ihnen erfahren sie, was es heißt, sich zu streiten und sich wieder zu vertragen, alleine für sich selbst und mit anderen gemeinsam etwas zu machen. Noch immer ist die Familie das tragfähigste soziale Netz in den Wechselfällen des Lebens, und diese Wechselfälle werden künftig zunehmen. Zu Recht verweist der Soziologe Karl Otto Hondrich auf die Dialektik von Individualisierung und Kollektivierung: »An wen wenden sich die modernen Menschen, wenn ihr Paar zerbricht? Es sind die Eltern, Geschwister, Großeltern, Tanten. Wir wählen diese Bindungen nicht.«

Das ist der eine Aspekt. Auch wenn neue soziale Netze, von Freundschaften bis hin zu Selbsthilfegruppen, immer wichtiger werden: Familiale Beziehungen bleiben für Kinder und für alte Menschen und für all die anderen in der Zeit dazwischen, wenn Krisen und Katastrophen kommen, noch immer die wichtigsten, oft sogar die einzigen sozialen Netze, auf die sie sich verlassen können.

Der andere, ebenso wichtige Aspekt: Der soziale Wandel führt zu einem Wandel der Familienformen. Warum fällt es eigentlich den großen Parteien und den ideologischen Strömungen im Lande noch immer so schwer, beide Aspekte zusammenzudenken? Wem ist eigentlich damit gedient, beide gegeneinander auszuspielen? Die einen ignorieren den tiefgreifenden Wandel und die neuen Formen. Die anderen ignorieren die »konservativen« Wünsche auch der modernen Menschen – und die Tatsache, daß auch sie Zeit und Zuwendung brauchen, nicht nur, aber vor allem, wenn sie jung oder alt sind.

Beide Aspekte zusammengedacht, kommen wir zu einer zentralen Frage der Familien- und Gesellschaftspolitik: Wie lassen sich familiale Beziehungen und Solidaritäten stärken und stabilisieren *auch* dort, wo sie uns in neuen Formen und »Gefäßen« begegnen? Oder, wenn man so will: Wie lassen sich die Familien*strukturen* erneuern, um die Familien*werte* zu bewahren? Die Strukturen *in* den Familien und *für* die Familien? Nicht nur für die Familien und Kinder, die es gibt, sondern auch für die Familien und Kinder, die es geben könnte, wenn nur die Verhältnisse andere wären?

Lebensform einer Minderheit? – Der leise Exodus der Familien aus der Gesellschaft

Familiale Beziehungen sind stabiler, als man denkt. *Sofern man sie eingeht.* Das aber ist, in sozialer und in kultureller Hinsicht, keineswegs mehr selbstverständlich, ganz im Gegenteil: Zu heiraten und erst recht Kinder zu haben wird zu einer Frage der Wahl und der

Entscheidung in einer Gesellschaft, die auch andere Optionen bereithält, in einer Lebensphase zudem, in der alles mögliche von den jungen Leuten erwartet wird: Sie sollen Ausbildung oder Studium erfolgreich beenden, den Einstieg in eine berufliche Tätigkeit schaffen, sich die Welt anschauen und ihren Platz in der Gesellschaft finden, die jungen Männer sollen Wehr- oder Zivildienst ableisten – und dann sollen sie eben auch noch eine Familie gründen und Kinder haben. Das alles ist ein wenig viel verlangt, ein gedrängtes Programm in bedrängten Zeiten, für eine junge Generation, die – anders als jene vor dreißig Jahren – in Schulen und Hochschulen, bei der Suche nach Lehrstellen und auf dem Arbeitsmarkt eher die Knappheit als den Überfluß erlebt. Ist es nicht ein wenig *zuviel* verlangt, was Staat und Gesellschaft da erwarten, vor allem dann, wenn sie sich anschließend wegdrehen, als ginge sie das alles gar nichts an?
So kann es nicht verwundern, daß sich immer mehr junge Menschen den vielfältigen Zumutungen, die von außen an sie herangetragen werden, entziehen oder Ehe und Familie und vor allem Kinder einfach auf spätere Zeiten vertagen, die dann oft genug nicht kommen. Nicht als Folge bewußter Entscheidungen, auch nicht, weil sie sich, egoistisch, wie sie angeblich sind, »gegen Kinder entschieden« hätten, sondern viel eher als Folge der Verhältnisse, so wie sie nun einmal sind und an denen eine Familienrhetorik am allerwenigsten ändert, wachsen dann die Anteile der Ledigen an der Bevölkerung, die Anteile der Ehen ohne Kinder an den Ehen insgesamt und die Anteile der Familien mit nur einem Kind an sämtlichen Familien. Das aber, *der leise Exodus der Familien aus der Gesellschaft*, ist die neue Entwicklung der letzten Jahre.

Radikale Zunahme der Ledigen So waren unter den 30- bis 45-jährigen in Berlin (West) im Jahre 1961 noch 75,6 Prozent verheiratet und nur 13,1 Prozent ledig. Im Jahre 1970 bot sich noch das gleiche Bild. 1991 dagegen waren die Anteile der Verheirateten an

dieser Altersgruppe auf 57,1 Prozent gesunken, die Anteile der Ledigen haben sich in dieser Zeit auf 30,2 Prozent fast verdreifacht. Tendenz gleichbleibend: 1995 waren in dieser Altersgruppe in Berlin nur noch 56 Prozent verheiratet und 32 Prozent ledig.
Eine ähnliche Entwicklung zeichnet sich auch auf dem Land ab, wenn auch schwächer und auf einem anderen Niveau. Im Saarland etwa waren in dieser Altersgruppe im Jahre 1961 fast 90 Prozent (88,6 Prozent) verheiratet und keine 10 Prozent (9 Prozent) ledig, im Jahre 1991 waren dagegen nur noch 74,6 Prozent verheiratet, dagegen 15,8 Prozent ledig. Auch hier geht die Entwicklung in diese Richtung weiter: 1995 waren im Saarland von den 30- bis 45jährigen 70 Prozent verheiratet und 19 Prozent ledig; zwischen den Geburtenjahrgängen 1950 und 1955 ist der Anteil derer, die nicht heiraten, von 10 Prozent auf 18 Prozent sprunghaft angestiegen.
Wählt man die Altersjahrgänge und den Zeitraum etwas anders, wird die Dramatik der Veränderung noch deutlicher: Zwischen 1972 und 1987 stieg etwa in Berlin (West) der Anteil der Ledigen bei den 25- bis 45jährigen von knapp 20 Prozent bis auf etwas über 40 Prozent und übertrifft damit den Anteil der Verheirateten (38 Prozent) in dieser Altersgruppe. Heute sind in Berlin beide Gruppen, die Verheirateten und die Ledigen, in etwa gleich stark.
Unter 25 Jahren heiratet, vor allem in der Stadt, nur noch eine kleine radikale Minderheit. Das durchschnittliche Heiratsalter der Deutschen ist in den vergangenen Jahren kontinuierlich gestiegen, auf 29,9 Jahre bei den Männern und auf 27,5 Jahre bei den Frauen (1995). Bei Frauen und Männern mit Abitur und Studium liegt es, wie alle Untersuchungen zeigen, oft deutlich darüber (ein Befund, der sich übrigens deutlich von der ehemaligen DDR unterscheidet: Dort haben Frauen und Männer, unabhängig von ihrer Ausbildung, durchweg zwei bis drei Jahre früher geheiratet und Kinder bekommen als im Westen üblich).
Von den Frauen des Geburtsjahrgangs 1935 blieben, ein weiteres Beispiel, nur 9 Prozent kinderlos. Bei dem Geburtsjahrgang 1958 sind es voraussichtlich bereits 23 Prozent.

(Alle Angaben nach: Statistisches Bundesamt 1995, Fachserie 1, Reihe 1, *Gebiet und Bevölkerung;* Hans Bertram [Hrsg.]: *Die Familie in Westdeutschland,* Opladen 1991; ders. [Hrsg.]: *Die Familie in den neuen Bundesländern,* Opladen 1992)

Die Entwicklung ist eindeutig:

- Zunächst verschiebt sich das Heiratsalter nach oben.
- Dann wachsen die Anteile derer, die nicht heiraten.
- Dann bleiben immer mehr Ehen ohne Kinder.

In der ehemaligen DDR war die Situation anders. Dort hatten über 90 Prozent aller Frauen mindestens ein Kind. Die Geburten- und Heiratshäufigkeit lag dort zwischen 1975 und 1987 um etwa 20 Prozent höher als in der alten Bundesrepublik. Gleichzeitig waren fast alle Frauen berufstätig. Warum, so die naheliegende Frage, die im Westen keiner stellt, warum ging beides zusammen? Der Grund dafür ist einfach: Wer in der früheren DDR Kinder hatte, war besser dran, was Arbeit und Wohnung anging, als der, der keine Kinder hatte. Kinder brachten nicht nur eine persönliche Bereicherung, sondern auch einen handfesten Vorteil ins Leben. In der (alten und neuen) Bundesrepublik bleibt es bei der persönlichen Bereicherung, und das ist ja nicht wenig, ansonsten aber, ökonomisch betrachtet, verwandelt sich der Vorteil in einen handfesten Nachteil.

Aber nicht nur der Blick über die einstmals innerdeutsche Grenze, sondern auch der europäische Vergleich fördert alles andere als ein schmeichelhaftes Ergebnis für die (alte) Bundesrepublik zutage: Innerhalb der Europäischen Gemeinschaft heiraten nur noch die Dänen später als die Deutschen (West). Ende der achtziger Jahre gehörte Deutschland, in der dürren Sprache der Statistik, in der EU zu den Ländern mit dem höchsten Erstheirats- und auch Erstgeburtsalter, einer eher niedrigen Erstheiratsintensität und einem vergleichsweisen niedrigen Scheidungsniveau. Deutschland (West) im europäischen Vergleich vermittelt eine traurige

Botschaft: Nicht die Familienrhetorik, nicht einmal die finanziellen Transfers entscheiden über die Zukunft der Familien und die Zahl der Kinder, sondern die institutionellen Rahmenbedingungen und die Optionen, welche die Gesellschaft für beide Geschlechter bietet. Das heißt konkret: Nur eine Gesellschaft, die beide Welten, Familienwelt und Arbeitswelt, beiden Geschlechtern öffnet, wird auch eine Gesellschaft sein, in der Familien und Kinder eine Zukunft haben.

So läßt sich ein einfaches, aber auch eindeutiges Resümee ziehen: *Die Familien zerbrechen nicht, sie werden immer weniger.* Brüchig werden die ehelichen Beziehungen vor allem deshalb, weil sie von vielen gar nicht erst eingegangen werden. Die Familie als Lebensform befindet sich großflächig auf dem Rückzug. Auch auf dem Land bleiben immer mehr junge Menschen immer länger ledig. Bis ins mittlere Lebensalter hinein sind immer mehr junge Erwachsene nicht bereit, sich in der Ehe dauerhaft zu binden. *In bestimmten Regionen und in bestimmten Altersgruppen ist die Ehe schon jetzt zur Lebensform einer Minderheit geworden.*

Horrormeldungen, die keine sind:
Singles und nichteheliche Lebensgemeinschaften

Es sind nicht nur die Scheidungszahlen, die immer wieder von den Kündern der Katastrophe zitiert werden. In die gleiche Richtung weist eine andere Horrormeldung, die in keiner einschlägigen politischen Rede, in keinem zeitkritischen Leitartikel fehlen darf: der Hinweis auf die große Zahl der Einpersonenhaushalte. Sie sollen als Beleg dafür dienen, daß immer mehr Menschen als Ichlinge durchs Leben ziehen, ohne soziale Einbindung und ohne soziale Verantwortung. Die soziale Wirklichkeit sieht anders aus. Um es kurz zu machen: Von den sogenannten Singles lebt nur etwa ein Drittel ohne Familienmitglieder und ohne Lebenspartner in Einpersonenhaushalten. Der Rest unterhält mehr oder weniger stabile Beziehungen, vor allem zur eigenen Herkunftsfamilie. Die Horrorzahlen über Einpersonenhaushalte sagen wenig bis nichts aus über Egoismus und Solidarität, über den Zusammenhalt oder eine drohende Auflösung der Gesellschaft.

Singles: Ichlinge ohne jede Bindung? Die amtliche Statistik kann mit ihren formalen Kriterien wenig darüber aussagen, ob Alleinlebende und Alleinstehende sich tatsächlich sozialen Zusammenhängen entziehen und ihr Leben als einsame und vereinzelte Wesen dahinleben. Sie sagt deshalb nichts darüber aus, weil nicht danach gefragt werden darf, wie und mit wem die Menschen zusammenleben. Der Familiensurvey des Deutschen Jugendinstituts, die beste Quelle für solche Fragen, wählt deshalb einen anderen Zugang, nämlich die subjektorientierte Perspektive. Gefragt wird nach den Netzwerken, in denen ein Single lebt. Der Begriff »Single« ist ja alles andere als präzise. Als Single kann man jemanden beschreiben, der keine Familie hat, jemanden, der keinen Lebenspartner hat, oder auch jemanden, der alleine im Haushalt lebt. In der politischen Rhetorik und in der öffentlichen Kulturkritik geht das alles durcheinander. Blickt man jedoch genauer hin, dann zeigt sich ein überraschender Befund:

»Von den 16 004 Befragten sind nur 35% Singles im engsten Sinne. Das heißt: Sie haben weder Familienmitglieder, noch haben sie Lebenspartner; sie leben in Einpersonenhaushalten und sind auch nicht verheiratet. Demgegenüber stehen rund 53% der Befragten, die definitiv keine Singles sind. Sie leben in Familienbeziehungen, mit einem Partner in einem Mehrpersonenhaushalt und sind verheiratet. Eine dritte Gruppe, die sich herauskristallisiert, sind rund 16% der Befragten, die zwar Familienbeziehungen haben, aber sonst keine weiteren Bindungen angeben. Diese Gruppe scheint besonders interessant zu sein, weil sie als Alleinlebende ohne Partner ihre Familienbeziehungen nicht abgebrochen haben, sondern in einer festen Beziehung zur eigenen (Herkunfts-)Familie leben. Diese Singles mit Familienbindung unterscheiden sich deutlich von weiteren 10% der Befragten, die in einem Familienhaushalt ohne Lebenspartner leben. Dies sind vermutlich vor allem jüngere Befragte, die sich noch nicht aus dem Elternhaus gelöst haben. Wie auch immer man die Individualisierung unserer Gesellschaft interpretieren mag, ohne konstante und dauerhafte Beziehung zur eigenen Familie leben nur verschwindend wenige der über 16 000 Befragten. Auch allein ohne Partner lebt nur eine Minderheit.« (Hans Bertram: *Das Individuum und seine Familie in Deutschland,* Opladen 1995)

So ergibt sich statt der Klage ein eher ironischer Befund: Die sich der Ehe verweigern, erfreuen sich als Singles zwar großer öffentlicher Aufmerksamkeit – aber sie leben meistens gar nicht alleine. Zwei von drei 18- bis 45jährigen in den Städten leben, so ergeben repräsentative Untersuchungen, länger als ein Jahr mit einem festen Partner zusammen, auf dem Lande ist es immerhin noch jede(r) dritte. Wenn junge und nicht mehr so junge Leute auf die Ehe verzichten, so verzichten sie damit keineswegs auf Gemeinschaft und auf Partnerschaft.
Die Zahlen der nichtehelichen Lebensgemeinschaften nehmen zu. In Deutschland gab es im April 1994, so die Ergebnisse des Mikrozensus, 1 658 000 nichteheliche Lebensgemeinschaften, in den alten Bundesländern betrug die Zahl zum selben Zeitpunkt 1 282 000. Um so erstaunlicher ist es, daß hierzulande noch kaum eine öffentliche und politische Debatte begonnen hat, wie man politisch und rechtlich mit dauerhaften Beziehungen umgeht, die keine Ehen sind. Es geht dabei nicht um eine verfassungsrechtliche Gleichstellung der Ehe mit nichtehelichen Lebensgemeinschaften, sondern um die Frage, wie man sich rechtlich und politisch zu der Tatsache verhält, daß es verantwortliches Zusammenleben und sogar soziale Verantwortung für Kinder auch außerhalb der formalen Ehe geben kann – und gibt.

Jenseits der Ehe: Andere Lebensgemeinschaften In New York, beispielsweise, hat das höchste Gericht im Juli 1989 die Legaldefinition der Familie auch auf homosexuelle Paare ausgeweitet. In Dänemark können sich auch gleichgeschlechtliche Paare als Lebenspartner registrieren lassen; in Frankreich, England sowie Portugal hat der überlebende Partner aus einer nichtehelichen Lebensgemeinschaft in gewissen Grenzen auch Erbansprüche an den verstorbenen Partner. Das Bundesverfassungsgericht hat in seiner Entscheidung vom 4. Oktober 1993 zwar festgehalten, daß es für gleichgeschlechtliche Partner kein Recht auf eine Eheschließung gibt, es hat aber auch eingeräumt, daß den Fragen, ob der Gesetzgeber verpflichtet ist, gleichgeschlechtlichen Partnern eine rechtliche Absicherung ihrer Lebensgemeinschaft zu ermöglichen, eine grundsätzliche Bedeutung zukommt.

Eine einfache und elegante Antwort auf die Frage, wie denn der Staat am besten mit den nichtehelichen Lebensgemeinschaften und mit der Frage nach einer Zulässigkeit gleichgeschlechtlicher Eheschließungen umgehen sollte, bestünde darin, daß er das »Problem« als solches gar nicht an sich heranläßt: Der Staat kümmert sich nicht darum und knüpft keinerlei Folgen daran, wer wie mit wem auf welche Weise zusammenlebt. Er konzentriert sich darauf – das allerdings weit konsequenter als bisher –, Erziehungs- und Pflegegemeinschaften zu unterstützen, all jene also, die verläßlich Verantwortung für andere übernehmen. Die Berliner Frauenforscherinnen Barbara Schaeffer-Hegel und Andrea Leist haben es so formuliert: »Den Staat und die Gemeinschaft kann es sinnvollerweise nur interessieren, wenn ein privater Lebensbund Gemeinschaftsleistungen erbringt, das heißt Kinder oder auch andere pflegebedürftige Personen erzieht, betreut und versorgt. Im wohlverstandenen Sinne des Grundgesetzes dürfte der Schutz der Familie ausschließlich als Schutz und Unterstützung von Erziehungsgemeinschaften verstanden werden.«

Blick zurück: Eine Verfallsgeschichte des sozialen Wandels?

Der soziale Wandel und seine Folgen für die Familien wird nicht nur in Deutschland als eine Geschichte des Niedergangs erzählt. Singles, Scheidungen, Frauen ohne Kinder – sie alle müssen in der öffentlichen Rhetorik dafür herhalten, jenen Stoff zu weben, aus dem die Klagen sind: Die (jungen) Deutschen, ein Volk von Hedonisten, Egoisten, Karrieristen!?

In historischer Perspektive freilich kehrt eher ein gesellschaftlicher Zustand wieder, der historisch öfter die Regel als die Ausnahme war. Bis weit ins 19. Jahrhundert hinein war in ländlichen Gegenden nur die Hälfte aller Erwachsenen verheiratet. In Preußen etwa ergab eine Volkszählung im Jahre 1871, daß nicht einmal die Hälfte aller Preußen im Stand der Ehe lebten. Nie zuvor und nie danach wurde so viel und so früh geheiratet, lebten so viele Deutsche in einer Ehe, haben sich so viele Frauen so sehr und ausschließlich um Familie und um Kinder und natürlich um die dazu gehörenden Männer gekümmert wie in den fünfziger und in den sechziger Jahren dieses Jahrhunderts.

Diese kurze historische Phase wird jetzt von vielen als die gute alte Zeit verklärt und zur Norm auch für Gegenwart und Zukunft erhoben. Historisch betrachtet ist nicht die geringe Heiratsneigung oder die große Zahl Alleinlebender ein revolutionärer Vorgang, sondern die Umkehr der Gründe für Ehelosigkeit. Damals waren es eher Armut und Eheverbote. Heute sind es die Folgen von Modernisierung und Wohlstand. Neu ist vor allem das nahezu vollständige Verschwinden von Familien mit mehreren Kindern besonders aus den Städten. *Nicht daß es so wenig Ehen gibt, sondern daß die vorhandenen Ehen so wenig Familie und die vorhandenen Familien so wenig Kinder haben, ist, historisch betrachtet, die neue Lage.*

Die Ein-Kind-Familie setzt sich durch Um die Jahrhundertwende wuchsen von hundert Kindern über 50 mit drei oder mehr Geschwistern auf; 1961 waren es immerhin noch 40. Heute leben mehr als 80 Prozent der Kinder als Einzelkinder oder mit nur einem Geschwister. In Städten wie Berlin (12,9 Prozent), Hamburg (11,4 Prozent) oder München (10,4 Prozent) leben nur noch etwa 10 Prozent aller Familien mit zwei und mehr Kindern, in ländlichen Gebieten wie etwa in den Regierungsbezirken Niederbayern (26,3 Prozent), Weser-Ems (24,5 Prozent) oder Unterfranken (23,7 Prozent) haben dagegen etwa 25 von hundert Familien noch zwei und mehr Kinder, in manchen katholisch geprägten Landstrichen fast noch die Hälfte.

Produktiver Reichtum und reproduktive Armut? – Deutschland, ein reiches Land; Deutschland, ein armes Land?

Familienbilder und Familienwirklichkeiten zeigen, wie regional verschieden die Lebensverhältnisse hierzulande sind. Deutschland lebt eben, viele vergessen es, auch als Provinz: Fast 40 Prozent der Bevölkerung in den alten und 54,7 Prozent in den neuen Bundesländern leben in Gemeinden unter 20 000 Einwohnern. Die Lebenslagen der Menschen unterscheiden sich beträchtlich nach den Regionen, in denen sie leben. Je reicher und »entwickelter« eine Region, gemessen an den üblichen Indikatoren (Bruttoinlandsprodukt, Pro-Kopf-Einkommen, formale Bildung, Frauenerwerbsquote), um so ärmer ist sie an Familie, an Kindern, überhaupt an sozialen Ressourcen. Es ist eine Sache, in Duisburg oder Berlin Familie zu haben oder zu arbeiten oder arbeitslos zu sein – oder in Dingolfing oder Sigmaringen. Familien haben sehr unterschiedliche Chancen: eher schlechte in den urbanen Zentren, noch immer gute auf dem Land.

Regionalisierung der Lebensverhältnisse In Mecklenburg-Vorpommern werden mehr als 40 Prozent aller Kinder außerehelich geboren, in Baden-Württemberg liegt die Quote irgendwo bei 5 bis 10 Prozent. Der Familiensoziologe Hans Bertram schreibt über die Regionalisierung der Lebensverhältnisse in Deutschland: »Wenn beispielsweise in den großen Dienstleistungszentren Nord- und Süddeutschlands 24 Ehen auf 10 000 der Bevölkerung geschieden werden, gegenüber nur 15 in den ländlichen katholischen Regionen Süddeutschlands, dann wird hieran deutlich, daß Ehe und Familie in der Bundesrepublik hinsichtlich ihrer Stabilität regional ebenso deutlich voneinander abweichen wie beispielsweise im Bereich der Kaufkraft, des Wohnungseigentums und daß selbst im Bereich der sozialen Infrastruktur solche regionalen Variationen aufzufinden sind, daß von einheitlichen Lebensbedingungen und einheitlichen Lebenschancen in der Bundesrepublik eigentlich nicht gesprochen werden kann.« (Hans Bertram: *Familien leben,* Gütersloh 1997) Es stellt sich nicht nur hier die Frage, ob man an dieser Norm (»Einheitlichkeit der Lebensverhältnisse«) überhaupt noch länger festhalten oder sich offen zu einer Differenz und zu einer Vielgestaltigkeit der Lebensverhältnisse in Deutschland bekennen sollte. Ist die Einheitlichkeit der Lebensverhältnisse noch ein sinnvolles politisches Ziel?

Wie soll man diesen Sachverhalt, den Widerspruch zwischen produktivem Reichtum und reproduktiver Armut in unserer Gesellschaft, bewerten? Was soll man eigentlich von einer Gesellschaft halten, die offensichtlich das eine mit dem anderen, den Reichtum hier mit der Armut dort, erkauft?
Oder sollte man sich darüber gar nicht weiter aufregen? Sind das ganz einfach die Optionen und Chancen, die eine Gesellschaft auch sozialräumlich den Menschen bietet? Sie können in Regionen leben, in denen der wirtschaftliche Wohlstand höher ist, in denen man mehr verdient, mehr Auswahlmöglichkeiten auf dem Arbeits- und Beziehungsmarkt hat, dafür aber auf Kinder besser verzichtet, die *wenn* sie da sind, eher in Reservaten leben, so wie die Alten auch, die, *solange* sie noch da sind, in speziellen Anstalten eher entals versorgt werden. Oder sie können in Regionen leben, in denen der soziale Wohlstand höher ist, dafür aber der materielle niedriger, wo die Leute weniger haben, dafür aber besser leben, mit weniger Geld, dafür aber mit mehr Zeit für ihre Kinder und Alten. Und dann leben noch manche – und in Zukunft werden es immer mehr sein – in Regionen, die in beiderlei Hinsicht schlecht abschneiden, wo die Menschen unter materieller *und* unter sozialer Armut leiden: Es sind dies die eigentlichen »depressed areas« des Landes, überforderte Nachbarschaften in der Armutsfalle.
Oder zeigt die Spaltung der Gesellschaft in produktiven Reichtum

und reproduktive Armut einen ganz anderen Film? Daß nämlich bisher nicht nur in der kleinen Welt – in der Familie und in den privaten Beziehungen –, sondern auch in der großen Welt die Verantwortung für die Reproduktion, für den sozialen Zusammenhalt, für die Erziehung und Pflege *einer bestimmten Gruppe* überantwortet wird, hier den Frauen, dort den ländlichen Regionen, ohne daß ihre Leistung für das Ganze gebührend anerkannt und honoriert wird? Kann das, wird das auf die Dauer gutgehen? Was wird, wenn die scheinbar freien Ressourcen im 21. Jahrhundert nicht mehr gratis zur Verfügung stehen? Wenn sich statt dessen auch im letzten Winkel des Landes zeigen wird, daß sich soziale Ressourcen nicht von selbst erneuern, daß man sie aber zum Leben braucht wie Luft und Wasser?

Der Wandel der Normalfamilie

Der Rückzug der Familie als Lebensform ist nicht so sehr eine Folge des Verfalls der Werte, sondern vor allem eine Folge der Urbanisierung der modernen Gesellschaft. Der Wandel der traditionellen Familie hin zu einer Vielfalt unterschiedlicher Familienformen hat gesellschaftliche, nicht moralische Ursachen. Nicht nur die Zahl der Alleinerziehenden und der Stieffamilien ist seit Anfang der siebziger Jahre kontinuierlich gewachsen, sondern auch die scheinbar »normale« Familie – Vater, Mutter, Kind(er) – hat nur noch wenig gemein mit der bürgerlichen Normalfamilie der fünfziger und sechziger Jahre. Die bürgerliche Familie hat sich aus der Mitte der Gesellschaft heraus verändert. Nach ihrer Transformation wird sie uns in neuer Vielfalt wieder begegnen, so wie sie ja auch als vormoderne Familie durch eine Vielfalt von Formen und Tätigkeiten gekennzeichnet war.

»Unvollständige« Familien 12 Prozent der Familien in Deutschland, das sind 2 696 000 Familien, sind dem Mikrozensus vom April 1994 zufolge Alleinerziehende, in den alten Bundesländern

11,1 Prozent, in den neuen Bundesländern 15,8 Prozent. Für die alte Bundesrepublik schätzte man Ende der achtziger Jahre, daß etwa 10 Prozent aller Familien mit Kindern Stieffamilien waren.

Der Wandel der Familien betrifft nicht nur besonders »abweichende« Formen. Die »bürgerliche Normalfamilie« hat sich auch dort weitgehend verändert, wo die äußeren Merkmale noch vorhanden sind: zwei durch die Ehe verbundene Eltern, die mit zwei oder mehr leiblichen Kindern an einem gemeinsamen Ort zusammenleben. Das Bild von der »normalen« Familie als Mitte oder Kern oder Fundament der Gesellschaft, um die herum sich allerlei unordentliche, eben »abweichende« Familienformen gruppieren, trifft die soziale Wirklichkeit »draußen im Lande«, wie manche Politiker zu sagen pflegen, längst nicht mehr. Aber genausowenig entspricht dieses Bild noch der »inneren« Lebenswelt in den Köpfen und in den Herzen der Mütter und Väter, der Söhne und Töchter auch der scheinbar ganz »normalen« Familien.

Mit dieser etwas zugespitzten These sollen keineswegs jene Ehen und Familien (und das sind noch immer die weitaus meisten) geleugnet oder gar diskriminiert werden, die zusammenbleiben, »bis daß der Tod sie scheidet«. Aber selbst diese Familien sind nicht mehr, was sie einmal waren. Selbst die »Normalfamilien« werden ihre Beziehungen anders leben und erleben, anders deuten und verhandeln, als dies früher der Fall war. Gerade wer an diesem idealen Bild der Familie festhält, sollte erkennen, daß es nur dann eine Chance auf Annäherung in der Wirklichkeit hat, wenn die »Familie« in Zukunft von den Beteiligten wie von den Außenstehenden anders begriffen wird. Auch die scheinbar ganz normalen und traditionalen Familien werden in ihrer Mitte von den Ausläufern der Globalisierung und der Individualisierung betroffen, auch in ihnen hat in den letzten Jahrzehnten ein tiefgreifender Wandel stattgefunden. Der Wandel der Gesellschaft hat auch die normale bürgerliche Familie erreicht.

Die ambivalente, ja widersprüchliche Situation der modernen Familie läßt sich nur in paradoxen Wendungen beschreiben. Der Soziologe Karl Otto Hondrich versucht es auf folgende Weise: »Noch die neuesten Formen bestätigen die alte Idee, noch im Scheitern bewährt sich das Ideal. In der Trennung trennen wir uns von einer Person und von einer individuellen Bindung, nicht von der Liebesbindung als Institution. Die Liebesbindung als Institution hat heute so viel kollektives Gewicht, daß man meinen könnte, daß sie die Institution der kirchlichen oder staatlichen Ehe gar nicht mehr braucht. ... Die Ehe als Idee ist auf der ganzen Linie im Vormarsch.« Als Idee. Nicht in der Realität und schon gar nicht als Familie. Das ist der kleine Unterschied mit großen Folgen.

»Backward to the Postmodern Family«, zurück zu der postmodernen Familie, auf diesen Nenner bringt die amerikanische Soziologin Judith Starcey die Entwicklung, und sie dürfte damit die künftigen Familienarrangements auch in Deutschland beschreiben. Sie werden »diverse, fluid, unresolved«, vielfältig, flexibel und veränderlich, sein. Auch nach den Turbulenzen des Wandels wird es – wie *vor* der Moderne – keine endgültige, definitive Form für die Familien (mehr) geben. Es macht deshalb wenig Sinn, von einer »Krise der Familie« zu sprechen in der Hoffnung, daß sie ihren früheren Zustand wieder oder aber *eine* wünschbare künftige Gestalt neu finden wird.

Die traditionelle Familie hat Friedrich Schiller im *Lied von der Glocke* beschrieben: *»Der Mann muß hinaus ins feindliche Leben, muß wirken und streben und pflanzen und schaffen ..., und drinnen waltet die züchtige Hausfrau, die Mutter der Kinder ...«* Es waren vor allem drei soziale Entwicklungen, die diese traditionelle Familie von innen her in Frage gestellt und transformiert haben:

- Da ist einmal das »Problem ohne Namen«, das Betty Friedan, damals eine junge Mutter von drei Kindern, 1963 in ihrem Buch *Der Weiblichkeitswahn* entdeckt und beschrieben hat. Das Problem ohne Namen war die Malaise von privilegierten gebildeten weißen Frauen im vollautomatischen Traumhaushalt der amerikanischen Vorstädte. Das Buch attackierte das Dogma, die Häuslichkeit der Frau sei ihre einzig wahre Berufung. Die traditionelle Rollentrennung, die den Ehefrauen die Pflege der Kinder, der häuslichen Atmosphäre und des Vorgartens zuwies, hat diese keineswegs glücklich und zufrieden gemacht, sondern sie hat, ganz im Gegenteil, zur inneren Erosion der bürgerlichen Familie wesentlich beigetragen.

- Da sind zum anderen die Folgen der Bildungsexpansion, die die Lebensentwürfe der meisten Frauen verändern mußten: Zwar hat lange Zeit insbesondere die deutsche Gesellschaft eine hinterhältige Doppelbotschaft an alle Frauen gesandt: Es ist gut und legitim, wenn sie eine eigene Bildungs- und Berufsperspektive anstreben. Das war die eine Stimme. Die andere Botschaft: Die wahre Berufung einer Frau sind Familie und Kinder, und nur eine 24-Stunden-Mutter ist eine wirklich gute Mutter. Diese Doppelbotschaft ist inzwischen leiser geworden. Vor allem aber: Die meisten Frauen hören einfach nicht mehr hin. Die Folgen der Bildungsexpansion haben wie wenige andere Faktoren die Gesellschaft im allgemeinen, die Lebensentwürfe der Frauen und damit die Formen der Familien im besonderen verändert.
- Die dritte Entwicklung, die die traditionelle Familie verändert hat, hat der Berliner Sozialhistoriker Arthur E. Imhof herausgearbeitet. Er spricht von den »gewonnenen Jahren« im Leben einer Frau, und er meint damit jene Jahre vor und nach dem Kinderkriegen, welche die Phase der Mutterschaft nicht emotional, wohl aber zeitlich auch für die leidenschaftlichste Mutter relativieren. Muttersein ist eine lebenslange Bindung, aber kein lebenslanger Beruf mehr.

Diese Einsicht hat sich bei den Frauen zunächst für die »Zeit danach« durchgesetzt: Wenn die Kinder aus dem Haus sind, haben Frauen noch eine lange und interessante Zeit vor sich. Diese Einsicht gilt aber, je länger, desto mehr, auch für die »Zeit davor«:

Bevor das erste (und oft auch das letzte) Kind geboren wird, haben Frauen oft eine lange und interessante (private und berufliche) Zeit hinter sich. Die späte Mutterschaft ist auch eine Folge des Rechts auf ein eigenes Leben, wie es die meisten Frauen heute für sich in Anspruch nehmen.

Diese drei Entwicklungen haben dazu geführt, daß heute Ehe, Kinder und Familie alles andere als selbstverständlich sind, sondern eine Frage der Wahl und des Wählens, des Wägens und des Abwägens, und daß die Formen der Familie und des Zusammenlebens *in* der Familie im Lauf des Lebens auch in einer »normalen« Familie immer wieder neu ausgehandelt werden müssen.

Individualisierung: Das Ende der Familie?

Diese Entwicklungen und ihre Folgen erfüllen viele mit Angst und Schrecken. Drohen die Freiheit und Notwendigkeit der Entscheidung die Gesellschaft nun auch in ihrem intimen Kern, in der Familie und in den privaten Beziehungen, zu spalten und sie in emotionaler und sozialer Hinsicht in Schutt und Asche zu legen? Eine Katastrophe der besonderen Art, nachdem der atomare Holocaust nicht eingetreten ist?

Die Sozialforscher Meinhard Miegel und Stefanie Wahl argumentieren in ihrem Buch *Das Ende des Individualismus*, daß eine individualistische Kultur nicht in der Lage sein wird, ihre eigene Zukunft langfristig zu sichern. Sie sind davon überzeugt: »Die Kultur des Westens zerstört sich selbst.« Andere verweisen auf den Widerspruch zwischen dem individuellen und dem kollektiven Handeln, was die Vorsorge für die Zukunft betrifft: Ausgerechnet jene Generation, die, Familie um Familie, wie keine andere vor ihr sehr viel Zeit, Geld und Aufmerksamkeit in ihre *eigenen* Kinder und damit auch in das kulturelle Kapital der Gesellschaft investiert hat, hat offensichtlich Schwierigkeiten, dieses Kapital *insgesamt* zu erneuern – durch eine Politik, die sich ihre Investitionen in Kinder

und Familien auch etwas kosten läßt, statt durch eine hohe Staatsverschuldung auf Kosten der Zukunft zu leben.
Das kann so kommen. Es muß nicht so kommen. Wer es bei diesen pessimistischen Befunden bewenden läßt, wer die gesellschaftliche Krise also letztlich auf eine moralische Krise zurückführt, hat freilich wenig zu sagen, wie es denn besser werden könnte. Er kann nur noch dem Rat folgen, den die Brookings Institution, eine berühmte amerikanische Denkfabrik, einmal solchen Pessimisten gegeben hat, nämlich »die Sünder verdammen und für sie beten, daß sie doch endlich wieder Vernunft annehmen und sich bekehren mögen«. Es gibt eine Art von Kulturkritik, die lahmlegt. Doch beschreiben die Kulturkritiker die *ganze* Wirklichkeit?
Die empirische Sozialforschung erzählt auch andere Geschichten. Es gibt nicht nur Zeichen des Verfalls. Vor allem gibt es keinen Weg zurück. Gerade wer sich Sorgen macht um eine Gesellschaft, in der auch Kinder und Familien eine Zukunft haben, wird seinen Wertzielen *nicht* näher kommen, wenn er immerfort nur auf den traditionellen Wegen geht. Wer bewahren will, der muß erneuern.

Der Abschied vom Patriarchat: Spät, halbherzig und mühsam

Die Lebensbilder und die Lebenswirklichkeiten der Menschen haben sich verändert, und der Gesetzgeber hat diese Umbrüche schon vor über zwanzig Jahren nachvollzogen. Die »moderne« Ehe, die nicht auf vorgegebenen Rollenzuweisungen beruht, sondern versuchen muß, ihre Stabilität immer wieder neu zu begründen, ist, rechtlich betrachtet, nicht länger ein Produkt individualistischer oder emanzipatorischer Phantasien, die durch eine entsprechende Werteerziehung wieder korrigiert werden könnten, sondern eine gesellschafliche Notwendigkeit und außerdem – Recht und Gesetz.
Bis weit in die Geschichte der alten Bundesrepublik hinein hatte das Familienrecht die paternalistische Ehe und Familie des Bürgerlichen Gesetzbuchs aus dem Jahre 1900 festgeschrieben. Danach

konnte der Mann in Angelegenheiten des ehelichen Lebens (Wohnort und Wohnung!) allein entscheiden. Er konnte über das Vermögen seiner Frau verfügen, deren Erwerbstätigkeit unterbinden und die elterliche Gewalt ausüben. Die Frau hingegen war verpflichtet, den Haushalt zu führen und im Geschäft des Mannes zu arbeiten. Auch nach dem Gleichberechtigungsgesetz von 1958 blieb der Mann im Zweifel etwas gleicher. Die Frau blieb auf die Hausfrauenrolle festgelegt, auch wenn sie zusätzlich erwerbstätig sein durfte, »soweit dies mit ihren Pflichten in Ehe und Familie vereinbar ist«. Den endgültigen Durchbruch brachte erst die Reform des Eherechts von 1976: Die Hausfrauenehe war nun kein gesetzliches Leitbild mehr, die »Hausmannsehe« wurde ihr gleichgestellt, rechtlich, versteht sich.

Ihrer Zeit voraus: Die Reform des Eherechts von 1976

»§ 1356: Haushaltsführung und Erwerbstätigkeit

(1) Die Ehegatten regeln die Haushaltsführung im gegenseitigen Einvernehmen ...

(2) Beide Ehegatten sind berechtigt, erwerbstätig zu sein. (Dabei) haben sie auf die Belange des anderen Ehegatten und der Familie die gebotene Rücksicht zu nehmen.

§ 1360: Verpflichtung zum Familienunterhalt

... Ist einem Ehegatten die Haushaltsführung überlassen, so erfüllt er seine Verpflichtung, durch Arbeit zum Unterhalt der Familie beizutragen, in der Regel durch die Führung des Haushalts.«

Diese Reform eilte der Zeit weit voraus, damals und teilweise bis heute, und sie blieb, dies vor allem, auf einen Teil der rechtlichen Wirklichkeit beschränkt. Dennoch: Sie brachte wahrlich revolutionäre Veränderungen. Nicht nur kulturell, sondern auch rechtlich sind nun Ehe und Familie ein kühnes Abenteuer, das auf den zerbrechlichen Grundlagen von Liebe und Zuneigung, von Aushandeln und Verständigung beruht. Es sind, wenn man so will, »reine Beziehungen« im Sinne des britischen Soziologen Anthony

Giddens, Beziehungen, die ihren Sinn und ihre Legitimation in sich selbst tragen – und in den Chancen, die die Beteiligten daraus machen. Die Stabilität der Beziehungen wird nun nicht länger von Tradition oder Konvention, von religiösen oder gesetzlichen Normen erwartet; sie wird dem Willen und dem Wollen der Beteiligten anheimgegeben.

Falls jene Reform ernst gemeint war und nicht nur eine Konzession an den »Zeitgeist«, so konnte man eigentlich wissen, daß dieses Abenteuer für den einzelnen wie für die Gesellschaft nur unter günstigen gesellschaftlichen Rahmenbedingungen gelingen konnte, unter gesellschaftlichen Verhältnissen, die damals nicht gegeben waren und die heute nicht gegeben sind. Ohne sich im einzelnen darüber Rechenschaft zu geben, versuchte die Reform des Ehe- und Familienrechts von 1976 eine Antwort auf die Frage zu geben, wie Bindungen und Verantwortung unter den Bedingungen der Freiheit und der Emanzipation möglich sind.

Nebenwirkungen der Reform Zu den Grundideen und -überzeugungen der damaligen Reform gibt es wohl auch für die Zukunft keine Alternative, wenngleich die »zweiten Gedanken« inzwischen immer deutlicher geäußert und die kritischen Stimmen lauter werden. Bis zur Novellierung des Familienrechts »konnte sich der/die Bewahrer(in) des Paares noch durchsetzen. Faktisch, moralisch und rechtlich ist die Gesellschaft auf die Seite derjenigen umgeschwenkt, die die Trennung wählen«, meint Karl Otto Hondrich. – Aber: Konnte er/sie das wirklich? Und was heißt »durchsetzen«, mit welchen Folgen, auf wessen Kosten? In einer brillanten Polemik geißelt der *Spiegel*-Redakteur Matthias Matussek die nicht beabsichtigten Folgen jener Reform: »Das geltende Familienrecht, vor gut 20 Jahren als sozialliberale ›Jahrhundert-Reform‹ gefeiert, hat seinen Sinn verfehlt, hat sich als Höllenmaschine erwiesen. Es hat zu Egoismus verführt und damit Familien zertrümmert, Väter entrechtet, Tücke belohnt, Güte bestraft und buchstäblich das Schlechteste aus Männern und Frauen herausgeholt. ...

Es war ein Gesetz für den Extremfall. Etwa für eine Frau, die nach 20 Jahren Ehehölle einen Seitensprung riskiert, dabei von den Detektiven ihres Mannes erwischt und schuldig geschieden wird. Sie hätte, nach altem Recht, keinen Anspruch auf Unterhalt gehabt und das Sorgerecht für die Kinder in der Regel verwirkt.

Dieser Frau, so die Reformer, mußte geholfen werden. Von nun an sollte ohne ›Schuldprinzip‹ geschieden werden. Die Ansage der ›Zerrüttung‹ genügt. Automatisch sollte der nicht arbeitenden Frau über die Hälfte des Einkommens des Mannes zufallen, auf Jahre, ja Jahrzehnte hinaus, soweit sie sich das Verfügungsrecht über die Kinder sichert.

Die Reform, so zeitgebunden wie Glockenhosen und Abba-Musik, war in einem Kultur-Milieu formuliert worden, das Männer als Unterdrücker, Väter als erziehungsuntauglich und die Familie ohnehin als Keimzelle der Reaktion entlarvt hatte – sie wollte Frauen den Ausstieg erleichtern.

Sie leistete ganze Arbeit: Einem der traditionellen weiblichen Motive zur Eheschließung, dem Wunsch nach Versorgung, wurde nun zeitgemäßer entsprochen – man entkoppelte es von der Loyalitätspflicht. Nun bietet das Gesetz Sicherheit durch einen Familienernährer – ohne den Ernährer. Als Romeo mag der Abgeliebte ja nicht die erhoffte Garantie auf immerwährende Sinnerfüllung und Lebensglück gewesen sein, als entfernter Tributpflichtiger aber ist er durchaus noch einige Jahre brauchbar.« (Matthias Matussek im *Spiegel* Nr. 47/1997)

Solidarität in einer individualistischen Gesellschaft

Das alte Familienrecht und die neue Polemik: Die Extreme berühren sich – und beide weisen sie keinen Weg aus dem modernen Dilemma von Bindung und Freiheit. Dieses Dilemma nämlich verlangt eine »Moral«politik ganz neuer Art, die sich nicht länger an der Frage orientiert, wie sich religiöse, moralische, (obrigkeits)staatliche Normen rechtlich durchsetzen lassen, sondern eine Antwort sucht auf *das* Problem moderner Gesellschaften: Wie müssen die gesellschaftlichen Verhältnisse verändert werden, und was kann Politik dazu beitragen, damit auch am Ende des 20. Jahrhunderts, in einer veränderten Welt, Familienwerte und dauerhafte Bindungen, verantwortliches Handeln und gesellschaftliche Moral eine Chance haben? Wie ist Solidarität in einer individualistischen Gesellschaft möglich? Wie müssen die Bedingungen des individuellen und des kollektiven Lebens verändert werden, damit Autonomie und gegenseitige Abhängigkeit, Emanzipation und Verantwortung für andere, Rechte und Pflichten zu einem neuen Ausgleich gebracht werden können?

Von einem solchen politischen Horizont konnte, zumal in Zeiten knapper Kassen, schon bald nach der anfänglichen Aufbruchstimmung keine Rede mehr sein. Statt dessen beherrschen, nicht nur in Deutschland, Familienrhetorik und widersprüchliche Leitbilder die politische Szene. Es kam noch schlimmer. Als hätten die Gegner und Befürworter der Reform von 1976 Angst vor den Folgen ihrer eigenen Courage bekommen, haben sie das traditionelle Leitbild von Ehe und Familie in anderen Bereichen munter und finanzkräftig weiter gepflegt, vor allem im Steuer- und im Sozialrecht. Das Fehlen einer kinder- und familienfreundlichen Gesellschaftspolitik und das Festhalten an einer ehe-, nicht aber familienorientierten Steuer- und Sozialpolitik tragen dazu bei, daß es Familien in Deutschland schwerer haben als anderswo, und es ist diese widersprüchliche Politik, die den Exodus der Familien beschleunigt. Gewiß: Es kann nicht darum gehen, daß der demokratische Staat sich auf ein einheitliches Leitbild für Familien festlegt. Wohl aber müßte es möglich sein, daß er das, was er im Ehe- und Familienrecht normiert, nicht ständig durch das Steuer- und Sozialrecht konterkariert. Doch genau das ist der Fall.
Bei den familienpolitisch wirksamen Gesetzen in Deutschland lassen sich, wie die Berliner Frauenforscherin Barbara Schaeffer-Hegel im einzelnen nachgewiesen hat, wenigstens drei Vorstellungen von Ehe und Familie unterscheiden, die versuchen, das Zusam-

menleben der Geschlechter jeweils auf eine sehr unterschiedliche, ja widersprüchliche Weise zu bestimmen. Da ist einmal das *Partnerschaftsmodell*, wie es die Eherechtsreform von 1976 normiert. Es orientiert sich an zwei »beruflich und ökonomisch selbständigen Individuen, die die Erfordernisse von Erwerbs- und Hausarbeit gleichmäßig untereinander verteilen und die die Schwierigkeiten der familiären Kleinkindphasen – mit Unterstützung staatlicher Hilfestellungen – so bewältigen, daß die langfristige berufliche Sicherung keines der beiden Elternteile ernsthaft gefährdet ist und keiner auf Dauer vom anderen ökonomisch abhängig wird«. Da ist zum anderen, und das wird gegenwärtig wohl am stärksten gefördert, das *Ernährer- und Hausfrauenmodell:* Erziehungsgeld de facto nur für Frauen fördert die traditionelle Rollenverteilung. Die unzureichende steuerliche Berücksichtigung von Kinderbetreuung durch Fremde wirkt in die gleiche Richtung. Schließlich ist *die Patriarchenehe*, so Schaeffer-Hegel, wenigstens für die Besserverdienenden, »das einzige Familienmodell, das nahezu risikolos ist und – bisher wenig bemerkt – von unserem Staat mit hohen Kosten für die Gemeinschaft subventioniert wird« – vor allem durch das Ehegattensplitting.

Solch widersprüchliche Familienpolitiken, wie sie in diesen drei Modellen zum Ausdruck kommen, können freilich den *Trend* der gesellschaftlichen Entwicklung nicht wenden, das grundlegende *Defizit* der Familienpolitik nicht verbergen: Kinder und Familien werden dadurch nicht wahrscheinlicher, ganz im Gegenteil.

So erfährt das Partnerschaftsmodell seine wirksamste gesellschaftliche Unterstützung nicht durch die (unzureichenden) Transfers und durch die (mangelhafte) soziale Infrastruktur für Kinder und Familien, durch Rahmenbedingungen also, für die sich die Politik verantwortlich fühlen könnte, sondern durch das faktische Verhalten der Frauen und Männer. Immer mehr Frauen versuchen, die negativen Spätfolgen »falscher« Entscheidungen rechtzeitig abzuwehren. Sie überlegen *vor* der Heirat, was sie tun können und müssen, um *nach* dem Tod des Gatten oder nach der Scheidung nicht in die Armut zu fallen. Immer mehr Frauen spüren, daß sie ihre ganze Lebensperspektive besser nicht auf *einen* Mann setzen. Die eigenständige soziale Sicherung von (Haus-)Frauen ist marginal. Es ist deshalb nicht mehr sehr ratsam und vernünftig für eine junge Frau, sich auf das Modell der Hausfrauenehe einzulassen. Und auch unter Männern spricht es sich langsam herum, daß sie sich aus vielen Gründen, nicht zuletzt wegen möglicher Scheidungsfolgen, besser eine unabhängige und finanziell ebenbürtige Frau suchen.

Das große allgemeine *Defizit* einer solchermaßen widersprüchlichen und unzureichenden *Familien*politik hat seinen Grund in einem anderen Sachverhalt. Die Familienpolitik in Deutschland ist zu sehr fixiert auf die *Ehe*, und die Familienrhetorik ist zu sehr fixiert auf die Scheidung. Einfach und polemisch kann man sagen: Die deutsche Familienpolitik will alles zugleich und immer auch das Gegenteil – und gibt für diese »Utopie« auch viel Geld aus: Sie will die partnerschaftliche Ehe. Sie verwöhnt den wohlverdienenden Patriarchen durch das Ehegattensplitting mit einer allzeit bereiten Hausfrau. Sie predigt und praktiziert durch die zuständige Ministerin Claudia Nolte eine beruflich engagierte und erfolgreiche Frau. Manche überlegen, ob man in diesen Zeiten, in denen der Arbeitsmarkt ebenso wie die Bevölkerungsentwicklung auf dem Kopf steht, nicht in beiden Bereichen für Entlastung sorgen könnte: Warum sollten nicht, und was könnte man dafür tun, mehr Frauen wieder zurück wechseln von der Erwerbs- zur Hausarbeit – weniger Beruf, mehr Kinder?

Eine Familienpolitik, die alles will, wird nichts erreichen. Hinzu kommt, daß sie den Erfolg auf dem falschen Feld sucht, weil sie eine wichtige Entwicklung nicht zur Kenntnis nimmt: Beziehungen sind wichtiger als Institutionen. Beziehungen bleiben, auch wenn Ehen enden. Die Beziehungen über die Generationen (zu Eltern,

Kindern und oft auch Großeltern) sind dauerhafter als Ehe- und Partnerbeziehungen. Die Familie hat, und das gilt auch und gerade für ihre neuen Formen, als Erziehungs- und als Pflegegemeinschaft eine eigenständige Bedeutung, erfährt aber in dieser Funktion kaum Unterstützung.

Aber auch diese Perspektive (Familie als Erziehungs- und Pflegegemeinschaft) ist noch zu eng, und zwar in doppelter Hinsicht. Einmal, was die Lebensperspektive der Familienmitglieder betrifft: Familie ist *mehr als die Kernfamilie*. Und zum anderen, was den sozialen Horizont betrifft: Familie ist *mehr als ein Ghetto in einer feindlichen Welt*. Familien brauchen soziale Unterstützung *von außen*, und sie stellen selbst *nach außen* eine Bereicherung für die soziale Lebenswelt dar.

Die multilokale Mehrgenerationenfamilie

Die traditionellen Familienbilder zeigen nur noch einen beschränkten Ausschnitt der Familienwirklichkeiten. Vater und Mutter, die verheiratet sind und zwei Kinder an einem Ort großziehen, bis diese das Haus verlassen und auf eigenen Füßen stehen, das heißt, bis sie einen eigenen Beruf und bis sie eine eigene Familie haben – dieses Bild beschreibt nur einen Aspekt und nur eine Phase des Familienlebens, nicht die ganze soziale Breite der Gesellschaft und auch nicht die ganze zeitliche Tiefe eines Lebens. Die so verkürzte und verklärte »klassische« Form der Familie, eben die bürgerliche »Kern«familie, endet tatsächlich, wenn die Kinder aus dem Haus sind. Doch dann sind die Familienbeziehungen nicht zu Ende, im Gegenteil: Dann fangen andere Phasen und Formen der Familie erst so richtig an.

Ehe und Familie können unter den heutigen Bedingungen nicht mehr allein unter dem Aspekt der »Reproduktion« und der Sozialisation der Kinder und der jungen Erwachsenen gesehen werden. Neuere Lebenslauf- und Netzwerkforschungen haben verdeutlicht, daß die Beziehungen zwischen Eltern und Kindern ein Leben lang bestehen – und wichtig bleiben. Betrachtet man aber Familien – die Rolle der Eltern wie jene der Kinder – in der Perspektive des gesamten Lebenslaufs, dann wird rasch deutlich: Die Familie ist mehr als eine Erziehungsgemeinschaft, und sie lebt auch nicht nur eine kurze Phase.

Der Soziologe Hans Bertram hat diese Veränderung auf den Begriff gebracht: Er sieht eine Entwicklung *von der unilokalen Kernfamilie zu einer multilokalen Mehrgenerationenfamilie*. Die Familie lebt als reale soziale Wirklichkeit, auch wenn sich ihre Mitglieder lange Zeit nicht sehen oder wenn sie an verschiedenen Orten leben. Familiale Beziehungen gewinnen an Bedeutung, einfach weil die Menschen länger leben – und weil andere Beziehungen, wie zum Beispiel jene in der Arbeitswelt, an Bedeutung verlieren werden. Und Familien könnten weiters an Bedeutung gewinnen, wenn es ihnen gelingt, mit ihrer sozialen Nachbarschaft in ein aktives Austauschverhältnis zu treten; wenn sie von ihrer Umwelt soziale Unterstützung erfahren, so wie sie diese wiederum sozial bereichern könnten. Kinder zu haben bringt nach wie vor Menschen besser zusammen als vieles andere. Jeder Politiker, der sich abstrakt Sorgen macht und grübelt, was unsere Gesellschaft denn noch zusammenhält, kann ganz konkret seine Antwort geben: Hier eröffnen sich neue Perspektiven für eine Kindergartenpolitik, die mehr ist als Betreuung. Es scheint, als mache die Not erfinderisch. So öffnen beispielsweise in den neuen Bundesländern manche Kindergärten ihre Räume für die Feiern von Kindergeburtstagen und Nachbarschaftsfesten.

Neues Leben in alten Tagen In England hat eine neue Idee für Aufsehen gesorgt: die kombinierte Betreuung von alten Menschen und Kindern im Vorschulalter an einem Ort. Das Projekt ist so erfolgreich, daß Beobachter davon ausgehen, daß es bald auch von den meisten der 120 Pflegeheime, die von der Westminster Health Care verwaltet werden, imitiert werden wird.

1996 öffnete der private Träger das Pflegeheim mit dem doppelten Ziel, Kinder über das Alter und alte Menschen zu informieren, sie im Umgang mit ihnen zu erziehen – und gleichzeitig die Qualität des Lebens für die alten Heimbewohner zu verbessern. Kern der Idee ist das Prinzip der Gegenseitigkeit: »Die Heimbewohner nehmen die Rolle von Eltern oder Großeltern an und fühlen sich so als ein aktiver Teil der Welt außerhalb des Heims. Und die Kinder im Alter von zwei bis fünf Jahren haben jemanden, der Zeit und Geduld hat, ihnen zuzuhören, während sie ihre Sprach- und Kommunikationsfähigkeiten entwickeln.« Die Kinder besuchen zweimal in der Woche die behinderten Bewohner auf ihren Zimmern und begleiten sie in den Garten. Alle vierzehn Tage versammeln sich Kinder und Alte in der großen Halle zu Musik, Liedern und Bewegung. Auf diese Weise lernen sie auch, so glaubt Roz Ward, die dieses intergenerationelle Konzept entwickelt und bei den Behörden durchgesetzt hat, die Bedürfnisse und die Grenzen älterer Menschen zu respektieren. Vierundzwanzig von den Kindern haben Verwandte im Heim, und Frau Ward sieht darin einen »praktischen Weg, die Familien intakt zu halten. Wenn der Großvater und die Enkelkinder hier sind, kann die Familie ihn besuchen, wenn sie das Kind bringt oder abholt.«
Alten- und vor allem Pflegeheime sind in der Regel Orte, wo die Menschen auf ihren Tod warten. »Aber dies ist ein Ort, wo das Leben weitergeht. Ich möchte, daß alle Heime so sind.« (»New life in old age. Joseph Bindloss discovers a remarkable vision of care«, in: *The Guardian* vom 11. November 1997)

Das alles setzt natürlich ein anderes Denken voraus: nicht in Anstalten, sondern in Netzwerken. Es setzt voraus, daß man Chancen sieht und nicht nur Entwicklungen beklagt; daß man Familien begreift als »Knotenpunkte« einer sozialen Infrastruktur, als Bereicherung der Gesellschaft – und sie *auch* deshalb unterstützt.

Wie die Familien ausgebeutet werden

Familien mit Kindern kann man auf unterschiedliche Art und Weise diskriminieren und aus der Gesellschaft vertreiben: indem man den »Kindernutzen« weiter sozialisiert und die »Kinderlasten« wie bisher privatisiert (Diskriminierung durch Ausbeutung) oder aber indem man ihnen die gesellschaftliche Unterstützung verweigert. Familien brauchen beides: finanzielle *und* soziale Unterstützung. Die herrschende Politik aller Parteien zeichnet sich aber dadurch aus, daß sie beides verweigern, mit durchschlagendem Erfolg.

Die Situation ist bekannt. Familien erbringen für die Gesellschaft handfeste Vorteile. Die Kinder von heute sind die Beitragszahler von morgen und tragen so das Renten- und das Pflegerisiko auch derer, die keine Kinder haben. Diesen Nutzen, den sie der Allgemeinheit stiften, bezahlen die Familien mit hohen privaten Kosten. Oft fällt, wenigstens zeitweise, ein Einkommen weg. Dafür fallen zusätzliche Ausgaben an. Die Familie braucht eine größere Wohnung, ist aber zugleich auf dem Wohnungsmarkt, der durch die »Dinks« (»double income, no kids«) kaputtgemacht wird, ziemlich chancenlos. Während die Kinderlosen Einkommen und Kapital steuerbegünstigt und zinsbringend anlegen können, müssen kinderreiche Familien oft Schulden machen und Zinsen bezahlen. Alles in allem: Kinder sind heute, *ökonomisch betrachtet*, keine Vorsorge mehr für das Alter, sondern eine Belastung in der Gegenwart. Von den Leistungen der Familien, bisher vor allem der Frauen (Erziehung, Pflege), lebt die Gesellschaft wie selbstverständlich, ohne zu merken, daß sie soziale Ressourcen ausbeutet, die sich nicht von selbst erneuern.

Belastung durch Kinder? – Gewinn durch Kinder!

In Zukunft könnte sich die Belastung durch Kinder wieder etwas ändern – nicht in ökonomischer, wohl aber in sozialer Hinsicht. Wer Kinder hat, ist im Alter nicht allein. Die Mehrgenerationenfamilie lebt nicht mehr in einem Haus zusammen (wenn sie das überhaupt je so tat, wie die Idylle es will). Aber sie ist noch immer eines der tragfähigsten sozialen Netze, wenn es darauf ankommt. Kinder schützen in gewisser Weise vor einer neuen Armut: der Armut an menschlichen Kontakten. Und die neuen Medien bieten dafür auch neue Möglichkeiten: Nähe trotz Distanz.

Diese Verteilungs*un*gerechtigkeiten fallen um so mehr ins Gewicht, je größer der Anteil der Kinderlosen wird. Jürgen Borchert – Anwalt, Publizist und Richter am Hessischen Landessozialgericht in Darmstadt –, der das »Familienurteil« des Bundesverfassungsgerichts vom 7. Juli 1992 erstritten hat, bilanziert bitter: »So kommt ein immer erheblicherer Teil der in hundertjährigem Gewerkschaftskampf Seite an Seite mit der Sozialdemokratie erstrittenen Familieneinkommen kinderlosen Haushalten zugute, wodurch bei dieser Bevölkerungsgruppe Einkommensüberhänge entstehen, die Familien aus allen Marktbereichen verdrängen und sich schließlich über die lohnzentrierten sozialen Sicherungssysteme bis zum Tode fortsetzen.«

Investment der Familien in die Volkswirtschaft Jürgen Borchert hat das Pro-Kopf-Einkommen von Familienhaushalten mit dem von Kinderlosen auf der gleichen Einkommensstufe verglichen. Das Ergebnis: »Während – bei einem Bruttoeinkommen von 60 000 Mark – das Nettoeinkommen pro Erwachsenen bei kinderlosen Ledigen mit 35 715 DM zu Buche schlägt, sind es bei einer vierköpfigen Familie nur 12 951 DM«, ein Betrag, der gerade mal 75 Mark monatlich über der Sozialhilfe liegt. Die beiden Sozialwissenschaftler Heinz Lampert und Franz Xaver Kaufmann kommen zum gleichen Ergebnis: »Selbst Facharbeiter und überdurchschnittlich verdienende Angestellte geraten bei mehr als zwei Kindern schnell in die Zone der Sozialhilfebedürftigkeit.«
Das ist die eine Seite: was Kinder kosten, und darauf spielt der Begriff »Familien*lasten*ausgleich« an. Die andere Seite: Was Familien leisten, wenn sie Kinder großziehen, und wie sie sich dabei, indem sie dies tun, am Aufbau des volkswirtschaftlichen Kapitals beteiligen: »Neuere Schätzungen der mit dem Aufziehen von Kindern verbundenen Kosten machen deutlich, in welchem Umfange sich Familien auf

unentgeltliche Weise am Aufbau des volkswirtschaftlichen Kapitals beteiligen: Bezogen auf das Preisniveau von 1990 wird der monetäre Aufwand einer Zwei-Kinder-Familie für das Aufbringen ihrer Kinder (bis 18 Jahre) auf gut 300 000 DM geschätzt. Hinzu kommt der zeitliche Aufwand für die Betreuung der Kinder und die unmittelbar auf Kinder bezogenen Haushaltsleistungen aufgrund von Zeitbudgeterhebungen. Bewertet man diesen Stundenaufwand gemäß dem durchschnittlichen Bruttoverdienst einer Arbeiterin, so beläuft er sich auf fast 500 000 DM; bewertet man ihn zum Lohn einer qualifizierten Pflegekraft oder Kindergärtnerin, gelangt man zu nahezu 600 000 DM. Rechnet man diese familialen Investitionen, die im Laufe von 18 Jahren eine Höhe von 400 000 bis 450 000 DM pro Kind erreichen, auf die volkswirtschaftliche Kapitalbildung hoch, so beläuft sich der Beitrag der Familien zur Humanvermögensbildung bzw. zur Bildung des volkswirtschaftlichen Arbeitsvermögens auf ca. 15 Billionen DM. Das ist mehr als das Doppelte des Wertes des gesamten Sachvermögens der Bundesrepublik Deutschland, das für das Jahr 1990 auf 6,9 Billionen DM geschätzt wird. Zieht man die staatlichen Leistungen für die Familien und Kinder ab, so bleiben ca. 12,5 Billionen übrig, die von den Familien selbst geleistet werden.«
(Zitate nach: Jürgen Borchert: *Renten vor dem Absturz. Ist der Sozialstaat am Ende?* Frankfurt a. M. 1993; Franz Xaver Kaufmann: *Herausforderungen des Sozialstaates,* Frankfurt a. M. 1997)

Und der vielgerühmte Familienlastenausgleich? Wenn es hoch kommt, so schätzen Experten wie Max Wingen (in seinem Buch *Familienpolitik)*, trägt er 25 Prozent der Familienkosten, und auch davon wird ein erheblicher Teil, etwa die Hälfte, von den Familien über Steuern selbst erbracht. Familien finanzieren ihre Entlastung also zum großen Teil selbst. Außerdem kommen die Leistungen des Bundes für »Ehe und Familie« vor allem Ehen, nicht aber Familien zugute. So beliefen sich die Mindereinnahmen des Bundes wegen des Ehegattensplittings im Jahre 1992 auf 29,5 Milliarden – das ist die gleiche Summe, die der Bund für Kindergeld (22,06 Milliarden) und Erziehungsgeld (7,2 Milliarden) aufgewendet hat. Natürlich kommen die Splittingvorteile auch Familien zugute. Dennoch bleibt ein Privilegierungsvolumen für kinderlose Ehen von etwa 10 Milliarden Mark. Insgesamt belaufen sich die Schätzungen über die Transferausbeutung der Familien auf über 100 Milliarden Mark pro Jahr.

Falsch programmiert!

Kinder werden immer teurer, Familien immer weniger, Ledige und kinderlose Ehepaare immer mehr – und der Familienlastenausgleich immer dürftiger.

Es duldet keinen Zweifel: Für Kinder und Familien stehen bei uns alle ökonomischen Signale auf Rot. Gewiß: Niemand bekommt Kinder, weil es sich ökonomisch rechnet, damit die Rentenformel stimmt oder damit die Bevölkerungspyramide wieder auf die Füße kommt, sondern weil es Freude macht, Kinder aufwachsen zu sehen; weil Kinder dem Leben der Eltern einen Sinn geben; weil Kinder ein fester Bezugspunkt sind in der Erscheinungen Flucht. Aber diese inneren Orientierungen der Menschen reiben sich an den äußeren Verhältnissen wund. Die Gesellschaft ist, was Kinder und Familien betrifft, falsch programmiert. Der emotionale Gewinn, den Kinder bedeuten, ihre Verläßlichkeit als oft einziger sozialer Bezugspunkt, wenn die Eltern alt werden, und auch die Bereitschaft der Kinder und der Eltern, füreinander »Opfer« zu bringen, können ökonomisch nur bis zu einer gewissen Grenze konterkariert werden. Das gilt insbesondere für eine Gesellschaft, die ansonsten durchgängig den ökonomischen Imperativen gehorcht – die Prediger der Familienwerte ausdrücklich eingeschlossen. Wenn es nicht gelingt, die emotionale und die ökonomische Logik wieder mehr zu versöhnen, wenn die strukturelle Rücksichtslosigkeit der Gesellschaft gegenüber Familien und Kindern nicht endlich wenigstens als Problem erkannt wird, dann wird der Exodus der Familien aus der Gesellschaft nicht aufzuhalten sein. – Was also ist zu tun?

Schritte zur Reform

Von einem Familienlastenausgleich (besser sollte man von einem Familien*leistungs*ausgleich reden) läßt sich erst dann sprechen, wenn in unseren Transfersystemen, im Steuerrecht und im Sozialversicherungsrecht, und nicht zuletzt in der Infrastruktur (Spielplätze, Kindergärten, Schulen, Universitäten, Nachbarschaften) tatsächlich Geldströme von den Kinderlosen zu den Familien fließen. Dazu ist es zunächst erforderlich, alle Transfers einzustellen, die zwar die Ehe, nicht aber die Familie fördern, auch jene Transfers, von denen kinderlose Paare in gleicher Weise profitieren. Als nächster Schritt wären alle Leistungen für Familien und für Kinder (Kindergeld etwa und Erziehungsgeld) zu dynamisieren. Des weiteren sollte ein *kinder*bezogener Familienlastenausgleich dort, wo es sozial geboten ist, wenigstens annähernd die Kosten, die Kinder verursachen, ausgleichen – und auf diese Weise auch den ärgerlichen Sachverhalt beseitigen, daß bereits eine Million Kinder und Jugendliche unter 18 Jahren von der Sozialhilfe leben.

Und schließlich käme es darauf an, jener Logik wenigstens teilweise wieder Geltung zu verschaffen, die mit der Einführung der staatlichen Sozialversicherung verlorengegangen ist: Es muß auch ökonomisch wieder vernünftiger sein (oder wenigstens weniger unvernünftig), mit Kindern in die eigene und in die Zukunft der Gesellschaft zu investieren.

Diese Wiederannäherung von individueller und kollektiver Rationalität führt zu einer einfachen sozialpolitischen Maxime: Für ihr Alter können Menschen vorsorgen durch Erwerbsarbeit (Beiträge) oder durch Erziehungs-, Pflege- und Familienarbeit oder durch beides. Die Vorschläge von Jürgen Borchert und anderen, die Beitragsrente durch eine »Elternrente« zu ergänzen, wobei die eine entsprechend zu kürzen und die andere massiv aufzuwerten wäre, verdient jedenfalls eine öffentliche Debatte und nicht jenes versammelte Schweigen, das von den Grünen über die SPD bis hin zur CDU/CSU und von den Arbeitgebern über die Gewerkschaften

bis hin zu manchen Familienverbänden zu hören ist – ein Schweigen aus Verlegenheit, aus schlechtem Gewissen oder aber in der gelassenen Zuversicht, daß sich an dieser Ungerechtigkeit sowieso nichts ändern werde?
Wer in dem alten beitragsfinanzierten Rentenversicherungssystem bleiben und für Familien mit Kindern etwas tun will, der wird jedenfalls überlegen müssen, wie er die »Beiträge« der Eltern, die sie dadurch erbringen, daß sie Kinder und damit die Beitragszahler von morgen aufziehen, neu bewertet. Einen Vorschlag dazu hat Jürgen Borchert gemacht. Eine andere Möglichkeit wäre, daß der Staat aus Steuermitteln Beiträge für die (anstelle der) Kinder – und auch für die (anstelle der) Mütter? – einbezahlt, damit Eltern später eine höhere Rente ausbezahlt werden kann. Der Vorteil dieser Lösung bestände darin, daß man die Maxime: *Keine Leistungen ohne Beiträge!* durchhalten und doch zu einem Familienleistungsausgleich kommen könnte.
Was am Ende aus der Endlosschleife der Rentenreform für die Familien herausspringen wird, läßt sich gegenwärtig (Ende 1997) schwerlich sagen. Nur soviel ist sicher: Es geht bei allen Parteien mehr um Rettungsversuche für ein altes System denn um Strukturreformen, die angesichts der gesellschaftlichen Veränderungen auch tatsächlich diesen Namen verdienen. Die Bundesregierung möchte die Gelegenheit nutzen und Erziehungszeiten im Rentenrecht künftig stärker berücksichtigen. Das ist ein Schritt in die richtige Richtung. Bald wird sich jedoch die eigentliche Frage wieder mit aller Macht zurückmelden, ob nämlich das jetzige System nicht besser durch eine steuerfinanzierte Grundsicherung abgelöst werden sollte, wie sie seit Jahren der sächsische Ministerpräsident Kurt H. Biedenkopf und der Sozialforscher Meinhard Miegel vorschlagen. Der Familienleistungsausgleich müßte dann allerdings durch *direkte* Transfers und Steuererleichterungen erfolgen, durch Steuermittel also, die die Familien dann zum Aufbau einer privaten Alterszusatzvorsorge verwenden könnten. Auf diese Weise

wäre übrigens auch eine treffsicherere familien- und sozialpolitische Unterstützung des Staates möglich – wenn man sie denn will.

Man muß ja nicht gleich das Grundgesetz ändern, aber ohne eine kleine Änderung wenigstens des ungeschriebenen Gesellschaftsvertrags dürfte es nicht gehen. Die Änderung wäre klein, aber fein:

> »Ehen *ohne* Familien stehen *nicht* unter dem besonderen Schutz der staatlichen Ordnung.«

Die fällige kopernikanische Wende in der Familienpolitik würde sich vor allem auf drei Dimensionen beziehen:

- Sie führt weg von einer Förderung der Ehe und hin zu einer stärkeren Unterstützung der Familien und zu einer stärkeren Förderung der Kinder.
- Sie begreift Familienpolitik nicht länger als Verteidigungsmaßnahme zum Schutz einer ansonsten vom Aussterben bedrohten Spezies, sondern als ein Symbol und als wichtigen Teil einer viel allgemeineren Wende, die dann tatsächlich diesen Namen verdiente: daß der soziale Zusammenhalt, die Alltagssolidaritäten, allgemein: die »Akkumulation« von sozialem und Humankapital, der Gesellschaft und ihren politischen Repräsentanten auch tatsächlich etwas »wert« sind.
- Sie verbessert die Lebenschancen der Familien dadurch, daß sie den Abgrund zwischen den alten sozialpolitischen Regelungen und den neuen sozialen Wirklichkeiten überbrückt.

Eine solche kopernikanische Wende in der Politik der privaten Beziehungen setzt ein ziemliches Umdenken voraus. Doch dieses Umdenken bedeutet, schaut man nur genauer hin, wenig mehr als einen Abschied von Illusionen.

Abschied von Illusionen

Die innere soziale Logik zwischen Ehe und Familie hat sich längst aufgelöst. »Ehe und Familie«, die das Grundgesetz 1949 noch in einem Atemzug nennen und beide unter »den besonderen Schutz der staatlichen Ordnung« stellen konnte, fallen immer mehr auseinander. Zwar rechtfertigen Kinder noch meistens die Ehe, aber die Ehe führt nicht mehr automatisch zu Kindern. Der Tatbestand »Ehe« ist deshalb für eine staatliche Familienförderung ziemlich irrelevant.

Doch die Politik hat von diesem Wandel noch nicht Kenntnis genommen – mit schlimmen Folgen: »Weil die Ehe gefördert wurde, ging die Familie zugrunde«, so klagte bereits vor über fünfzehn Jahren der damalige Präsident des Bundesverfassungsgerichts, Wolfgang Zeidler, Regierung und Parlament an. 1992 hat das höchste deutsche Gericht dann in seinem »Familienurteil« dem Gesetzgeber eine familienpolitische Strukturreform des Sozialstaats aufgetragen, die die verfassungswidrige Benachteiligung der Familien abbauen sollte. Das Gericht hat Regierung und Parlament keine Frist gesetzt, doch dessen damaliger Präsident Roman Herzog hat in seiner Rede zum 50. Geburtstag der früheren Familienministerin Rönsch direkt und ziemlich undiplomatisch erklärt, »daß wir zwar gegenüber dem Gesetzgeber großzügig sind, daß wir uns aber hier, im Interesse der Familien, nicht alles gefallen lassen«. Und Herzog deutete auch die Richtung an: »Wenn es hart auf hart geht zwischen Ehe und Familie, dann hat die Familie den Vorrang gegenüber der Ehe. Es darf keiner dafür bestraft werden, daß er nicht heiratet. Aber er darf auch nicht die anderen dafür bestrafen wollen, daß er sich von der Mitfinanzierung der Kinderkosten derjenigen, die sich für Kinder entscheiden, ausschließt.«

Die Veränderung der sozialen Kultur

Wenn man Passagen wie diese liest, hat man den Eindruck, daß auch heute wieder, wie in den ersten Jahrzehnten der alten Bundesrepublik, die dritte Gewalt im Staate (der Bundespräsident sowieso: ex officio, gewissermaßen) weiter ist als Regierung und Parlament. Die Vorschläge von Borchert und anderen, die Anregungen und Vorgaben aus Karlsruhe gehen in die richtige Richtung. Sie sind notwendig, aber nicht hinreichend. Viele in Staat, Wirtschaft und Gesellschaft engagieren sich aufrichtig für Kinder und für Familien, aber viele kommen dabei nicht zurecht mit den Freiheitswünschen des modernen Menschen, mit dem gewandelten Selbstverständnis der meisten Frauen und einer wachsenden Anzahl von Männern, die sich zunehmend fragen, ob ein auf den Beruf fixiertes halbiertes Leben eigentlich alles gewesen sein soll.

Die Familienpolitik braucht deshalb eine andere Tonart auch bei denen, die es gut mit der Familie meinen. Wer nurmehr die Tradition der Familie und die Familie als Tradition, als eine traditionelle Einrichtung, verteidigt und beiden dann allein mit materiellen Mitteln wieder aufhelfen will, wird sein Ziel nicht erreichen. Auch wenn in der ökonomisch besten aller Familienwelten sämtliche Mütter (und natürlich Väter) ein Hausfrauengehalt bekämen und später eine eigenständige und großzügige Rente, auch wenn auf der Grundlage eines idealen Familienlasten- und -leistungsausgleichs Familie und Kinder ökonomisch keinen Unterschied mehr machten – die Chancen für Familien und für Kinder würden sich, so ist zu vermuten, nicht grundlegend verbessern. Auch gut gepolstert und abgesichert hat die traditionelle Familie *in der herkömmlichen Rollenverteilung* keine Zukunft mehr.

Freiheit und Bindung – Hingabe und Emanzipation

Das Dilemma der Familienpolitik besteht darin, daß sie zwischen die ideologischen Fronten geraten ist. Während die einen – auf der Linken und bei den Liberalen – die Bedeutung von Familien- und Bindungswerten unterschätzen und noch immer verlegen reagieren, wenn von »gesellschaftlicher Moral« die Rede ist, tun sich die anderen – die Konservativen aller Länder und Parteien – noch immer schwer, Bindungen, Hingabe und andere soziale Tugenden mit Freiheit, Emanzipation und moralischer Kompetenz des einzelnen zusammenzudenken. Ist der Weg in die Freiheit nur als *Flucht aus dem Commitment* zu haben? Und müssen Ulrich Becks »Kinder der Freiheit« ihr Recht auf ein eigenes Leben mit dem Verzicht auf Bindung und Verantwortung erkaufen?

Das sind recht grundsätzliche Fragen. Man kann, gewiß, Familie und ein Leben mit Kindern auf eine traditionelle Weise begründen. Es soll nicht bestritten werden, daß damit nach wie vor ein bestimmter Ausschnitt der sozialen Wirklichkeit beschrieben werden kann. Die nach diesem traditionellen Leitbild leben, haben, wie andere auch, einen Anspruch auf aktive Toleranz, sie verdienen keine Diskriminierung.

Man kann aber auch Familie und ein Leben mit Kindern begründen auf eine Art und Weise, die mit den Entfaltungswünschen der Menschen zusammengeht. In dem Maße, in dem dies gelingt, stehen die Chancen nicht nur für Familien und Kinder besser. Alle werden dann in einer angenehmeren Gesellschaft leben, auch die, die keine Kinder haben. Es wäre dies dann eine nicht nur in wirtschaftlicher, sondern auch in sozialer Hinsicht reiche Gesellschaft. Eine Gesellschaft mit reicheren Möglichkeiten und wechselseitiger Verantwortung. Bloße Anpassungsreformen führen allerdings auch hier nicht zum Ziel.

Wenn der Sozialstaat nicht mehr zur Gesellschaft paßt: Frauen, Familien und Kinder zahlen die Zeche

Seit seinen Anfängen bei Bismarck, verstärkt in seiner zweiten formativen Periode nach 1945, war und ist der deutsche Sozialstaat auf die Erwerbsarbeit und auf die Ehe hin zentriert. Die Männer waren in die soziale Sicherung eingebunden, weil sie erwerbstätig, die Frauen, weil sie mit einem versicherten Mann verheiratet waren. Solange sich alle auf dem Arbeitsmarkt und auf dem Heiratsmarkt ihre soziale Sicherheit abholen konnten und wollten, war dagegen eigentlich wenig einzuwenden – allenfalls aus der Perspektive mancher Frauen, nicht jedoch aus der Perspektive der Kinder und der Familien, und schon gar nicht aus dem Blickwinkel der allermeisten Männer. Die einen (die Frauen) brachten Zeit, die anderen (die Männer) brachten Geld in die Familie.

Es war eine stimmige Gesellschaft. Sie wurde erschüttert einmal durch Erosionen in der ökonomischen Außenwelt und in der Arbeitsgesellschaft – davon handelt das nächste Kapitel. Und sie wurde zum anderen erschüttert durch die Veränderungen in den kulturellen Innenwelten der Menschen, vor allem durch die neuen Orientierungen, Lebensentwürfe und Lebenslagen der (meisten) Frauen, zumal wenn man diese in biographischer Perspektive betrachtet. Berufliche Orientierung, eigenes Einkommen und eine eigenständige soziale Sicherung spielen in ihrer Lebensplanung eine große Rolle. Die Zeit feministischer Schlachten ist längst vorbei. Frauen unterstellen ganz einfach, im Verhältnis zum anderen Geschlecht gleich und gleichberechtigt zu sein.

Das bedeutet alles andere als eine Fixierung auf Vollerwerbstätigkeit, und das ein ganzes Leben lang. Auch die meisten der (inzwischen gar nicht mehr so) *neuen* Frauen gehen davon aus, daß sie *für einige Zeit* Kinder betreuen, daß sie diskontinuierlich erwerbstätig sein werden, anders als die früheren Männer in Zeiten der Vollbeschäftigung, aber ganz ähnlich wie viele der künftigen Männer, die von einer beruflichen Normalbiographie nur noch träumen können.

Während sich so die inneren und die äußeren Lebenswelten der Menschen geändert haben, stammen die alten sozialpolitischen Rahmenbedingungen noch aus der Zeit der Versorgerehe. Der Sozialstaat paßt nicht mehr zu den Menschen und zur Gesellschaft. Die Reformaufgabe besteht darin, den familienzentrierten Lebenslauf gleichberechtigt zum Erwerbsverlauf in das System der sozialen Sicherung zu integrieren, und das für beide Geschlechter. Dahinter steht eine Philosophie, die die Situation in der Familienwelt wie in der Arbeitswelt entspannen könnte, die Gelassenheit nämlich, daß alles im Leben seine Zeit hat (und braucht): die Arbeit und die Familie; das Aufnehmen und das Ausgeben; der Beruf und die Kinder; die Muße und der Aktionismus. Es ist an der Zeit, daß ein *sozialpolitisches Paradigma des Lebenslaufs*, welches Übergänge, Brüche und Diskontinuitäten akzeptiert und erleichtert, an die Stelle des erwerbszentrierten Paradigmas der Industriegesellschaft tritt.

Für eine solche *Politik des Lebenslaufs*, die nicht mehr den sozialen Status des Ernährermannes absichern, sondern – für beide Geschlechter – die Übergänge erleichtern und die Passagen sichern will, damit auch in veränderten Zeiten Familien und Kinder eine Chance haben, lassen sich viele erste Reformschritte denken: beispielsweise etwa eine Kombination von Teilzeitarbeit mit Teil-Arbeitslosengeld; ein Teilausstieg aus dem Betrieb, bei gleichzeitiger Qualifizierung, verbunden mit Lohnersatzleistungen; ein Recht auf Teilzeitarbeit im Anschluß an den Erziehungsurlaub; Nichterwerbstätigkeit (Familienzeit) als vorfinanzierte Freizeit.

Was wären die Alternativen zu einer solchen Reformstrategie? Es bliebe einmal die Hoffnung, daß der große Abgrund zwischen einer neuen sozialen Wirklichkeit und den alten Rahmenbedingungen durch ein anderes Verhalten der Frauen wieder geschlossen werden könnte. Die Frauen würden wieder konservativer, blieben bei diesen trüben Aussichten auf dem Arbeitsmarkt lieber wieder zu Hause, bei Mann und Kind, oder sie könnten doch durch neuartige Anreize (Hausfrauengehalt) des anderen großen Versorgers und Ernährers, auf den angeblich noch Verlaß ist, nämlich des Staates, wieder dorthin zurückgebracht werden.

Diese Hoffnungen dürften enttäuscht werden. Am oberen Ende gehören die qualifizierten Frauen zu den Gewinnerinnen der Entwicklung; sie lassen sich auch nicht durch viel Geld von der Arbeitswelt frei- und in die Familie zurückkaufen. Am unteren Ende werden größere Armutsrisiken für Frauen, Familien und Kinder die Situation verschärfen. Frauen mit geringer Qualifikation und niedrigem beruflichem Erwartungshorizont bekommen Kinder nach wie vor meist relativ früh, scheiden dann mittel- bis längerfristig aus, kehren schließlich auf niedrig bezahlte Arbeitsplätze zurück. Heute haben sie in der Regel Männer mit stabilem Einkommen. Wenn mehr Männer künftig weniger verdienen, werden diese Frauen zu ungünstigen Bedingungen auf den Arbeitsmarkt zurückkehren müssen. Ohne andere sozialpolitische Rahmenbedingungen, ohne ausreichende und bezahlbare Kinderbetreuung entsteht hier sozialer Sprengstoff, gerade auch für Familien und Kinder, und von beidem wird es dann weniger geben. Wenn Staat und Gesellschaft Familie und Kinder weiterhin zur Privatsache erklären, soll man sich über die Folgen nicht wundern: in quantitativer Hinsicht, da in dieser Gruppe (von niedrig qualifizierten Frauen) relativ viele Kinder geboren werden; in qualitativer Hinsicht, da mit dem Legitimationsverlust traditioneller Familienmodelle mittelfristig auch ein Bedeutungsverlust der »traditionellen« Werte in der Gesellschaft um sich greifen wird, wenn die alten und die neuen Werte keine Strukturen finden, in denen sie heimisch werden könnten.

Diese Hoffnungen also, die Frauen könnten mit Zuckerbrot (materielle Anreize) oder Peitsche (Arbeitslosigkeit) wieder auf konservative Wege verführt werden, dürften enttäuscht werden – von der moralischen Qualität solch (un-)heimlicher Strategien einmal ganz zu schweigen. Bleibt noch eine andere Alternative, und die ist sehr real. Es ist der zeitgenössische Anachronismus der real existierenden Bundesrepublik, wie sie lebt, leidet und arbeitet: auf der einen Seite, im produktiven Bereich, ein Wettrennen um die immer knapper werdenden Erwerbsarbeitsplätze – Vollzeitarbeit als Pflichterfüllung! Auf der anderen Seite, im reproduktiven Bereich, werden Familien-, Erziehungs- und Pflegearbeit – Tätigkeiten, für die schon die Sprache vor allem negative Begriffe (»Nicht-erwerbsarbeit«) kennt – negiert und abgewertet, marginalisiert und ausgegrenzt oder aber auf der politischen Tagesordnung ganz einfach vergessen – oder kriminalisiert: Drückeberger, Schwarzarbeiter. So kann man die Spannungen in beiden Bereichen verschärfen.

Die Gesellschaft verändern!

Familien-, Frauen- und Kinderpolitik sind nicht zu haben ohne eine gewisse Bereitschaft, in Zusammenhängen zu denken und an die Wurzel der Dinge zu gehen. Daran lassen es viele Protagonisten dieser Politikfelder noch immer fehlen. Man kann es verstehen. Es hat ja auch lange gedauert, bis sich Familienpolitik auf der politischen Agenda durchgesetzt hat. Noch länger hat es gedauert – bis hinein in die Mitte der achtziger Jahre, bis zur Berufung Rita Süssmuths zur ersten Frauenministerin in Deutschland –, bis sich Frauenpolitik als ein eigenständiges politisches Thema etabliert hatte.

Das aktuelle Schicksal beider Politikbereiche, der Familien- wie der Frauenpolitik, zeigt, daß auch hier auf den alten Schienen kein Fortschreiten mehr möglich ist. Beide Politikfelder kamen letzten Endes über den Status einer Art Sonderpolitik oder Sonderbehandlung für ihre jeweiligen Zielgruppen nicht hinaus.

Das eine Mal sagte man sich: Man muß, überhaupt und aus christlich-sozialen Motiven ganz besonders, etwas tun für die Familien, denn sie sind ja das »Fundament unserer Gesellschaft«. Das war das *Leitbild in den fünfziger und in den frühen sechziger Jahren*.

Später hieß es dann auf (fast) allen Seiten, wenn auch mit unterschiedlichen Akzenten: Man muß etwas tun »für die Frauen in unserer Gesellschaft«, damit sie sich von den Männern emanzipieren und ihr eigenes Leben führen können – das war die eher linke Variante des Diskurses; oder damit sie, die Frauen(!), Familie und Beruf besser vereinbaren können – das war eher die CDU-Variante mit ihren Schlüsselbegriffen Wahlfreiheit, Gleichberechtigung und Partnerschaft. Gemeinsam war beiden Überlegungen: Frauen sind, erstens, benachteiligt und, zweitens, wenn alles so bleibt, wie es ist, dann lösen sie den Zielkonflikt zu Lasten der Kinder und der Familien (und am Ende auch noch der Männer) auf. Das war das dominierende politische *Leitbild in den siebziger und achtziger Jahren*.

Die beiden Aussagen sind nach wie vor richtig, und trotzdem stimmen die Leitbilder nicht mehr. Es ist an der Zeit, die Sonderwege zu verlassen und die Sonderpolitiken zu verabschieden.

Wer etwas für die Familien tun will, der muß die Gesellschaft verändern mit dem Ziel, die soziale Arena der »Reproduktion« jenseits von Markt und Ökonomie, jenseits von Angebot und Nachfrage massiv aufzuwerten.

Wer politisch etwas für die Frauen tun will, der darf sie nicht als zusätzliche Gruppe der staatlichen Fürsorge betreuen und behandeln, sondern der muß ganz grundsätzlich fragen: Wie muß eine Gesellschaft aussehen, in der für *beide* Geschlechter die Zugänge in beide Welten, die Übergänge zwischen ihnen und die Chancen der Rückkehr aus der Familie und aus der Arbeitswelt offen sind? Wie muß eine Gesellschaft aussehen, in der keinem der beiden Geschlechter Türen versperrt sind? Wie muß die Organisation der Arbeitswelt aussehen, was können Betriebe und Unternehmen tun, damit eine neue Balance mit den Lebens- und Familienwelten ihrer MitarbeiterInnen möglich wird? Eine solche Gesellschaft, die dann nicht mehr je nach ideologischer Überzeugung oder Verblendung nur auf die Wirtschaft *oder* die Familie fixiert ist, wäre dann vermutlich auch eine Gesellschaft, in der die Menschen, gerade weil Optionen und Möglichkeiten offenbleiben, auch gelassen verzichten könnten – um der Kinder und Familien willen.

Betriebe steuern dem Familienexodus entgegen: Das Familienaudit Während Ideologie und Politik nur sehr langsam begreifen, daß falsche Alternativen und Weichenstellungen die sozialen Grund-

lagen der Gesellschaft bedrohen, beginnen große Firmen in Deutschland umzudenken. So wie die Ökologie vom lästigen Thema zum ökonomischen Innovationspotential wurde, erkennt man nun, daß ein kreativer Umgang mit dem Thema »Familie« große Reserven an Innovationskraft, Motivation und Leistungsfähigkeit bei den Mitarbeitern erschließen kann.
Das Audit »Beruf und Familie«, das gegenwärtig von der Hertie-Stiftung entwickelt und bereits von Siemens-Nixdorf erprobt wird (zahlreiche andere Firmen wie BMW und die Lufthansa planen, es ebenfalls anzuwenden), ist ein wichtiges Instrument, um diese Ansätze konsequent zu verbreitern.
Hier werden nicht mehr – wie bei den durchaus verdienstvollen Wettbewerben zum Thema »Der familienfreundliche Betrieb« – einzelne attraktive Maßnahmen für Familien in den Vordergrund gestellt. Das Ziel ist umfassender. Von der Arbeitszeitgestaltung über die Arbeitsorganisation bis hin zur Personalentwicklung und vor allem bis hin zum Führungskräftetraining wird systematisch untersucht: Wird in unserem Betrieb darauf geachtet, daß die Mitarbeiter auch familiäre Aufgaben und Verpflichtungen haben, sind wir – soweit betrieblich möglich – flexibel, entgegenkommend? Lassen wir Väter Väter sein? Diese und andere familienrelevante Dimensionen werden mit Hilfe des »Audits« für alle Betriebsbereiche untersucht – und das nicht nur daraufhin, ob gute Absichten auf dem Papier stehen, sondern darauf, ob zum Beispiel qualifizierte Teilzeitarbeit oder Teleheimarbeit oder Sabbaticals wirklich umgesetzt werden, und zwar auch in Führungspositionen und auch von Männern. Die Höhe der im Audit erzielten Punktzahl richtet sich nach der Breite und Tiefe, in der Betriebe Familie ernst nehmen.

Warum stellen sich Betriebe gerade in der heutigen Zeit von Globalisierung und Restrukturierung einer solchen Aufgabe? Im Management wird zunehmend erkannt: Gerade wenn wir mithalten wollen auf der globalen Rennstrecke, müssen wir unser Mitarbeiterpotential noch viel besser erschließen. Die wenigen, die letztlich übrigbleiben, Frauen wie Männer, müssen hoch engagiert sein, dürfen aber nicht zu schnell ausbrennen, nicht an alltäglichen Probleme scheitern. Die Betriebe haben längst erkannt, daß vor allem unter den Nachwuchs-

kräften nicht nur immer mehr Frauen sind, sondern daß auch immer mehr junge männliche Spezialisten eine Frau haben, die erwerbstätig ist und von ihrem Partner eine aktive Beteiligung an den Familienaufgaben erwartet. Die neuen Möglichkeiten der Delegation, der flachen Hierarchien, der Mehrfunktionalität von Mitarbeitern, aber auch der neuen Medien und der Teil-Telearbeit haben viele frühere Hindernisse für eine soziale Integration von Familie und Beruf de facto abgebaut. In den USA hat der Index »Familienfreundlichkeit« bereits Ende der achtziger Jahre zu einer breiten Anerkennung dieser neuen Aufgabenstellungen geführt. Der Paradigmenwechsel heißt: weg von einer betrieblichen Familienpolitik, die vor allem das Ernährermodell durch soziale Zulagen abstützt. Dieses Modell war und ist bei deutschen Großbetrieben wie auch in der Politik stark verbreitet und wird jährlich noch immer mit vielen Millionen Mark – etwa einem Prozent der gesamten Gehaltssumme – unterstützt. Die neue Konzeption dagegen heißt: intelligente, integrierte Ansätze zur Vereinbarkeit von Familie und Beruf. Hier kann durch moderne Arbeitszeitorganisation und gezielte Personalentwicklung viel Geld gespart werden. Selbst Hilfen zur Kinderbetreuung oder Betreuungsplätze, wie sie mehr und mehr Betriebe heute anbieten, sind ein geringer Kostenfaktor und erschließen neue Sparpotentiale. Das Familienaudit ist ein gelungenes Beispiel einer »more for less«-Strategie zugunsten des Sozialen.
(Informationen bei: Hertie-Stiftung, Frankfurt a. M., oder: »Neue Wege für die Arbeitswelt«, Bereich Certification Services, München)

Wer für die Zukunft all das bewahren will, wofür früher einmal die Familie und die »weiblichen« oder auch die »mütterlichen« Werte gestanden haben, der muß bereit sein, vieles zu verändern. Denn nicht die falschen Werte und Einstellungen vertreiben Familien und Kinder aus unserer Gesellschaft. Es sind die gesellschaftlichen Verhältnisse und Ideologien, die den Familien mit Kindern gegenwärtig wenig Luft zum Atmen lassen. Die Renaissance der Familie braucht keine moralische Aufrüstung, sondern finanzielle und soziale Unterstützung. Es liegt eben *nicht* an den Werten, wie eine konservative Familienrhetorik glauben machen will. Wo immer sie gefragt werden, verbinden junge Menschen mit einem erfüllten Leben auch Treue und Partnerschaft, Kinder und Familie. Aber sie wollen deshalb auf ein eigenes Leben nicht verzichten. Sie wollen nicht auf bestimmte Rollen festgelegt werden und sich andere Perspektiven von Anfang an verbauen. Das gilt besonders für junge Frauen, und es gilt um so mehr, je qualifizierter sie sind. Wenn eine Studentin im 6. Semester ein Kind haben, aber deshalb nicht ihre akademische Perspektive verlieren will, wenn eine junge Direktionsassistentin oder Fachärztin weder auf beruflichen Erfolg noch auf Familie verzichten will, wenn sie und viele andere sich aber dann, vor die brutale Alternative gestellt, »erst einmal« gegen Kinder und Familie entscheiden, dann hat das nichts mit »Hedonismus«, »Egoismus« oder »Selbstverwirklichung« zu tun, sondern mit komplexen, aber legitimen und vernünftigen Lebensentwürfen – und das ist dann nicht eine Anklage der Menschen, sondern der gesellschaftlichen Verhältnisse.

Das alles führt in eine paradoxe Lage. Wenn nicht endlich beides bedacht und gewollt und auch unterstützt wird – Familie und Arbeit, Kinder und Beruf –, dann wird das stille Sterben der Familien weitergehen. Doch nicht nur manche Konservative glauben, je mehr Hausfrauen es gibt und je weniger Frauen berufstätig sind, um so besser sei es für die Familien. Aber konservative Wege führen nicht zu konservativen Zielen. Deutschland (West) hat nämlich beides: viele Hausfrauen und wenige Kinder. Auch in anderen Ländern gibt es diesen Zusammenhang, nur mit anderen Vorzeichen. In Schweden und Frankreich etwa sind die meisten Frauen erwerbstätig – und haben eben deshalb viele Kinder, weil beides sich, mit Hilfe des Staates und der Gesellschaft, besser verbinden läßt. Wer die Mutterrolle auf eine traditionelle Weise aufwerten möchte, untergräbt die Chancen für eine Gesellschaft mit Kindern.

Die Politik als Hebammenkunst – Politische Mäeutik

»Arbeitslosigkeit ist kein Problem«, so hat der Soziologe Claus Offe einmal provozierend formuliert, nicht um einem Zynismus gegenüber den Arbeitslosen freien Lauf zu lassen, sondern um Politik und Öffentlichkeit zum Nachdenken zu zwingen. Für »Probleme« gibt es nämlich »Lösungen«, und »Krisen« sind immer nur temporär, sie können »überwunden« werden. Für die Arbeitslosigkeit aber gibt es keine »Lösung«, und selbst wenn sie eines Tages auf amerikanische Weise leise verschwinden sollte, wird die Gesellschaft nicht einmal mehr eine entfernte Ähnlichkeit aufweisen mit den Zeiten der Vollbeschäftigung.

In ähnlicher Weise gilt: Die Familie steckt nicht in einer »Krise«, und sie ist auch kein »Problem«, für das es eine »Lösung« gibt. Die Gesellschaft ist im Wandel, und dieser Wandel hat Folgen: Risiken und Chancen für die privaten wie für die Arbeits- und die gesellschaftlichen Beziehungen. Politik kann diesen Wandel mehr oder weniger intelligent begleiten. Politik kann dazu beitragen, daß die neuen Möglichkeiten unter weniger Schmerzen das Licht der Welt erblicken: Politik als Hebammenkunst bei der Geburt einer neuen Ordnung. Eine solche politische Mäeutik verträgt keine eindimensionalen Strategien (Frauen in die Familien *oder* in den Beruf). Auch was die Familien und ein Leben mit Kindern betrifft, haben sich die Lösungen, die in der Industriegesellschaft entstanden sind, mit dieser erschöpft. Die fällige Rekonstruktion der Familien- und der Arbeitswelt erfordert *und* ermöglicht eine andere Organisation der Gesellschaft, die den Arbeitsmarkt für Frauen öffnet und nicht schließt und die die Tätigkeiten im reproduktiven Bereich, innerhalb und außerhalb der Familie, ideell und materiell so aufwertet, daß sie auch für Männer interessant werden. Die neue Gesellschaft erfordert und ermöglicht mehr Optionen und Übergänge, mehr Wahlmöglichkeiten und Teilhabechancen für beide Geschlechter in allen Bereichen der Gesellschaft. Ein solches Projekt bietet vielleicht noch die Chance, den Exodus der Familien zu stoppen. Wird sie vertan, sollte klar sein, was das heißt: Nicht nur verschwindet mit der Familie eine soziale Rarität aus der Landschaft, sondern auch eine wesentliche Grundlage der demokratischen und der sozialen Sitten und damit des sozialen und kulturellen Kapitals einer Gesellschaft.

ZUSAMMEN*f*ASSUNG

1. Die großen Veränderungen der Epoche – Globalisierung, Digitalisierung und Individualisierung – bergen unterschiedliche Potentiale in sich. Sie können dazu führen, daß sich alles der Ökonomie unterordnet und auf die Regelung wirtschaftlicher Beziehungen konzentriert. Alltagssolidaritäten im allgemeinen und Familien im besonderen geraten dann in den toten Winkel der öffentlichen Aufmerksamkeit. Politiker, Parteien und Weltanschauungen, die sich mit Blick zurück auf die Rettung der Familie konzentrieren, ohne die gesellschaftlichen Veränderungen zu bedenken, oder die die »Familienwerte« gegen die Individualisierung ausspielen, unterminieren die Chancen auf ein Leben mit Kindern und in Familien ebenso wie jene Radikalliberalen, die alles dem *Wirtschafts*standort Deutschland unterordnen.

2. Im Schoß der Zeit und ihrer Wehen liegen aber auch gute Chancen auf eine andere Gesellschaft geborgen, die auch für Familien und Kinder wieder mehr Raum und bessere Möglichkeiten bereithält. Die Trennungen und Spannungen zwischen Leben und Arbeiten, Beruf und Familie, zwischen den Lebensweisen und den Geschlechtern werden in Zukunft leichter zu überwinden sein als in der industriegesellschaftlichen Moderne. Für den einzelnen kann dies ein interessanteres und auch ein, im vollen Sinn des Wortes, reicheres Leben bedeuten. Für die Gesellschaft insgesamt heißt das, daß nicht nur ihr Wohlstand, sondern auch ihre Wohlfahrt wächst. Die Lebenschancen der Menschen verbessern sich. Es wird ihnen bessergehen als zuvor. Vorausgesetzt »nur«, die nötigen Reformen finden statt.

3. Staat, Wirtschaft und Gesellschaft stehen vor der Wahl: Sie können sich mit einer wirtschaftlich erfolgreichen Gesellschaft begnügen und, unter

Absingen erbaulicher Familienarien, den leisen Exodus der Familien aus der Gesellschaft hinnehmen. Oder sie können sich, bewußt und konsequent, darum bemühen, ihre strukturelle Rücksichtslosigkeit gegenüber Familien und Kindern zu überwinden und Rahmenbedingungen zu schaffen, die es wahrscheinlicher machen, Alltagssolidaritäten zu leben. Für Alltagssolidaritäten werden Familien auch in Zukunft von großer Bedeutung sein. Eine isolierte Familienpolitik freilich dürfte dieses allgemeine Ziel kaum erreichen und den Familien selbst nur begrenzt helfen. Nötig sind strukturelle Reformen nicht zuletzt in der Sozialpolitik, die sich an einem neuen Leitbild orientieren.

4. Die Erfolgsgeschichte der alten deutschen Sozialpolitik nach 1945 beruhte auf zwei Voraussetzungen, die für eine kurze Phase einmal in einer historischen Ausnahmesituation gemeinsam gegeben waren:

- Die Prosperität der Wirtschaft machte einen stabilen Berufsverlauf mit Familienlohn für Männer möglich.
- Das Sein und das Bewußtsein, die ökonomische Basis und die normativen Leitbilder haben sich aufs feinste ergänzt – und diese Erfolgsgeschichte möglich gemacht: Zu keiner Zeit hat die traditionelle Versorgerehe so viele Frauen erfaßt wie in den fünfziger und sechziger Jahren.

So waren beide Geschlechter in die soziale Sicherung eingebunden: Die Männer, weil sie *erwerbstätig*, die Frauen, weil sie mit einer versicherten Person *verheiratet* waren.

5. Das Ergebnis war eine rundum stimmige Gesellschaft, deren Mängel nicht weiters auffielen, die aber jetzt zum Thema werden, da diese beiden Voraussetzungen nicht mehr gegeben sind. Der alte deutsche Sozialstaat kennt keine wirksame Absicherung der »typisch weiblichen« Erwerbsformen (zum Beispiel Heimarbeit, Teilzeitarbeit, geringfügige Beschäftigung); und er kennt keine Überbrückung der »typisch weiblichen« Unterbrechungen im Berufsverlauf (Kinder, Hausarbeit, Ehrenamt, Pflege). Die Familienarbeit begründet keinen sozialen Status und kaum eine eigenständige soziale Sicherung. Die Erwerbs- und Ehezentrierung des alten deutschen Sozialstaats schafft für die gesamte Bevölkerung keine umfassende soziale Sicherheit mehr, und sie schadet ganz konkret den Chancen, Kinder und Familien zu haben.

6. Der real existierende Sozialstaat in Deutschland schafft einen tiefen Abgrund zwischen den alten Sicherheiten, die auf Erwerb und Ehe setzen, und den neuen Lebensentwürfen und Lebenslagen, den gesellschaftlichen Verhältnissen und auch Sehnsüchten der Menschen. Über diesen Abgrund stürzen die Zukunftsperspektiven für Kinder und Familien – und für eine angenehmere Gesellschaft. Wer an den alten sozialpolitischen Rahmenbedingungen festhält, der trägt, ob er es will oder nicht, dazu bei, daß mit dem Legitimationsverlust traditioneller Weiblichkeitsbilder, Rollenvorgaben und Familienmodelle auch ein Bedeutungsverlust der »traditionellen« Werte die Gesellschaft zum Schlechteren verändern wird. In einer sozialhistorischen Lage, in der sich die Geschlechterbalance langsam, aber sicher verschiebt (Frauen gewinnen, summa summarum, relativ an Macht, Einkommen, Entscheidungsspielräumen; Männer büßen an Status, Funktion, Familiengehalt, Ernährerfunktion ein), werden Kinder und Familien und mit ihnen die gesamte Gesellschaft nur nach gewiß schmerzhaften Abschieden von der alten Arbeitsgesellschaft und den alten Familienbildern wieder Aussichten auf ein besseres Leben haben.

FÜNFTES
KAPITEL

JENSEITS DER VOLLBESCHÄFTIGUNG.
Über die Zukunft der Arbeit

These 1: Staat, Wirtschaft und Gesellschaft stehen nicht vor einer Krise des Arbeitsmarkts, einer Krise des Sozialstaats, einer Krise der Staatsfinanzen oder was der Krisen mehr sein mögen. Deutschland steckt, wie die anderen alten Industriegesellschaften auch, mitten in einem Umbruch der Zivilisation von der ersten in die zweite Moderne. Dieser Umbruch ist nur zu vergleichen mit dem Übergang von der Agrargesellschaft zur Industriegesellschaft oder von der feudalen Ordnung zur modernen Staatlichkeit.

These 2: Der gegenwärtige Umbruch der Zivilisation findet seinen sichtbarsten Ausdruck in der Erosion der (industriellen) Erwerbsarbeit. Die Zivilisation der Arbeit geht zu Ende. Damit ist mehr in Frage gestellt als die gewohnte Wirtschafts- und Sozialordnung. Die Erwerbsarbeit war nicht nur Fundament für den Lebensstandard und für die soziale Sicherheit, sondern auch für das Selbstwertgefühl der Menschen und für ihre Integration in die Gesellschaft, für die Organisation des persönlichen Lebens und des sozialen Zusammenhangs, für den Lebenslauf des einzelnen und für den Generationenzusammenhang der Gesellschaft.

These 3: Ob diese Veränderungen in einen Niedergang führen werden, hängt nicht von den Veränderungen selbst, sondern von den Reaktionen von Staat, Wirtschaft und Gesellschaft auf diese Veränderungen ab. Der Strukturwandel markiert »nur« einen Umbruch, nicht die Richtung; ein Ende, keine Perspektive. Ganz unterschiedliche Entwicklungspfade in die Zukunft sind denkbar: in eine historische Epoche, in der alle weniger arbeiten, aber auch (fast) alle eine sinnvolle Beschäftigung finden und, nach einer Phase des Übergangs, insgesamt besser leben werden als bisher. Oder aber, für die vielen jedenfalls, die scheinbar nicht gebraucht werden, in ein soziales Inferno, in dem sie alle Hoffnungen auf eine Rückkehr in die Gesellschaft fahrenlassen können.

These 4: Welche dieser Alternativen Wirklichkeit wird, hängt davon ab, ob eine neue Organisation von Leben und Arbeit, Bildung und Beruf, Freizeit und Sozialzeit gelingt. Was an die Stelle der Erwerbsarbeit und der Arbeitsgesellschaft tritt, wird deshalb zu *der* sozialen Frage der Zukunft. Sie findet ihre Antwort nicht in diesen oder jenen Umbau-, Abbau- oder Ausbaumaßnahmen, sondern in einer anderen sozialen Organisation der Gesellschaft.

Falsche Hoffnungen – falsche Alternativen

»Arbeitslosigkeit« stellt die wichtigste gesellschaftspolitische Herausforderung dar. Die »Schaffung von Arbeitsplätzen«, so heißt es immer wieder, sei die wichtigste Aufgabe unserer Zeit.

Das zu versichern werden jedenfalls Regierung und Opposition, Arbeitgeber und Gewerkschaften, Parteien und gesellschaftliche Gruppen nicht müde. Beflügelt von dem Wunsch, die Arbeitslosigkeit zu »überwinden«, das »Defizit« an Arbeitsplätzen zu »beseitigen«, Vollbeschäftigung zu »schaffen«, das »Problem« der Arbeitslosigkeit in den »Griff zu bekommen«, einigen sie sich rasch auf ehrgeizige Ziele. Zu Beginn des Jahres 1996, als das Bündnis für Arbeit noch eine Hoffnung war, wollte eine konzertierte Aktion aus Politik, Wirtschaft und Gewerkschaften unter der Führung des Bundeskanzlers die Arbeitslosigkeit bis zum Jahr 2000 halbieren. Damals hatte das Institut Prognos aus Basel geschätzt, daß um die Jahrhundertwende die Zahl der Arbeitsuchenden auf über sechs Millionen ansteigen werde. Eine Halbierung hätte also einen Rückgang der Zahl der registrierten Arbeitslosen um drei Millionen bedeutet, und das in wenigen Jahren.

Inzwischen sind solche Versprechen etwas leiser geworden – und auch etwas weniger konkret. Gegen Ende des Jahres 1997 liegt die Zahl der Arbeitslosen in den offiziellen Statistiken unverändert bei etwa 4,5 Millionen, und nichts deutet darauf hin, daß sich daran mittelfristig viel ändern werde. Unseriös waren solche Versprechen von Anfang an. Prognosen und Berechnungen dieser Art werden stets durch gesellschaftliche und ökonomische Entwicklungen relativiert und konterkariert, die – zum Glück, darf man sagen – politisch niemand im Griff haben kann. Niemand kann die künftige Nachfrage nach Arbeitsplätzen, die Erwerbsneigung der Frauen etwa oder den Umfang der Migration, zuverlässig voraussagen. Desgleichen ist es problematisch, in einer marktwirtschaftlichen und deshalb dezentralisierten Wirtschaftsordnung globale Ziele, ein bestimmtes Wirtschaftswachstum, eine bestimmte Zu-

nahme der Beschäftigung oder gar einen bestimmten Rückgang der Arbeitslosigkeit als »machbar« darzustellen.
Es bleibt der gute Wille. *Stat pro ratione voluntas*. So könnte man ein gut Teil der offiziellen Rhetorik über die Arbeitslosigkeit überschreiben. Wenn schon die Fähigkeit fehlt, solche Ziele erreichen zu können, dann soll wenigstens die Demonstration des guten Willens politisch weiterhelfen. Der gute Wille verdrängt die Analyse. Nicht nur Bundeskanzler Kohl hat eine gewisse Meisterschaft entwickelt, bestimmte Probleme einfach wegzubramarbasieren. Auch andere Politiker und Funktionäre versprechen immer wieder, was sie prinzipiell nicht halten können – und sie ignorieren dafür, was sie tatsächlich tun könnten.
Doch handelt es sich dabei wirklich um einen *guten* Willen, um eine *gute* Absicht, die zwar ihre Ziele nie erreichen wird, aber auch weiters keinen Schaden anrichten kann? Daran kann man zweifeln. Von wenigen Stimmen abgesehen herrscht ein großer Konsens darüber, daß es nicht nur wünschenswert, sondern auch möglich sei, die Arbeitslosigkeit zu überwinden. Dabei bleibt die Arbeitsgesellschaft das Maß aller Dinge, Vollbeschäftigung das Ziel, wenn auch der Begriff inzwischen meist etwas vorsichtiger umschrieben wird. Die Fixierung auf dieses *eine* Ziel mobilisiert alle gesellschaftlichen Ressourcen. Doch es ist wie bei einem Kind, das Fahrradfahren lernt: Solange es wie gebannt in den Graben starrt, in den es nicht hineinfallen möchte, wird es nie selbständig ein neues Gleichgewicht finden. Zur »Entspannung auf dem Arbeitsmarkt« wird es erst kommen, wenn nicht mehr alle Kräfte darauf angespannt sind, dieses Ziel krampfhaft zu erreichen. Die Gesellschaft insgesamt muß ein neues Gleichgewicht finden, wenn wichtige Teilbereiche wie Familie und Arbeitswelt künftig eine bessere Entwicklung nehmen sollen.

Die »neoliberale« Antwort:
Der Markt als Beschäftigungswunder

Die Strategien zur Bekämpfung der Arbeitslosigkeit gehen weit auseinander. In der gesellschaftspolitischen Debatte stehen sich gegenwärtig im großen und ganzen zwei Richtungen gegenüber: die neoliberale und die traditionell sozialdemokratische Position.

Die einen setzen auf eine Deregulierung der Arbeitsmärkte und fordern eine Reform oder ein Ende der Flächentarifverträge. Diese Strategie läuft auf eine größere Lohndifferenzierung (Lohnspreizung), auf eine De-facto-Schwächung der Gewerkschaften, insgesamt auf einen Abbau des Sozialstaats hinaus.

Die Arbeitslosigkeitsfalle »Die Gründe für die unerfreuliche Entwicklung auf dem Arbeitsmarkt sind leicht auszumachen. Ein ausgebauter Sozialstaat trägt ebenso wie starke Gewerkschaften mit dazu bei, daß die Arbeitsmärkte in Europa nur unzureichend funktionsfähig sind. Beide Faktoren beeinträchtigen vor allem die Beschäftigungschancen ungelernter Arbeitnehmer erheblich. ... Zum einen tragen die wenig qualifizierten Arbeitnehmer die Lasten weniger über Einkommenseinbußen, sondern stärker in Form von Arbeitslosigkeit. ... Zum andern werden die unvermeidlichen Anpassungslasten zu einem erheblichen Teil sozialisiert. Die Beitrags- und Steuerzahler sind nämlich mit von der Partie.« (Professor Norbert Berthold, Würzburger Wirtschaftswissenschaftler)

Die Argumente, die die Neoliberalen für eine Wiederherstellung eines wirklichen Arbeits*marktes* ins Feld führen, sind nicht nur (markt-)wirtschaftlicher Natur, indem sie zu Recht darauf hinweisen, daß *auch* der Preis für die Arbeit über die Nachfrage nach Arbeit entscheidet und daß damit *auch* die Gewerkschaften den Stand der Arbeitslosigkeit mit beeinflussen. Die Neoliberalen verweisen auch auf einen sozialpolitischen Zusammenhang, nämlich auf die häufig übersehenen *unsozialen Folgen* des Status quo – und überhaupt *einer gutgemeinten Sozialpolitik*. Die wenig qualifizierten

Arbeitnehmer zahlen den Preis für Strukturwandel und Globalisierung *so oder so*, entweder als Preis für einen nicht funktionsfähigen Arbeitsmarkt durch hohe Arbeitslosigkeit oder als Preis für einen funktionsfähigeren Arbeits*markt* – durch niedrigere Einkommen.

Jede Gesellschaft steht vor der Wahl, wer die Folgen und die Kosten für den Strukturwandel auf welche Weise tragen soll. Keine Gesellschaft kann sich auf Dauer um die Antwort auf diese Frage drücken. In der amerikanischen Gesellschaft bezahlen vor allem die »working poor« die Folgen des Strukturwandels durch Einkommen, von denen sie nicht leben können. Die deutsche Gesellschaft bezahlt den Strukturwandel durch eine hohe Zahl von Arbeitslosen.

Ausführlich ist die neoliberale Position als ein in sich schlüssiges Programm vertreten in den *Zehn ordnungspolitischen Eckpunkten für die Erneuerung der Sozialen Marktwirtschaft*, welche die Bertelsmann Stiftung, die Ludwig Erhard Stiftung und die Heinz Nixdorf Stiftung 1997 vorgelegt haben. Die wichtigsten Vorschläge darin zielen auf eine radikale Reform und Vereinfachung des Steuersystems (kräftige Senkung der Steuersätze auf ein Niveau von »unter 20 bis unter 40 Prozent«). Der Sozialstaat »soll vor seinen eigenen Übertreibungen gerettet werden«. Eine Reform der Systeme der sozialen Sicherung soll mehr Wahlmöglichkeiten und mehr Eigenvorsorge bringen. Die Kosten für den Faktor Arbeit, so die Empfehlung, müssen von drei Seiten begrenzt werden: Durch eine Reform der sozialen Sicherung sollen die lohnbezogenen Beiträge verringert werden. Durch eine höhere Produktivität und durch eine »beschäftigungsfreundliche Lohnentwicklung« soll die Wirtschaft angekurbelt werden und die Beschäftigung wachsen. Ein zentraler Punkt ist schließlich auch hier die Deregulierung und die Flexibilisierung der Arbeitsmärkte. Es ist dies das ewige Lied neoliberaler Reformen: »Der Arbeitsmarkt ist eben auch ein Markt«, so heißt es lapidar. »Ein erneuerter Ordnungsrahmen mit flexibleren Regeln des Arbeitsmarktes ist Grundvoraussetzung für eine neue Beschäftigungsdynamik.«

Die zentralen Punkte der neoliberalen Position zeichnen sich, im Grundsatz wenigstens, immer mehr als Elemente eines neuen Konsenses in der Politik und selbst bei den Gewerkschaften ab. Heute argumentiert fast niemand mehr gegen eine weitgehende Flexibilisierung der Flächentarifverträge, gegen eine Senkung der Lohnnebenkosten, nicht einmal mehr gegen niedrigere Eingangslöhne. Problematisch an der neoliberalen Position sind weniger die einzelnen Vorschläge als das, was *nicht* gesagt wird, und das, was *zwischen den Zeilen* suggeriert wird. Es sind dies vor allem drei Punkte:

1. So wird auch hier der Eindruck erweckt, daß sich auf diese Weise eine Beschäftigungsdynamik auslösen lasse, die wieder Arbeit für alle bringe, so wie es früher einmal war. Von einer »Übergangsphase« ist da die Rede, von einer »zeitlichen Diskrepanz zwischen Wegfall von industriellen Arbeitsplätzen und dem Entstehen neuer Arbeitsplätze in den neuen Dienstleistungsmärkten«, von einem zeitweisen »qualitativen Ungleichgewicht zwischen Angebot und Nachfrage von Arbeitskräften«. Alles in allem bleibt aber das Denken doch den Grenzen der alten Arbeitsgesellschaft verhaftet, die auf radikal neuen Wegen wieder erreicht werden soll. Was aber ist, wenn die großen Rationalisierungswellen, etwa im Bereich der *technischen* Dienstleistungen (Banken, Versicherungen, Reise und Tourismus), erst noch bevorstehen? Was ist, wenn der nächste und auch der übernächste Aufschwung unter Ausschluß der (nicht) arbeitenden Bevölkerung stattfindet? Was ist, wenn der nächste und auch der übernächste Finanzminister seine Prognosen immer wieder nach unten revidieren muß, weil der Aufschwung und seine Beschäftigungswirkungen geringer sind als erwartet – und dafür immer mehr Arbeitslose kommen?
2. Man mag darüber streiten, ob Billiglöhne, gekoppelt mit einer Senkung der Sozialhilfe, den Arbeitsmarkt teilweise leerfegen

könnten. Diskussionswürdig ist diese These auf jeden Fall. Doch auch wenn man ihr zustimmt, ist die entscheidende Frage noch gar nicht gestellt: Will man das überhaupt, um diesen Preis? Welche Folgen hätte das für den sozialen Zusammenhalt, für den sozialen Frieden, für die Attraktivität des *Wirtschafts*standorts? Die Gesellschaft würde ihr Gesicht verändern. Wäre aber eine häßliche Gesellschaft wirklich ein Vorteil für den Standort Deutschland? Die neoliberalen Leitlinien enthalten keine Vorschläge, wie man verhindern kann, daß Menschen zwar arbeiten, aber arm bleiben (»Working Poor«). In Chicago zum Beispiel arbeitet jeder zweite Obdachlose, aber er verdient nicht genug, um sich ein Dach über dem Kopf leisten oder gar eine Familie ernähren zu können. Will man das in Deutschland? Es für eine »Übergangszeit« »ordnungspolitisch für vertretbar« zu halten, für »Langzeitarbeitslose und Niedrigqualifizierte Einstiegstarife mit einem öffentlichen Einstiegsgeld zu koppeln«, ist gut gemeint, verkennt aber die ganze Dimension dieses Problems. Begriffe wie »Übergangszeiten«, »Unterbeschäftigung«, »bestimmte Gruppen« verharmlosen die Dramatik des sozialen Wandels: Das Denken bleibt der alten Arbeitsgesellschaft verhaftet.

3. Das ordungspolitische Denken der Neoliberalen blendet einen wachsenden Sektor der Gesellschaft einfach aus: Personenbezogene soziale Dienste und ihre Wachstumspotentiale fallen unter das Verdikt eines »wachsenden« Sozialstaats. Damit kommen zwei wichtige Fragen und Entwicklungen gar nicht erst in den Blick: Inwieweit lassen sich Elemente des Wettbewerbs auch für soziale Ziele jenseits der Marktökonomie fruchtbar machen? Und: Was haben Neoliberale überhaupt zu sagen zum Dritten Sektor der Gesellschaft? Wenn die Menschen nicht Marktteilnehmer sind, aber trotzdem Anbieter oder Nachfrager nach sozialen Gütern sein können – oder einfach sozial engagierte Bürger? Statt gelassen auch die Grenzen des Markts zu thematisieren, bleiben sie ihrer Fixierung auf die reine Lehre treu. Der Markt wird's schon richten.

Es ist wahr: Viele lernen nicht schwimmen, weil sie nicht ins Wasser gehen. Was aber ist mit jenen, die in den Stürmen der gesellschaftlichen Veränderungen untergehen?
Alles in allem: Die Chancengesellschaft, von der die Rede ist, besteht darin, daß es wieder so werden soll wie früher: Arbeit für alle. Wohlstand für alle. Diese Chancengesellschaft blickt nicht ins nächste Jahrhundert. Es ist, bei aller Reformrhetorik, ein ängstliches Programm. Über allem weht die Atmosphäre, daß die reine Lehre der Ordnungspolitik schon einmal geoffenbart worden sei. Die *Frankfurter Allgemeine Zeitung* hat das auf den Punkt gebracht: »Der deutschen Marktwirtschaft gebricht es an ordnungspolitischer Reinlichkeit.« Mit Blick auf das Kieler Institut für Weltwirtschaft sprach denn auch ein durchaus wohlwollender Beobachter am Rande jener Konferenz in Bonn, auf der die neoliberalen Leitsätze vorgestellt wurden, davon, genausogut hätte man den Ayatolla Khomenei mit Leitlinien für die Reform des Islam und für die liberale Erneuerung der iranischen Gesellschaft beauftragen können ...

Die »etatistische« Antwort:
Der Staat als Beschäftigungsgesellschaft

Es gibt in der gegenwärtigen Debatte eine zweite Richtung, die bei der Suche nach Vollbeschäftigung stärker auf eine staatliche und auf eine kommunale Beschäftigungspolitik setzt. Ihr hängen vor allem Gewerkschaften und SPD, aber auch Länder und Kommunen und große Teile der öffentlichen Meinung an. Prominent zusammengefaßt sind die Argumente dieser Richtung in dem »Berliner Memorandum« vom April 1997. Das Memorandum formuliert selbstbewußt seinen Anspruch: *Innovation, Beschäftigung, Wachstum und Wettbewerb. Strategien zur Halbierung der Arbeitslosigkeit.* Erarbeitet wurde es von einem Beirat der Berliner Senatsverwaltung für Arbeit, Berufliche Bildung und Frauen. Die Berliner Senatorin Christine Bergmann (SPD) und Ursula Engelen-Kefer, die

stellvertretende Vorsitzende des Deutschen Gewerkschaftsbunds, haben das Memorandum der Öffentlichkeit vorgestellt.
Dieses Memorandum schlägt vier Strategien vor, um die Arbeitslosigkeit »in einem überschaubaren Zeitraum (bis 2003/5) zu halbieren«:

1. Durch massive Verkürzung der durchschnittlichen effektiven Jahresarbeitszeit bei »produktivitätsorientierter Lohnpolitik« soll bis zum Jahr 2000 eine Verminderung der Arbeitslosigkeit um 900 000 Personen erreicht werden.
2. »Eine koordinierte Wachstumsinitiative der EU-Mitgliedsstaaten«, heißt es dann weiter, »kann einen zusätzlichen Entlastungseffekt von 300 000 Personen bewirken, unterstützt durch eine per saldo entlastende Umfinanzierung sozialversicherungsfremder Leistungen durch die Erhöhung der Mehrwertsteuer.«
3. Eine Umorientierung der Arbeitsmarktpolitik – weg von der passiven Alimentierung der Erwerbslosigkeit, hin zu qualifizierenden und beschäftigungsschaffenden Maßnahmen – soll dazu führen, daß weitere 500 000 Menschen wieder beschäftigt werden können.
4. »Durch die Bündelung all dieser Politikinstrumente«, so das Fazit, »kann insgesamt die Zahl der Arbeitslosen bis zum Jahr 2000 um 1,75 Millionen verringert werden.«

Seit dem optimistischen Zwischenbericht von 1994 mußten die Autoren des Berliner Memorandums ihre Erwartungen deutlich nach unten revidieren. Das noch immer zuversichtliche Memorandum unterzieht nun das Ziel, die »Halbierung der Arbeitslosigkeit bis zum Jahre 2000«, in dreifacher Hinsicht einer Revision: Der Zeitpunkt wird verschoben in die Mitte des nächsten Jahrzehntes hinein. Auch dann wird die in Simulationsmodellen errechnete zusätzliche Beschäftigung nicht ausreichen, um auch nur in die Nähe einer »Halbierung der Arbeitslosigkeit« zu kommen. Und das alles nur, wenn die Bundesregierung und die Europäische

Union nicht weiter an dem »bisherigen beschäftigungspolitischen Kurs festhalten«. Das will wohl sagen: Die Hoffnung auf einen Kurswechsel in der deutschen und in der europäischen Politik in Richtung auf eine mehr etatistische Beschäftigungspolitik ist die Grundlage des Optimismus des Berliner Memorandums. Das sind aber Voraussetzungen, die nach 1998 nicht einmal eine SPD-geführte Bundesregierung erfüllen könnte.

Die Kritik an dieser Strategie, die Arbeitslosigkeit zu bekämpfen und irgendwann zu halbieren, kann durchaus an positiven Punkten ansetzen: Das Memorandum lenkt die Aufmerksamkeit zu Recht auf die lokale Ebene: Städte und Gemeinden sind in der Tat die Arena für eine wirkungsvolle Beschäftigungspolitik. Es enthält außerdem viele innovative Vorschläge für eine aktive Arbeitsmarktpolitik, die weniger Arbeitslose alimentiert und dafür lieber und mehr in Menschen und Strukturen investiert.

Aber auch die Berliner Autoren wecken falsche Hoffnungen. Sie setzen auf eine generelle Kürzung der Arbeitszeit, auf eine Umverteilung des Arbeitsvolumens sowie auf öffentliche Maßnahmen, tabuisieren aber weitgehend alle Fragen einer sozialen Ordnungspolitik – die Fragen also, ob die Ordnung des Sozialstaats und des Arbeitsmarkts falsche Anreize setzt – mit dem Ergebnis, daß die Brücken zur Beschäftigung eingezogen werden und deshalb viele, zu viele draußen bleiben (müssen).

Während die neoliberalen Strategien sich von einer Entfesselung der (Arbeits-)Marktkräfte, von einem wahrhaft »freien« Arbeitsmarkt wahre Beschäftigungswunder erhoffen, denkt und argumentiert das Berliner Memorandum im Rahmen eines eher staatsorientierten Ansatzes. Der Staat erscheint hier als eine große Beschäftigungsgesellschaft.

Doch wichtiger als alle Unterschiede sind die Gemeinsamkeiten dieser scheinbar so konträren Strategien zur Bekämpfung der Arbeitslosigkeit. Gemeinsam ist ihnen, daß sie sich ihrer Sache sehr sicher sind, deshalb auch kaum voneinander Notiz nehmen und *nicht* bereit sind, *voneinander zu lernen*. Weder denken die Neoliberalen, die sich ja neuerdings selbst nicht ohne Sendungsbewußtsein als »Marktradikale« (so Hans D. Barbier, Ressortleiter Wirtschaft der *Frankfurter Allgemeinen Zeitung*) sehen, über Initiativen für eine neue lokale Beschäftigungspolitik nach, noch fragen sich die Autoren des Berliner Memorandums, ob denn nicht in den Thesen und Vorschlägen, wie sie Norbert Berthold und andere vortragen, wichtige Einsichten verborgen sind. Beide Seiten strahlen den bemerkenswerten Optimismus aus, die Arbeitslosigkeit mit ihren jeweiligen Mitteln erfolgreich bekämpfen und die eigenen beschäftigungspolitischen Ziele dann auch tatsächlich erreichen zu können. Das ist zwar gut für die eigenen Anhänger wie für übersichtliche Frontverläufe, verhindert aber die Chance, wechselseitig voneinander zu lernen und sich in Diagnose und Therapie zu ergänzen. So reflektieren die einen nicht über den Einwurf der Neoliberalen, daß auch in Deutschland die Nichtqualifizierten die Zeche bezahlen durch ihren Ausschluß vom Arbeitsmarkt, während die anderen keine Antwort versuchen auf den möglichen Umstand, daß – bei einem freien Arbeitsmarkt – zwar fast alle arbeiten, aber als »working poor« von ihrer Arbeit selbst nicht leben können. So wächst, vorläufig nur in den USA, die Zahl der jungen Männer, die als »working poor« keine Familie mehr ernähren können und die eben dadurch beträchtlich an Attraktivität auf dem Heiratsmarkt verlieren. In einer Titelgeschichte, »The Trouble with Men« (»Das Problem mit den Männern«), hat die britische Zeitschrift *Economist* 1996 die Situation dieser jungen Männer beschrieben: »Uneducated. Unemployed. Unmarried.« – Ohne Ausbildung, ohne Arbeit, ohne Frau und Familie bilden sie nur eine jener Problemgruppen, zu denen den Neoliberalen nicht viel einfällt.

Gemeinsam ist den beiden Strategien zur Bekämpfung der Arbeitslosigkeit ferner ein Denken in den festgefahrenen Bahnen des *ord-*

nungspolitischen Dualismus: Die einen sehen und betonen die Grenzen des Markts und setzen im Zweifel auf den Staat, die anderen sehen und betonen die Grenzen des Staats und setzen von vornherein auf den Markt. Es ist ein Alternativradikalismus, der den komplexen Problemen der künftigen Gesellschaft nicht gerecht wird. Neoliberalismus wie Sozialdemokratismus glauben letztendlich an die Möglichkeit der sozialen Integration prinzipiell aller Menschen über Erwerbsarbeit und lassen deshalb andere Möglichkeiten unterbelichtet.

Schließlich ist beiden Positionen ein relativ mechanistisches Weltbild eigentümlich: Sie betrachten die Gesellschaft als eine Art Mechanismus, den man nur richtig reparieren und bedienen müsse, um die Mängel zu beheben und die gewünschten positiven Wirkungen zu erreichen. *Das Arbeitsplatzdefizit zu beseitigen* ist eine solche Formel, die dazu ermuntert, die Gesellschaft wie ein altes Auto zu behandeln, das man durch einen neuen Austauschmotor wieder in den ursprünglichen Zustand zurückversetzt, und schon kann es die (alte) Fahrt in die alte Richtung wieder aufnehmen. Was nicht in den Blick kommt, sind die Ziele und Werte: die Zielwerte der künftigen Gesellschaft, und die Frage, ob man nicht ganz neue Wege einschlagen muß, um sie zu erreichen. Es könnte ja sein, daß die öffentliche Aufmerksamkeit und die finanziellen Ressourcen des Staates sich auf die falschen Ziele konzentrieren, daß sie den verlorenen Schlüssel unter der falschen Laterne suchen.

Was aber schwerer wiegt: Diese beiden »Schulen« und Richtungen, die gegenwärtig in Politik und Öffentlichkeit den politisch korrekten Ton angeben, schweigen auf eine einfache Frage: Was ist, wenn sie sich täuschen? Was ist, wenn sich ihre Hoffnungen auf eine *Reform der Erwerbsarbeitsgesellschaft* als eitel und vergeblich erweisen? Denn das ist ja die frohe Botschaft, die sie vermitteln: Ganz so wie früher wird es nicht mehr werden, aber fast wieder so, wenn nur …

Nun gehen diese frohen Botschaften schon seit einem Vierteljahrhundert durchs Land. Verlassen jedoch konnte man sich immer nur auf die allmonatlichen Nachrichten aus Nürnberg. Die geben keinen Grund zur Hoffnung, im Gegenteil. Was geschieht, wenn sich eine Gesellschaft ganz auf die *Reform der Arbeitsgesellschaft* konzentriert, diese aber nicht gelingt? Dann wird eine harte, nicht vorbereitete *Notlandung in einer gespaltenen, nichtintegrierten Teilerwerbsgesellschaft* die Folge sein. Eine Option, die niemand will und auch niemand gewählt hat, die aber unvermeidlich sein wird, weil Staat und Gesellschaft andere Optionen frühzeitig in den Wind geschlagen haben. Eine solche andere Option, der umsichtige und vorausschauende Übergang in eine *Nicht-nur-Erwerbsgesellschaft*, wird im nächsten Kapitel vorgeschlagen.

Es ist wahr: Wer das Ziel nicht kennt, ist immer auf dem richtigen Weg. Aber richtig ist auch: Falsch programmiert nützt auch alle Effizienz nichts. Deshalb ist es die Frage aller Fragen, ob es jemals wieder so werden kann, wie es einmal war, oder ob ein sehr viel radikaleres Umdenken gefordert ist, als es die Gegner und Protagonisten in der gegenwärtigen Debatte vermuten lassen.

Gesellschaft ohne Namen: Fordismus, Patchwork, Portfolio oder was sonst?

Die vertraute Devise »Global denken – lokal handeln« bedarf in den Zeiten der Globalisierung einer neuen, einer anderen Zuspitzung. Es kommt darauf an, im lokalen Handeln die Folgen der globalen Veränderungen aufzufangen und sie zu zähmen, so gut es eben geht. Unterscheiden zu können, was sich ändern läßt und was nicht, wird immer mehr zu einer Vorbedingung politischer Klugheit. Anders gewendet: Die politische Phantasie und das politische Handeln werden gelähmt durch einen Fatalismus, der immerzu in seiner eigenen »Globalisierungsfalle« zappelt und dann nur noch defensiv den Angriff auf »Demokratie und Wohlstand« (so der

Untertitel des erfolgreichen Buchs von Hans Peter Martin und Harald Schumann) parieren, vulgo: die Errungenschaften der Vergangenheit verteidigen kann. Dieser rückwärtsgewandte, auf die Globalisierung nur reagierende, im Wortsinn »reaktionäre« *Utopismus des Status quo ante* wird auf Dauer keine Chancen haben.

Von den Veränderungen ausgehen, ihre Chancen willkommen heißen und ansonsten das Beste daraus machen: Diese Erkenntnis und politikleitende Perspektive ist bescheidener, weil sie nicht auf irgendeine Überwindung oder auch nur Halbierung der Arbeitslosigkeit fixiert ist. Sie sucht den Schlüssel für eine gute Zukunft nicht unter der Laterne der alten Arbeitsgesellschaft. Andererseits ist sie aber auch weitreichender, weil sie sich nicht bloß um Arbeit und Beschäftigung kümmert, sondern insgesamt die Risiken, aber auch die Chancen einer *anderen Gesellschaft* in den Blick nimmt. Die Vorschläge, wie diese zu erreichen ist, beruhen auf einer empirischen und normativen Theorie der gesellschaftlichen Entwicklung. Das heißt: Sie versuchen sich Rechenschaft zu geben über künftige Entwicklungen (denn die Politik kann sich die Realität nicht aussuchen), aber auch über mögliche Optionen, Alternativen und Wertorientierungen, und sie sind geleitet von dem Bemühen, für die politische Debatte und für die politischen Akteure einen neuen Konsens (»areas of consent«) vorzubereiten. Nichts anderes steht nämlich für die Bundesrepublik Deutschland in den kommenden Jahren an: Nach einer Zeit falscher Hoffnungen (auf die Überwindung der Arbeitslosigkeit) und wechselseitiger Blockaden (zwischen Regierung und Opposition) wird die Gesellschaft einen neuen Konsens finden. Das war ja das verläßliche Muster der Politik in der Bundesrepublik von Anfang an: Der Phase der Konfrontation und der großen Redeschlachten folgten noch immer Blockade und Erstarrung, dann aber Konsens und Wandel auf einer höheren, komplexeren Ebene.

Das Ende der Arbeitsgesellschaft

Im dritten Kapitel sind die wichtigsten Megatrends der gesellschaftlichen Entwicklung beschrieben worden. In etwas anderer Perspektive lassen sich als Resümee drei Dimensionen der Veränderung festhalten: das Ende der Erwerbsarbeitsgesellschaft. Die neue Qualität der verbleibenden Arbeit: New Work. Und schließlich: die Erosion der Grundlagen sozialer Integration.

Der Umfang der traditionellen Erwerbsarbeit im Leben der Menschen und in der ganzen Gesellschaft, die Zahl der teuren und aufwendigen (das heißt mit hohem Einkommen und einer hohen sozialen Sicherheit versehenen) Arbeitsplätze sowie die Zahl der auf diesen Arbeitsplätzen Erwerbstätigen *relativ zur Nachfrage nach Arbeitsplätzen* werden weiter rückläufig sein. Man mag es drehen und wenden, wie man will, es bleibt bei dem paradoxen Befund: Die Zahl der Beschäftigten ist seit den siebziger Jahren fast überall angestiegen – und die registrierte Arbeitslosigkeit auch.

Diese Entwicklung ließe sich theoretisch nur umkehren, wenn ein Land oder eine Region den Strukturwandel aktiv verlangsamen oder durch eine Abschottung der (deutschen, europäischen) Märkte den Ausstieg aus der Globalisierung versuchen würde.

Es ist aber weder möglich noch wünschenswert, den technologischen Strukturwandel zu verhindern. Die Wirtschaft würde schwächer, die Gesellschaft ärmer, der Wohlstand geringer, die Grundlagen für die soziale Sicherheit brüchiger werden. Auch sehen wir, anders als etwa der Sozial- und Wirtschaftsforscher Horst Afheldt (in seinem Buch *Wohlstand für Niemand*) und andere, keine Perspektive in dem Versuch, Regionen wie zum Beispiel Europa gegen den freien Handel und den internationalen Wettbewerb abzuschotten, gleichzeitig aber den eigenen Wohlstand durch internationalen Handel zu befördern. Außerdem ist es schon etwas merkwürdig: Über viele Jahre hat es zum Grundbestand einer politisch korrekten Debatte über die damals noch so genannte Dritte Welt gehört, eine Umverteilung von den Reichen zu den Armen dieser Welt zu fordern. Einfacher leben, damit andere überleben, hieß die Maxime in Kirchen und Akademien. Nun, da es ernst wird damit, da sich als Folge der Globalisierung manche Länder in Asien einen größeren Teil der weltweiten Arbeit nehmen und damit auch einen größeren Teil des Wohlstands und der sozialen Sicherheit, ist von alledem nichts mehr zu hören. Der soziale Altruismus ist vergessen und selbst das aufgeklärte Eigeninteresse: Auch die alten Industriestaaten werden davon profitieren, wenn die Globalisierung die Kaufkraft künftiger Nachfrage in den Schwellenländern nach den teuren Produkten des alten Europa stärkt. Wenn noch nie zuvor so viele Menschen so viele Chancen hatten, dann ist das nicht nur unter moralischen Aspekten ein erfreulicher Sachverhalt, sondern auch ökonomisch für die alten Industrieländer eine gute Sache.

Da der technologische Fortschritt also nicht zu verhindern ist, wird er weiter dazu führen, daß bei sinkendem Arbeitsvolumen ein stetig wachsendes Sozialprodukt produziert werden wird. Die Westdeutschen haben 1995 fast dreimal so viele Güter und Dienstleistungen produziert wie 1960 (+175 Prozent) – das aber mit einem um 20 Prozent geringeren Arbeitsvolumen und in einer um 28 Prozent kürzeren Arbeitszeit je Erwerbstätigem.

Die Nachfrage nach Arbeit wird in den entwickelten Industriegesellschaften abnehmen. Daß Globalisierung heimische Arbeitsplätze vernichtet, läßt sich, bezogen auf die Vergangenheit, nicht behaupten, im Gegenteil: Der Sozialwissenschaftler Fritz W. Scharpf hat die USA, Schweden und Deutschland verglichen und kommt zu dem Ergebnis: »Die deutsche Wirtschaft hat bisher den Standortwettbewerb in der globalisierten Ökonomie besser bestanden als die beiden Vergleichsländer.«

Was langfristig geschieht, hängt von vielen Faktoren ab, vor allem von der Qualifizierung der Menschen und von der Qualität des Bildungssystems. Wenn beispielsweise BMW heute in South Carolina (USA) Autos produziert, werden in den USA mehr BMW gekauft, darunter natürlich auch solche, die in Dingolfing oder Regensburg gebaut werden. Man schätzt, daß in solchen Fällen für drei Arbeitsplätze, die anderswo geschaffen werden, ein Arbeitsplatz in Deutschland gewonnen wird. Globalisierung ist kein Nullsummenspiel, bei dem die anderen gewinnen, was wir verlieren, auch wenn beispielsweise deutsche EDV-Spezialisten dem Wettbewerb durch indische EDV-Spezialisten ausgesetzt sind, die nicht einmal hier anwesend sein müssen, um hier zu arbeiten. Es wird zu einem Export jener Arbeitsplätze kommen, für die keine oder nur eine geringe Qualifizierung erforderlich ist. Die Intensität des internationalen Wettbewerbs wird weiter steigen. Es wird immer weniger »einfache« Arbeiten geben. Die Qualifikationsanforderungen für die Beschäftigten werden wachsen – und wechseln.

Einem Export von Arbeitskräften können durchaus positive Aspekte abzugewinnen sein. Infolge der Globalisierung werden beispielsweise in Südostasien große Wachstumsmärkte für Bildungsgüter, soziale Dienste und Gesundheitsleistungen entstehen. Auf all diesen Gebieten werden die Ansprüche mit dem Wohlstand, der aus der Globalisierung kommt, steigen. Die stetig steigende Nachfrage wird bisher auf diesen Märkten vor allem von US-Amerikanern und Japanern befriedigt. Wo bleiben die Europäer aus den alten Wohlfahrtsstaaten, die doch auf diesen Gebieten große Erfahrungen haben? Warum gibt es einen deutschen Internationalismus allenfalls, wenn es um die nächste Urlaubsreise, nicht aber, wenn es um die neuen Chancen der Globalisierung geht?

Das G-Wort ist in aller Munde. Doch die Folgen des technologischen Fortschritts sind viel weitreichender und tiefgreifender: Die Produktivität wird weiter steigen. Weniger werden mehr produzieren. Die Arbeit der Zukunft wird inhaltlich qualifizierter und komplexer, und sie wird sich stärker an der Informationsverarbeitung orientieren. Die künftige Arbeit wird von einer kleineren, weiblicheren, älteren und ausländischeren Erwerbsbevölkerung in weniger wöchentlichen Arbeitsstunden, aber bei einer längeren Le-

bensarbeitszeit ausgeführt werden, wie es der Ökonom Bernt Rürup einmal skizziert hat.
Dies ist der langfristige Trend, der »unter dem Strich« bleibt: Der Gesellschaft geht nicht einfach die Arbeit aus. Natürlich bleibt allenthalben viel zu tun. Und natürlich konnten in den vergangenen 25 Jahren in den westlichen Industrieländern, vor allem in Kanada und in den USA, über hundert Millionen neuer Arbeitsplätze geschaffen werden. Aber die stabilen, teuren, organisierten, sozial gut abgesicherten Arbeitsplätze, von denen die Menschen in der Vergangenheit gut gelebt haben, werden immer mehr zu einem knappen Gut. Insbesondere werden jene Arbeitspätze weniger, die in der Vergangenheit einen stabilen Familienlohn erbracht haben – eine Veränderung, die fast durchweg unterschlagen wird.
Wir teilen also nicht den Optimismus, der auf der rechten wie auf der linken Seite des politischen Spektrums zu finden ist, man müsse sich nur aus dem »richtigen« Instrumentenkasten bedienen, und die aktuellen gesellschaftlichen Probleme, von der Arbeitslosigkeit bis zur Rente, würden sich schon lösen lassen. Auch eine wachstums- und stabilitätsorientierte Wirtschafts-, Sozial- und Tarifpolitik, die die internationale Wettbewerbsfähigkeit stets im Auge behält, auch eine völlige Deregulierung des Arbeitsmarkts, die nicht vom rechten Glauben des Kieler Instituts für Weltwirtschaft abweicht, werden nicht in der Lage sein, wieder (Erwerbs-) *Arbeit für alle* zu schaffen. Auch wenn tatsächlich ein Wunder geschähe und Ludwig Erhard, der legendäre »Vater des Wirtschaftswunders«, wiedergeboren würde: Seinen Mythos (»Arbeit für alle. Wohlstand für alle.«) könnte nicht einmal er wieder herbeizaubern. Man kann nicht zweimal in den gleichen Fluß steigen, sagt der griechische Philosoph Heraklit. Der Fluß hat sich geändert, und wir uns mit ihm. Es gibt keinen Königsweg zurück.

Das »Ende der Arbeitsgesellschaft« bedeutet also, es sei wiederholt, nicht, daß Arbeit weniger wichtig wird, im Gegenteil: Wie

alle knappen Güter wird sie kostbarer und dadurch begehrter. »An der Arbeit hängt, zur Arbeit drängt doch alles«, mag man den alten Johann Wolfgang Goethe variieren, nur sollte man dann auch nicht vergessen, was er hinzugefügt hat: »... ach, wir Armen!«
Das Ende der Arbeitsgesellschaft bedeutet auch nicht, daß es weniger Arbeitsplätze geben wird.
Und schon gar nicht bedeutet es, daß in Zukunft nicht neue Wachstumsbranchen entstehen werden.
Aber selbst dann, wenn eine findige Statistik alles mitzählt, was irgendwo kreucht und fleucht und ein paar Stunden arbeitet, und auf diese Weise – Statistiken sind ja geduldig – »Vollbeschäftigung« ausweisen würde, so würde das doch alles nichts an dem »Ende der Arbeitsgesellschaft«, von dem hier die Rede ist, ändern, und das vor allem aus drei Gründen:

Erstens: Die »Arbeitsplätze« der Zukunft werden nicht mehr ein Leben lang Einkommen und soziale Sicherheit, also den Lebensstandard tragen, jedenfalls nicht für alle, wahrscheinlich auch nicht einmal mehr für die Mehrheit. Das ist gemeint, wenn vom Ende der männlichen beruflichen Normalbiographie die Rede ist.
Zweitens: Man muß vom Ende der Arbeitsgesellschaft sprechen und nicht nur von einer (vorübergehenden) »Krise des Arbeitsmarkts«, weil die Berufe und die Arbeitsplätze, die jetzt und in Zukunft verschwinden, nie mehr wiederkehren werden *und* weil, anders als früher, nicht zu sehen ist, wo die »freigesetzten« Arbeitskräfte, wie es euphemistisch heißt, jemals wieder unterkommen sollen: in dieser Zahl und mit dieser Ausbildung!
Daß der technische Fortschritt alte Berufe obsolet werden läßt und neue schafft, ist nicht neu. Das ist so, seit Menschen arbeiten, seit sie das Feuer und den Pflug und die Dampfmaschine erfunden haben. Neu an der gegenwärtigen Lage ist etwas ganz anderes: Während die am Ende des vergangenen und am Beginn dieses Jahrhunderts in der Landwirtschaft freigesetzten Bauern von einer wach-

senden Industrie aufgefangen werden konnten; während die ab der Mitte des 20. Jahrhunderts in der Textil- und in der Montanindustrie freigesetzten ArbeiterInnen in den expandierenden Bildungs-, Sozial- und Gesundheitsberufen in einem wachsenden öffentlichen Sektor untergebracht werden konnten, ist für die Zukunft weit und breit nichts zu sehen, was in ähnlicher Weise die große Zahl von Arbeit suchenden Menschen auffangen könnte, die aus der deutschen Bauindustrie, aus dem Schiffsbau, und aus der Montanindustrie »freigesetzt« werden. Der frühere amerikanische Arbeitsminister Robert Reich hat vorgeschlagen, neue Begriffe zu erfinden, um deutlich zu machen, daß es sich nicht um temporäre »Freisetzungen« (die Amerikaner sprechen von »lay offs«) handelt.

Drittens: Die neue Arbeit der Zukunft wird eine qualitativ andere Arbeit sein, die gerade das weniger bieten wird, was die alte ausgezeichnet hat: Sicherheit, Verläßlichkeit, Schutz durch Gewerkschaften und Gesetze. Was das Arbeitsförderungsgesetz für die Norm hält, wird es in Zukunft immer weniger geben: unbefristete, arbeits- und sozialrechtlich abgesicherte Vollzeitbeschäftigungen.

Trostargumente – Placebos – Selbsttäuschungen

Die drei Trostargumente, die in diesem Zusammenhang herumgereicht werden, taugen nicht einmal dazu, wie ein Placebo das Gewissen zu beruhigen.

Da ist einmal die Hoffnung auf *wirtschaftliches Wachstum.* Doch wirtschaftliches Wachstum bedeutet nicht unbedingt Arbeitsplätze, und es bedeutet schon gar nicht automatisch Arbeitsplätze in Deutschland. Die Deutschen haben lange gebraucht, den bitteren Geschmack von zwei unscheinbaren Wörtern zu begreifen: »Jobless Growth«. Wachstum ohne Arbeit.

Jobless Growth Der Direktor des Forschungsinstituts für Soziologie an der Universität zu Köln, Professor Jürgen Friedrichs, stellt fest: »Die strukturelle Arbeitslosigkeit verringert sich, wie man im Vergleich von Städten feststellen kann, auch dann nur geringfügig, wenn sich die wirtschaftlichen Bedingungen verbessern. Es scheint, als bestünde unter den Bedingungen einer wirtschaftlichen Globalisierung kaum noch ein Zusammenhang von Wirtschaftswachstum und Senkung der Arbeitslosenquoten. Die Auswirkungen dieser polarisierenden Tendenz lassen sich an einzelnen Städten wie zum Beispiel Frankfurt am Main und München beobachten, sie gelten aber tendenziell auch für die Ruhrgebietsstädte. Obgleich neue Arbeitsplätze geschaffen werden, sinkt in diesen Städten weder die Arbeitslosenquote noch die Zahl der Sozialhilfeempfänger.» (Jürgen Friedrichs: »Globalisierung. Begriff und grundlegende Annahmen«, in: *Aus Politik und Zeitgeschichte* B 33–34/97 vom 8. August 1997)

Dann ist da, zweitens, die Hoffnung auf *Dienstleistungen*. Doch eine kleine Unterscheidung trübt auch hier den optimistischen Blick: Im Bereich der *technischen* Dienstleistungen, von den Banken über die Versicherungen bis zu Reise und Touristik, liegen die großen Rationalisierungswellen erst noch vor uns. Wachsen werden die *personenbezogenen* sozialen Dienstleistungen. Aber die meisten *zusätzlichen* Arbeitsplätze, die hier entstehen werden, liegen nicht mehr im Sozialprotektorat der Gewerkschaft ÖTV, und sie werden auch nicht mehr nach dem Bundesangestelltentarif (BAT) bezahlt. Schließlich stützen sich Hoffnung und Sehnsucht nach (Voll-)Beschäftigung noch auf die *Wissens- und Informationsberufe*. Diese werden zwar wachsen, aber sie bleiben doch auch, im Vergleich zur schwindenden Massenproduktion, eine elitäre und überschaubare Angelegenheit: gut für die Wenigen, keine Hoffnung für die Vielen. Die dort entlassen werden, werden hier nicht alle unterkommen. Zu groß ist ihre Zahl, zu niedrig ihre Qualifikation.

Das Verschwinden des Menschen aus der Produktion Der amerikanische Publizist Jeremy Rifkin, Präsident der Stiftung für Ökonomische Trends in Washington, der vor einigen Jahren das wichtige Buch

Das Ende der Arbeit geschrieben hat, schätzt die Entwicklung für die Vereinigten Staaten und, mit einer gewissen Zeitverzögerung, auch für Europa dramatisch ein: »Innerhalb der nächsten zehn Jahre werden weniger als zwölf Pozent der amerikanischen Arbeiterschaft in Fabriken beschäftigt sein. Gegen das Jahr 2000 arbeiten weniger als zwei Prozent der gesamten Arbeiterschaft der Welt in der Fabrik. Innerhalb des nächsten Vierteljahrhunderts sind die Fließbandarbeiter praktisch aus dem Produktionsprozeß verschwunden.« Auf den Dritten Millenium-Tagen 1997 in Kassel zitierte er den bekannten Wirtschaftswissenschaftler und Nobelpreisträger Wassily Leontief, der die Auffassung vertritt, daß mit der Einführung ständig komplizierterer Computer »die Rolle des Menschen als bedeutendster Produktionsfaktor dazu verurteilt ist, in derselben Weise reduziert zu werden wie die des Pferdes in der Landwirtschaft, das zunächst zahlenmäßig vermindert und dann ganz durch Traktoren ersetzt wurde«.

»Die Verschiebung von Massenarbeit zu Elitearbeit unterscheidet das Informationszeitalter vom Industriezeitalter«, bilanziert Jeremy Rifkin: »Während das Industriezeitalter der Sklavenarbeit ein Ende setzte, wird das Informationszeitalter wahrscheinlich die Massenlohnarbeit beenden. Die neuen Technologien geben Anlaß zur Hoffnung, daß im 21. Jahrhundert mit einem Bruchteil der Arbeitskraft, die heute von uns eingesetzt wird, ein riesiger Zuwachs an produzierten Gütern und erbrachten Dienstleistungen erzielt werden kann.«

»New Work« oder: Wie die Arbeit ihren Charakter verändert

Die künftige Arbeitsgesellschaft wird sich nicht nur quantitativ, sondern vor allem qualitativ verändern. Die Menschen werden nicht nur weniger arbeiten, sie werden auch *anders arbeiten*. Die Probleme und Chancen, für die Gesellschaft wie für die Individuen, liegen nicht nur darin begründet, daß eine wachsende Anzahl von Menschen aus der Arbeitsgesellschaft »ausgegrenzt« wird, wie es die herrschende Meinung noch immer formuliert, sondern daß auch all jene, die Arbeit haben, diese Arbeit überwiegend jenseits der normalen Muster und der bisher normalen Arbeitsbiographien haben werden.

Was sich gegenwärtig in den entwickelten Industriegesellschaften vollzieht, ist eine veritable Revolution, deren Ursachen in den veränderten Rahmenbedingungen und in den veränderten Produktionsverhältnissen liegen, deren Folgen sich vor allem in dem Ende der Erwerbsarbeitsgesellschaft zeigen und von dort in alle Bereiche der Gesellschaft ausstrahlen werden. Die Arbeit wird sich ändern, und die Menschen und die Organisation der Gesellschaft mit ihr. Der alte Gegensatz zwischen Kapital und Arbeit wird mehr und mehr in den einzelnen hineinverlagert: Er wird zum Arbeitnehmer und Unternehmer in einer Person. Die Gesellschaft wird sich verändern, weil die soziale Integration über Arbeit und Beruf für viele nicht mehr gelingen wird und weil auch für jene, die als Gewinner aus dem sozialen Wandel hervorgehen, für die Globalisierungsgewinner also, die alten Sicherheiten, Hoffnungen und Solidaritäten zerbrechen.

Das Verschwinden der ortsgebundenen Arbeit Der Trend- und Zukunftsforscher Matthias Horx faßt in seinem Buch *Das Zukunftsmanifest* die Entwicklung so zusammen: »Die ›Arbeitspätze‹, die gegenwärtig überall in unserer Gesellschaft verlorengehen, werden auch so nicht an anderer Stelle wieder erstehen, weil eine Wirtschaft, die auf der Akkumulation von Wissen beruht, weitaus flexiblere Arbeitskontrakte benötigt, als sie in ›Plätzen‹ zu organisieren sind. … ›Arbeitsplätze‹, physische Räume, Positionen, auf denen man sein Leben oder wenigstens einen großen Teil verbringen konnte, gehörten zum industriellen Zeitalter, das hinter uns liegt. Damals war es für die Organisation von Produktionsprozessen sinnvoll, eine Person dauerhaft auf eine relativ gleichbleibende Tätigkeit zu fixieren, ihr einen Platz zu verschaffen und sie möglichst lebenslang an ein Unternehmen zu binden. Damals – weil eine relativ recht geringe Anzahl relativ normierter Produkte einem relativ uniformierten ›Markt‹ gegenübertrat. Was aber geschieht in einer Welt, in der Produkte immer individueller, differenzierter und komplexer werden? In der Wissen statt Stahl und Eisen zum ›Rohstoff‹ wird?«

Die neue Gesellschaft wird das Ende der alten Gewißheiten bringen. Das ist eine banale Erkenntnis. Weniger banal freilich sind die revolutionären Veränderungen, die darin zum Ausdruck kommen. Noch in den sechziger Jahren konnte der Soziologe Helmut Schelsky *Beruf und Familie als die großen Sicherheiten* beschreiben, die dem modernen Menschen nach der Vertreibung aus dem Paradies, nach der Entzauberung der Welt *durch* Rationalismus und Aufklärung, aber auch nach der Entzauberung *von* Rationalismus und Aufklärung durch Freud und Nietzsche, durch Kommunismus und Faschismus und, ganz konkret und existentiell, nach den Umbrüchen und Katastrophen des 20. Jahrhunderts verblieben sind.

Diese beiden Institutionen, Familie und Beruf, versprachen einmal dauerhafte Bindungen, ein Leben lang, und beide Institutionen haben sich wechselseitig außerordentlich stabilisiert. Der industriegesellschaftliche Erfolg ist ohne die Binnenorientierung und Wertesozialisation der bürgerlichen Familie, ohne die Trennung von Arbeit und Familie nicht zu erklären: Der Industriekapitalismus hat Leben und Arbeit auseinandergerissen, und die bürgerliche Familie hat die Expansion des Kapitalismus erst möglich gemacht. Somit ist es nur noch eine akademische Frage, was wichtiger und was früher war: die bürgerliche Familie, die den Kapitalismus möglich, oder der Kapitalismus, der die bürgerliche Familie nötig gemacht hat.

Die Erosion und das leise Verschwinden der Familie aus der Gesellschaft sind in jüngster Zeit immer wieder als eine tiefgreifende Veränderung beschrieben worden. Dabei haben manche vielleicht etwas voreilig mit diesem Rückzug der bürgerlichen Familie nur positive Assoziationen verbunden, als sei es nur darum gegangen, in einem weiteren »Gehäuse der Hörigkeit« mehr individuelle Selbstbestimmung für Frauen und Kinder möglich zu machen. Andere überschätzen die Leichtigkeit, mit der neue Lebensformen und neue soziale Netze wohl jene Leistungen (vor allem Erziehung und Pflege) erbringen werden, die bisher in der Regel Familien erbracht haben. Wie auch immer: Das Ende der bürgerlichen Familie wird von den einen gefeiert, von den anderen beklagt, aber es wird von allen registriert.

Ganz anders ist die Lage, betrachtet man den Wandel (in) der Arbeitsgesellschaft. Dort scheint sich »das Ideal der monogamen Arbeit«, von dem der Soziologe Peter Gross aus St. Gallen ironisch spricht, hartnäckig zu halten. Anders als noch in den achtziger Jahren kann und will sich kaum jemand vom Verschwinden der alten Arbeit einen Segen versprechen. Damals war noch ein öffentliches Gefühl dafür lebendig, daß der Einsatz von Technik seit alters deshalb erfolgt, um »entfremdende« menschliche Arbeit zu ersetzen und auf diese Weise seine Freiheit zu mehren. Den Menschen vom Joch und vom Fluch der harten Arbeit zu befreien war seit Vergil, der über die »harte Arbeit« *(durus labor)* klagte, eine der großen Verheißungen für den abendländischen Menschen. Doch davon ist wenig geblieben. Statt entspannt auf die Möglichkeiten einer Gesellschaft jenseits des Diktats der Erwerbsarbeit zu blicken, wird alles dem Erhalt der traditionellen Arbeitsgesellschaft untergeordnet, und die Subventionsmilliarden, die für künftige Industriemuseen immerfort fließen, sind nur der fiskalische Aspekt einer grenzenlosen Bereitschaft, für dieses Ziel alle Opfer zu bringen. Aber es wird auf Dauer alles nichts helfen.

Familie und Erwerbsarbeit waren bisher nicht nur die beiden Fundamente der sozialen Sicherheit. Sie waren, ganz allgemein, die beiden starken Stabilitätsanker des Lebens und der Gesellschaft. Doch weder in die Familie, wie sie einmal war, noch in die Vollbeschäftigung der sechziger Jahre führt ein Weg zurück. Was kommt danach? Eine *andere* Gesellschaft, gewiß. Alp oder Traum? Chance oder Gefahr? Lust oder Last? Das ist die Frage.

Jenseits von Stand und Klasse: Globalisierung, Strukturwandel und die neuen Ungleichheiten

Es war die Arbeit, die das Leben der Menschen zusammengehalten und sinnhaft strukturiert hat. In der ersten Phase des Lebens haben sich Kinder und Jugendliche in Schule, Bildung und Ausbildung auf den Beruf vorbereitet. Das zu erwartende Berufsleben legitimierte alle Anstrengungen und Entsagungen in der Jugend. »*Non scholae, sed vitae discimus*.« Nicht für die Schule, sondern für das (Berufs-)Leben lernen wir. In der zweiten Phase übten dann die Erwachsenen den Beruf aus, oft vierzig und mehr Jahre, bevor sie sich schließlich, nicht älter, sondern alt geworden, mit 65 Jahren nach einem »erfüllten Arbeitsleben« in den »wohlverdienten Ruhestand« zurückzogen. Der Lebenslauf hatte eine klare Ordnung, die Gesellschaft ihre klaren Blöcke und die Politik eine feste Orientierung. Sie war eine stimmige »Lebenslaufpolitik«, lange bevor die Zwillingssoziologen Anthony Giddens und Ulrich Beck diesen Begriff populär machten. Und immer waren es Arbeit und Beruf, um die sich alles drehte: Erst hat man sich mühsam darauf vorbereitet. Dann hat man sie »im Schweiße seines Angesichts« ausgeübt. Dann hat man sich, alt und gebrechlich, mühsam davon erholt.

Es war die Arbeit, die junge Menschen in die Gesellschaft integriert und ihnen dort Status, Anerkennung und Selbstbewußtsein gegeben hat. Nicht nur in jener alten Fernsehsendung mit Robert Lembke, auch im wirklichen Leben konnte die Frage *Was bin ich?* stets und zuverlässig durch ein heiteres Beruferaten, durch eine »typische Handbewegung« beantwortet werden: Die Selbstauskunft *Was mache ich?* sagte der Umwelt, was einer denn sei. Die Angabe des Berufs genügte, um die Frage nach der persönlichen

Identität zu beantworten. Der Beruf beschrieb den sozialen Ort der Menschen in der Gesellschaft.

Es war die Arbeit, welche die Gesellschaft geschaffen, polarisiert und geordnet hat. Sie hat sie in Klassen geteilt: in jene, die nur über ihre Arbeitskraft, und in jene, die über das Kapital und die Produktionsmittel verfügten. Die industriellen Beziehungen waren Arbeitsbeziehungen und die »Arbeitsverfassung« der andere wichtige Teil des Sozialstaats (neben den Systemen der sozialen Sicherung und der Sozialfürsorge).

Und *es war die Arbeit*, an der sich der prägende soziale Konflikt der Industriegesellschaft entzündete (Kapital versus Arbeit). An diesem Klassenkonflikt haben sich Parteien und Verbände (Gewerkschaften) gebildet, Hoffnungen entzündet, Erfolge festgemacht. Die soziale Frage war eine Arbeiterfrage.

All diese Funktionen für Mensch und Gesellschaft, für Wirtschaft und Politik wird die Arbeit immer weniger erfüllen. Die Arbeit verändert ihre Funktion, und sie verändert ihre Strukturen. Mit dem Funktionswandel der Arbeit wird sich aber auch die Struktur der Gesellschaft völlig verändern, gleichgültig, ob man sie früher mit Karl Marx als »Klassengesellschaft« interpretiert oder später mit Helmut Schelsky als »nivellierte Mittelstandsgesellschaft« beschrieben hat, als eine Gesellschaft also, in der die ehemaligen Proletarier sich immer mehr den kleinbürgerlichen Mittelschichten angepaßt und darin ihren sozialen Aufstieg gesehen haben. Als Folge der Globalisierung und vor allem des technologischen Strukturwandels werden die Machtverhältnisse in der Gesellschaft neu geordnet. Die Privilegien und die Diskriminierungen in der Gesellschaft werden neu gemischt. Die Chancen und die Ausgrenzungen werden neu verteilt.

Der folgende Versuch einer *Skizze der künftigen Gesellschaft* soll verdeutlichen, was damit gemeint ist. In dieser Skizze werden fünf Gruppen unterschieden. Unterscheidungsmerkmale sind Sicherheit und Einkommen. Beide Dimensionen sind früher in der

beruflichen *Normalarbeit* zusammengefallen. Sie gab den Menschen Lohn und Brot, und sie war das Fundament für die soziale Sicherheit. Beides war berechenbar und dauerhaft, wenigstens für die Männer und immerhin während fast eines halben Jahrhunderts.
Auch in Zukunft wird es Menschen geben, die eine hohe Sicherheit mit einem hohen Einkommen verbinden. Am anderen Ende der Gesellschaft gibt es Menschen, die über wenig oder gar keine materiellen Ressourcen verfügen und die in dieser Lage nicht einmal die Sicherheit haben, daß ihre Fürsorge nicht immer weiter gekürzt wird. Dazwischen wird es Zeitgenossen geben, die in manchen Phasen viel verdienen, dabei aber ein ebenso riskantes wie spannendes Leben führen.
Diese Skizze der künftigen Gesellschaft erfolgt lediglich in heuristischer Absicht. Das heißt, damit soll nicht behauptet werden: So *muß* es kommen, wohl aber: So *könnte* es sein. Die Skizze soll Fragen aufwerfen; Absturzgefahren markieren; Chancen aufzeigen, Querverbindungen und Übergängen nachspüren, und sie soll nicht zuletzt politischen Handlungsbedarf signalisieren und Pfade der Reform andeuten.

Die wichtigste These vorweg: Künftig wird die steigende Flut des wirtschaftlichen Wachstums nicht mehr alle Boote heben. Die künftige Gesellschaft kennt keine leichten, keine automatischen Aufstiege (»Upward Mobility«) mehr. Dafür öffnen sich Falltüren nach unten auch dort, wo sie bisher nicht zu vermuten waren. Die Kehrseite der riskanten Freiheiten sind eben normale Risiken. Es wird immer weniger möglich sein, normales und abweichendes Verhalten, Tätigkeiten und Lebensläufe fein säuberlich zu unterscheiden. *Normale Risiken* werden Leben und Gesellschaft mehr und mehr bestimmen. Wer heute eine Berufsausbildung oder ein Studium absolviert, wird es noch immer tun in der Annahme, daß vieles davon abhinge, und doch kann er wissen, daß seine »berufliche« Tätigkeit in seinem Leben zweimal, dreimal wechseln wird. Wer heute heiratet, kann und muß wissen, daß er sich für eine besondere Beziehungsform entscheidet – und daß eine solche Verbindung temporär oder dauerhaft, glücklich oder katastrophisch sein kann.

In einer solchen historisch-sozialen Lage, geprägt durch die Folgen der Globalisierung, der Individualisierung und des Strukturwandels, ordnen sich auch die politischen Prioritäten neu. Ein Bildungswesen, das Chancengerechtigkeit, Wettbewerb und *Standards of Excellence* auf neue Weise miteinander verbindet, wird zur ersten Aufgabe einer Politik, die der jungen Generation auch in einer globalisierten Welt möglichst gute Zukunftschancen schaffen will. Wahrscheinlich hat das real existierende Bildungssystem, das an seinem »unteren« (Hauptschule) wie an seinem »oberen« Ende (Hochschule) defizitär ist, schon mehr junge Menschen um eine gute Zukunft gebracht als die ganze Globalisierung.

In einer solchen historisch-sozialen Lage wird es zur ersten Aufgabe einer in die Gesellschaft integrierenden lokalen Armuts- und Beschäftigungspolitik, den ständigen Zustrom zu einer neuen Unterklasse zu unterbrechen und möglichst viele derer, die dort schon angekommen sind, wieder zu einer »sozialen Rückkehr« zu befähigen. Nirgendwo geht es denen, die ihre Arbeit verloren haben oder in die Armut gefallen sind (Sozialhilfe), *materiell* so gut wie in Deutschland, aber nirgendwo fällt es ihnen *sozial* so schwer, wieder in die Mitte der Gesellschaft zurückzufinden. Wer in Deutschland »draußen« ist, ist gründlicher draußen als anderswo. Wahrscheinlich hat der real existierende Sozialstaat auf diese Weise schon mehr zu einer beginnenden »Unterschichtung« der deutschen Gesellschaft beigetragen als der ganze Strukturwandel.

Das beschäftigungsfeindliche deutsche Modell Die Hemmnisse auf dem Weg zu mehr Beschäftigung faßt Fritz W. Scharpf so zusammen: »Deutschland kombiniert, so könnte man im internationalen

Vergleich das deutsche Beschäftigungsdefizit definieren, die Schwächen des amerikanischen mit denen des schwedischen Modells. Wir haben fast so wenige Beschäftigte in den privaten Dienstleistungen wie Schweden und genauso wenige öffentliche Beschäftigte im öffentlichen Sektor wie die Vereinigten Staaten. Im internationalen Vergleich jedenfalls zeichnet sich unser öffentlicher Sektor entgegen aller derzeit modischen Kritik durch eine fast an Magerkeit grenzende Schlankheit aus. Auch hier liegt die Erklärung in den Strukturen des Sozialstaats.

Der deutsche Sozialstaat ist weder so großzügig wie der schwedische noch so knauserig wie der amerikanische. So betrug der Anteil der gesamten Sozialausgaben am Bruttoinlandsprodukt 1993 in Gesamtdeutschland 28,3 Prozent (und in Westdeutschland 24,7 Prozent) gegenüber 38 Prozent in Schweden und nur 15,6 Prozent in den USA. Aber der deutsche Sozialstaat ist nicht dienstleistungsintensiv, sondern transferintensiv ausgestaltet worden. Während die Einkommenstransfers an Rentner und Frührentner, Arbeitslose und Einkommensschwache (nicht aber an kinderreiche Familien) fast so großzügig ausfallen wie in Schweden (und das amerikanische Niveau weit übersteigen), bleiben die Ausgaben für soziale Dienstleistungen fast auf dem amerikanischen Minimalniveau.

Aber der deutsche Sozialstaat hat auch eine Expansion der privatwirtschaftlich erbrachten Dienstleistungen nach amerikanischem Muster nicht zugelassen. Bei der Einkommensverteilung liegt Deutschland näher bei Schweden als bei den Vereinigten Staaten. Überdies waren die deutschen Gewerkschaften stark genug, um eine auf Anhebung der unteren Lohngruppen gerichtete Politik durchzusetzen – mit der Folge, daß Westdeutschland zu den ganz wenigen Ländern gehört, in denen die Lohndifferenzierung seit Anfang der achtziger Jahre nicht zu-, sondern sogar noch abgenommen hat. Zugleich ist die soziale Sicherung bei Arbeitslosigkeit und Armut vergleichsweise großzügig und dauerhaft, so daß sich schon aus diesem Grunde ein Niedriglohn-Sektor nach amerikanischem Muster mit Arbeitseinkommen unterhalb des Existenzminimums nicht entwickeln konnte. Schließlich sind die Gesamtkosten des Sozialstaats zwar weniger hoch als in Schweden, aber werden zu 74 Prozent durch Arbeitgeber- und Arbeitnehmerbeiträge finanziert. Sie treiben also den vom Arbeitgeber zu bezahlenden Preis der Arbeit in die Höhe – mit der Folge, daß gerade die wegen ihrer geringen Produktivität besonders preisempfindlichen einfachen Arbeiten vom privaten Markt vertrieben werden. Die Frage ist, ob sich daran etwas ändern läßt.« (Fritz W. Scharpf: »Wege zu mehr Beschäftigung«, in: *Gewerkschaftliche Monatshefte* 4/1997)

In einer solchen Lage kommt dem Staat nach wie vor eine wichtige, aber eine völlig andere Aufgabe zu als in der Vergangenheit. Nicht zu verteilen und zu alimentieren, sondern in die soziale Infrastruktur und in die Menschen zu investieren (»investor state«); dafür zu sorgen, daß die Menschen und die Gesellschaft in Bewegung bleiben und sich mental und sozial nicht verhärten: Das wird zu einem neuen Kriterium, an dem sich ein »guter Staat« messen lassen muß.
Die britische Labour-Regierung hat im Oktober 1997 einen *Design of the New Deal* für die 18- bis 24jährigen vorgelegt, ein umfangreiches Beschäftigungsprogramm zur Bekämpfung der Jugendarbeitslosigkeit. Mit diesem »Welfare-to-Work«-Programm, das vollständig durch eine einmalige Gewinnbesteuerung von britischen Versorgungsbetrieben finanziert wird, will die Regierung Blair 250 000 jugendliche Arbeitslose von der Straße holen. Alle Jugendlichen, die sechs Monate lang Sozial- oder Arbeitslosenhilfe bezogen haben, können sich, *müssen* sich aber auch für eine von vier Möglichkeiten der Ausbildung oder Arbeit entscheiden. »Eine fünfte Möglichkeit, zu Hause zu bleiben, gibt es nicht«, betont der britische Finanzminister Gordon Brown. Die Regierung Blair sieht darin ein Beispiel für eine moderne, und das heißt: für eine harte und gerechte Sozialpolitik, die Rechte und Pflichten wieder in das richtige Verhältnis setzt, für eine »soziale, empathische Gesellschaft mit Ecken und Kanten«.

Den Jungen eine Chance: die wichtigsten Elemente des New Deal Der »New Deal« für junge Leute von 18 bis 24 Jahren ist für arbeitslose Jugendliche bestimmt, die seit mindestens sechs Monaten Arbeitslosengeld beziehen. Er unterstützt sie dabei, einen Arbeitsplatz zu finden und dauerhaft beschäftigt zu bleiben. Lokale Partnerschaften werden sich darum bemühen, eine dauerhafte Reduzierung der Rate von jugendlichen Arbeitslosen zu bewirken und die Beschäftigungsfähigkeit für junge Leute in den jeweiligen Regionen zu verbessern.

Der New Deal stellt eine Reihe von Möglichkeiten zur Verfügung:

- *Zugänge* (»gateways«), die die Leute zuerst einmal an einen Arbeitsplatz heranführen. Dieser Programmteil schließt die Suche nach einem Arbeitsplatz, Laufbahnberatung und fortlaufende Betreuung sowie die Vorbereitung auf eine ganze Reihe konkreter Optionen ein.
- *Vier Optionen*, von denen jede auch Bildungs- und Ausbildungselemente enthält:
  1. ein subventionierter Arbeitsplatz bei einem regulären Arbeitgeber.
  2. Ein Vollzeitschulbesuch oder langfristige ganztägige Teilnahme an einem Ausbildungsprogramm.
  3. Arbeit bei der »Environment Task Force« (einem staatlichen Umweltprogramm).
  4. Arbeit im ehrenamtlichen Bereich.
- *Eine Begleit-Strategie,* die sicherstellt, daß die New-Deal-Teilnehmer, während sie eine der oben genannten Optionen nutzen, auch dem Ziel näherkommen, einen Dauerarbeitsplatz zu finden, und daß sie weiter unterstützt werden, falls sie wieder in die Arbeitslosigkeit zurückfallen.

(Nach: Department of Education and Employment: *Design of the New Deal for 18–24 year old, Oktober 1997)*

Und in dieser Lage einer sich öffnenden Kluft zwischen denen, die drinnen, und denen, die draußen sind, braucht es eine ganz neue Arena, auf der sich die sozialen Chancen und die verschiedenen Weisen der Integration bilden werden; auf der sich entscheiden wird, ob wir in eine Kultur der Abhängigkeit oder in eine Kultur der Selbständigkeit hineingehen; wo auch die Antwort gegeben werden wird, ob all jene, die aus der New Work der globalisierten Wirtschaft herausfallen, damit automatisch auch aus der Gesellschaft herausfallen (müssen): Diese Arena wird in zunehmendem Maße der Dritte Sektor der Gesellschaft sein: die sozial aktive Bürgergesellschaft.

Die erste Gruppe: Die Karriere im Blick und die Globalisierung im Kopf – die Elite-Samurais der globalen Gesellschaft

Da sind einmal, an der Spitze der Pyramide, jene glücklichen (?) Zeitgenossen, deren herausragende Position, und sei es auch nur für ein paar Jahre, dafür sorgen wird, daß sie ein Leben lang haben werden, wofür das Normalarbeitsverhältnis einmal stand, auf etwas niedrigerem Niveau freilich: Geld und, davon privat gekauft, eine »sichere« soziale Sicherheit, und beides nicht eben wenig. Mit dem sozialen Status ist es eine andere Sache: Man kann ihn in guten Zeiten nicht auf Vorrat anlegen (»horten«), um ihn in schlechten Zeiten dann zu kapitalisieren und davon zu leben.

Zu dieser Gruppe zählen nicht nur die Eliten in Wirtschaft und Politik. Die Wunderkinder im Sport und in den Medien. Leistungssportler. Autorennfahrer. Mannequins. Die Fernsehquizmaster. Die Redakteure der Nachrichtenmagazine. Die Supernasen der Modezeitschriften. Die genialen Motorentüftler. Die Manager in den Bereichen Kommunikation, Marketing, Public Relations. Auch prosaischere Professionen zählen zu dieser ersten Gruppe: der Kern der Beamten, den künftig selbst die schlankesten Regierungen noch brauchen werden. Die »symbolischen Analysten«, von denen der frühere amerikanische Arbeitsminister Robert Reich spricht: die finanz- und unternehmensbezogenen Dienstleister. Die Jongleure der internationalen Finanz- und Dienstleistungsmärkte. Das wachsende Heer der Berater auf allen Gebieten. Populäre Anwälte und Ärzte, die in einer globalisierten Welt von dem profitieren, was man den »Hollywood-Effekt« nennt: Sie sind überall bekannt und einsetzbar. Sie haben einen großen Namen, der gekauft wird, und verdienen ebendeshalb, ob sie nun Tennis oder in Filmen spielen, ein Vielfaches von dem, was andere bekommen, obwohl diese kaum schlechter sind als jene.

Man mag diese sehr heterogene Gruppe mit James K. Pinkerton, dem amerikanischen Kolumnisten und Berater der Präsidenten Reagan und Bush, als *»Elite-Samurais«* einer globalisierten Wirtschaft und Politik bezeichnen. Sie werden, wenn auch nicht mehr so berechenbar, kontinuierlich und risikolos wie bisher, weiterhin das Privileg genießen, über hohe Einkommen und soziale Sicherheit zu verfügen oder aber sich die soziale Sicherheit problemlos durch ihre hohen Einkommen auf dem Markt kaufen zu können.

Für den eher institutionalisierten Teil dieser Schicht (Spitzenbeamte, Hochschullehrer, auch Unternehmensberater und dergleichen) ist die Arbeit weiterhin die Mitte ihres Lebens. Sie leben, um zu arbeiten – und um Karriere zu machen. Über Arbeit und Karriere werden manche das Leben verlieren und es erst merken, wenn es zu spät ist. Sie fänden es auch nicht schöner zu leben, ohne arbeiten zu müssen. Ihren Tätigkeiten gehen sie in angenehmen und gut bezahlten Arbeitsplätzen nach, und diese geben ihnen einen hohen Lebens- und Sozialstandard, Selbstbewußtsein und soziale Integration – jedenfalls für die Phase, in der sie dabei sind.

Und doch liegen selbst bei Teilen dieser privilegierten Gruppe, also zum Beispiel der Lehrer, Beamten, Manager, die Unterschiede zur traditionellen Normalbiographie auf der Hand. Es sind Unterschiede, die den Elite-Samurais neue Risiken, aber auch neue Chancen und neue Freiheiten bringen. Risiken und Freiheiten hausen dicht beieinander. Beamte wird es, in Deutschland zumal, immer geben, aber es werden relativ weniger sein, und für immer mehr von ihnen werden die Beförderungszüge langsamer fahren und auch mal entgleisen. Auch künftig werden die Deutschen, dieses staatsgläubige und marktkritische Volk, die Lehrer ihrer Kinder als Staatsdiener beschäftigt sehen wollen, aber nicht mehr alle Lehrer können Beamte sein, und wer von ihnen, ein Beispiel nur, mit Vierzig eine Klasse nicht mehr unterrichten kann, kann vielleicht, und er wird daran erinnert werden, immer noch ein paar Aussiedlern die deutsche Sprache beibringen. Finanzmakler können unglaubliche Summen bewegen und verdienen, aber bei manchen Investmentbankgesellschaften werden jedes Jahr jene 10 Prozent, die weniger erfolgreich waren als die anderen, am Ende des Jahres automatisch entlassen. In jungen Jahren sehr viel verdienen, um dann mit Dreißig, Vierzig zu merken, daß das Spiel aus ist: Das dürfte das Schicksal vieler der smarten Betriebswirte sein, die unsere WiSo-Fakultäten in den letzten Jahren ausgestoßen haben. Das Eis wird dünner, auf dem die Elite-Samurais sich bewegen. Auch ihr Leben zeichnet sich durch Diskontinuitäten, Unsicherheiten, Brüche aus. Aber das soziale Mitleid der Gesellschaft mit dieser Gruppe kann sich durchaus in Grenzen halten.

Arbeit als Privileg: Die neuen Risiken und die neuen Freiheiten des Normalarbeitsverhältnisses

Eine zweite Gruppe setzt sich zusammen aus all jenen, die *das nicht mehr so normale Normalarbeitsverhältnis* leben.

Ursprünglich war und ist ja mit dem Begriff »Normalarbeitsverhältnis« ein Arbeitsverhältnis gemeint, das optimalen sozialen, tariflichen wie gesetzlichen Schutz genießt. Normalarbeit erfolgt dauerhaft und kontinuierlich im (möglichst groß-)betrieblichen Zusammenhang, auf Vollzeitbasis, und sie setzt Qualifikation voraus: So jedenfalls wird Normalarbeit im einschlägigen *Handbuch für soziale Arbeit,* das Dieter Kreft und Ingrid Mielenz herausgegeben haben, definiert.

In diese zweite Gruppe, die des nicht mehr so normalen Arbeitsverhältnisses, fallen die mittleren und gehobenen Beamten und Angestellten, die Facharbeiter in der Industrie, beim Handwerk und im Mittelstand. Dem traditionellen Normalarbeitsverhältnis ist diese Gruppe noch relativ nahe, das heißt: Die dazugehören, verfügen noch über eine gewisse Sicherheit, und sie verfügen auch, relativ zu anderen wie zum Beispiel den neuen Selbständigen oder gar der neuen Unterklasse, über ein gutes, vor allem aber ein regelmäßiges Ein- und Auskommen. Man kann hier von einem beruflich verfaßten Arbeitsmarkt sprechen, im Unterschied zu einem Job-Arbeitsmarkt mit geringfügiger und instabiler Beschäftigung. Wer in diese Gruppe fällt, genießt noch all jene Vorteile, die traditionellerweise mit dem Kürzel »Beruf« zusammengefaßt werden. Aber auch in dieser Gruppe, in der die Arbeitsrhythmen noch am ehesten den bisherigen Arbeitsformationen gleichen, schlagen die Wünsche nach mehr Zeitsouveränität, nach Sabbaticals, nach Langzeiturlaub, nach der Möglichkeit von Zeitkonten durch. Bis in die scheinbaren Normalbiographien hinein reichen heute die neuen Optionen, die neuen Chancen und Risiken.

Meistens wird diese Gruppe vernachlässigt, wenn der Blick in die Zukunft schweift. Doch »was sind 5000 bis 6000 Beschäftigte in Fitneßstudios, die 7000 bis 8000 im Ausstellungs- und Messewesen, die wenigen Tausende bei Medienproduzenten – alle in den sogenannten neuen Berufen – im Vergleich zu den 800 000 Personen, die heute in schlosserischen Berufen tätig sind?« fragte zu Recht der Berliner Arbeitsmarktexperte Laszlo Alex auf einem Forum des Berliner Instituts für Wirtschaft und Soziales im November 1995.

Deshalb empfiehlt es sich nicht nur für Politiker, sondern auch für jene, die nach den Spuren der kommenden Gesellschaft fahnden, die Zahl derer nicht zu unterschätzen, »die täglich zur Arbeit gehen, den Gesetzen gehorchen und ihre Pflicht tun«, wie US-Präsident Bill Clinton einmal die ordentlichen und arbeitsamen Durchschnittsamerikaner bezeichnet hat. Doch selbst bei ihnen liegen die Unterschiede zur Normalbiographie, wie wir sie bis in die jüngste Vergangenheit als »normal« kennen, auf der Hand: Sie können, auch bei einem wirtschaftlichen Wachstum, nicht mehr automatisch mit wachsenden Einkommen rechnen. Was ihre soziale Sicherheit angeht, so gilt die Blümsche Formel: *Die Renten sind sicher* nur noch mit dem Zusatz: ... *aber nicht mehr ihre Höhe*, und der Nachsatz macht den ganzen Unterschied. Und, dies vor allem, ihre Sicherheit ist eine relative, da sie nie wissen können, ob und wann sie vom »Downsizing«, von Rationalisierung, von Arbeitskräften aus Posen, Weißrußland oder der Türkei bedroht sind.

Das nicht mehr so normale Normalarbeitsverhältnis ist nicht mehr länger ein verläßliches Vehikel des Wachstums (des Lebensstandards, des Wohlstands, der sozialen Sicherheit) – und es ist selbst außerordentlich prekär. Auch die Mitglieder schon dieser zweiten Gruppe wissen, daß sie nicht mehr mit Sicherheit zu einer *Gesellschaft* oder wenigstens noch zu einer Schicht der *steigenden Erwartungen* gehören. Für die USA hat ihnen Barbara Ehrenreich unter dem Titel *Die Angst vor dem Absturz* ein bemerkenswertes Buch gewidmet. Die neue Befindlichkeit dieser Gruppe läßt sich freilich nicht nur in Einkommen oder sozialer Sicherheit messen. Viel wichtiger dürfte die sozialpsychologische Differenz sein, die zwischen der nahen Zukunft und der jüngsten Vergangenheit liegt, eine Differenz, die gerade bei diesen verängstigten Mittelschichten am meisten durchschlägt – und ihre Ängste letztlich mehr erklärt als die nackten Zahlen auf dem Lohn- oder Gehaltsstreifen: Das Gefühl ist weg, daß es ihnen in Zukunft immer besser gehen wird – und daß es ihre Kinder einmal besser haben werden als sie selbst.

Die dritte Gruppe:
Die neuen Selbständigen – mit Blick nach oben

Die in einer dritten Gruppe Beschäftigten werden weniger arbeiten, weniger verdienen und auf der Grundlage einer eingeschränkten Erwerbsarbeit keine umfassende soziale Sicherheit für sich oder für ihre Familie mehr aufbauen können. Das ist, verglichen mit dem bisherigen Zustand, der eine, der negative Aspekt. Dafür gibt es aber in dieser Gruppe auch viele Biographien und Lebensent-

würfe, die positive Potentiale für ein sinnvolles, interessantes und insgesamt »reicheres« Leben bergen. Wer zu dieser Gruppe gehört, wird schlechter oder besser über die Runden kommen. Besser vor allem dann, wenn die geänderten Arbeitsformen auch neue Lebensformen nach sich ziehen. Die ökonomische Basis für solche Lebensentwürfe ist um so unproblematischer, je weniger die Betroffenen für andere zu sorgen haben, je mehr sie also unabhängig sind und gleichwohl sich mit anderen zusammentun und mit ihnen (Wohnung, Auto ...) teilen können, sie also manche Belastungen nicht und andere gemeinsam haben. Dies ist eine Veränderung, die man durchaus optimistisch lesen kann: Kooperative, ja kommunitäre Lebensformen werden in Zukunft wohl öfter entstehen, nicht als Folgen idealistischer Vorgaben, sondern als Folge ökonomischer Zwänge. In ihrem privaten Leben werden diese kooperativen Individualisten die Grenzen zwischen Individualismus, ja Egoismus und Gemeinschaft durchlässiger machen. In ihrem beruflichen Leben werden sie den Gegensatz zwischen Kapital und Arbeit in sich selbst austragen, in grenzenloser Ausbeutung und Freiheit. Die Menschen in dieser Gruppe verkörpern den »neuen Doppelgänger«, den der Publizist Andreas Zielcke als einen zeitgemäßen Typus beschrieben hat: eine eigensinnige, oft genug aber auch aufoktroyierte Verbindung von Arbeitnehmer- und Unternehmerstatus. »Zumindest für eine Übergangsphase bedeutet diese Umwandlung einen brutalen, für viele unzumutbaren, für immer mehr Arbeitende aber vielleicht auch einen belebenden Zwang zur Selbständigkeit ...«
In dieser Gruppe bewegen sich *die neuen Selbständigen, die den Blick nach oben richten (können) und doch stets in Gefahr sind, daß ihnen der Boden unter den Füßen wegrutscht.* Sie haben sich längst von der »monogamen Arbeit« verabschiedet und sind unterwegs zu dem, was der Soziologe Peter Gross »Portfolio Work« nennt: Sie stellen sich ihr Bündel an Tätigkeiten und Verpflichtungen selber zusammen. Dabei repräsentieren sie die subjektiven Seiten und Leiden

einer objektiven gesellschaftlichen Veränderung, des Übergangs nämlich von einer zementierten Arbeitsgesellschaft zu flexibleren Arbeitsbeziehungen, den Peter Gross so beschreibt: »Entgegen Max Webers Prophezeiung, daß sich die Arbeitswelt verhärte und in ein stählernes Gehäuse der Hörigkeit verwandle, haben sich die Unternehmen in wenigen Jahren in einer fast schwindelerregenden Weise verflüssigt und flexibilisiert. Aus Palästen mit strengen Hierarchien werden Zelte, aus bürokratischen Skeletten flexible, selbstorganisierte Einheiten, aus festgeschmiedeten Konglomeraten adhocratisch agierende virtuelle Firmen.«
Und zu dieser Gruppe gehören auch, auf dem schmalen Grat zur vierten Gruppe, all jene, die mit den beiden knapp dreißigjährigen Werbe- und Werteagenten (sie gründeten 1997 die »New Sign Werteagentur«) Johannes Goebel und Christoph Clermont »die Tugend der Orientierungslosigkeit« und sich selbst als »Lebensästheten« kultivieren; die die Arbeitslosigkeit als normalen Zustand entdeckt haben, der dann immer mal wieder von Phasen der Tätigkeit und des Geldverdienens unterbrochen wird.

Der Abschied vom Abstieg »Lebensästheten« definieren ihren neuen Lebensstil so: »Daß dieses Modell auf den ersten Blick etwas rauhere Züge aufweist als die trübe, aber berechenbare Welt von Tarifverträgen und Baukindergeld, ist klar. Was unsere Lebensästheten betrifft, so ist wohl keine Generation vorher mit einem vergleichbaren Maß an sozialer Sicherheit aufgewachsen. Die schützende Hand sozialer Sicherungssysteme schien den Lebensästheten von der Wiege bis zur Bahre zu begleiten. Abgesehen von der Ölkrise ist er in einer Zeit ohne Kriege und größere Krisen aufgewachsen …
Die preiswerte Wohnung ohne Komfort nahe der Innenstadt, das Fahrrad und ein Monatsticket für den öffentlichen Nahverkehr sind Bedingungen, die auch bei niedrigem Einkommen den Lebensstandard sicherstellen. An dieses ›lebensästhetische Existenzminimum‹ wird entsprechend der kurzfristig verfügbaren finanziellen Mittel eine Vielzahl zusätzlicher Bedürfnisse des schnellen Konsums angekop-

pelt. Der Kneipenbesuch, das Fünf-Sterne-Essen oder das Faible für exotische Lebensmittel sind Bedürfnisse ohne Langzeitbindung. Während die Eltern noch, gestützt auf eine (vermeintlich) lebenslange Arbeitsstelle, auch ihre Bedürfnisse eher in Kostenstellen planten, sind bei ihren Kindern skalierbare Lebenswelten getreten. Nicht mehr das Auto, Haus und Garten sind käufliche Objekte der Begierde und damit Garant für die soziale Anerkennung, sondern Spontankäufe und exotische Vorlieben. Weist das Konto des Lebensästheten ein Plus auf, wird der tägliche Bedarf aus dem italienischen Feinkostgeschäft gedeckt, stehen die finanziellen Zeichen auf Sturm, kommt eben der Schinken von Aldi auf den Tisch. Das ist zwar nicht angenehm, bedeutet aber auch keine Katastrophe. Es ist schlicht die Abkehr von der Zuwachsbiographie einer kurzen bundesrepublikanischen Normalität. Skalierbare Lebenswelten lösen statische Existenzkonstrukte ab. Im Endergebnis bedeutet das den Abschied von der Idee des sozialen Abstiegs.« (Johannes Goebel/Christoph Clermont: *Die Tugend der Orientierungslosigkeit*, Berlin 1997)

Die vierte Gruppe:
Die neuen Selbständigen – mit Blick nach unten

Fließend sind die Übergänge dieser Gruppe zu jenem bunten Völkchen aus Pizzabäckern, alleinerziehenden Müttern mit Sozialhilfe und Erziehungsgeld – und Lebenskünstlern, die gerade ein kleines Erbe gemacht haben. Die Mitglieder dieser Gruppe haben wenig Geld und viel Zeit und erbringen alle möglichen Dienstleistungen für jene Tüchtigen und Smarten, bei denen es genau umgekehrt ist: die Geld haben, aber keine Zeit. Hier tummeln sich die neuen Selbständigen mit prekärer Existenz, die keineswegs »randständig« sein müssen, aber stets vom Absturz bedroht sind. Alleinerziehende mit Sozialhilfe und Erziehungsgeld mögen dieses Leben für ein paar Jahre jeder aktuell möglichen Alternative auf dem Arbeits- und dem Heiratsmarkt vorziehen, und sie bewegen sich doch auf einem sehr schmalen Grat zwischen ihren »Privilegien« und einer neuen Armut. Wie es eine alleinerziehende 34jährige

Krankenschwester mit vier Kindern einmal auf den Punkt gebracht hat: »Also, die Sozialhilfe ist jetzt erst einmal für uns das einzig Wahre, weil sie mir ermöglicht, dieses Leben so zu führen.« Über die Grenzen zur Sozialhilfe herrscht, wie neuere Armutsstudien zu berichten wissen, ein reges Kommen und Gehen. Wer hingegen einfach und undifferenziert von einer »Zweidrittelgesellschaft« spricht, verkennt, daß nur ein kleiner Teil dauerhaft von Sozialhilfe lebt, aber sehr viele in ihrem Leben schon einmal Armutserfahrungen gemacht haben oder in ihre Nähe gekommen sind. Die Rede von der Zweidrittelgesellschaft versperrt auch den Zugang zu der zentralen Frage: Auf welche Weise läßt sich erreichen, daß sich, von unten kommmend, möglichst viele nach oben in diese Gruppe drei und vier einfädeln, statt weiter und endgültig abzusacken? An diesen Linien werden die Weichen gestellt in eine neue Kultur der Abhängigkeit oder in eine neue Selbständigkeit. Oft sind es die gleichen sozialen Lagen, aus denen die einen gestärkt hervorgehen und in denen die anderen eine negative Spirale, einen sozialen Abstieg ohne Ende beginnen.

»Die im Dunkeln sieht man nicht«: Eine Unterklasse, die nicht mehr gebraucht wird?

Die fünfte Gruppe schließlich setzt sich aus jenen zusammen, die Gefahr laufen, die neue Unterklasse des 21. Jahrhunderts zu bilden. Deren Tragödie besteht darin, daß sie, nach herkömmlichen Begriffen, nicht mehr gebraucht werden, nicht einmal als Menetekel für soziale Unruhen. Diejenigen, welche die Arbeits- und Sozialämter bevölkern, bilden ein kulturell recht heterogenes Völkchen. Als »revolutionäres Subjekt« sind sie noch weniger geeignet als früher die Arbeiterklasse, die sich immerhin, Voraussetzung für ihren Erfolg, organisieren und die streiken, also der kapitalistischen Gesellschaft wichtige Leistungen vorenthalten, konnte. Genau das ist bei der neuen Unterklasse nicht mehr der Fall: Sie ist weder organisationsfähig noch konfliktfähig.

Viel wird von den Umständen abhängen, für die Betroffenen, aber auch für die Gesellschaft, ob sie immer weiter absacken, ob sie als eine sich verfestigende Unterschicht den Resonanzboden bilden für rassische und ethnische Konflikte, die dann das Land in Atem halten. Gegenwärtig gibt es noch beides: Eine hohe Mobilität um die Sozialhilfe herum und, in wachsendem Maße, »depressed neighbourhoods«, eine Schattengesellschaft der Randständigen, in der niemand mehr einer vernünftigen Beschäftigung nachgeht und wo sich die Armutsprädikate vererben wie in anderen Zeiten und Schichten die Adelsprädikate. Dies ist eine der Alternativen, vor denen jede späte Industriegesellschaft steht: Will sie eine Unterschichtung der Gesellschaft achselzuckend hinnehmen oder aber ihre sozialen Energien darauf konzentrieren, genau das zu verhindern? Will sie sich mit einer wachsenden Unterschicht abfinden, allenfalls noch die sozialen Krisenherde räumlich abtrennen (»Cooling out«)? Die Betroffenen ruhigstellen hinter Mauern, in Gefängnissen oder mit Chips vor dem Fernseher?
Der soziale Couch Potato versorgt sich mit genügend Chips (daher der Name) und Bier, setzt sich aufs Sofa und glotzt in die Mattscheibe. Von ihm hat die Gesellschaft nicht viel zu erwarten, aber auch nicht viel zu befürchten. Der Zukunftsforscher Matthias Horx schreibt: »Unsere Gesellschaft wird sich den Luxus von zwanzig Prozent Ausrangierten leisten, die ihr Leben vor 35 Fernsehprogrammen fristen, sich auskömmlich bei Aldi, Hofer und Penny versorgen können.« Gelegentlich reiche es sogar noch zu Billigflügen nach Mallorca. Ganz so gemütlich dürfte es freilich nicht immer und überall zugehen in den verlorenen Vierteln unserer Städte.

Eine Kultur der Feindseligkeit und Lethargie

Marie-Therese Krings-Heckemeier und Ulrich Pfeiffer haben »überforderte Nachbarschaften« besucht und berichten: »Die Beziehungen zwischen den Alteingesessenen und den neu zugewanderten Fremden – den Ausländern und Aussiedlern – haben einen Tiefpunkt erreicht. Schon die Sprache verrät die Verrohung der Beziehungen. Die Aussiedler sind ›die (saufenden) Russen, die man am besten nach Sibirien zurückschicken sollte‹; die ›Kanacken sind keine Menschen‹; ›Die haben in Deutschland nichts verloren‹ ... Über die Politiker redet man nur noch in der Fäkaliensprache. Wütende Ressentiments gegen sich tolerant gebende Villenbewohner, die ›noch nie einen Aussiedler in ihrer Nachbarschaft erlebt haben‹, brechen auf.

Diese Kultur der Entwürdigung, des ohnmächtigen Zorns und der Entsolidarisierung bedeutet mehr, als es die traditionelle ›Kultur der Abhängigkeit‹ erfaßt. In den überforderten Siedlungen des sozialen Wohnungsbaus grenzt der Sozialstaat aktiv aus. Er erzeugt eine ›Kultur der Entmachtung und Lähmung‹. Schlimmer kann es nicht mehr werden, meinen die Bewohner: ›Früher waren wir erste Klasse, jetzt sind wir Ausschuß.‹ Dieses ohnmächtige Gefühl macht sich vor allem an der Art der Belegung fest. Man geht samstags Brötchen holen und begegnet im eigenen Haus Fremden, nicht deutsch sprechenden ›Gestalten‹, Frauen in fremden Gewändern, Schwarzen und ›sibirischen Hinterwäldlern‹. Man fühlt sich als Fremder im eigenen Land – als ›Müllkippe‹.

Die geordnete und überschaubare Welt zerbricht. Der Sozialstaat mutet einem größere Entfremdungen zu als die kapitalistische Marktwirtschaft, ›die wenigstens jeden, der zahlt, akzeptiert‹ und in der hinter jeder Segregation eigene Entscheidungen der Konsumenten stehen. Die Achtung vor der Politik und dem Staat erreicht einen Tiefstand, weil der Sozialstaat, den man erlebt, seine Klientel brandmarkt. Er ist nicht beschützend und warm, sondern kalt und unbeholfen; unfähig, den einzelnen als Person zu achten und auf ihn einzugehen, unfähig, die Lebenswelten seiner Bürger menschenwürdig zu gestalten. Er verfrachtet pensionierte sibirische Bauern in Hochhäuser am Stadtrand und Sinti in sterile, funktional durchgeplante Großsiedlungen. Er baut kostspielig zu bewirtschaftende Hochhäuser für arme Mieter, denen er damit teuren Zwangskonsum an aufwendigen Bewirtschaftungsdienstleistungen zumutet.« (Marie-Therese Krings-Heckemeier/Ulrich Pfeiffer: *Überforderte Nachbarschaften, Soziale und ökonomische Erosion in Siedlungen des Sozialen Wohnungsbaus* [Studie des Empirica-Instituts], Bonn 1997)

Ohne Zweifel: Globalisierung und technologischer Fortschritt werden dazu führen, daß sich die Gesellschaft der Zukunft stärker polarisiert. Zunehmen werden die Arbeitsplätze mit sehr hohen Einkommen in den Professionen und in den finanz- und unternehmensbezogenen Dienstleistungen der »global cities«. Abnehmen werden die Arbeitsplätze von Arbeitern und Angestellten mit mittlerem Einkommen: Der klassische Mittelschichtsangestellte, der der Gewinner des Booms nach dem Krieg war, wird in Zukunft der Verlierer sein. Und zunehmen werden auch die Arbeitsplätze mit niedrigen Löhnen.

Damit aber stellt sich sehr grundsätzlich und sehr radikal die Frage nach Gleichheit und Gerechtigkeit in einer globalisierten Welt: Kann es Gerechtigkeit in einer ungleichen Welt geben?

Gerechtigkeit in einer ungleichen Welt?

Arbeit schafft die Gesellschaft neu. Das galt für die Arbeit in den Fabriken und für die industrielle Gesellschaft, und es gilt für die Arbeit an den Computern und für die Informationsgesellschaft.

Eine von ihren Wurzeln her veränderte Gesellschaft setzt andere Themen auf die Tagesordnung der Politik. Die Zähmung des Kapitalismus durch den Sozialstaat, die Institutionalisierung des industriellen Konfikts durch Tarifautonomie, Mitbestimmung und Betriebsverfassung und die politische Demokratisierung der Gesellschaft: das waren die großen Reformthemen des 19. und 20. Jahrhunderts. Die Folgen waren bald zu besichtigen: Für eine immer größere Anzahl von Menschen, vor allem für die früheren Proletarier, haben sich die Chancen, Optionen und Freiheiten nach und nach vermehrt, ist das Leben immer »sicherer« geworden. Ausbeutung und Elend gingen zurück. Immer mehr Menschen ging es immer besser. Besser als den eigenen Vorfahren. Aber auch besser, als sie es selbst jemals erwartet hatten. Lange konnten sie davon ausgehen, daß dies auch so bleiben werde.

Es ist offensichtlich, daß die Gesellschaft der Zukunft andere Risiken, aber auch andere Chancen enthält. Mit dem Hinweis auf die Individualisierung von Chancen und Risiken sind sie jedoch nur unzureichend beschrieben. Es gibt nicht nur einzelne, es gibt ganze Gruppen, die vom Absturz bedroht sind. Anders als die deklassierten Klassen der frühen Industrialisierung haben sie aber keine gemeinsame, keine kollektive Kraft mehr, um ihr Schicksal zu wenden. Ganz im Gegenteil: Es ist unter den Bedingungen der Globalisierung das Kapital, das sich auf just jene Grundlagen der Macht besinnt, die einst die Arbeiterklasse stark gemacht haben: zu streiken. Leistungen zu entziehen. *Alle Räder stehen still, wenn dein starker Arm es will*. Wogegen aber sollen hierzulande Arbeiter streiken, wenn sich das Kapital auf die Flucht begibt? Gegen die Komplexität der Verhältnisse kann man schlecht opponieren.

Die Gesellschaft der Zukunft kennt durchaus offene Türen zwischen den verschiedenen Gruppen, Schichten, Klassen, zwischen den Samurais, den alten Normalarbeitern und den neuen Selbständigen, der oberen und der unteren Mittelschicht und der Unterklasse. Aber es sind vor allem Falltüren, die nach unten führen. Im schlimmsten Falle geben sie den Absturz frei. Überläßt man die Gesellschaft ihrer eigenen Schwerkraft, ihrer eigenen sozialen Dynamik, dann kennt sie für ihre Mitglieder vor allem eine abwärts gerichtete, eine negative soziale Mobilität (»Downward Mobility«), während sie selbst, als Ganzes, durchaus erfolgreich agieren mag.

Globalisierung und Strukturwandel sind Straßen zum Fortschritt, schaut man nur auf die globalen Indikatoren. Sie mehren den Reichtum der Gesellschaft. Aber sie produzieren dabei Gewinner und Verlierer. Den einen wird es besser, den anderen schlechter gehen als bisher. Das Bruttosozialprodukt wächst, und im wirtschaftlichen Wettbewerb mit anderen schneidet der Standort ganz gut ab. Eine Gesellschaft ist denkbar, die wirtschaftlich sehr erfolgreich ist, aber sozial vor die Hunde geht.

Die steigende Flut hebt nicht mehr alle Boote

Dies ist eine neue Lage. Am Horizont zeichnet sich eine Gesellschaft ab, in der die sozialen Ungleichheiten zunehmen werden. Die Gesellschaft der steigenden Erwartungen verwandelt sich in eine Gesellschaft der steigenden Ungleichheiten, und niemand kann sich mehr damit trösten, daß eines Tages eine steigende Flut, sprich: ein wirtschaftlicher Aufschwung sämtliche Boote heben wird, die großen und die kleinen. In der Vergangenheit waren wachsende soziale Ungleichheiten auch von den Unterprivilegierten leichter zu ertragen, weil sie keine Verlierer (»underachievers«) waren, sondern sich darauf verlassen konnten, daß auch sie von dieser Entwicklung, die die Reichen immer reicher machte, eines Tages profitieren werden. Die am unteren Rand der Gesellschaft wußten: Den Anschluß an »die da oben« würden sie zwar nie finden (was sie auch nicht weiter gestört hat), sie würden ihnen zwar nicht gleicher und schon gar nicht gleich werden, aber es würde ihnen doch immer besser gehen, und so konnten sie sich, und darauf kam es an, immer mehr leisten, immer besser leben – und im übrigen ihre Hoffnungen auf ihre Kinder und den lieben Gott setzen.

Inzwischen hat sich die Situation verändert: Viele spüren, daß sie auch von einer wachsenden Wirtschaft nicht profitieren (werden). Eine steigende Flut hebt vor allem die großen und die größten Boote, und die kleinen dümpeln weiter irgendwo außerhalb auf dem Trockenen, ohne Chance, wieder einmal eine Handbreit Wasser unter den Kiel zu bekommen.

Das ist eine neue Erfahrung.

In Deutschland lassen sich mit diesem Hinweis auf *das Ende der steigenden Erwartungen* zwei recht unterschiedliche Sachverhalte erklären: einmal die Apathie der Menschen gegen eine zwanzig Jahre lang steigende Arbeitslosigkeit und, in der Gegenwart, die Gleichgültigkeit der Menschen gegen die Sparbeschlüsse der Bundesregierung, der starre, bewegungslose Pessimismus, der – mit Blick nach Bonn – über der Gegenwart und Zukunft liegt.

Die Geschichte der Arbeitslosigkeit in den vergangenen 25 Jahren und, mehr noch, die öffentlichen Reaktionen auf die monatlich aus Nürnberg gemeldeten, immer weiter steigenden Zahlen bieten ein seltsames Schauspiel, sie lehren aber auch wichtige Lektionen. Entgegen aller amtlichen Euphorien und Ausreden (*»saisonal bedingt«* war die eine, andere verwiesen auf *»konjunkturelle Schwächen«* der Wirtschaft, der Bundeskanzler verbreitete einfach seinen allzeit bereiten bräsigen Optimismus) und trotz aller offiziellen Dramatisierungen der Kirchen und aller Gutmeindenden (die an die Agonie der Weimarer Republik mit ihren sechs Millionen Arbeitslosen erinnerten) blieb die Sockelarbeitslosigkeit nach jedem Aufschwung höher als sie zuvor war. Die besorgten Prognosen, die deutsche Demokratie werde keine Million, keine zwei, keine drei, keine vier Millionen Arbeitslose vertragen, haben ganz gewiß die Besucher von Kirchen und Akademien betroffen und bewegt. In den Köpfen und Herzen der allermeisten Menschen haben sie nie Wurzeln geschlagen, und das aus einem guten Grund: Die Systeme der sozialen Sicherung waren reißfester. Die Demokratie war stabiler verankert. Sie wankte nicht mit den wirtschaftlichen Krisen und Konjunkturen. Die meisten konnten immer noch hoffen, sie seien nicht betroffen. Nur selten waren die Reaktionen, was Rückblick und Ausblick angesichts der immer weiter wachsenden Arbeitslosigkeit betraf, so besonnen wie jenes Urteil des Historikers Heinrich August Winkler aus dem Jahre 1996, der Entwarnung in der Frage gab: *»Wieviel Arbeitslosigkeit erträgt die Demokratie?«*, aber ergänzte: »Sollte sich der Eindruck durchsetzen, Tarifpartner, Parteien und Regierungen stünden der Massenarbeitslosigkeit ähnlich hilflos gegenüber wie nach 1930, wäre die Demokratie in Gefahr. Nur lernfähige Demokratien überleben. Sie können aus Krisen sogar gestärkt hervorgehen – sofern alle Akteure, auf die es ankommt, zum Umlernen bereit sind.«
Die Arbeitslosigkeit also hat die Mehrzahl der Menschen lange nicht wirklich bewegt. Solange beides wuchs: die Zahl der Arbeits-

losen *und* der Lebensstandard der Menschen, waren's die meisten zufrieden in der Hoffnung, daß sie das eine genießen können, ohne an dem anderen leiden zu müssen. Jetzt, da seit Beginn des Jahres 1996 beides parallel erlebt und erlitten wird, das Wachsen der Arbeitslosigkeit *und* das Sinken (oder die Stagnation) der Markt- und Sozialeinkommen, sind die Leute wie gelähmt und erdulden apathisch so ziemlich jede Therapie ...

Downward Mobility als die innere soziale Dynamik der kommenden Gesellschaft: Es ist, natürlich, eine schwarze Utopie, die Gegenkräfte mobilisieren soll, eine, hoffentlich, sich selbst zerstörende Prophezeiung. Wie das gesellschaftliche Spiel mit den neuen Spielregeln am Ende ausgehen wird, hängt immer auch von politischen Anstrengungen, von den gesellschaftlichen Akteuren, nicht zuletzt von den Städten und Gemeinden ab. Eine *Upward Mobility*, eine Durchlässigkeit noch oben, kommt nicht von selbst, sie ist, als gesellschaftliches Projekt, nicht einmal nur durch individuelle Anstrengungen zu erreichen, sie ist vielmehr eine *politisch-kulturelle Leistung*. Was muß geschehen, daß eine aufwärtsgerichtete, eine positive soziale Mobilität wahrscheinlicher wird, daß die Gesellschaft auch nach oben durchlässiger wird?
Dies sind nicht gerade die politikleitenden Fragen und Perspektiven, die gegenwärtig das politische Handeln und die öffentliche Debatte bestimmen. Sie ist fixiert auf einfache Ziele, Ängste, Ausreden:

Die einen sind fasziniert von der schönen neuen Welt der Cyberpolitics und glauben, daß der technologische Fortschritt und das digitale Zeitalter auch die Gesellschaft besser und die Menschen glücklicher machen. Doch der technologische Fortschritt läßt sich leichter verwirklichen als der soziale und politische Fortschritt.
Die anderen sind wie gelähmt von der dunklen Aussicht auf eine soziale Katastrophe, sie halten an den sozialen, materiellen und

ideellen Errungenschaften fest, solange es noch geht, manche wollen sie notfalls noch eine Weile selbst durch eine Abschottung der Regionen und der Märkte retten.
Wieder andere setzen auf individuelle Strategien der Anpassung und des Aufstiegs, sie wiederholen unverdrossen die alten Beschwichtigungsformeln, die doch schon in der Industriegesellschaft allenfalls die halbe Wahrheit verraten haben: »Jeder ist seines Glückes Schmied ...«, so sagen sie und verschweigen, daß jede Leistungs- und Bildungsgesellschaft immer auch Gescheiterte produziert, jene, die nicht mithalten können (oder mithalten wollen), und dies künftig mehr denn je. Je leistungsorientierter ein Bildungssystem, um so mehr Dropouts wird es produzieren. Und selbst wenn man sämtliche sozialen Grenzen einer schönen neuen Bildungswelt der gleichen Chancen einmal ausblendet: Dann wird es so sein, wie am Rande eines alten Fußballfelds, wo die ersten Reihen auf Bierkästen steigen, damit sie besser sehen: Die hinter ihnen werden nachziehen, und am Ende stehen sie alle auf Bierkästen, aber keiner wird besser sehen. Die sozialen Dilemmata und Aporien sind die gleichen wie zuvor. Aber sie ereignen sich auf einem höheren Niveau.

Brücken, nicht Krücken in Arbeit und Gesellschaft

Der Versuch, die neue soziale Schichtung der kommenden Gesellschaft abzubilden, ist, wie gesagt, in heuristischer, in praktisch-politischer Absicht geschrieben. Wo könnte, wo müßte Politik ansetzen, um die quasi-naturgesetzliche Abwärtsentwicklung von einzelnen und Gruppen umzukehren?
Es sind ganz verschiedene Maßnahmen, und es ist vor allem ein anderer politischer Zugang nötig. Die konkreten Ansatzpunkte beginnen mit einer Verbindung von niedrigen Einkommen und Sozialeinkommen: Als »Kombilohn« findet diese Idee inzwischen auch in den politischen Parteien mehr und mehr Zustimmung, auch wenn der SPD-Parteitag im Dezember 1997, anders als der

SPD-Ministerpräsident Gerhard Schröder, im letzten Moment wieder davor zurückgezuckt ist. Der Arbeitskreis der CDU/CSU-Bundestagsfraktion »Arbeit für alle – Neue Initiativen zur Beschäftigungsförderung« hingegen hat im November 1997 Thesen entwickelt, die vorsichtig in diese Richtung gehen.

Arbeit ist mehr als Gelderwerb Der Sozialpolitiker Ulf Fink, Leiter des Arbeitskreises »Arbeit für alle«, hat die Thesen zur Anhebung von Niedrigeinkommen erläutert: »Mehr als jeder dritte Arbeitslose ist schon mehr als ein Jahr arbeitslos. Es reicht nicht aus, diesen Menschen als Perspektive lediglich Unterstützung durch Sozialhilfe oder Arbeitslosenhilfe zu bieten. Dies gilt besonders für Jugendliche.
Arbeit ist mehr als Gelderwerb. Wir haben nicht genug getan, wenn wir diesen Menschen lediglich Geld statt Arbeit geben. Andererseits ist es auch notwendig, das Bewußtsein zu schärfen, daß jemand, der eine Leistung der Gemeinschaft empfängt, dafür der Gemeinschaft eine Gegenleistung schuldet. ...
Den Arbeitsämtern fällt es schwer, die 1,3 Mio. Empfänger von Arbeitslosenhilfe ins Erwerbsleben zu reintegrieren. Um den Arbeitslosenhilfeempfängern jede auch nur denkbare Chance auf einen neuen Arbeitsplatz zu geben, haben wir mit der jüngsten Reform des Arbeitslosenhilfegesetzes den Arbeitsämtern ab 1. Januar 1998 das Recht eingeräumt, auch Dritte (z. B. Serviceagenturen, Beschäftigungsgesellschaften) mit der Vermittlung von Arbeitslosenhilfeempfängern zu beauftragen. Damit dies nun auch wirklich geschieht, wollen wir eine weitere simple, dafür aber um so wirksamere neue Regelung: Die allgemeinen Ausgaben für Arbeitslosenhilfe sollen deckungsfähig mit den Ausgaben für die Vermittlung von Arbeitslosenhilfeempfängern durch Dritte sein. Denn es ist immer besser, Arbeitslosigkeit zu bekämpfen, statt sie zu bezahlen. ...
Wenn einfache Dienstleistungen in Deutschland wieder stärker nachgefragt werden sollen, wenn verhindert werden soll, daß weitere Arbeitsplätze ins Ausland abwandern, dann muß die Lohnstruktur wieder stärker gespreizt werden. ...
Wir wollen in Deutschland keine ›working poor‹. Auch in einer globalen Wettbewerbssituation werden die lohnbezogenen Einkommen

in Deutschland nicht auf ein Niveau sinken können, das mit unserem Kulturniveau und dem Lebensstandard der Menschen vollkommen unvereinbar wäre. Ergänzende Sozialhilfe neben einem niedrigen Arbeitseinkommen ist bei Bedürftigkeit bereits derzeit möglich. Allerdings wollen wir die Anreize zur Aufnahme von Arbeit im Sozialtransfersystem verstärken. Wir müssen darüber nachdenken, wie es gelingen kann, Niedriglöhne bei Bedürftigkeit auf ein akzeptables Mindesteinkommen anzuheben. Die Tarifpartner sind aufgerufen, hier neue Wege zu entdecken. Wir werden als Gesetzgeber ein solches Bündnis – Arbeit für alle – aktiv fördern und mitgestalten.
In einem ersten Schritt wollen wir dafür sorgen, daß Sozialhilfeempfänger, die arbeiten, deutlich besser gestellt werden als die, die nicht arbeiten.« (Pressedienst der CDU/CSU-Fraktion im Deutschen Bundestag vom 12. November 1997)

Eine sehr viel wirksamere Regelung als alles, was den deutschen Politikern und Parteien bisher zum Thema »Kombination von niedrigen Erwerbs- und Sozialeinkommen« eingefallen ist, wird in den USA schon seit langem praktiziert. Dort existiert mit dem »Earned Income Tax Credit« (EITC = Bargutschrift auf real verdientes Einkommen) schon seit den siebziger Jahren ein staatliches Programm zur Ergänzung der Erwerbseinkommen von Familien unterhalb der Armutsgrenze, das, wenn der Kongreß eine ausreichende Finanzierung zuließe, im Prinzip durchaus in der Lage wäre, die Armut wirksam zu bekämpfen, ohne die beschäftigungspolitischen Vorteile eines Niedriglohn-Arbeitsmarkts aufzugeben. 20 Prozent der Beschäftigten sind anspruchsberechtigt, wenn der Kongreß im Haushalt genug Geld dafür vorsieht. Das Finanzvolumen für dieses Programm ist von weniger als zwei Milliarden US-Dollar im Jahr 1980 auf mehr als 22 Milliarden 1995 angestiegen, bis die Republikaner auch dieses Programm in ihre Bemühungen um eine Verringerung des Haushaltsdefizits einbezogen haben.

Das Modell des »Earned Income Tax Credit« »Zwei Jahrzehnte lang haben die Linke, die Rechte und die Mitte gemeinsam das EITC gepriesen, das mit Hilfe des Steuersystems die Einkommen von arbeitenden Familien, die unterhalb oder knapp oberhalb der Armutsgrenze liegen, um bis zu 3500 Dollar im Jahr aufstockt; es galt als smarte Sozialpolitik und zugleich als vernünftige Wirtschaftspolitik ... Die Idee, die hinter dem EITC steckt, wurde schon 1972 von dem damaligen Gouverneur Kaliforniens, Ronald Reagan, unterstützt und vorangetrieben. Zehn Jahre nachdem sie Gesetz wurde, unterschrieb Reagan 1986 die erste Erweiterung von EITC und sprach bei dieser Gelegenheit vom besten Anti-Armuts-, Pro-Familien- und Beschäftigungsprogramm, das je aus dem Kongreß kam. 1990 dann brachte George Bush die zweite Erweiterung durch den Kongreß, welche auch durch die konservative Heritage Foundation öffentlich unterstützt wurde. Zusammen mit begeisterten Demokraten wie beispielsweise Bill Clinton, der die letzte Erweiterung 1993 unterzeichnete, haben die Republikaner aus dem EITC das wichtigste Instrument gemacht, um den ›working poor‹ zu helfen.

Die schwierige Lage dieser Gruppe ist nach wie vor akut. Zwischen 1977 und 1993 ist die Armutsrate für arbeitende Familien mit Kindern von 7,7 Prozent auf 11,4 Prozent angestiegen. Die wichtigste Ursache dafür, darin stimmen die meisten Ökonomen überein, war die stetige Erosion der Löhne für niedrig bezahlte Arbeit. Konfrontiert mit dieser Tatsache, haben die Konservativen das EITC als ein Heilmittel begrüßt, welches (a) keine jobzerstörenden Nebeneffekte wie eine Erhöhung des Mindestlohns mit sich bringt; (b) einen Anreiz schafft, arbeiten zu gehen, statt Sozialhilfe zu beantragen; (c) intakten Familien hilft und nicht einfach – wie sonst die Sozialhilfe – alleinerziehenden Müttern; und (d) keinerlei Bürokratie erfordert. Inzwischen mögen auch die Linken das EITC, denn es fördert ein ihnen wichtiges Ziel: Es hebt jede vierköpfige Familie mit einem Vollzeitbeschäftigten, der das ganze Jahr arbeitet, wenigstens über die Armutsgrenze.

Das Programm leistet all dies, indem es bis zu einer gewissen Einkommensobergrenze für jeden verdienten Dollar zusätzlich eine auszahlbare Bargutschrift einräumt. Die Gutschrift steigt bei niedrigem Einkommen zunächst an, bleibt dann eine Weile gleich und sinkt ab einer gewissen Einkommenshöhe wieder. Für eine Familie mit zwei oder mehr Kindern erreicht sie das Maximum von 3500 Dollar, wenn das Einkommen der Familie bei 8900 Dollar liegt. Sie bleibt dann konstant, bis das Familieneinkommen 11 600 Dollar erreicht, und jenseits dieser Grenze nimmt sie kontinuierlich ab, bis sie bei einem Einkommen von 27 000 Dollar gegen Null tendiert. Wenn 1996 die letzte der drei Erweiterungen voll in Kraft tritt, wird das EITC mehr als 21 Millionen Beschäftigte und ihre Familien erreichen, und die Kosten werden sich auf 25 Milliarden Dollar belaufen.« (*The Economist* vom 8. Juli 1995)

In Deutschland hat der Sozialwissenschaftler Fritz W. Scharpf einen Vorschlag ausgearbeitet, der darauf hinausläuft, daß der Staat aus Steuermitteln die Sozialbeiträge für niedrige Einkommen übernimmt und diese somit attraktiv macht – für Arbeitgeber *und* Arbeitnehmer.

Beschäftigungsförderung durch Senkung der Sozialbeiträge

Fritz W. Scharpf skizziert sein Modell folgendermaßen: »Da die Sozialbeiträge einen so erheblichen Teil der Arbeitskosten ausmachen und insbesondere die wenig produktiven Arbeitsplätze vom Markt verdrängen, könnte die Politik durch eine Senkung der Beiträge am unteren Ende der Lohnskala ... Beschäftigungseffekte erzielen ... Unterstellt man, daß die Sozialbeiträge sich auf je etwa 20 Prozent für Arbeitgeber und Arbeitnehmer belaufen, dann stünden einem Bruttolohn von DM 1000 pro Monat (bei dem noch keine Lohnsteuer anfällt) Sozialabgaben in Höhe von DM 400 gegenüber. Würden an dieser Stelle der Lohnskala die Beiträge vollständig (oder bis auf einen symbolischen Restbetrag) erlassen, so stiege der Nettolohn des Arbeitnehmers von DM 800 auf DM 1000 (und damit auf das Existenzminimum), während der vom Arbeitgeber zu bezahlende Bruttolohn sich von DM 1200 auf DM 1000 verminderte.

Auch hier könnte die Förderung degressiv ausgestaltet werden und bei einer bestimmten Höhe des Nettolohns (... beispielsweise ... bei 1400 DM) ganz aufhören. Selbstverständlich müßten hier auch die derzeit Beschäftigten zu denselben Bedingungen in die Förderung

einbezogen werden. Die dafür anfallenden Kosten lassen sich recht genau schätzen (und durch die Förderbedingungen variieren), während die zu erwartenden zusätzlichen Beschäftigungseffekte nicht vorhergesagt werden können.
Gegenüber anderen Vorschlägen hat diese Lösung den Vorteil, daß sie auch ohne die aktive Mitwirkung der Gewerkschaften verwirklicht werden könnte. Die für die Schaffung zusätzlicher Arbeitsplätze maßgebliche Senkung der Lohnkosten fände innerhalb der gegenwärtigen Tarifstruktur statt, ohne daß es der Vereinbarung neuer Niedriglohn-Tarife bedürfte. Überdies würde die praktische Umsetzung erleichtert, wenn an den bestehenden Systemen der sozialen Sicherung so wenig wie möglich geändert werden müßte.« (Fritz W. Scharpf: »Wege zu mehr Beschäftigung«, in: *Gewerkschaftliche Monatshefte* 4/1997)

Brücken statt der Krücken aus Sozial- und Arbeitslosenhilfe: das ist die *eine* Reformstrategie, die die Menschen wieder in die Mitte der Gesellschaft zurückholen oder von vornherein verhindern soll, daß der Zuzug in die Armut und in die soziale Ausgrenzung immer weiter anhält. Die *andere* Reformstrategie: eine *Reform des Bildungswesens* an Haupt und Gliedern. Dazu gehört einmal eine Reform der Hauptschule, welcher die Erkenntnis zugrunde liegt, daß dort auch Sozialarbeit geleistet werden muß und daß die Lehrer an der Hauptschule deshalb anders und umfassender qualifiziert (und besser bezahlt) sein müssen.
Und dazu gehört eine Reform der Hochschulen, die sich an Leistung und Wettbewerb *und* an sozialer Chancengleichheit orientiert. Beides ist möglich, wenn man die *Finanzierung* (durch Gutscheine oder Stipendien für Studenten, die darauf angewiesen sind – dann aber auch nicht zu knauserig –, oder durch Studiengebühren oder Darlehen: Darüber müßte eine politische Debatte beginnen!) und die *»Produktion«* von Bildungsgütern trennt: Letztere ist in staatlicher Regie und in staatlichen Anstalten denkbar schlecht aufgehoben. Gegenwärtig jedenfalls ist das deutsche

Hochschulwesen in beiderlei Hinsicht defizitär, sowohl was die Qualität des Studiums als auch was den sozialen Aspekt betrifft: Die Zahl der Studenten aus unteren sozialen Schichten und die Zahl der BAföG-Bezieher geht laufend zurück.

Australien: Studiendarlehen In Australien »geschieht seit 1989 Unerhörtes, und was noch unerhörter ist: Es war eine Regierung der Labor Party, die den Australiern die Suppe eingebrockt hat. Die Studierenden müssen dort seit jenem Schicksalsjahr etwas für die Finanzierung ihres Studiums tun. Entweder zahlen sie (oder ihre Eltern) die Studiengebühren (Anfang 1997 waren es umgerechnet knapp 3000 Mark jährlich) sofort und erhalten dann einen Abschlag von 25 Prozent, oder, und das ist die Regel, sie bezahlen diese Gebühren nachträglich – von dem Zeitpunkt an, wo die ehemaligen Studierenden das Durchschnittseinkommen eines berufstätigen Australiers erreicht haben.

Im zweiten Fall bekommen die australischen Jungakademiker ein zinsloses Darlehen, das sie, zuzüglich eines Inflationsausgleichs, ratenweise zurückzahlen müssen, wenn und nur dann wenn sie besagte Einkommenshöhe erreicht haben. Etwa 85 Prozent der Studentinnen und Studenten kommen in den Genuß eines solchen Einkommens und bezahlen nachträglich ihre Studiengebühren. Die simultanen und nachträglichen Studiengebühren sollen die öffentliche Hand entlasten – aber nur bis zu einer gewissen gesetzlichen Höhe. Sie liegt bei einem Fünftel der Gesamtausgaben für die Hochschulen.

Das australische Modell von 1989 hat die Londoner Labour-Regierung unter Tony Blair angeregt, bei der Finanzierung des britischen Hochschulwesens ähnliche Wege einzuschlagen. Völlig anders war und ist die Reaktion in Deutschland. Anke Brunn, die sozialdemokratische Wissenschaftsministerin von Nordrhein-Westfalen, empfindet den Gedanken als Zumutung, die Bundesrepublik könne von einem ›Einwanderungsland‹ wie Australien irgend etwas lernen.« (Heinrich August Winkler: »Mitternacht der Hochschulpolitik«, in: *Frankfurter Allgemeine Zeitung* vom 28. November 1997)

Es geht *auch* um mehr Geld für die Hochschulen, aber es geht vor allem darum, was mit dem Geld in deutschen Hochschulen passiert: neuer Wein in alte Schläuche oder mehr Geld in neue Strukturen? Bisher haben die Politiker beides verweigert, finanzielle Mittel und Ideen zur Reform.

Jenseits von links und rechts

Es ist an der Zeit, die Gesellschaft auf die künftigen Entwicklungen und auf erreichbare Ziele einzustellen. Unrealistische Ziele wirken kontraproduktiv. Sie zementieren den Status quo. Sie binden öffentliche Aufmerksamkeiten, Energien und Ressourcen, die man besser anderswo investieren würde. Vollbeschäftigung ist kein realistisches Ziel mehr für das 21. Jahrhundert. Den Sozialstaat zu bewahren, wie er in der Vergangenheit geworden ist, ist kein realistisches Ziel für die Zukunft. Materielle Gleichheit herzustellen ist weniger denn je eine mögliche Option. Wer diese Ziele anstrebt, wird das Gegenteil von dem erreichen, was er eigentlich will. Er muß der Zerstörung des Alten am Ende passiv zusehen – und wird eines Tages selbst mit zerstört werden. Es ist nicht ohne eine gewisse tragische Ironie, wenn die Besten und die Engagiertesten im Ergebnis zur Demontage des alten Sozialstaats beitragen, ohne es zu wollen – und ohne an dessen Stelle etwas Neues aufzubauen.
An Strukturen festzuhalten, deren Zeit abgelaufen ist, wird auf Dauer nicht möglich sein. Gegen die veränderten Alltagserfahrungen kann man keine erfolgreiche Politik machen. Die Menschen erleben, daß altehrwürdige Unternehmen wie Grundig, AEG und andere, die über hundert Jahre den Stolz und die Hoffnungen der Menschen bündelten, Arbeiter in Scharen entlassen haben oder ganz von der Bildfläche verschwunden sind – oder in einem politischen Kraftakt gerade noch einmal bis zur nächsten »Krise« gerettet wurden. Die Menschen wissen, daß die Lage auf dem Arbeitsmarkt nicht mehr so werden wird, wie sie einmal war. Sie kennen auch das Lied von der Rente. Norbert Blüm hat es ihnen

lange genug gespielt. Während hinter den Kulissen schon, alle Rentenreformen wieder, an sämtlichen Stellgrößen manipuliert wird, an den Beiträgen, dem Eintrittsalter und an der Höhe der Renten, spielt das Orchester auf der politischen Bühne treuherzig immer wieder den Refrain: *Die Renten sind sicher*. Wenn die Kumpel aus dem Revier nach Bonn kommen und dort die Bannmeile des Parlaments stürmen, kann die SPD natürlich der Versuchung einer Solidaritätsdemonstration der einstigen Arbeiterklasse nicht widerstehen: Zelebranten und Oberministranten eines Requiems für vergangene Zeiten auch sie. Norbert Blüm und Oskar Lafontaine glauben, nahe dran zu sein am Puls der Zeit. Doch die Leute sind längst weiter, sie wissen es besser:

Sie haben das sichere Gefühl, daß die Goldenen Jahre vorbei sind, Die Veränderung macht ihnen angst. Bei allem Wandel wollen sie deshalb ihren rheinischen Kapitalismus bewahren – und erwarten, daß sich Regierung und Opposition auf die veränderte Lage einstellen. Wachsende Minderheiten in der Gesellschaft halten es auch *normativ* für wünschenswert, die Chancen für ein anderes Leben und für eine andere Gesellschaft mit Lust und Phantasie zu sehen, ohne die Risiken zu verschweigen. Die Fortschreibung des Wohlfahrtsstaats und die Fortentwicklung der Gesellschaft wird nur gelingen, wenn sie nicht mit einem Szenario des Niedergangs, sondern mit einem Aufbruch zu neuen Ufern verbunden ist.

Für einen zivilen Liberalismus: Soziale Gleichheit statt materieller Gleichheit

Damit wird die Zielrichtung unserer Argumentation und unserer Vorschläge (siehe unten) deutlich. Ein politischer Entwurf ist möglich (und nötig), der über den Status quo hinausgeht, statt hinter ihn zurückzufallen.

Es kann nicht darum gehen, einer neuen Klassengesellschaft das Wort zu reden, für eine wachsende soziale Ungleichheit zu plädieren, die Existenz einer neuen Unterklasse einfach hinzunehmen und dabei all jene, die als Gewinner aus der großen Veränderung hervorgehen werden, aus der Pflicht zu Solidarität und sozialer Fairneß zu entlassen. Das wäre die eine, die konservative Versuchung: Politik als Schicksal. Sachzwänge als Alibi und Ersatz für die fälligen politischen und moralischen Entscheidungen.

Wer auf der anderen Seite die ökonomischen und gesellschaftlichen Megatrends einfach leugnet, die Globalisierung der Weltwirtschaft als eine Art kapitalistische Verschwörung oder Ausrede betrachtet oder, maßvoller, immerzu nur über eine »Globalisierungsfalle« jammert, der wird den sozialen Wandel nicht gestalten und in Zukunft auch keine paßgerechte Sozialpolitik machen können. Es ist ja kein Zufall, daß das Buch mit diesem Titel, so verdienstvoll viele Reportagen auch sein mögen, in dieser Hinsicht ziemlich stumm bleibt. Es sieht schwarz und schweiget. Es ist in die eigene, die eigentliche, in die links-traditionalistische Globalisierungsfalle getappt, wo sich inzwischen die fortschrittlichen Kräfte aller Länder versammelt und vereinigt haben – und *Le Monde diplomatique* ist ihr Zentralorgan. Das ist die andere, die linke Versuchung: Globalisierung als Alibi und Ersatz für die fälligen politischen und moralischen Entscheidungen.

Für beide Holzwege liegen inzwischen die Wanderführer bereit. Gibt es einen dritten Weg?

Eine dritte Möglichkeit wäre, die großen Veränderungen als Grundlage für eine gestaltende Politik zu nehmen und die Menschen darauf vorzubereiten, die Veränderungen nicht nur zu erleiden, sondern das Beste daraus zu machen. Mehr noch: Es gibt Gründe, sich darauf zu freuen, daß die alte Zeit bald der Vergangenheit angehört – ohne deshalb die offenen Fragen zu verschweigen.

Der Trend zur Ungleichheit

Arbeit und Gerechtigkeit, das sind die beiden Probleme, mit denen der siegreiche Kapitalismus nicht fertig wird. Manche knüpfen daran hoffnungsfroh die Prognose, er werde eines Tages das gleiche

Schicksal erleiden wie der Sozialismus – und untergehen. Aber auch wenn es nicht so weit kommen sollte, bleiben die Defizite des Kapitalismus offensichtlich: Er kann die Menschen nicht hinreichend mit Arbeit versorgen. Und: Er führt zu Einkommensungleichheiten in einem Ausmaß, welches eine demokratische Gesellschaft nicht lange verkraften könnte. Ein Kapitalismus ohne Arbeit, dafür aber mit wachsenden Disparitäten: Sieht so die Zukunft aus?

Zunächst ist unumwunden einzuräumen, daß der Kapitalismus pur in der Tat für beide Themen, für Arbeit und Gerechtigkeit, keine Antworten parat hat. In beiden Fällen stößt die Logik des Markts an ihre Grenzen. Die aufgeworfenen Fragen sind zu ernst, als daß man sich mit der Gegenfrage aus der Affäre ziehen könnte, welche andere Wirtschafts- und Gesellschaftsordnung denn eine Antwort wisse auf diese beiden Grundprobleme. Auch der Hinweis, daß der Kapitalismus zuverlässiger als andere Systeme einen ökonomischen Reichtum der Nationen schaffe und damit die Grundlage auch für viele andere Dinge, geht am moralischen Kern der Fragen vorbei. Wer auf die Frage nach der guten Gesellschaft nur mit ökonomischen Vokabeln zu antworten weiß, hat entweder die Frage nicht verstanden oder vor ihr innerlich schon kapituliert.
Die vorigen Kapitel haben versucht zu zeigen, daß ein Wandel der Erwerbsarbeitsgesellschaft notwendig kommen wird und daß damit auch Potentiale der Freiheit verbunden sind. Die Vollerwerbsgesellschaft, die die Hintergrundfolie für die Kritik am Kapitalismus ohne Arbeit überhaupt erst abgibt, ist eine historisch junge Erscheinung, nicht älter als etwa hundert Jahre, historisch und weltweit eher die Ausnahme als die Regel – und auch in ihren besten Zeiten auf die Männer beschränkt. Als Folge der Globalisierung, der Individualisierung und des technologischen Strukturwandels bringt der Kapitalismus aus sich selbst heraus Veränderungen hervor, an denen eine sozial engagierte Politik ansetzen kann:

durch eine bessere soziale Absicherung der Teilzeitarbeit. Durch eine Aufwertung der Nicht-Erwerbsarbeit. Durch eine Ordnungs- und Infrastrukturpolitik für den Dritten Sektor (siehe nächstes Kapitel). Pfade der Reform setzen voraus, daß die Frage richtig gestellt ist. Auf die Zukunft der Arbeit bezogen, lautet die zentrale Frage:

Wie können wir erreichen, daß alle Mitglieder einer Gesellschaft, auch wenn sie keine Erwerbsarbeit haben, ein aktiver Teil der Gesellschaft bleiben, eine für sie selbst und für andere sinnvolle Tätigkeit haben und auf diese Weise ein Leben in Würde und in Selbstachtung (die Angelsachsen sprechen von einem »decent life«) führen können?

Und was ist mit Gleichheit und Gerechtigkeit, der anderen moralischen Achse, auf der der Kapitalismus schlecht abschneidet?
Es läßt sich nicht bestreiten, und es wird sich auch nicht ändern lassen: Die Folgen von Globalisierung, Individualisierung und Strukturwandel schlagen sich in einem Trend zu einer wachsenden Ungleichheit von Einkommen und Vermögen nieder. Beobachter sprechen von einem »Inequality Trend«. Der amerikanische Publizist Mickey Kaus – er gehört in den USA eher der Demokratischen Partei an, keineswegs den Republikanern – hat seinem anregenden Buch sogar den lapidaren Titel gegeben *The End of Equality* (»Das Ende der Gleichheit«). Als Folge tiefgreifender struktureller Verwerfungen in der Wirtschaft, so argumentiert er, werden die Einkommensdisparitäten weiter wachsen. Das Ergebnis ist in jedem Fall eindeutig: Die einen werden in Zukunft relativ mehr, die anderen relativ weniger verdienen. Kaus schreibt: »Der *Inequality Trend* wurde nicht ausgelöst durch die republikanische Steuerpolitik der achtziger Jahre. Er ist das Produkt tiefer, langfristiger Veränderungen in der Wirtschaft, mit dem Resultat, daß qualifizierte (›skilled‹) Arbeiter mehr verdienen und unqualifizierte Arbeiter relativ weniger.«

Meritokratie oder:
Die Herrschaft der Tüchtigen und der Glücklichen

Damit aber werden nicht nur die *materiellen Ungleichheiten* wachsen. Auch die *soziale Kluft* zwischen den Gruppen der Gesellschaft, vor allem zwischen den (Hoch-)Qualifizierten und den weniger, niedrig oder gar nicht Qualifizierten wird sich weiter vertiefen: zwischen den Geschickten und den Ungeschickten; zwischen den Smarten und den Tölpeln; zwischen den Mobilen und den Nichtmobilen; zwischen denen, die fremde Sprachen sprechen, und den anderen. Die großen Gewinner der Entwicklung sind die »Brainworker« mit Hochschulausbildung, Rechtsanwälte, Investmentbanker und andere symbolische Analysten. Der Einfluß der Wissenselite wird enorm steigen. Dieses *Meritokratie-Problem* hat ökonomische Ursachen. Es findet in unterschiedlichen Einkommen seinen materiellen Ausdruck. Und es hat, was möglicherweise schwerer wiegt, kulturelle und politische Folgen.

Das Meritokratie-Problem markiert einen neuen sozialen Konflikt, an dem sich neue Koalitionen von Wählern bilden werden. Was sich etwa bei den amerikanischen Zwischenwahlen 1994 abgespielt hat – dieser politische Stimmungsumschwung weg von den »Linken« und »Liberalen« hin zu den Konservativen –, war ein kultureller Rückschlag gegen eine professionelle »Wissenskaste« durch jene, die bildungsmäßig wie materiell schlechter dran sind. In Deutschland hat die Revolte der kulturellen und ökonomischen Modernisierungsverlierer noch nicht diese Ausmaße angenommen wie in den USA. Die hohen Stimmenanteile der Republikaner in manchen Teilen Baden-Württenbergs bei den Landtagswahlen 1992 und 1996, beispielsweise, lassen sich aber vermutlich nur so erklären. Wie die kulturellen und sozialen Globalisierungsverlierer in Deutschland und Europa die politische Landschaft verändern werden, bleibt abzuwarten.

Meritokratie, die Herrschaft der Tüchtigen und der Glücklichen, deklassiert die Mittelschichten, vor allem die Männer, *die hart ar-*

beiten, ihre Pflicht tun, Steuern bezahlen und den Gesetzen gehorchen – und trotzdem *ihre Rechnungen nicht mehr bezahlen* können, wie in Nordamerika die geflügelten Sätze lauten. Was der Mittelklasse in ihrer Angst vor dem Absturz noch bleibt, um ihr persönliches und soziales Selbstbewußtsein wieder aufzumöbeln, ist – die Unterklasse, die von der Wohlfahrt lebt. Die hartnäckige Existenz einer städtischen und schwarzen Unterklasse, die *»ausgehalten«* werde durch einen *»linken«* Wohlfahrtsstaat, und die veränderten öffentlichen Reaktionen darauf (*»selber schuld«*) haben das soziale und politische Klima in den USA völlig verändert. In Deutschland ist es noch nicht soweit. Aber erste Zeichen einer Moralisierung des Sozialen lassen sich auch hier beobachten. Auch ein anderer bemerkenswerter sozialer Sachverhalt läßt sich vielleicht so erklären: Die Angst, Opfer von Gewaltverbrechen zu werden, ist dort am größten, wo die Wahrscheinlichkeit, tatsächlich Opfer zu werden, am geringsten ist. Eine diffuse Angst, die sich konkrete Täter und Gruppen sucht und zu deren Stigmatisierung, wenn nicht gar Ausgrenzung führt …

Eine Politik der Gleichheit?

Den Trend zur Ungleichheit festzustellen bedeutet nicht, sich mit ihm abzufinden. Es gibt verschiedene Strategien, diesem Trend politisch entgegenzuwirken, ihn zu stoppen oder gar umzukehren. Die populärsten davon sind eine progressive Besteuerung, eine Politik der Vermögensbildung und Gewinnbeteiligung (»profit sharing«) sowie die ganze Breite der (Aus- und Weiter-)Bildungsprogramme. Aber wenn es auch gute Gründe gibt, jede dieser Strategien konsequenter einzuschlagen, als es bisher in Deutschland geschehen ist – eines können sie nicht: Den Trend zur Ungleichheit werden sie nicht wenden. Die Erkenntnis, daß es letztendlich in dieser Hinsicht vergebliche Strategien sind, gehört sicherlich zum Kern der Entzauberung der politischen Hoffnungen aller Linken aller Länder. Aber erst wenn falsche Hoffnungen, nicht ohne

Trauer, gewiß, aber doch offen und ehrlich verabschiedet sind, werden sich neue Horizonte für tatsächliche Reformen öffnen.

Es bleibt richtig und wichtig, im Steuersystem auch ein Mittel der Umverteilung zu sehen. Es war der bayerische Ministerpräsident Edmund Stoiber, der dem neumodischen Westerwelle-Syndrom der FDP, Steuern fast schon als etwas Unanständiges zu betrachten, die einfache Wahrheit entgegengehalten hat, der Staat brauche Einnahmen, um seine legitimen Aufgaben erfüllen zu können. Die Kriterien der Einfachheit und der Gerechtigkeit gehören zu einem guten Steuersystem. Wenn umverteilt werden soll, dann geschieht dies besser über den Steuerstaat als über den Sozialstaat oder gar über Subventionen, die die Marktpreise verfälschen.

Die Debatte darüber ist eröffnet. Der Ausgang ist offen. Eine Steuerreform, die diesen Namen verdient, steht noch aus. Zu mehr materieller Gleichheit freilich wird sie, wie immer sie auch aussehen mag, nicht führen. Längst vor aller Globalisierung, die den Trend zur Ungleichheit noch verschärft und Gegeninstrumente noch stumpfer gemacht hat, haben die heute in Deutschland amtierenden Sozialdemokraten in ihren frühen Jahren gemerkt, wie weit man mit progressiver Besteuerung kommt. Als Jungsozialisten hatten sie seinerzeit, es ist schon eine Weile her, eine Grenze von 5000 Mark beschlossen, ab der eine sehr stark progressive Besteuerung beginnen sollte. Sie mußten sich sagen lassen, daß sie damit nicht ferne Kapitalisten, sondern die eigenen Facharbeiter um die Ecke treffen. An diesem Dilemma hat sich bis heute nichts geändert: Entweder greift die progressive Besteuerung, um wirklich mehr Gleichheit zu schaffen, so früh und so massiv, daß dann eben nicht nur die Besserverdienenden, dafür aber um so gezielter der Wille zur Leistung fast aller getroffen würde, oder so milde und spät, daß die Wirkungen für die gesellschaftliche Gleichheit unerheblich sind. Es ist deshalb kein Wunder, daß moderne und erfolgreiche Sozialdemokraten wie Tony Blair und New Labour in Großbritannien sich von solchen politischen Philosophien verabschiedet und nicht so sehr der Ungleichheit als der sozialen Ausgrenzung den Kampf angesagt haben.

»Workholder Value«

In Gewinnbeteiligung und Vermögensbildung kann man durchaus Reformen des Kapitalismus sehen, die schon lange fällig und auch immer wieder, wie zum Beispiel von den Sozialausschüssen der CDU, vorgeschlagen worden sind. Auch solche Reformen werden ironischerweise im globalisierten Kapitalismus wahrscheinlicher werden, sei es, daß die Mitarbeiter einen Teil ihres Lohns in Aktien oder Anteilen bekommen, sei es, daß die Unternehmen in solchen Strategien des »profit sharing« eine Möglichkeit sehen, Mitarbeiter und ihr Wissen dauerhaft an das Unternehmen zu binden (»Workholder Value«). Die Gewerkschaften fordern allerdings zu Recht, daß bei jeder Gewinnbeteiligung natürlich auch der Gewinn offengelegt werden müsse, was manche Unternehmen ablehnen und damit auch die ganze Gewinnbeteiligung. Außerdem bleibt die Frage offen, was mit den Aktien und Anteilen geschieht, wenn das Unternehmen in Konkurs geht. Es stellt sich hier eine Frage, deren Lösung auch sonst über den Erfolg von Wirtschaft und Gesellschaft mitentscheidet. Eigentlich hätten ja beide Seiten einen Vorteil davon: Es nützt der Kapitalbildung des Unternehmens, und es nützt der Vermögensbildung des Mitarbeiters. Wie läßt sich erreichen, daß ein vernünftiges, weil kooperatives, aber für eine Seite riskantes Verhalten dennoch zustande kommt, obwohl die eine Seite in eine unsichere Zukunft hinein investiert?

Für ökonomisch riskante Investitionen in unsicheren Gebieten dieser Welt gibt es die Hermes-Bürgschaften. Warum gibt es für sozial riskante Investitionen in eine unsichere Zukunft nicht ähnliche Bürgschaften? Das wäre eine neue Aufgabe des Staates: sozial vernünftiges Verhalten über Räume und Zeiten hinweg zu fördern. Der Staat als Bürge für kooperatives Verhalten in Zeiten, in denen die alten Rituale nicht mehr weiterhelfen.

Und dennoch: Die Ungleichheiten in der Gesellschaft werden durch solche Strategien, so vernünftig sie auch immer sind, nicht schrumpfen, sondern wachsen. Es werden wiederum die Qualifizierten sein, die davon profitieren. Die im Schatten der Gesellschaft leben, werden einmal mehr das Nachsehen haben.

Die Grenzen der Bildungs- und Leistungsgesellschaft

Bleiben noch Bildungsprogramme, um dem Trend zur Ungleichheit zu Leibe zu rücken. Ein hochleistungsfähiges und sozial offenes Bildungssystem bleibt normativ ein vorrangiges Ziel jeder Reform und wird faktisch für Mensch und Gesellschaft zu einer unverzichtbaren Voraussetzung, um aus dem gesellschaftlichen Wandel Funken für ein besseres Leben und eine bessere Gesellschaft zu schlagen. Aber auch die beste Bildungs- und Hochschulreform wird nicht mehr, sondern weniger Gleichheit bringen, wird bestimmte soziale Probleme nicht lösen, sondern verschärfen.

Die politische Priorität für Chancengleichheit durch Bildung ist öffentlich allgemein anerkannt, und doch bleibt wahrscheinlich keine andere Möglichkeit, als daß die Brainworker, die Qualifizierten, die Erfolgreichen herrschen. Auch wenn alle mit gleichen Chancen an den Start gehen, werden einige früher ans Ziel kommen und andere gar nicht: Meritokratie oder Herrschaft der Tüchtigen. Die soziale Sprengkraft der Meritokratie besteht gerade darin, daß sie durch keine Bildungsprogramme entschärft werden kann. Je mehr und je objektiver und je sozial bunter die Klasse der Meritokraten sich nur aus einer Leistungselite zusammensetzt, je mehr tatsächlich jeder die Chance hat, durch eigene Anstrengungen in diese Elite vorzustoßen, um so mehr muß der einzelne die Gründe bei sich selbst suchen, wenn er es nicht geschafft hat – oder er kann nur noch seine Wut in diffusen Ressentiments nach außen entladen, gegen »Ausländer« etwa oder gegen jene, »die von der Wohlfahrt leben«. Wenn tatsächlich jeder seines Glückes Schmied ist, sind all jene, die ihr Glück nicht gemacht haben, besonders übel dran. Je offener und chancengleicher eine Gesellschaft ist und je mehr jeder weiß, daß sie dies ist, um so schlimmer für die, die nicht mitgekommen sind, um so unerträglicher oft die Vorurteile derer, die es geschafft haben. *Wer arm ist, ist selbst dran schuld.* Diese Ansicht sitzt, beispielsweise, tief in der amerikanischen Seele. Sie ist die Kehrseite der Medaille des amerikanischen Freiheitstraums und des Mythos vom (individuellen) Aufstieg durch Leistung. Die einen haben es eben geschafft und die anderen eben nicht.

Diese Einsicht in die Grenzen des Glaubens an die Bildungsgesellschaft ist, neben dem Ende der Gleichheit, die andere große Enttäuschung linker Hoffnungen, der andere Grund für den intellektuellen Stillstand, zu dem die einstigen Beweger der Debatten und der Politik gekommen sind. Konservative haben damit in der Regel keine Schwierigkeiten, wenn sie nicht gar die soziale Durchlüftung der Schulen und der Hochschulen im Interesse ihrer kostbaren Kinder verhindern und die Fenster wieder schließen. Aber eine zeitgemäße Reformpolitik, die Antworten auf die Gerechtigkeitsfrage sucht, dürfte erst wieder möglich sein, wenn diese große Hoffnung des 20. Jahrhunderts verabschiedet ist.

Ein neues Leitbild:
Sozialer Republikanismus oder ziviler Liberalismus

Abschiede. Verluste. Was bleibt am Ende des 20. Jahrhunderts? Wird es ohne eine Vision von einer gerechteren Welt, von einem geordneten Zusammenleben der Menschen oder, altmodisch gefragt: Wird es ohne Bild von einer guten Gesellschaft zu Ende gehen, nachdem die großen Ideologien, im 19. Jahrhundert mit der Industrialisierung entstanden, sich im 20. Jahrhundert ausgetobt haben, im Guten wie im Schlechten? Was bleibt? Resignieren? Bestimmte Fragen erst gar nicht stellen? Den einen *(Nimm, was du kriegen kannst!)* oder den anderen *(Spaß haben!)* oder noch anderen *(Fröhlich sein. Gutes tun. Und die Spatzen pfeifen lassen!)* Ratschlägen folgen, je nach Lust und Laune, Alter und Temperament?

Wer die alten Ideologien verabschiedet, räumt das Gelände auf, auf dem dann neue Ideen wachsen können. Erst wer den Gedanken der materiellen Gleichheit mit allem Respekt entläßt, wird wieder frei, die Fragen nach Gerechtigkeit und Solidarität neu zu stellen. Irgendwann wird die Debatte wieder beginnen. Die geistige Lähmung der Konservativen, der intellektuelle Stillstand der Sozialdemokraten wird nicht ewig währen. Für die fällige Debatte, die kommt, wenn keiner mehr damit rechnet, schlägt der Publizist Mickey Kaus einen frischen Gedanken vor. Er empfiehlt, zwischen materieller Gleichheit (»material equality«) und sozialer Gleichheit (»social equality«) zu unterscheiden. Das eine Konzept thematisiert Einkommen und Vermögen. Es begreift und beurteilt den Menschen und die Gesellschaft nach ihren ökonomischen Möglichkeiten. Das andere Konzept thematisiert den sozialen und politischen Status der Menschen: Bürgerrechte. Teilhabechancen. Mitwirkungsmöglichkeiten, und es beurteilt eine Gesellschaft danach, wer darin ein- und wer davon ausgeschlossen ist.

Der Sieg des »Money-Liberalism« …

Entsprechend lassen sich unterschiedliche Leitbilder formulieren. Für das eine Leitbild stehen die materiellen und die ökonomischen Fragen im Zentrum des Interesses – und der Politik. Kaus spricht von einem *»Money Liberalism«*. Der Doppelsinn, den dieser Begriff für europäische Ohren hat, offenbart einen bemerkenswerten Zusammenhang. In der amerikanischen Tradition steht »Liberalismus« für linkes, progressives (»Tax and spend!«) Denken, doch dieser Begriff ist selbst innerhalb der Partei der Demokraten inzwischen negativ besetzt. In der europäischen Tradition meint dieser Begriff vor allem den ökonomischen Liberalismus, den Glauben daran, daß der Markt allein schon alles richten werde.

In Deutschland huldigen gegenwärtig die beiden gegensätzlichen politischen Richtungen, der Westerwelle-Liberalismus auf der einen und der Lafontaine/Schröder-Sozialdemokratismus auf der anderen Seite, mit ganzem politischem Herzen ihrer je eigenen Variante eines solchen »Money Liberalism«. Die Politik der einen beschränkt sich auf eine Affirmation des gesellschaftlichen Status quo materieller Ungleichheiten und glaubt, daß die Verhältnisse so, wie sie sind, auch gut sind und daß Reformen höchstens darin bestehen könnten, den Solidaritätszuschlag abzuschaffen und die Steuern zu senken, damit mehr Geld in den Taschen derer bleibt, die eben Geld haben. Die anderen bekämpfen eine Gesellschaft materieller Ungleichheiten, und sie tun dies dadurch, daß sie denen mehr Geld geben, die keines oder nicht genug haben. So bestätigen auch sie auf dialektische Weise das Leitbild des »Money Liberalism«.

Dagegen setzt Mickey Kaus ein ganz anderes Leitbild. Er nennt es *»Civic Liberalism«*. Man könnte von einem zivilen, von einem bürgerschaftlichen Liberalismus sprechen oder auch von einem sozialen Republikanismus. Es ist dies die Alternative zu jenem materiell-ökonomischen Denken, das gegenwärtig die Politik links wie rechts, diesseits und jenseits des Atlantiks beherrscht.

Reformen unter diesem neuen Leitbild würden »versuchen, die Sphären des Lebens, in denen Geld und Verdienst zählen, zu begrenzen und gleichzeitig die öffentlichen Sphären auszudehnen, in denen Einkommensunterschiede keine Rolle spielen«. In diesem Licht gewinnt auch die Reform des Wohlfahrtsstaats einen neuen Sinn und eine neue Richtung.

Bürgerschaftlicher Liberalismus »Die große Hoffnung des *Civic Liberalism* würde sein, daß reich und arm die gleichen Nachbarschaften bewohnen und die gleichen lokalen Einrichtungen (vor allem Schulen) besuchen können. Aber jede Hoffnung, soziale Klassen zu mischen, ist eitel, wenn das bedeutet, daß die Bewohner von Suburbia eine Unterklasse in ihrer Mitte akzeptieren sollten.« (Mickey Kaus: *The End of Equality*, New York 1995)

Das neue Leitbild eines *sozialen Republikanismus* hat ein ehrgeiziges Ziel – und es hat sehr praktische Konsequenzen. Das ehrgeizige Ziel besteht darin zu verhindern, daß Menschen, nur weil sie nicht »wohnen bei den Sternen droben«, automatisch einen sozialen Tod sterben; daß sie ausgegrenzt werden, weil sie keine Erwerbsarbeit haben; einen sozial und politisch minderen Status haben, nur weil sie ökonomisch nicht erfolgreich sind. Das aber wird nur gehen, wenn für alle Menschen der Fünf-Gruppen-Gesellschaft sinnvolle Tätigkeiten und, immer wieder von neuem, plausible Übergänge offenstehen. Das kann wie bisher Erwerbsarbeit sein, und eine gute Politik wird sich sicher auch in Zukunft darum bemühen, diese Chance auch künftig für möglichst viele (Männer *und* Frauen) zu eröffnen. Erwerbsarbeit aber wird nicht mehr alle Menschen verbinden, und sie wird die Gesellschaft auch nicht mehr zusammenhalten.

Etwas anderes aber ist möglich: Der erfolgreiche »globalisierte« Samurai, der in den immer gleichen Flughäfen und Hotels dieser Welt zu Hause ist; die aus Thailand zugewanderte Krankenschwester, die einen alten Menschen pflegt; der Obdachlose, der die Grünanlagen in der Stadt sauberhält; der Kfz-Mechaniker, der Autos, und der Oberamtsrat, der die Verwaltung am Laufen hält – sie alle haben eines gemeinsam und sie alle können sich deswegen gegenseitig respektieren: Sie werden gebraucht. Sie tun etwas, was für andere wichtig ist. Auf diese Weise tun sie etwas Sinnvolles. »Das Leiden am sinnlosen Leben«, in dem der Wiener Psychiater und Logotherapeut Viktor E. Frankl die Ursache vieler körperlicher Beschwerden und vor allem auch vieler psychosozialer Abwärtsspiralen sieht, ist politisch zwar nicht aus der Welt zu schaffen, aber deshalb muß man es nicht durch politisch gesetzte Rahmenbedingungen noch weiter verschärfen.

Vor dem Hintergrund solcher Überlegungen läßt sich die Frage nach der Gerechtigkeit in einer ungleichen Welt neu formulieren, und diese Frage kann sich an der berühmten These von Hannah

Arendt orientieren (»Der Sinn von Politik ist Freiheit«), ohne freilich die Freiheit und das Soziale gegeneinander auszuspielen, sondern es vielmehr aufeinander zu beziehen:

Wie können wir erreichen, daß alle Mitglieder der Gesellschaft, auch wenn sie in materieller und ökonomischer Hinsicht schlecht abschneiden, respektierte Mitglieder des Gemeinwesens bleiben – oder es wieder werden? Was muß geschehen, damit das republikanische Versprechen bürgerlicher Freiheiten und demokratischer Teilhabe zum einen nicht an materiell-ökonomischen Voraussetzungen scheitert, und was muß zum anderen geschehen, damit auch die Gewährung materieller und ökonomischer Hilfen (Wohlfahrt, Sozialhilfe) tatsächlich zu mehr Freiheiten und zu mehr Selbständigkeit und nicht zu dauerhafter Abhängigkeit und Bevormundung führt?

Sinnvolle Tätigkeiten für (möglichst) alle, und diese möglichst in sozialen Zusammenhängen; die Menschen aktivieren, wo auch immer, und sie befähigen, wieder am gesellschaftlichen Spiel teilzunehmen: Das wäre die neue Formel, die dem Sinn des Lebens eine Zukunft und der Gesellschaft wieder einen Zusammenhalt geben könnte.
Ein Abschied von der Arbeitsgesellschaft und von der Wohlfahrt, wie wir sie kennen. Aber ein Abschied, der ein neuer Anfang wäre.

Die Transformation des Wohlfahrtsstaats

Angesichts der veränderten Rahmenbedingungen ist es notwendig, die Frage nach den Zielen und Prioritäten der Sozialpolitik neu zu stellen. Was steht ganz oben auf der Tagesordnung?
Drei Antworten sind gegenwärtig im Angebot:

- Sozialpolitik soll die Ungleichheiten in der Gesellschaft bekämpfen: der Sozialstaat als Umverteilungsagentur.

- Sozialpolitik soll den Lebensstandard der Arbeiter, Angestellten und Beamten über ihre aktive Zeit hinaus sichern: der Sozialstaat als (Sozial-)Versicherungsagentur.
- Sozialpolitik soll Armut beseitigen. Die Spaltung der Gesellschaft verhindern. Die Menschen befähigen, am gesellschaftlichen Spiel aktiv teilzunehmen: der Sozialstaat als Mittel zum Zweck einer zivilen Gesellschaft für alle und jeden.

Der real existierende Sozialstaat in Deutschland ist nun gegenwärtig dadurch gekennzeichnet, daß er dies alles gleichzeitig leisten soll, es aber nicht mehr länger kann. Die Prioritätenfrage zu tabuisieren ist herrschender Konsens im Mainstream der Politik, personifiziert durch die Dioskuren Norbert Blüm und Rudolph Dreßler. Für das Gesamtunternehmen *Sozialstaat* steht heute aus, was Unternehmensberater für jede soziale Einrichtung und für jede Beschäftigungsgesellschaft anmahnen: die klare Formulierung von Zielen und Prioritäten. »Ohne klare Zielvorgaben kann es kein effektives Arbeiten geben«, so hat es der Unternehmensberater Arthur D. Little einmal auf den Punkt gebracht.

Für den Sozialstaat gibt es gegenwärtig keine klaren, priorisierten Zielvorgaben. Das hat natürlich auch große Vorteile. Wo Ziele fehlen, ist jeder Weg der richtige. Wo nicht öffentlich über Ziele und Prioritäten gestritten und dann entschieden wird, kann man um so besser mauscheln und seine Klientel bedienen. Das gilt für politische Parteien, für Regierung wie für Opposition, für Wohlfahrtsverbände wie für jede soziale Einrichtung gleichermaßen.

Die Transformation des Wohlfahrtsstaats muß den ökonomischen Trends, den Realitäten neuer Ungleichheiten und der Gefahr einer neuen Unterklasse Rechnung tragen. Dazu bedarf es nationaler Reformen, aber auch des Umdenkens und des Umsteuerns in der kommunalen Sozialpolitik. Die öffentlichen und freien Träger der Jugend- und Sozialhilfe haben sich in den letzten zwanzig Jahren spezialisiert und professionalisiert. Trotzdem erreichen sie oft jene sozialen Orte und Zeitpunkte nicht, wo die Abstürze drohen. Strukturen und Netze bereitzuhalten, damit Menschen nicht aus ihren riskanten Freiheiten und ihren prekären Existenzen über eine Negativspirale, die harmlos beginnt, ins Bodenlose stürzen, das wird zu einer wichtigen sozialen Aufgabe der Zukunft.

Nicht nur angesichts knapper Kassen, auch nicht nur angesichts veränderter Rahmenbedingungen, sondern vor allem aus einem bürgerschaftlich-republikanischen Engagement heraus plädiert dieses Buch für eine klare Prioritätensetzung zugunsten einer integrativen Armuts- und Sozialpolitik. Die Reform der Wohlfahrt könnte sich dabei an drei Prinzipien orientieren:

- *Jede Reform sollte auf der Ethik der Tätigkeit und auf dem Prinzip der Gegenseitigkeit gründen.* Keine Regierung der Welt kann jedem ein Recht auf Arbeit mehr garantieren. Aber jeder Mensch hat Anspruch auf eine Aufgabe und auf eine sinnvolle Tätigkeit. Das bedeutet: *keine langfristigen Bargeldunterstützungen mehr für junge, gesunde und kräftige Menschen.* Statt dessen haben Städte und Gemeinden die Aufgabe (und bekommen die finanziellen Mittel), für alle (Erwerbs-)Arbeitslosen gemeinnützige und andere Tätigkeiten bereitzuhalten und anzubieten.
- Diese Umstellung von »Welfare« auf »Workfare« kostet Geld. Eine Reform der Wohlfahrt wird sich zum großen Teil dadurch finanzieren lassen, daß die Mittel zur Finanzierung der Arbeitslosigkeit umgewidmet – und mit den Mitteln für die aktive Arbeitsmarktpolitik auf lokaler Ebene, in Städten und Gemeinden konzentriert werden. *Darüber hinaus* muß eine Gesellschaft sich darüber verständigen, was es ihr, auch in finanzieller Hinsicht, wert ist, daß sie nicht zerfällt, sondern jeder an ihr teilhat. Das zweite Prinzip lautet deshalb, in den Worten von Mickey Kaus: »Big spending or at least adequate spending.« (»Staatliche Gelder großzügig oder zumindest angemessen bereitstellen.«) *Die Gesellschaft läßt es sich etwas kosten, daß sie in einem zivilen Zustand bleibt.*

- Die Reform der Wohlfahrt im allgemeinen und der Sozialhilfe im besonderen ist ein schwieriges Unterfangen, bei dem niemand so recht die Folgen abschätzen kann. Es sollten deshalb Wege gefunden werden, auf denen die Gesellschaft durch *Versuch und Irrtum* lernen kann. *Der Bund sollte die Voraussetzungen dafür schaffen, daß jedes Bundesland bei der integrativen Armutspolitik eigene Wege gehen kann*, und er sollte für großangelegte Modellversuche großzügig Mittel zur Verfügung stellen. Am Ende könnte sich dann jener Vorschlag bundesweit durchsetzen, der die besten Ergebnisse gebracht hat. Auf diese Weise könnte der Föderalismus auch auf einem wichtigen politischen Gebiet seine Vitalität unter Beweis stellen: für eine Deregulierung – aber nicht, um den Sozialstaat einfach abzubauen, sondern um einen Wettbewerb anzuregen und *soziale Innovationen* möglich zu machen.

Mehr Eigenverantwortung für Kindergärten In Nordrhein-Westfalen hat eine Kommission 300 kommunale Leistungsgesetze überprüft und schließlich vorgeschlagen, zehn Gesetze und 19 Verordnungen zu ändern oder aufzuheben. Dadurch soll den Städten und Gemeinden Freiraum verschafft werden. Eine der wichtigsten Änderungen betrifft die Kindergärten. Die Kommunen sollen Öffnungszeiten, Gruppengröße, Elternbeiträge, Personalausstattung etc. selbst regeln können. Sie sollen die Möglichkeit haben, das Angebot stärker nach dem Bedarf auszurichten. Außerdem wird die Finanzierung der Kindergärten von einer allgemeinen Bezuschussung der Einrichtungen auf eine Pro-Kind-Förderung umgestellt. Land und Kommunen bringen derzeit jeweils 27 Prozent der Kosten auf. Bisher kostet ein Kindergartenplatz im Durchschnitt etwa 7500 Mark. Die Träger wehren sich. »Die Politiker hingegen glauben, daß die Umstellung die Kindergärten und ihre Träger ›auf Trab‹ bringt, also jene Spar-Kreativität herauslockt, die derzeit so gesucht wird«, berichtet die *Frankfurter Allgemeine Zeitung* vom 28. August 1997, und sie fährt fort: »Der Rauch wird verfliegen. Man wird diskutieren. Aber das letzte Wort werden die Kostenrechner behalten. Und das ist nicht anders als anderswo auf der Welt.«

Der Zwang zum Sparen war oft der Beginn heilsamer Reformen. Das beweisen gegenwärtig zahlreiche Städte und Kreise, wenn sie Arbeit statt Sozialhilfe anbieten: Sie helfen den einen, die etwas für die Allgemeinheit tun, und sie helfen der Gemeindekasse, wenn viele sich dann nicht mehr blicken lassen und lieber auf Sozialhilfe verzichten. Man kann den Zwang zum Sparen in eine Chance für eine kreative Sozialpolitik verwandeln – nicht nur an den Grenzen des Arbeitsmarkts.

Stadt ohne Fahrschein »In der belgischen Stadt Hasselt, dem kommerziellen Herzen der flämischen Provinz Limburg, zeigt der Bürgermeister Steve Stevaert, ein linker Sozialdemokrat mit grünen Gedanken, wie man mit Phantasie bei knappen Kassen sozial und ökologisch verantwortungsbewußt handeln und dabei en passant eine neue politische Kultur schaffen kann:
›Weil wir kein Geld hatten, führt der Bus jetzt umsonst‹, erklärt er. ›Das mag paradox klingen, aber es funktioniert.‹ Bei seinem Amtsantritt setzte er sich drei Prioritäten: die Finanzen sanieren; eine gesunde ökologische und eine gute soziale Politik machen. ›Jeden Franken, den wir nun sparen, teilen wir auf in zwei halbe: den einen halben für Schuldentilgung, den anderen für neue Projekte.‹ Weil die Milliarden für den dritten Straßenring nicht da waren, wagte er die große Alternative: Er verhandelte mit einem Busunternehmen über die kostenlose Mobilität; er reduzierte den inneren Ring von vier auf zwei Spuren und verwandelte ihn zurück in einen grünen Boulevard. So entsteht Platz für Busse und Fahrräder, für Bäume und Flaneure – und es entstehen außerdem Arbeitsplätze für Arbeitslose, die Autos und Fahrräder bewachen.
Der flämische Bürgermeister hat erkannt, daß eine neue soziale Kultur einen Mentalitätswandel braucht: nicht Jammern über Defizite, sondern Spaß und Freude an einem gemeinsamen Projekt. ›Mit bloßem Klagen über Ozonlöcher lockt man keinen Hund mehr hinterm Ofen hervor‹, sagt Stevaert, ›wir müssen die Visionen für alle Bürger konkret machen.‹ Für jedes neugeborene Kind wird ein Baum gepflanzt. Dreimal im Jahr gibt es ein Fest, eine große Pflanzaktion, zu der

Kinder, Eltern, Großeltern kommen. Schülerinnen und Schüler werden in den Ferien eingeladen, gegen Bezahlung für die Stadt zu arbeiten. Das Projekt ›Ein Tag bei der Polizei‹ ist in Vorbereitung. Das alles, meint er, seien ›Maßnahmen, die wenig kosten, aber das soziale Gefüge in der Gemeinde festigen und zu einer Atmosphäre beitragen, in der Menschen miteinander und mit der Umwelt leben lernen.‹ Eine solche ökologische und soziale Kultur hat überraschende Folgen. Die Zahl der Besucher in Krankenhäusern hat zugenommen, da alte Leute sich nicht mehr um unlesbare Fahrpläne kümmern. Die Innenstadt ist ruhiger und geselliger, das soziale Klima besser. Und das alles mit wenig Geld. ›Wir investieren 38 Millionen Franken, ein Prozent des städtischen Budgets, in den kostenlosen Verkehr‹, sagt Steve Stevaert, ›und siehe, wir ernten einen gigantischen Gewinn für Mensch und Milieu.‹« (Elisabeth Wehrmann: »Stadt ohne Fahrschein«, in: *Die Zeit* Nr. 48 vom 21. November 1997)

Diese Beispiele zeigen: Jenseits der Vollbeschäftigung liegt ein Land, in dem die verschiedenen gesellschaftlich notwendigen Tätigkeiten anders verteilt, anders bewertet und anders finanzier werden (müssen). Davon handelt das nächste Kapitel. Wer die Frage der Umverteilung nur in den alten Kategorien buchstabiert, unterschätzt die Risiken, aber auch die Chancen der kommenden Zeit.

ZUSAMMENfASSUNG

1. In der Industriegesellschaft erst, dann aber mit aller Wucht und auf eine nahezu totale Weise wurde die Arbeit zum konstitutiven Element einer ganzen Gesellschaftsordnung. Die Stellung des Menschen in der Arbeitswelt bestimmte seinen gesellschaftlichen Rang. Arbeit war das Fundament der sozialen Sicherung. Die Tugenden des Arbeitslebens machten den moralischen Wert eines Menschen aus. Wer keine Arbeit hatte, machte sich verdächtig. Der Beginn und das Ende der Arbeit strukturierten den Tag und das ganze Leben. Lehre, Ausbildung und Studium dienten der Vorbereitung auf das Arbeitsleben, das dann dreißig, vierzig oder mehr Jahre währte …

2. Die Entzauberung der Arbeit kam auf zwei Wegen in die Welt: Im Reich der Vorstellung hat – spätestens und endgültig – der Zusammenbruch des Sozialismus den Traum zerstört, daß es eine Befreiung in der Arbeit geben könne, wenn diese erst von ihren kapitalistischen Zwängen befreit sei. Heute gibt es, das ist das historische Fazit, keine auf Befreiung der Arbeit von ihren kapitalistischen Zwängen gestützte gesellschaftliche Utopie mehr. Im Reich der Wirklichkeit hat die Erwerbsarbeit ihre gesellschaftliche Integrationskraft mehr und mehr verloren, zunächst von den Rändern her, jetzt auch bis hinein in die Mitte der Gesellschaft. Aber die großen Veränderungen der Zeit rücken eine ganz andere Perspektive in den Bereich der Möglichkeiten: daß die Erwerbsarbeit ihre Bedeutung, ihre Strukturen, ihre Rhythmen für Mensch und Gesellschaft fundamental verändert. Es gibt ein Leben jenseits der Erwerbsarbeit.

3. Eine Befreiung der Menschen von der herkömmlichen Arbeit aber erscheint vielen eher als Alp denn als Traum. Jenseits der Arbeit kauert das Nichts. Muß das so sein, muß das so bleiben? Das ist die Frage. Wer sie aufwirft, läuft Gefahr, Mißverständnisse zu wecken und das soziale Drama zu unterschätzen, das sich hinter der Arbeitslosigkeit abspielt. Der Abschied von der Arbeitsgesellschaft, wie wir sie kennen, ist keine Gartenlaube, sondern eine veritable soziale Revolution. Eben deshalb stellt sich die Frage: Unter welchen Bedingungen könnte man sich die Befreiung von der industriellen Erwerbsarbeit auch als positive Perspektive vorstellen – und was könnte die Politik dafür tun?

4. Es bleibt eine wichtige Aufgabe, möglichst viele Menschen – Männer und Frauen – mit den Optionen auf Erwerbsarbeit zu versorgen. Allerdings: nicht um jeden Preis, und vor allem: Es ist nicht die einzige Aufgabe. Daneben tritt gleichrangig die Herausforderung für Staat, Wirtschaft und Gesellschaft, den Menschen jenseits der Erwerbsarbeit Optionen und Gelegenheiten zu sinnvollen Tätigkeiten zu geben – und in diesen Dritten Sektor der Gesellschaft auch die nötigen finanziellen Mittel zu investieren.

5. Gelegenheitsstrukturen für sinnvolle Tätigkeiten zu schaffen: das wird eine immer wichtigere Aufgabe nicht nur für die Politik. Aus der subjektiven Perspektive der handelnden, arbeitslosen, frustrierten und engagierten, für die falschen Zwecke oder gar nicht »gebrauchten« Menschen geht es darum, sie durch neue Angebote und Institutionen, Anreize und soziale

oder auch andere Zwänge dazu einzuladen, für sich oder für andere, allein oder mit anderen etwas zu tun, das ihnen das berechtigte Gefühl gibt, gebraucht zu werden, weil andere das brauchen, was sie machen. Jeder hat das Recht auf eine Aufgabe und damit auf gesellschaftliche »Anerkennung« (Charles Taylor). Aus der objektiven Perspektive, also von den Bedürfnissen der Gesellschaft her betrachtet, bedeutet dies: Es gibt genug zu tun. So betrachtet geht die »gesellschaftliche Arbeit« nicht aus. Es wächst der Bedarf. Was fehlt, ist die Nachfrage. Genauer: die kaufkräftige Nachfrage. Aus diesem Dilemma gibt es mehrere Wege. Man kann den neuen Bedarf (nach personenbezogenen sozialen Diensten, beispielsweise) kommerzialisieren, also ganz und gar dem Markt ausliefern. Oder man kann den neuen Bedarf verstaatlichen, also ganz und gar dem öffentlichen Dienst ausliefern. Oder man kann eine Familienrhetorik auflegen und versuchen, die neuen Bedarfe vor den Toren der traditionellen Familie abzuladen. Jede dieser eindimensionalen Strategien ist zum Scheitern verurteilt. Es wird einen neuen »Wohlfahrtsmix« geben müssen, wie der Gießener Sozialökonom Adalbert Evers das nennt: von allem etwas. Der gesellschaftliche Ort, wo die unterschiedlichsten Angebote und Nachfragen einer sozial produktiven Gesellschaft sich treffen, ist der Dritte Sektor. Dies ist auch der soziale Ort, wo ein neuer Zusammenhalt in der Gesellschaft gestiftet werden kann.

6. Die historische Epoche, in der immer mehr Menschen arbeitslos werden, ist zugleich die Zeit, in der immer mehr wichtige Dinge im Leben und in der Gesellschaft unerledigt liegenbleiben. Immer weniger haben Arbeit, und immer mehr bleibt zu tun. In der nachindustriellen Gesellschaft bleibt gesellschaftlich mehr zu tun übrig als in der Industriegesellschaft oder gar in der Agrargesellschaft. Das ist die Chance, aus der Not eine Tugend zu machen, vielleicht sogar aus der Last (der Arbeitslosigkeit) eine Lust (auf ein allseits erfülltes Leben für immer mehr Menschen). Das erfordert freilich ein neues Denken – und eine andere Politik. Die Themen der Zukunft können von einer auf Vollbeschäftigung fixierten Theorie und Praxis nicht gedacht, geschweige denn gemacht werden, und das ganz unabhängig davon, ob es sich um marktradikale oder um staatszentrierte Reformstrategien handelt.

SECHSTES KAPITEL

REFORMPERSPEKTIVE BÜRGERGESELLSCHAFT.
Über die Zukunft der Wohlfahrt

These 1: Die industriegesellschaftliche Moderne hat bestimmte Formen des Staates, der Wirtschaft und der Arbeitswelt sowie der Familie hervorgebracht. Staat, Wirtschaft und Familie haben sich auf unterschiedliche Weise, insgesamt aber ziemlich flächendeckend, der Gesellschaft und der Lebenswelten der Menschen bemächtigt. Solange die innere Logik und die äußeren Verhältnisse der modernen Industriegesellschaft plausibel, stimmig und, dies vor allem, gegeben waren, hat das Wachstum in diesen Bereichen die Lebenschancen der Menschen durchaus vermehrt.

These 2: Die großen Veränderungen der Zeit haben ein gemeinsames Ergebnis: Sie lassen jene Domäne der sozialen und politischen Wirklichkeit weiter werden, die nicht mehr durch Erwerbsarbeit, familiale Beziehungen oder staatliche Vorsorge und Regelungen erreicht werden können. Immer mehr Menschen, immer längere Phasen im Leben, immer weitere Bereiche der Gesellschaft »emanzipieren« sich von dem Zugriff der Imperative der industriegesellschaftlichen Moderne, das heißt ganz wörtlich: von den sichtbaren Händen des Staates und der unsichtbaren Hand des Markts und den sorgenden Händen der Mutter, des Vaters …

These 3: Diese neue Lage wird von vielen zunächst als Bedrohung erlebt: Wenn sie in der Wirtschaft keine Arbeit mehr finden. Wenn die sozialen Leistungen des Staates im Alter, bei Armut oder Krankheit, in der Arbeitslosigkeit zurückgehen. Wenn niemand in der Nähe ist, sobald man sie oder ihn braucht, weil sich mit Kindern und Familien auch sozial sinnvolle Beziehungen verflüchtigen. – Wenn die »schöne neue Welt« ihrer Eigendynamik *überlassen* wird, dann werden sich die Lebenschancen vieler Menschen verschlechtern.

These 4: Um den Wandel als Chance zu begreifen, um die Lebenschancen möglichst vieler Menschen zu verbessern, braucht die Politik eine neue Dimension, die ihr gerade in Deutschland eher fremd war. Sie braucht die regulative Idee einer sozial aktiven Bürgergesellschaft *als Reformperspektive,* und das vor allem aus zwei Gründen:

- Die Bürgergesellschaft könnte einmal zu einer *Wiedergewinnung des Sozialen* aus den Wurzeln der Gesellschaft führen, wie es der amerikanische Sozialphilosoph Michael Walzer mit seiner bekannten Wendung ausgedrückt hat: »Vergesellschaftet den Wohlfahrtsstaat!« In dem Maß, in dem möglichst viele Menschen nicht nur Konsumenten, sondern auch Produzenten sozialer Güter und Dienste sind, könnte die soziale Entfremdung sich mindern und die soziale Produktivität der Gesellschaft sich insgesamt mehren.
- Die Bürgergesellschaft könnte zum anderen dazu beitragen, daß die alten und vertrauten Teilordnungen der Gesellschaft (Staat, Wirtschaft und Familie) sich auch in einer veränderten Welt optimal entfalten können. Eine sozial aktive Bürgergesellschaft wird zur Bedingung der Möglichkeit der Erneuerung ebenjener Teilsysteme der Gesellschaft, die durch die Megatrends in arge Mitleidenschaft gezogen worden sind: Der Sozial*staat* kann um so besser »bewahrt« werden, je weniger alle sozialen Energien auf ihn fixiert sind. Der Wandel der Arbeitsgesellschaft ist leichter zu ertragen und zu gestalten, wenn sich nicht mehr alles um die traditionelle Erwerbsarbeit dreht. Unternehmen werden ihre besten MitarbeiterInnen um so leichter halten und motivieren, wenn sie, soweit dies möglich ist, Rücksicht nehmen auf deren persönliche Lebenswelt – Kinder und kranke alte Eltern durchaus eingeschlossen. Unternehmen steigern mittel- und langfristig ihre Wettbewerbsfähigkeit, wenn sie rechtzeitig auf die nicht-ökonomischen Ursachen und Folgen ihres ökonomischen Erfolgs achten. Die Zukunft der verantwortlichen privaten Beziehungen, die Aussicht auf ein Leben in Familie und mit Kindern wird für viele leichter und attraktiver sein, wenn Liebe, Ehe und Familie normativ nicht überlastet werden, das heißt: wenn man

nicht zuviel von ihnen erwartet – *und* wenn Familien zur sozialen Umwelt hin offen sind und aus ihr Unterstützung erfahren, mit einem Wort: wenn die gesellschaftlich notwendige Arbeit neu bewertet und gleichmäßig verteilt wird.

These 5: Die Bürgergesellschaft als Reformperspektive für ein, im Sinn der alten Philosophen, »gutes Leben« und für eine »gute Gesellschaft« ist nicht voraussetzungslos und umsonst zu haben. Der durch sie mögliche und anvisierte Reichtum der Gesellschaft erfordert zuerst einmal Investitionen an Zeit und Geld. Deutschland hat dafür gute Voraussetzungen, bessere als die meisten anderen Länder auf der Welt. Wie der Sozialstaat alter Prägung ist auch der Reichtum der Gesellschaft ein kollektives, ein gemeinsames Gut, das selbst von vielen einzelnen und über den Markt beim besten Willen aller Beteiligten nicht herzustellen ist. Er wird das Ergebnis gemeinsamer und politischer Anstrengungen sein – oder er wird nicht sein.

Blühende Wirtschaft, sorgender Staat, helfende Familie: Taugen die alten Prämissen für die neue Zeit?

Familie und Arbeitswelt, Staat, Wirtschaft und Gesellschaft sind nicht in einer Krise, sie befinden sich in einer Phase tiefgreifender Veränderungen. Nach Krisen kehrt der alte Zustand wieder, oder es stellt sich ein neues Gleichgewicht ein. In der Vergangenheit haben Familie und Arbeitswelt, Staat und Wirtschaft gemeinsam die Qualität des *sozialen* Lebens ausgemacht: Prosperität dank einer blühenden Wirtschaft. Soziale Sicherheit und Wohlfahrt durch den sorgenden Staat. Geborgenheit und Zuwendung in der Familie. Es war, nehmt alles nur in allem, eine ziemlich gelungene Antwort auf die Frage nach dem guten Leben – jedenfalls soweit die öffentlichen Dinge damit zu tun hatten.

In Zukunft werden die alten Antworten nicht mehr genügen. Wer auf all diese Dinge – auf den Sinn und die Werte, auf die Funktionen und die Leistungen, für die Familie und Arbeitswelt bisher standen und für die allermeisten noch immer stehen – auch künftig nicht verzichten will (und wer, der noch ganz bei Sinnen ist, könnte dies wollen?), für den wird es nicht genügen, diese Bereiche nur von innen her zu reformieren. Binnenorientierte Reformen alleine, die sich zudem noch auf bloße Anpassungen beschränken, werden die sozialen Leiden der Menschen mildern, vertagen oder verlagern, manchmal aber auch eher verstärken. Statt dessen muß man wieder vom Ganzen her denken und fragen: Wie muß, wie kann das Zusammenleben der Menschen (neu) geordnet werden, damit möglichst viele in möglichst allen Phasen ihres Lebens die Chance haben, ein reiches Leben zu führen, wie sie es sich selbst wünschen? Und: Wie kann man die Gesellschaft so einrichten, daß möglichst wenige und dies auch nur möglichst kurze Zeit an den gesellschaftlichen Verhältnissen zu leiden haben?

Auf diese Frage nach der guten Gesellschaft hat die kapitalistische Wohlfahrtsgesellschaft im Lauf der Zeit eine recht konkrete Antwort gefunden. Diese Antwort stellte einen historischen Kompro-

miß zwischen den unterschiedlichen Ideologien, Parteien und Verbänden dar, einen ungeschriebenen, aber wirksamen Gesellschaftsvertrag, der bis in die Gegenwart hinein getragen hat.
Dieser *soziale Kontrakt,* der das Zusammenleben der Menschen, Gruppen und Ideologien bisher geordnet hat, läßt sich in drei Aussagen zusammenfassen:

- Der erste Sektor der Gesellschaft, die marktmäßig organisierte *Wirtschaft,* versorgt alle, die arbeiten wollen und können, mit Erwerbsarbeit – und schafft damit die Grundlage für den Lebensstandard und für die soziale Sicherheit.
  Dieser erste Sektor betrachtet den Menschen als Marktteilnehmer. In ihm herrscht die Markt- (»for profit«) Logik, die Adam Smith zum Beispiel in seinem berühmten Buch *Der Wohlstand der Nationen* im Jahre 1776 beschrieben hat.
- Der zweite Sektor der Gesellschaft, der sozial und demokratisch verfaßte *Staat,* garantiert die soziale Wohlfahrt der Menschen in jenen Phasen, in denen sie nicht, noch nicht (Kinder), nicht mehr (Alte) oder vorübergehend nicht (Krankheit, Arbeitslosigkeit) arbeiten können. (Als der Gesellschaftsvertrag entstand, waren dies nur vorübergehende Phasen, und sie betrafen nur kleine, überschaubare Gruppen.) Diese Aufgabe erfüllte der Staat entweder selbst (Sozialhilfe), über von ihm bewachte kollektive Systeme der sozialen Sicherheit oder über entsprechende Gesetze (Tarifautonomie; Arbeitsverfassung; Arbeits- und Kündigungsschutz).
  Dieser zweite Sektor der Gesellschaft betrachtet den Menschen als Staatsteilnehmer. Hier herrscht die Logik der Bürokratie (Hierarchie) und der Demokratie (politischer Wettbewerb und Stimmenmaximierung), aber auch die Logik des kollektiven Handelns. Die Eigentümlichkeiten und Widersprüche, die Möglichkeiten und Grenzen dieses staatlichen Sektors der Gesellschaft sind in Allgemeinen Staatslehren, von Soziologen wie Max Weber oder von Ökonomen wie Mancur Olson jr., beschrieben worden.

- Der dritte Sektor der Gesellschaft – die Familie, Sippe, Nachbarschaft, religiöse und lokale Gemeinden, andere *traditionale soziale Netze* und auch die Wohlfahrtsverbände – gibt den Menschen Sicherheit und Geborgenheit jenseits von Leistung und Versagen, jenseits von Beiträgen, Ansprüchen und Rechten.
  Dieser dritte Sektor betrachtet den Menschen an sich und für sich; ohne Wenn und Aber; ohne Zusätze und Suffixe. Hier herrscht die Logik der Liebe, des Vertrauens und der Solidarität, die beispielsweise Adalbert Stifter 1852 im Vorwort zu *Bunte Steine* als »das sanfte Gesetz« beschrieben hat: »Dieses sanfte Gesetz wirkt überall, wo Menschen neben Menschen wohnen, es liegt in der Liebe der Ehegatten zueinander, in der Liebe der Eltern zu den Kindern, der Kinder zu den Eltern, in der Liebe der Geschwister, der Freunde zueinander, in der süßen Neigung der Geschlechter, in der Arbeitsamkeit, wodurch wir erhalten werden, in der Tätigkeit, wodurch man für seinen Kreis, für die Ferne, für die Menschheit wirkt … Wie gewaltig und in großen Zügen auch das Tragische und Epische wirkt, so sind es doch hauptsächlich immer die gewöhnlichen, alltäglichen, in Unzahl wiederkehrenden Handlungen der Menschen, in denen dieses Gesetz am sichersten als Schwerpunkt liegt, weil diese Handlungen die dauernden, die gründenden sind, gleichsam die Millionen Wurzelfasern des Baumes des Lebens.«

Vor allen einzelnen Reformen, gleichsam vor der Klammer aller Politik stellt sich am Ende des 20. Jahrhunderts die Frage: Sind diese Prämissen des alten Gesellschaftsvertrags auch für die Zukunft nicht nur wünschenswert, sondern vor allem noch plausibel – oder können sie in ihre alte Kraft und Herrlichkeit wiedereingesetzt werden? In jedem Fall setzt die Renaissance des alten oder eine Verständigung über einen neuen sozialen Konsens Klarheit und wechselseitige Aufrichtigkeit in diesen drei Fragen voraus: Taugen und tragen die Prämissen des alten Gesellschaftsvertrags noch für das 21. Jahrhundert?

Die Grenzen von Staat, Markt und traditionaler Familie: Ein neuer Gesellschaftsvertrag?

Die bisherigen Kapitel haben versucht, die zentrale These dieses Buches zu erhärten und zu zeigen: Die drei Axiome des alten Gesellschaftsvertrags haben für die Gegenwart und erst recht für die Zukunft ihre Plausibilität verloren. Wer die Zukunft des Wohlfahrtsstaats weiter auf diese drei Fundamente baut, der wird – nicht als Folge finsterer Verschwörungen, sondern als Folge durchaus »positiver« Entwicklungen – mit jedem Jahr mehr auf schönen alten Sand bauen:

- Der erste Sektor, der nach herkömmlichem Verständnis für die Beschäftigung zuständig ist, erfüllt seine Aufgabe nur noch mangelhaft. Massen- und Langzeitarbeitslosigkeit sind zu einem Kennzeichen des real existierenden Kapitalismus geworden. Der Zusammenhang von Wirtschaftswachstum und Vollbeschäftigung hat sich entkoppelt – eine Folge des technologischen Fortschritts, einer an sich ja guten Entwicklung, in der man in durchaus linker Tradition auch eine »Befreiung von falscher Arbeit« sehen kann. In dieser soziohistorischen Lage müssen alle nachfrage- wie angebotsorientierten Versuche der Gegensteuerung ins Leere laufen, wenn man sich von ihnen »die Bekämpfung der Arbeitslosigkeit« erhofft.
- In dieser Situation wird der zweite Sektor, der Sozial*staat*, notwendiger, aber auch hilfloser denn je. Um seine Leistungen im Rahmen des alten Gesellschaftsvertrags zu erbringen, war er stets von Voraussetzungen abhängig, die er selbst nicht geschaffen hat, so insbesondere von einer positiven Entwicklung auf dem Arbeitsmarkt und von einem entsprechenden demographischen Aufbau der Bevölkerung. In beiden Bereichen zeigen sich massive Veränderungen: Der Arbeitsmarkt und die Bevölkerungsentwicklung sind aus den Fugen geraten mit der Folge, daß die Ausgaben des Sozialstaats steigen, während seine Einnahmen sinken. Je mehr Menschen

arbeitslos sind oder von Sozialhilfe leben, desto weniger zahlen Steuern, Beiträge und Abgaben – und desto mehr leben von Sozialtransfers: ein Ungleichgewicht, das strukturelle Ursachen hat und das sich durch keine Anpassungsreformen beheben läßt. In einem Satz: Je mehr man den Sozialstaat braucht, um so weniger ist auf ihn Verlaß.

- Von diesem Dilemma des Sozialstaats ist der traditionelle Dritte Sektor der Gesellschaft unmittelbar betroffen. Er soll all jene auffangen, die von Markt oder Staat aus ihrer Obhut entlassen werden, doch dazu ist er in seiner gegenwärtigen Verfassung immer weniger in der Lage. Das gilt einmal für die Wohlfahrtsverbände, die in ihrer Selbstdarstellung auf Unabhängigkeit, Partnerschaft und Subsidiarität pochen, in Wirklichkeit aber durch Finanzströme, Richtlinien und Zuwendungsbescheide längst an den Staat gefesselt sind und dessen Dilemmata und Widersprüche teilen. Und es gilt natürlich auch für die traditionale Familie, die zusätzlich überfordert wäre, wollte man von ihr auch noch verlangen, sie sollte die Folgen der sozialen Verwerfungen in diesen Zeiten des Übergangs in sich auffangen. Gegenwärtig werden rund 75 bis 80 Prozent aller Pflegedienste in der Familie erbracht, davon wiederum mehr als drei Viertel von den Frauen. Es ist nicht zu sehen, wie der künftig wachsende Anteil von sozialen Diensten (Die Menschen leben länger. Die Krankheitsbilder ändern sich. Immer mehr Menschen leben mit Krankheiten – und brauchen Pflege und Hilfe.) in dem bisherigen Umfang von Frauen und Familien erbracht werden soll. Die Nachfrage nach personenbezogenen sozialen Diensten wird wachsen, das natürliche Angebot an sozialen Diensten (in der Familie) wird zurückgehen. Es droht eine soziale Dienstleistungslücke im 21. Jahrhundert – wenn nichts geschieht. Sie kann nur geschlossen werden durch mehr soziale Dienste, die über den Markt, durch die öffentlichen Hände, nicht zuletzt aber auch durch den Dritten Sektor mobilisiert werden.

Nie waren Staat und Familie so notwendig wie heute, und nie sind sie deutlicher an ihre Grenzen gekommen. Wenn von den Grenzen des Markts, des Staats und der traditionalen Familie die Rede ist, dann soll das heißen und darauf verweisen, was sie in ihrer gegenwärtigen Verfassung nicht mehr leisten können, und vielleicht auch: was sie als solche und prinzipiell überhaupt nicht leisten können. Es soll aber auch heißen und darauf verweisen, was sie in der Vergangenheit geleistet haben und was sie – und nur sie – mit neuen Strukturen und unter veränderten Bedingungen, auch in Zukunft leisten könnten. Das ist ja der hintergründige Doppelsinn von »Grenzen«: Sie schließen aus und grenzen ein – auf das Wesen einer Sache; auf die eigentümlichen Potentiale, die in Institutionen stecken und die es zu entfalten und zu aktualisieren gilt. So kann man das Wesen einer Sache auch als ihre besondere Tauglichkeit, als ihre besondere »Tugend« verstehen. Aristoteles hat dies in seinen philosophischen und ethischen Schriften an einfachen Beispielen klargemacht. Es ist die Tugend eines Messers, zu schneiden. Wer Mist oder Heu aufladen will, nimmt besser eine Heu- oder Mistgabel. Es ist die Tugend eines Pferdes, zu laufen und zu springen. Wer Milch braucht, geht besser zu einer Kuh. Wer das Wesen einer Sache kennt und sich danach verhält, gilt allgemein als klug. Wer das Wesen einer Sache nicht kennt und sich entsprechend verhält, der gilt allgemein als ein Tölpel.
Man kann diese Überlegungen über das Wesen, die Grenzen und die Potentiale eine Sache auch auf die drei Grundordnungen der Gesellschaft, auf Markt, Staat und Familie, übertragen:

- Es ist *die »Tugend« des Staates*, sich um das *bonum commune*, um das gemeinsame Wohl aller Bürger zu kümmern: um jene Werte und Probleme also, die ein kollektives Handeln erfordern. Ein Staat taugt etwas, wenn er das leistet, und er taugt nichts, wenn er in dieser Hinsicht versagt. Cicero spricht von einem *iuris consensus* (rechtlicher Übereinstimmung) und einer *utilitatis communio* (gemeinschaftlichem Nutzen), die eine wahrhafte *Res publica* (ein staatliches Gemeinwesen) überhaupt erst ausmachen. Eine staatliche Gemeinschaft sei ja schließlich etwas anderes als ein x-beliebiger Haufen von Menschen, so schreibt er, der auf einem Territorium zufällig zusammengelaufen ist. Wer aber in diesem Jahrhundert beim Staat darüber hinaus auch einen vernünftigen Akteur für wirtschaftliche Dinge gesehen hat, galt bis in unsere Tage nicht als Tölpel, sondern als fortschrittlich. Man hat diesen Glauben dann Sozialismus genannt – und war beeindruckt.

- Es ist *die »Tugend«* – Adam Smith spricht von der *»List«* und der »unsichtbaren Hand« – *des Marktes*, die Menschen in einer knappen und geizigen Welt optimal mit Gütern zu versorgen, also das Allokationsproblem effektiv und effizient zu lösen. Wer aber mit dem Marktsystem auch das Verteilungsproblem lösen oder gar die Armut bekämpfen will, gilt gegenwärtig nicht als ein Tölpel, sondern als fortschrittlich, hat gute Karrierechancen bei Weltbank und Internationalem Währungsfonds und darf, mit deren Unterstützung, ganze Länder und halbe Kontinente beraten. Man nennt diesen Glauben heute Neoliberalismus – und ist sehr beeindruckt.
- Es war und ist die Leistung, *die »Tugend« der Familie*, Geborgenheit zu geben, ein soziales Netz aufzuspannen, die Menschen von der Wiege bis zur Bahre mit Diensten zu versorgen, und sie hat dies, als eine sozial sehr produktive Einrichtung, bisher in bemerkenswertem Umfang getan. Wer aber mit der traditionellen Familie allein unter den veränderten Bedingungen die Nachfrage nach den moralischen Gefühlen, nach den sozialen Ressourcen und nach den sozialen Diensten befriedigen will, der gilt allgemein nicht als Tölpel, sondern als achtbarer Verteidiger der Familienwerte – und darf sich als Sozialkonservativer großen Respekts erfreuen.

Markt, Staat und private Beziehungen, welche auf Hingabe, Verläßlichkeit und Verantwortung gründen (so könnte man Familie ja auch beschreiben), sind auch in Zukunft ganz und gar unerläßlich für eine gute Gesellschaft. Ihre eigentümlichen Potentiale und Energien werden sie aber nur entfalten in einer Gesellschaft, die ihre Grenzen ausdrücklich kennt und anerkennt und die (durch eine entsprechende *Ordnungspolitik*, so nannte man das früher) diese Ordnungen zusätzlich aktiv dabei unterstützt, ihre eigentümlichen Potentiale und Energien auch tatsächlich dynamisch zum Wohl des Ganzen entfalten zu können.

Eine öffentliche Verständigung über *Grenzen und Möglichkeiten* von Staat, Wirtschaft und Gesellschaft: darin liegen Sinn und Zweck eines neuen Gesellschaftsvertrags.

Die politische Debatte, nicht nur in Deutschland, sieht in den Grenzen des alten Sozialstaats das Ende einer langen und guten Entwicklung.

Man kann in Grenzen aber immer auch einen neuen Anfang sehen: für eine Reise, für einen Aufbruch in eine andere, in eine vielleicht bessere Zukunft.

Die vom Markt gesteuerte Erwerbsarbeit stößt bei zunehmender Rationalisierung an Grenzen. Das ist eine Folge des technologischen Fortschritts. Eine vermutlich irreversible Entwicklung. Sie ist dem Wohlstand oder besser: dem Reichtum der Nation aber eher förderlich – und eröffnet darüber hinaus neue Chancen jenseits der Erwerbsarbeitsgesellschaft.

Die vom Staat gesteuerte Solidarität kommt an ihre Wachstumsgrenzen. Das ist eine Folge der Demographie, des Arbeitsmarkts und, nicht zuletzt, auch der Globalisierung, die nicht nur wirtschaftliche, sondern auch soziale Modelle und Ordnungen dem internationalen Wettbewerb aussetzt. Eine vermutlich irreversible Entwicklung. Doch auch die Globalisierung ist vermutlich dem Reichtum der Nation eher förderlich – und eröffnet darüber hinaus neue Chancen für ein sozial reicheres Leben jenseits von Markt und Staat.

Die von der traditionalen Familie gesteuerte Solidarität und die von ihr erbrachten sozialen Dienste und Güter sind nicht beliebig vermehrbar.

Die sozialen Ressourcen der Familie sind endlich, lassen sich nicht beliebig belasten, und sie erneuern sich nicht von selbst. Das ist, unter anderem, eine Folge der Individualisierung und der Emanzipation der Geschlechter. Eine vermutlich irreversible Entwicklung. Doch auch diese Entwicklung ist dem Reichtum der Nation eher förderlich, denn dieser Reichtum setzt künftig mehr denn je autonome, eigensinnige und selbstverantwortliche Menschen voraus, und die beschriebene Entwicklung eröffnet darüber hinaus neue Chancen für soziales Wachstum und für eine Solidarität, die von unten kommt – und die zwischen den Geschlechtern geteilt wird und nicht mehr einseitig auf dem Rücken der Frauen lastet wie das Stroh auf einem gutmütigen Esel.

Rationalisierung, Globalisierung und Individualisierung führen gemeinsam in eine historische und soziale Lage, die definitiv an ihre alten Wachstumsgrenzen gekommen ist, deren neue Wachstumschancen aber bisher, in dem Klima des Jammerns und Klagens über lauter Globalisierungs- und andere Fallen, noch nicht erkannt und schon gar nicht aktualisiert sind. Die Grenzen des wirtschaftlichen und vor allem: die Grenzen des sozialen Wachstums sind noch nicht erreicht. Bis jetzt wurden »nur«, aber immerhin – eine gewaltige Leistung – die Grenzen für wirtschaftliches Wachstum neu abgesteckt. Daß *Wirtschaft* und Unternehmen diese Aufgabe des »Restructuring« erfolgreich angegangen sind, daraus beziehen sie auch das neue Selbstbewußtsein in der politischen Arena. Die andere Aufgabe, die David Osborne und Ted Gaebler als *Reinventing Government* beschrieben haben (deutsche Ausgabe: *Der innovative Staat*, Wiesbaden 1997), steckt noch in ihren Anfängen. Und die dritte Domäne der Reform, die Aufgabe, *Solidarität neu zu denken*, die Wiedergewinnung des Sozialen von den Wurzeln der Gesellschaft her, liegt noch mehr im argen.
Eine bloße Bewahrung des alten Gesellschaftsvertrags wird auf Dauer nicht gelingen. Nur ein Aufbruch zu neuen Horizonten wird

»aufheben«, was an ihm so wertvoll und eindrucksvoll war. Doch Aufbruch wohin?

Staatsgesellschaft – Wirtschaftsgesellschaft – Bürgergesellschaft

Nichts ist praktischer als eine brauchbare Theorie. Sie ist wie ein Scheinwerfer, rückt bestimmte Ausschnitte der Wirklichkeit ins helle Licht der Aufmerksamkeit – und läßt andere im Dunkeln liegen. Die politische und die ökonomische Theorie haben in der Vergangenheit Staat und Markt gut ausgeleuchtet – und auf diese Weise durchaus zum Wohlergehen der Menschen beigetragen. Die sozialen Beziehungen diesseits und jenseits von Markt und Staat blieben jedoch eher unterbelichtet – und damit gerade jener Teil der menschlichen und der gesellschaftlichen Wirklichkeit, von dem in Zukunft immer mehr abhängen dürfte: für das Glück der Menschen und für die Wohlfahrt der Gesellschaft. Es wird Zeit, die Scheinwerfer der öffentlichen Aufmerksamkeit neu einzustellen. Es wird Zeit für ein ganzheitliches Denken. Nicht als akademische Übung. Sondern als Anleitung zum Handeln. Für eine Politik, die nicht die sozialen Antworten der Vergangenheit verfeinert oder einkassiert, sondern einen Begriff bekommt von den sozialen Fragen der Zukunft.

Die Ernüchterung vieler Menschen hat ja ihren realen Grund gerade in der Erfahrung, daß die Königswege der Vergangenheit – Markt, Staat, Familie – in Zukunft nicht mehr die bisherigen Fortschritte für Mensch und Gesellschaft bringen werden. Immer mehr vom Gleichen: Die Phase dieses Fortschrittsmodells ist ausgelaufen. Mehr Staat und mehr staatliche Maßnahmen bringen nicht immer und nicht automatisch mehr soziale Befriedigung für die Menschen. Mehr Markt und mehr Wachstum bringen nicht immer und nicht automatisch mehr Arbeitsplätze und einen höheren Lebensstandard für alle. Mehr Familie in den vertrauten Welten und Rollen und ohne eine qualitativ neue gesellschaftliche Unter-

stützung: Das wird vermutlich auch nicht mehr (lange) zu haben sein.
Wachstum der Markteinkommen, Wachstum der Sozialeinkommen, ein natürliches Wachstum der familialen und sozialen Ressourcen werden nicht länger wie in den vergangenen zweihundert Jahren den Reichtum der Nation, die Wohlfahrt der Gesellschaft und das Glück der Menschen ausmachen können. In der Vergangenheit waren die Inhalte und die Währung der Reformen einfach zu benennen (immer mehr vom Gleichen, zu bezahlen in monetären Einheiten), und es waren die Methoden für die Reformen bekannt und entwickelt: Markt und Staat oder – den jeweiligen ideologischen Präferenzen entsprechend – Markt *oder* Staat, und über allem der Himmel der bürgerlichen Familie, und entsprechend suchten und fanden (?) die Menschen ihr Glück in einer Wirtschaftsgesellschaft, in einer Staatsgesellschaft oder aber in der heilen Welt der Familie. In anderen Ländern, in Frankreich etwa oder in Großbritannien, bestanden die politischen Debatten im vergangenen halben Jahrhundert im wesentlichen darin, immer wieder die Defizite einer Marktgesellschaft durch die Defizite einer Staatsgesellschaft abzulösen und umgekehrt – und, vor allem in Großbritannien, je nach Bedarf die Familienwerte anzurufen. Das deutsche Wunder dagegen bestand in Tat und Wahrheit gerade darin, daß die Deutschen, zur gleichen Zeit und auf eine einzigartige Weise, eine Wirtschafts- *und* eine Staatsgesellschaft verwirklicht haben und Familienpolitik nicht zur bloßen Rhetorik haben verkommen lassen. Das Ergebnis ist bekannt: das »deutsche Modell«. Der »rheinische Kapitalismus«. Wirtschaftswunderland: Das waren jene scheinbar immerwährenden Zeiten eines wachsenden Staates, abzulesen an der Staatsquote. Einer wachsenden Wirtschaft, abzulesen am Bruttosozialprodukt. »Wachsender« Familien, abzulesen an der Zahl der Ehen und Familien: Nie waren in Deutschland so viele verheiratet wie in den fünfziger und sechziger Jahren. Die gute alte Zeit eben. Ein in jeder Hinsicht erfolgreiches Land.

Die Erfolge waren überwältigend. Sie bestimmen den Erwartungshorizont bis heute. Sie überwältigten den nüchternen Sinn für die außerordentlichen, ganz und gar nicht selbstverständlichen Voraussetzungen dieses Wunders, den nüchternen Blick, den man spätestens dann gebraucht hätte, als das Fest vorbei war: am Morgen danach.
Doch dazu ist es nicht gekommen. Die achtziger Jahre waren, nach all den Aufregungen und Unruhen in den beiden Jahrzehnten davor, Zeiten einer wiedergefundenen und nicht nur von Hans Magnus Enzensberger hochgelobten »Normalität«. Dann kam die deutsche Vereinigung. Sie brachte Hoffnungen und Enttäuschungen – und vor allem Ausreden: Wenn nur die Transfermilliarden in die neuen Länder nicht wären, dann, ja dann wäre alles halb so schlimm mit den Renten, den Schulden, den Lohnnebenkosten, der Arbeitslosigkeit. Jetzt helfen keine Ausreden mehr. Jetzt melden sich die Probleme zurück, und die Menschen spüren, daß es keine Rückkehr in die alte Zeit, in die alte Bundesrepublik gibt. Doch bevor man aufbricht, sollte man innehalten und sich orientieren – und prüfen, ob die alten Landkarten noch stimmen.

Es gibt, idealtypisch betrachtet, drei mögliche Ordnungen, Strukturen und Verfahren, das Zusammenleben der Menschen zu gestalten: Staat, Wirtschaft und Gesellschaft. Sie entsprechen den Möglichkeiten, das Verhalten der Menschen zu beeinflussen: durch Zwang (Staat), durch ökonomische Anreize (Markt), durch moralische Dialoge und freiwillige Assoziationen (Gesellschaft). Entsprechend hat dieses Jahrhundert deutliche Ausprägungen von Staatsgesellschaften (im real existierenden Sozialismus) und von Wirtschaftsgesellschaften gesehen wie in den Vereinigten Staaten – dort freilich nicht ohne kräftige Elemente einer Bürgergesellschaft. Jede dieser eindimensionalen Ordnungen stößt an Grenzen. In der Mischung und in der Synergie liegt das Geheimnis einer guten und erfolgreichen Gesellschaft.

Homo politicus oder:
Soziale Beziehungen als staatlich vermittelte Beziehungen

Staatsgesellschaften (auch demokratische) definieren den Bürger vor allem als *Staats*bürger: durch seine staatlich vermittelten Beziehungen – als Wähler und Gewählte, als Steuerzahler und Anspruchsberechtigte –, und ihre typischen Formen sind Hierarchie und Bürokratie. Staatsgesellschaften befördern damit, ob sie es wollen oder nicht, eine Logik des Denkens und Verhaltens, die für Steuern und Beiträge auch Gegenleistungen erwartet (Äquivalenzprinzip), und sie befördern damit auch eine Mentalität, die sich durch Steuern und Abgaben von Solidarität freigekauft hat. Es ist wie bei staatlichen Subventionen: Je mehr sie insgesamt steigen, desto stärker glauben einzelne Gruppen, relativ zu anderen schlecht abzuschneiden. Im Steuer- und Abgabenstaat hat, ab einem gewissen Punkt, jeder das Gefühl, zuviel zu geben und zuwenig zu bekommen. Also versucht er, diesen Zustand zu seinen Gunsten zu verändern: den Staat, die Solidargemeinschaft auszutricksen oder wenigstens möglichst viel von den Zwangsbeiträgen wieder herauszubekommen. Wenn das aber alle tun, sind die Folgen klar: Die Ansprüche steigen mit den Kosten, und die sozialen Ressourcen, das persönliche und soziale Engagement bleiben brach liegen. Die Nachfrage steigt, das Angebot sinkt, alles wird teurer. Es wächst der Wohlfahrtsstaat, es sinken die Zufriedenheit und auch die soziale Produktivität der Gesellschaft.

Homo oeconomicus oder:
Soziale Beziehungen als ökonomische Tauschbeziehungen

Die *Wirtschaftsgesellschaft* dagegen definiert die wirtschaftlichen Beziehungen zwischen Menschen als die zentralen sozialen Beziehungen in einer Gesellschaft. Die Gesellschaft wird organisiert als ein möglichst effizientes ökonomisches Austauschsystem. Sie kennt vor allem Anbieter und Nachfrager, Produzenten und Konsumenten. Ihre eigentümliche Form ist der Markt. Ihr Glaube

geht dahin, daß, wenn erst einmal die ökonomische Rationalität sich überall durchgesetzt habe, auch die Gesellschaft insgesamt in Ordnung sei. Dabei übersieht sie freilich die Grenzen des Markts:
Die Wirtschaftsgesellschaft kann nur jene Menschen berücksichtigen, die an dem wirtschaftlichen »Spiel« des Markts auch teilnehmen können, die also auch tatsächlich etwas anzubieten haben oder über die nötige Kaufkraft verfügen, und sie kann auch nur jene Güter und Werte berücksichtigen, die einen Preis haben, die in monetären Geldgrößen verrechnet und getauscht werden können. Eine Wirtschaftsgesellschaft befördert deshalb, ob sie es will oder nicht, eine Logik des Denkens und Verhaltens, die blind ist gegenüber Werten »jenseits von Angebot und Nachfrage« (Wilhelm Röpke), blind auch gegenüber den nicht-ökonomischen Voraussetzungen und Folgen der Marktwirtschaft; blind schließlich gegenüber allen, die nicht fit genug sind, am großen Spiel teilzunehmen. Kurzfristig kann ein solches Denken ökonomischen Erfolg beflügeln, mittel- und langfristig untergräbt die Marktwirtschaft auf diese Weise ihre eigenen geistigen Grundlagen. Je konsequenter und umfassender sich alle Menschen an die Maxime des Eigennutzes halten, um so unwahrscheinlicher wird die marktwirtschaftliche Ordnung. In den ehemals sozialistischen Ländern jenseits der Oder kann man es täglich studieren: Die marktwirtschaftliche Ordnung lebt von Voraussetzungen, die sie selbst nicht schaffen kann. Wo sie fehlen, kommt nicht der Markt, sondern die Mafia.

Homo civicus oder: Soziale Beziehungen auf Gegenseitigkeit

Die Idee der Bürgergesellschaft meint mehr und anderes als eine Ergänzung des Staats und des Markts dort, wo die Grenzen dieser beiden Steuerungssysteme offensichtlich sind. Die Anrufung der Bürger sollte nicht geschehen wie die Anrufung der Heiligen: dann, wenn sonst nichts mehr geht. Das Konzept des Bürgers und der Bürgergesellschaft liegt (als der grundlegende und umfassende Begriff) gedanklich und real (logisch und ontologisch) *vor* dem »Homo politicus« und dem Staat und *vor* dem »Homo oeconomicus« und dem Markt. Die Idee der Bürgergesellschaft ist Ausdruck einer neuen und radikalen ordungspolitischen Besinnung, die die Möglichkeiten des Markts und des Staats nicht unbeachtet läßt, allerdings auch nicht bei ihnen stehenbleibt.

Die Bürgergesellschaft stellt sich nicht gegen den Markt oder den Staat, wohl aber relativiert und transzendiert sie beide Teilordnungen der Gesellschaft. Es wird ein neues gesellschaftliches Spiel aufgemacht, mit neuen Feldern und Arenen, auf denen eigene Motivationen und Spielregeln gelten und bei dem die anderen Ordnungen – Wirtschaft und Staat – *auch* danach befragt und gestaltet werden, wie sie dieses gesellschaftliche Spiel befördern statt behindern können. Die Erwerbsarbeit ist nicht der einzige Platz, auf dem man Anerkennung, Zeitvertreib, auch Geld bekommen kann. Dann und nur dann sind jene, die keine »Arbeit« haben, nicht vom gesellschaftlichen Spiel ausgeschlossen, wenn es auch noch andere respektierte öffentliche Möglichkeiten für Anerkennung, Zeitvertreib und Gelderwerb gibt, und nicht nur ein paar Nischen in einer ABM-Gesellschaft. Öffentliche Räume zu schaffen, die nicht verstaatlicht und nicht kommerzialisiert sind, aber trotzdem Sinn machen und Ansehen genießen: das wird zu einer wichtigen Aufgabe der (kommunalen) Sozialpolitik. Auf ihnen können Menschen in einer vielfach entfremdeten Welt wieder zu sich und zu anderen finden *und* gleichzeitig gemeinsam, für sich und für andere, etwas unternehmen: Bürger als soziale Unternehmer. Soziale Räume (auch finanziell) zu schaffen, zu schützen und zu stärken, die Menschen frei und selbstverantwortlich nutzen können, wird zu einem vorrangigen Ziel der Politik: Die Regierung wirkt nicht als sozialer Veranstalter von »Maßnahmen«, sondern als Katalysator für soziales Engagement. Es kommt darauf an, dem gefräßigen Staat und dem alles zuwuchernden Kommerz wieder soziales Land abzutrotzen oder, positiv gewendet: Markt und Staat in die Dienste einer lebendigen Bürgergesellschaft zu stellen. – Kann das gelingen?

Globalisierung oder: Die Aufwertung des Lokalen

Mit den Deutschen, so weiß die Erfahrung, kann man Staat machen. Man kann mit ihnen auch, wie spätestens Ludwig Erhard gezeigt hat, eine erfolgreiche Wirtschaft machen. Von ihrer Kriegskunst ganz und besser zu schweigen. Kann man mit ihnen aber auch eine erfolgreiche Bürgergesellschaft machen? Viele sind skeptisch und verweisen auf die völlig andere politische Kultur und Tradition in den USA, die, wie der französische Aristokrat Alexis de Tocqueville beschrieben hat, der Entstehung einer lebendigen Bürgergesellschaft förderlich gewesen seien.

Doch es ist längst nicht mehr die Frage, ob denn so etwas »Fremdes« wie eine Bürgergesellschaft zu dem ganz besonderen »Wesen« der Deutschen passe. Die beschriebenen Megatrends werden von sich aus zu einer Aufwertung der lokalen Gesellschaft und der lokalen Ökonomie führen. Globalisierung, Individualisierung und Digitalisierung führen nicht nur in die »Globalisierungsfalle«, sie führen auch wieder aus ihr heraus. Die Folgen können ganz andere sein, als besorgte Alarmisten fürchten.

»20 Prozent der arbeitsfähigen Bevölkerung würden ausreichen, um die Weltwirtschaft in Schwung zu halten«, so berichten Hans-Peter Martin und Harald Schumann gleich zu Beginn ihres Buches *Die Globalisierungsfalle* über das Resümee einer Konferenz in San Francisco Ende September 1995, zu der der frühere Präsident der Sowjetunion, Michail Gorbatschow fünfhundert führende Politiker, Wirtschaftsführer und Wissenschaftler hatte einfliegen lassen. »Keiner der hochbezahlten Karrieremanager aus den Zukunftsbranchen und Zukunftsländern glaubt noch an ausreichend neue, ordentlich bezahlte Jobs auf technologisch aufwendigen Wachstumsmärkten in den bisherigen Wohlstandsländern – egal, in wel-

chem Bereich.« So what? Andächtig und ergriffen berichten die Autoren im Stil einer Seifenoper (das Hotel, in dem die »Weltenlenker« tagten, hat auch tatsächlich der Verfilmung von Arthur Haileys Roman *Hotel* die Traumkulisse geboten) von der »20 : 80-Gesellschaft«, eine Floskel, die dort die Runde machte und als Schicksal dem Rest der Welt drohe. Was damit gemeint ist, hat der frühere amerikanische Sicherheitsberater Zbigniew Brzezinski während dieser Konferenz auf den Begriff gebracht, der seitdem als Gespenst durch Europa und die Welt geht: *Tittytainment-Gesellschaft*. Dieser ironische Begriff aus dem Amerikanischen (aus »tits« = Brüste, und »entertainment« = Unterhaltung) sollte heißen: Eine Minderheit, eben 20 Prozent, kann genug Reichtum und Wohlstand für alle produzieren. Der Rest werde in dieser globalen Ökonomie überflüssig und müsse versorgt und unterhalten werden. Diese übrigen (und überflüssigen?) 80 Prozent brauchen wie im alten Rom »panem et circenses«. Brot und Spiele.
Das ist das Welt- und Gesellschaftsbild einer smarten Herrenrunde, die sich gegenseitig bestätigt, daß es auf sie und nur auf sie ankomme für das, was die Welt brauche und was sie Wertschöpfung nennen. Den Rest der Menschheit brauche man nicht. Er sei eigentlich überflüssig. Man könne ihn aber, tröstlich zu wissen, schon noch aushalten und unterhalten.
Dieses Gesellschaftsbild läßt sich leicht aus den Angeln heben. Und zwar mit jener deftigen Bemerkung, mit der der grüne Landtagsabgeordnete von Baden-Württemberg, Winfried Kretschmann, den Zusammenhang von globaler und lokaler Ökonomie auf den Punkt gebracht hat: Auch der globalste Manager hat einmal in die Windeln geschissen. Damit wollte der ökolibertäre Politiker sagen: Damit der globale Sektor der Gesellschaft seine wunderbaren Leistungen für Volk und Vaterland erbringen kann, ist er ständig angewiesen auf Dienstleistungen, von der Wiege bis zur Bahre, von der Entsorgung der Windeln der Kleinen und der Alten über Bildung und Ausbildung bis hin zu Pflege und anderen perso-

nenbezogenen Diensten, die eben gerade nicht in globalen, sondern nur in lokalen Zusammenhängen erbracht werden, also von Erziehungsleistungen und sozialen Diensten, die sich nicht rationalisieren, nicht auf Vorrat produzieren und auch nicht horten lassen.

Die globale Gesellschaft hat bisher keine Arbeitsplätze vernichtet

Das Gespenst einer globalisierten Gesellschaft der Hochproduktiven und der Überflüssigen, das gegenwärtig wie ein apokalyptischer Reiter durch die Lande gejagt wird, läßt sich aber auch ganz einfach durch die Statistik wiederlegen. Die negativen Arbeitsmarktbilanzen in Deutschland entstehen *nicht,* wie der Politikwissenschaftler Fritz W. Scharpf, Direktor des Max-Planck-Instituts für Gesellschaftsforschung in Köln, gezeigt hat, durch Entwicklungen in dem globalisierten Sektor der Wirtschaft (vgl. S. 188–190). In den dem internationalen Wettbewerb ausgesetzten Sektoren der deutschen Wirtschaft ist die Arbeitsmarktbilanz, verglichen mit den USA etwa und Schweden, eher positiv. Es ist die Entwicklung im Dienstleistungssektor, die die dramatischen Löcher in den deutschen Arbeitsmarkt reißt. Die Ursachen dafür sind jedoch hausgemacht, sie haben mit Globalisierung nichts zu tun. Politik und Gesellschaft bringen hierzulande das Kunststück fertig, die Nachteile des amerikanischen Modells und die Nachteile des schwedischen Modells, was die Produktion von personenbezogenen Diensten angeht, miteinander zu kombinieren und zu kumulieren. In den Vereinigten Staaten herrscht eine hohe Lohnspreizung, und das bedeutet zweierlei: Es gibt einmal relativ viele Leute, die sich solche *Dienste privat* leisten und sie deshalb auch nachfragen können, zumal sie der Staat oder die Kommunen gar nicht anbieten (Tagesbetreuung von Kindern etwa). Und es gibt in den USA relativ viele Leute, die aus finanziellen Gründen darauf angewiesen sind, solche Dienste »billig« anzubieten. Das Ergebnis:

Einfache Dienste werden in großem Umfang über den Markt bereitgestellt. Das senkt die Arbeitslosigkeit.

Schweden dagegen ist ein eher egalitäres Land, das eine nur geringe Lohndifferenzierung kennt, dafür aber über ein ausgebautes System an *öffentlichen sozialen Dienstleistungen* verfügt, die dann eben in einem beträchtlichen Umfang Arbeitsplätze im öffentlichen Sektor schaffen. Das ist schlecht für das Budget, aber ebenfalls gut für den Arbeitsmarkt und seine Bilanzen. Während in den USA Versuche des amerikanischen Präsidenten Bill Clinton, von einem reinen Marktmodell bei der Bereitstellung sozialer Dienste Abschied zu nehmen, wohl auf lange Sicht gescheitert sind, wie das Schicksal der geplanten Gesundheitsreform zeigt, deuten energische Reformen in Schweden darauf hin, daß das Staatsmodell dort an seine Grenzen gestoßen ist.

Das Beispiel USA zeigt, daß das amerikanische Modell seinen Preis, seine sozialen Kosten, aber auch seine Erfolge hat. Das Beispiel Schweden zeigt, daß der Ausbau *öffentlicher Dienste* an fiskalische und ökonomische Grenzen stößt. Die Existenz *nur* privater Dienstleistungsmärkte führt zu massiven sozialen Problemen. In Deutschland sind die einfachen Dienstleistungen nicht billig, und sie werden deshalb kaum über den regulären Markt angeboten und nachgefragt. In Deutschland werden aber Dienstleistungen wie zum Beispiel für Kinder, Familien oder Alte auch nicht im schwedischen Umfang über den öffentlichen Sektor angeboten. Die Folgen sind in beiden Fällen die gleichen: Sie verschärfen die Arbeitslosigkeit.

Wenn also – aus je unterschiedlichen Gründen – beide Modelle, das Marktmodell in Amerika und das Staatsmodell in Schweden, weder möglich noch wünschenswert sind, wenn sie faktisch und normativ an Grenzen stoßen, dann wäre dies eigentlich Grund genug, einen dritten Weg zu suchen und die Vorteile beider Systeme zu kombinieren. Vorschläge dazu – von Fritz W. Scharpf und anderen – liegen seit langem auf dem Tisch. Sie laufen darauf hinaus, niedrige Erwerbseinkommen durch Sozialeinkommen zu ergänzen. Die privaten Dienstleistungen müssen für den, der sie nachfragt, billiger werden, ohne den, der sie anbietet, in die Armut zu stürzen. In Deutschland kann dieses Dilemma gegenwärtig nur der schwarze und der graue Markt für Haushaltshilfen aus Polen, der Ukraine etc. lösen, und er tut es auch. Reformen, die diese Schattengesellschaft aus den Nischen der Republik holt, werden automatisch den Dritten Sektor aufwerten und bevölkern. Sie führen zu einem Wachstum in diesen sozialen Bereichen. Doch aus der »Globalisierungsfalle« sind solche Reformvorschläge nicht zu hören. Der Grund ist einfach: Sie gelten als politisch nicht korrekt.

Zwei Gesellschaften: global und lokal

Der globale Sektor hat bisher in der Bilanz keine Arbeitsplätze vernichtet. Er ist auf lokale Dienste angewiesen (»multilokale« Unternehmen). Das Problem stellt sich bei den einfachen Dienstleistungen, die keine oder nur eine niedrige Qualifikation erfordern. Zugleich werden die Menschen künftig insgesamt weniger Arbeit und mehr Zeit haben.

Die Konsequenz solcher Überlegungen ist einfach, aber folgenschwer, und sie wird in Deutschland wie auch in den meisten anderen europäischen Ländern deshalb erfolgreich tabuisiert:

Die Gesellschaft des 21. Jahrhunderts wird eine neue soziale Spaltung oder aber eine neue soziale Balance erleben. Sie wird sich teilen, auseinanderdifferenzieren oder neu mischen entlang der Achse *global versus lokal*. Ob diese Entwicklung bestimmte Teile, Gruppen und Sektoren der Gesellschaft verarmen läßt oder aber ob sie alle bereichern wird, das wird mehr von den politischen Anstrengungen als von fremden Mächten (»Globalisierungsfalle«) abhängen.

In Zukunft wird es zum einen die *globale Gesellschaft und die globale Ökonomie* geben. Sie wird in die weltweite Arbeitsteilung, in die internationalen Güter-, Finanz- und Dienstleistungsmärkte integriert sein. Produktion und Forschung werden in die neuen Märkte hinein verlagert werden müssen – nicht primär um die Lohnkosten zu drücken, sondern um die Absatzchancen zu verbessern. Denn Autos verkaufen sich auf dem amerikanischen Markt nun einmal besser, wenn sie in den USA und nicht in der Ukraine produziert werden – auch wenn in der Ukraine die Lohnkosten niedriger sind. Das Gesetz der globalen Ökonomie wird ein verschärfter Wettbewerb, ihre Maxime wird konsequente Rationalisierung sein. Der globale Teil der Ökonomie wird folglich seinen Ehrgeiz dareinsetzen müssen, besser und schneller zu sein als andere, um die vielleicht 10 Prozent der weltweiten Kaufkraft und Nachfrage, die sich die teuren deutschen Produkte überhaupt leisten können, zu erreichen. Es ist also der globale Sektor, wo sich im wesentlichen der wirtschaftliche Reichtum der Nation entscheidet: *Die globale Ökonomie und die globale Gesellschaft geben Antwort auf die Wohlstandsfrage*.

Zum anderen gibt es, in Zukunft stärker und wichtiger als heute, die *lokale Gesellschaft und die lokale Ökonomie*. Sie umspannt alle jene Güter und Dienstleistungen, die in lokalen und regionalen Zusammenhängen erbracht werden: solche, die sich nicht rationalisieren lassen; bei denen die Nachfrager auf Unikate oder wenigstens auf persönliche Beziehungen zwischen Produzent und Konsument Wert legen; wo es nicht nur um Waren, sondern auch um menschliche Beziehungen geht; wo der Produzent und der Konsument aktiv zusammenwirken und körperlich anwesend (»corporaliter adesse«) sein müssen, wie bei den meisten sozialen Diensten und bei sehr vielen Bildungsgütern und Beratungsdiensten. Das sind die Chancen der lokalen Ökonomie, hier liegen sowohl die Potentiale für mehr Eigenarbeit und Selbst- und Nächstenhilfe, aber auch die Aufgaben der lokalen Gesellschaft für deren globalisierten Teil.

Die Zukunft des Standorts Deutschland ist nicht nur eine ökonomische, sondern auch eine kulturelle und soziale Frage, die sich in den Schulen, Kindergärten, sozialen und kulturellen Angeboten vor Ort entscheidet. Hier entwickeln sich die sozialen und bildungsmäßigen Kompetenzen der Menschen, der Zustand also, in dem sie später in die globalisierte Welt entlassen werden und dann dort den Standort Deutschland stärken – oder auch nicht. So wird sich, global und radikal, ein Aphorismus Lichtenbergs zuspitzen: Wer nur von Ökonomie etwas versteht, versteht auch diese nicht. Wer nur an die Globalisierung denkt, begreift auch diese nicht. Wer nur vor der Globalisierungs*falle* warnt, wird ihr mit Sicherheit nicht entkommen.

Die Bedeutung der lokalen Gesellschaft wird wachsen, aber ihre Belastungen auch. Städte und Gemeinden werden in Zukunft, wer wollte es leugnen, ganz neuen Formen von sozialem Streß ausgesetzt sein. In der Sprache der Ökonomie: Die negativen externen Effekte der Rationalisierungen im ersten Sektor der Gesellschaft werden im Dritten Sektor abgeladen; sie werden Städten und Gemeinden vor die Tore und in die Straßen gekippt werden, wie sozialer »Müll«, den sie zu entsorgen haben. In den Kommunen entscheidet sich, so oder so, in letzter Instanz die soziale Qualität der Gesellschaft.

Auf diese neuen sozialen Fragen gibt es ganz unterschiedliche Antworten: Man kann den »sozialen Müll« in Gefängnissen entsorgen. Man kann an sozialen Einrichtungen sparen, und die Kosten für die wachsende Zahl der Gefängnisse zählen dann so wenig wie das Schicksal der Menschen, die darin sind. Hinweise für einen Trend in diese Richtung gibt es in den USA. Man kann zusehen und zulassen, wie die »depressed areas« unserer Städte zu Brutstätten rassistischer und nationalistischer Konflikte werden, wo Deutsche und »Ausländer«, die in allem gescheitert sind und nichts mehr haben, worauf sie stolz sein können – keinen Beruf, keine Ausbildung, keine Frau, keine Kinder –, sich brutal auf das besin-

nen, was ihnen niemand nehmen kann: daß sie eben Deutsche sind oder Türken oder ... Das wäre dann eine Brasilianisierung Europas.
Oder aber man geht ganz neue Wege, ohne Rücksicht auf die Political Correctness von gestern: *Im Dritten Sektor der Gesellschaft, in der lokalen Gesellschaft und Ökonomie, entscheidet sich die Wohlfahrtsfrage.*

Wohlstandsfrage – Wohlfahrtsfrage – Umverteilung

Die demokratisch und sozial verfaßten Industriegesellschaften kannten eine einfache Form der Umverteilung und der Abschöpfung: Die Wirtschaft brachte Arbeit und Wohlstand. Der Staat nahm Steuern und Abgaben – und gab, als Sozialstaat, denen, die es brauchten oder die sich Ansprüche erworben hatten. Bisher galt, alles in allem: Wir können uns auf die Wirtschaft und auf den Staat verlassen. Der Rest richtet sich, das war die Hoffnung, irgendwie von selbst.
In Zukunft wird die Gesellschaft auf drei Fundamenten ruhen: Staat, Wirtschaft und Gesellschaft (Dritter Sektor), die jeweils in sich reformiert und zueinander in eine neue Beziehung gebracht werden müssen. Die veränderten Rahmenbedingungen führen zu neuen Formen der Wertschöpfung, der Abschöpfung und der Umverteilung. Der Dritte Sektor wird an Bedeutung gewinnen und in seinem Umfang wachsen. Der Reichtum der Gesellschaft wird eine komplexe Größe sein. Die sozialen und die politischen Beziehungen der Menschen werden intensiver werden und sich mehr auf ihre Lebenswelt verlagern. All das bringt neue Chancen für Demokratie und Wohlstand. Demokratie freilich wird mehr sein als Parteienkonkurrenz auf einem nationalen Territorium, und Wohlstand wird mehr sein als das Ergebnis von Wirtschaftskonkurrenz in der Welt, abgelesen am Bruttosozialprodukt.
Die drei großen Veränderungen der Epoche werden dazu führen, daß immer mehr Menschen *bei sich* sind. Daß immer weniger Men-

schen großen Bürokratien ausgeliefert werden. Daß das eindimensionale Leben nicht mehr die Entfremdung der Vielen und daß die bunte Vielfalt und die Abwechslungen nicht mehr Privileg einer Minderheit bleiben werden, bleiben müssen.

Der Reichtum der Gesellschaft

In drei Richtungen wird sich der mögliche neue Reichtum der Gesellschaft manifestieren:

- *in wirtschaftlicher Hinsicht:* Immer mehr Menschen werden dort tätig sein, ihr Einkommen und ihr Auskommen dort finden, wo sie mit ihren Freunden und mit ihrer Familie leben. Auch jene, die »nur« in dem früher so genannten »informellen« Sektor tätig sein werden, gewinnen dadurch die Chance, Kenntnisse, Kontakte, Zutrauen zu finden – und bekommen auf diese Weise leichter Zugang zum globalen Sektor der Wirtschaft, wenn sie das denn wollen. Eine kleine globalradikale Minderheit – *utriusque generis* (beiderlei Geschlechts) – wird vor allem in den Hotels und auf den Tennisplätzen dieser Welt zu Hause sein. Für die überwiegende Mehrheit werden Familie und Beruf, Lebenswelt und Arbeitswelt, die in der und durch die Industriegesellschaft auseinandergerissen waren, wieder näher zusammenrücken, eine neue Nähe und eine neue Balance finden. Das Wachstum des Dritten Sektors bringt für die allermeisten Menschen eine neue Lebensqualität.
- *in sozialer Hinsicht:* Der Dritte Sektor fängt Menschen auf, welche sonst über den Rand der Gesellschaft fallen und ins gesellschaftliche Nichts stürzen würden. Er wird nicht nur all jene betreuen und versorgen, die am Rand der Gesellschaft schweigend leiden, sondern er wird vielen Gelegenheit zur aktiven Teilnahme bieten, die Menschen fördern und fordern und aktivieren. Der Dritte Sektor wird Ausdruck und Folge der Rekonstruktion des Sozialen sein. Sozial sind, im ursprünglichen Sinn, ja nicht die Taten des Staates, sondern die Beziehungen und Zusammenhänge, die Menschen für-

einander stiften. Die leitende Idee des Dritten Sektors ist es nicht länger, Defizite zu kompensieren, sondern die Ressourcen der Menschen zu stärken. Jeder Mensch hat Fähigkeiten, kann und will einen Beitrag leisten. Jeder Mensch – auch der Arme, der Obdach- und Arbeitslose, der Alte und Kranke – macht einen Unterschied. Die leitende Idee besteht darin, so gut es geht Menschen zu ermächtigen, für sich selbst und für andere etwas zu tun. Soziale Ressourcen zu mobilisieren. Staat und Wirtschaft werden in dieser politischen Philosophie auch danach beurteilt, was sie dazu beitragen. Der Dritte Sektor wird Auslöser, Teil und Arena eines ganz neuen sozialen Mix. Der Reichtum der Gesellschaft zeigt sich nicht zuletzt in dem »Wohlfahrtspluralismus«, von dem die Sozialwissenschaftler Adalbert Evers und Thomas Olk sprechen.

- *in politischer Hinsicht:* Partizipation und Teilnahme der Bürger; ihr gutes Gefühl, daß es bei dem politischen Spiel um ihre Sache geht *(tua res agitur)*; Antwort und Verantwortung der Politiker – alles das also, was Engländer und Amerikaner mit dem Begriff der »responsive community« meinen, wird sich in Zukunft immer weniger auf der nationalen Ebene der Demokratie ereignen. Auch in dieser Hinsicht wird der Nationalstaat an Bedeutung verlieren. Und von einer Europäischen Union ist kaum ein Gewinn an parlamentarischer Demokratie zu erwarten, ganz abgesehen davon, daß eine parlamentarische europäische Demokratie vom Nordkap bis Palermo, von Dublin bis Warschau für viele eher ein Alp denn ein Traum wäre. Die lokale Gesellschaft dagegen eröffnet noch ungehobene Schätze demokratischer Mitwirkung, nicht so sehr in Form von Abstimmungen (Volksbegehren, Volksentscheid), sondern in neuen Formen einer Selbstorganisation der Gesellschaft. Die lokale Gesellschaft wird der soziale Ort sein, wo das Versprechen der Demokratie zu neuem Leben erblühen – oder endgültig dahinwelken wird. Sie wird auch der soziale Ort sein, wo sich neue Orientierungen auftun werden, die den einzelnen transzendieren. Man sollte dies nicht unterschätzen: Wenn alte und vertraute

Orientierungen wegfallen (Nation) und neue noch nicht lebendig sind (Europa), dann droht jene »kollektive Einsamkeit«, von der der französische Historiker Françoise Furet sprach, eine politische Einsamkeit, die schlimme Folgen haben kann. Die Stadt der Renaissance bot einmal einen politischen Sinnzusammenhang – mit Rathaus, Markt, Kirche. Die Märkte (Forum und Agora), das waren einmal öffentliche Orte, wo Handel getrieben, Geschäfte gemacht *und* die öffentlichen Dinge verhandelt wurden. Der politische Gewinn der Globalisierung könnte in einer Renaissance der Stadt und der Stadtgesellschaft zu finden sein: in einer starken lokalen Demokratie.

Eine Ordnungspolitik für den Dritten Sektor

Aber, so werden viele inzwischen fragen, sind diese Hinweise auf Bürgergesellschaft und Dritten Sektor nicht lediglich Wunschdenken, das sich an den Realitäten brechen wird? Der Dritte Sektor bestenfalls als eine Art »Black Box«, von der man sich allerlei zauberhafte Wirkungen erwartet, ohne zu wissen und zu sagen, was sich drinnen eigentlich abspielt, ohne die Wirkungen, die »Outputs« abschätzen zu können? Ohne zu sagen auch, was man dafür tun muß, wie die Eingaben, die »Inputs«, aussehen müssen, damit überhaupt etwas Vernünftiges dabei herauskommen kann? Oder, schlimmer noch: der Dritte Sektor als Ausrede und Ausflucht, als »eine dunkle Kammer, wo ihr des Tages Jammer verschlafen und vergessen sollt«, wie Matthias Claudius dereinst, in einem etwas anderen Zusammenhang freilich, gedichtet hat. Etwas prosaischer ließe sich auch fragen, ob wir nicht einen Dritten Sektor als Speicher und Keller in dem unübersichtlichen Gehäuse der modernen Welt vorschlagen, die ja deshalb so nützlich sind, weil man dorthin vieles verdrängen kann, ohne je hinsehen zu müssen, ohne sich aber auch stören zu lassen in den aufgeräumten Etagen.

Diese Fragen und Einwände sind ernst zu nehmen. Wir wollen versuchen, sie zu beantworten, indem wir uns an dem klassischen

Hexameter orientieren, der Reportern mit auf den Weg gegeben wird, wenn sie über einen Verkehrsunfall, eine Korruptionsgeschichte oder eine Parlamentsdebatte berichten sollen: *Quis? Quid? Ubi? Quibus auxiliis? Cur? Quomodo? Quando?*
Wer soll den Dritten Sektor bevölkern? *Was* soll dort überhaupt geschehen? *Wo* sind die sozialen und räumlichen Orte für diese löblichen Aktivitäten? Mit welchen *Mitteln* und Hilfstruppen könnte der Dritte Sektor auf- und ausgebaut werden? *Warum* überhaupt das Ganze? *Auf welche Weise* soll das alles geschehen? Und schließlich: *Wann* ist überhaupt mit einer Entwicklung in diese Richtung zu rechnen?

Wer *soll das alles machen?*
Es gibt sie bereits. Ohne die große Zahl der im Dritten Sektor Aktiven und Tätigen würde die Gesellschaft von heute auf morgen zusammenbrechen. Die Palette der Leistungen für die Allgemeinheit reicht von Suppenküchen, Behindertenarbeit über Flüchtlingshilfe und Ausländerarbeit bis hin zu Chören und Turnvereinen. In Vereinen und Wohlfahrtsverbänden; in Initiativen und Selbsthilfegruppen; in Mütterzentren und Nachbarschaftsnetzwerken; bei der Freiwilligen Feuerwehr und bei Amnesty International engagieren sich unzählige Zeitgenossen für soziale und andere Ziele. Es geht nicht darum, den Dritten Sektor aus dem Nichts heraus *auf*zubauen, sondern ihn als eigenständigen Bereich neben Markt und Staat *aus*zubauen.
Neueren Berechnungen zufolge erbringt der Dritte Sektor in Deutschland knapp 4 Prozent des Bruttosozialprodukts. Ohne die gerade im Sport zahlreichen ehrenamtlichen Mitarbeiter mitzurechnen, sind in Westdeutschland fast 4 Prozent der Erwerbstätigen bei Non-Profit-Organisationen (NPOs) beschäftigt. Andere Schätzungen rechnen die etwa 5,5 Millionen Ehrenamtlichen dazu (alte Bundesländer) und kommen dann auf eine Arbeitsleistung von 680 000 Vollzeitstellen.

Den weitaus größten Teil der Erwerbstätigen im Non-Profit-Sektor stellen die Wohlfahrtsverbände. Die größten von ihnen beschäftigen mehr hauptamtliche Mitarbeiter als die größten Industrieunternehmen (Siemens etwa oder Daimler Benz): die katholische Caritas über 460 000 Personen und die evangelische Diakonie mehr als 400 000 Personen. Jeder zehnte Dienstleistungsarbeitsplatz ist im gemeinnützigen Sektor angesiedelt. Seit 1970 wuchs die Zahl der Arbeitsplätze im Dritten Sektor schneller als in allen anderen Wirtschaftsbranchen. Zwischen 1980 und 1990 entstand hier jeder neunte neue Arbeitsplatz.

Wie groß ist der Dritte Sektor? Unter Federführung der Johns Hopkins University in Baltimore, USA, wird seit 1990 der Dritte Sektor in ausgewählten Ländern (Deutschland, Frankreich, Großbritannien, Italien, Japan, Ungarn, USA) sowohl quantitativ in seinen ökonomischen Dimensionen erfaßt als auch qualitativ in seinen historischen, gesellschaftlichen und politischen Strukturen analysiert. Die deutsche Teilstudie wird von Prof. Dr. Annette Zimmer (Universität Münster) und Dr. Eckhard Priller (Wissenschaftszentrum Berlin) durchgeführt. In einer Expertise für den Verein »Aktive Bürgerschaft« (Münster) hat Annette Zimmer die ersten Ergebnisse zusammengefaßt (Juni 1997): »Als wichtigstes Ergebnis des internationalen Vergleichs ist die große volkswirtschaftliche Bedeutung des Dritten Sektors in Deutschland festzuhalten. So lag der deutsche Dritte Sektor mit einem Finanzvolumen von ca. 80 Milliarden DM und einem Anteil von 3,6% am Bruttosozialprodukt etwas über dem 7-Länder-Durchschnitt. Rein ökonomisch betrachtet hat der Dritte Sektor in Deutschland etwa das Gewicht des Versicherungswesens.
Ganz besonders herauszustellen ist die arbeitsmarktpolitische Relevanz des Dritten Sektors. So wuchs in der Bundesrepublik Deutschland das Arbeitsplatzangebot hier in den letzten 20 Jahren proportional deutlich stärker als in jedem anderen Bereich der Wirtschaft.
Abweichend vom 7-Länder-Durchschnitt ist der deutsche Dritte Sektor geprägt von karitativen, im sozialen und Gesundheitsbereich tätigen Organisationen. So entfielen knapp 60% der Gesamtausgaben auf

diese zwei Arbeitsbereiche, fast 70% der hauptamtlichen Beschäftigten sowie über 70% aller öffentlichen Mittel. ... Mit anderen Worten: Die wesentlichen Arbeitsbereiche des deutschen Dritten Sektors sind die zentralen Felder personenbezogener wohlfahrtsstaatlicher Dienstleistungen. Im krassen Gegensatz dazu steht ihr Anteil am Gesamtvolumen des ehrenamtlichen Engagements und der freiwilligen Mitarbeit. Hier kommen die sozialen Dienste und das Gesundheitswesen nur auf die vergleichsweise bescheidenen Anteile von insgesamt ca. 15%.«

Dieser flüchtige Überblick über den Dritten Sektor zeigt: Es ist eine sehr vielfältige Landschaft, die sich hier auftut: mit Haupt- und Ehrenamtlichen; mit Vollzeit- und Teilzeitbeschäftigten und mit MitarbeiterInnen, die auf Werkvertrags- oder Honorarbasis arbeiten. Mit Organisationen ganz unterschiedlicher Motivation, Zielrichtung und Größenordnung. Greenpeace beispielsweise hat 120 hauptamtliche Mitarbeiter, der BUND rund 300. Sechs von zehn Beschäftigten im Sozialwesen, in Pflege- und Altenwohnheimen der alten Bundesländer arbeiten bei gemeinnützigen Organisationen. In Krankenhäusern beträgt ihr Anteil am Personal immerhin ein Drittel.

So läßt sich ein doppeltes Fazit ziehen: Schon jetzt umfaßt der Dritte Sektor einen gewaltigen Ausschnitt der sozialen Wirklichkeit. Und: Für die Zukunft bestehen noch große *Wachstumspotentiale*.

Das gilt einmal für das Wachstum an hauptamtlichen Mitarbeitern. Die Gesellschaft wird älter. Der medizinische Fortschritt trägt paradoxerweise dazu bei, daß die Gesellschaft kränker wird. Genauer: Die Krankheitsbilder ändern sich. Es werden jene Krankheiten immer mehr zunehmen, mit denen immer mehr Menschen immer länger leben müssen. Es wäre illusorisch zu glauben, die zunehmenden Gesundheits- und Altendienste (»Retirement-Services«) könnten künftig durch ehrenamtliche Tätigkeiten abgedeckt werden.

Vom Ehrenamt zum bürgerschaftlichen Engagement

Das gilt aber noch mehr für die ehrenamtlichen Tätigkeiten, moderner gesprochen: für das freiwillige soziale und für das bürgerschaftliche Engagement. In den Vereinigten Staaten ist das freiwillige soziale Engagement deutlich stärker und vielfältiger ausgeprägt als hierzulande. Die Geislingen-Studie, die das Sozialministerium in Baden-Württemberg in Auftrag gegeben hat, konnte jedoch nachweisen, daß sich in Deutschland 38 Prozent aller Befragten zur freiwilligen Mitarbeit entschließen könnten, wenn sie in neuen Formen erfolgen und die aktive Mitgestaltung, die soziale Partizipation der Ehrenamtlichen stärker vorsehen würde. Die Studie zeigt auch die Wege für eine Modernisierung des Ehrenamts: Es muß vielfältigere Motivationen zulassen, nicht nur das altruistisch motivierte Helfersyndrom, sondern auch das partizipatorisch motivierte Verändern- und Gestaltenwollen – bürgerschaftliches Engagement eben. Und, dies vor allem: Es müssen sich die großen sozialen Einrichtungen ändern, all jene Anstalten also, in denen sich Kinder, Kranke, Alte aufhalten (müssen): Die Krankenhäuser, Altenheime, Schulen … sollten sich öffnen und einladen zu sozialem Engagement – und nicht Freiwillige als potentielle Störenfriede lieber draußen halten.

Ein Regelkreis der Humanressourcen Das Land Baden-Württemberg nimmt in der Erforschung und Förderung des bürgerschaftlichen Engagements unter den Bundesländern eine Pionierrolle ein. Die Initiatoren Konrad Hummel und Günther Mächtle schreiben dazu: »In der ersten Repräsentativbefragung des Landes zum Bürgerengagement in Geislingen haben sich über ein Drittel aller befragten Bürger dazu bereit erklärt, sich mindestens zwei Stunden in der Woche noch mehr zu engagieren, wenn die Rahmenbedingungen stimmen. In der Befragung wird die Disparität von Wissen und Humankapital deutlich, von Ressourcen und gesellschaftlich-kulturellem System, von Wunsch und Wirklichkeit sozialen Austausches:

- Örtlich passen Angebot und Nachfrage von sozialem Handeln häufig nicht zusammen.
- Die Art der angebotenen und nachgefragten sozialen Kompetenzen stimmen häufig nicht überein.
- Die angewandten Verfahrensweisen berücksichtigen oft nicht die unterschiedlichen Lebenseinstellungen von Generationen.
- Mythen und Vorurteile über Randgruppen in der Gesellschaft behindern die soziale Arbeit ebenso wie
- mangelndes Selbstvertrauen zu selbstverwaltetem Sozialverhalten und
- eine Verwaltung, die nur verwaltet, vollzieht, anordnet oder dem Bürger eine eingeschränkte Rolle zuweist.«

(Konrad Hummel/Günther Mächtle: »Förderung des Sozialverhaltens als Aufgabe der Landespolitik. Perspektiven sozialpolitischen Handelns auf der Grundlage von Modellinitiativen des Sozialministeriums«, Fassung vom 10. Oktober 1997)

Eine andere Form der Finanzierung sozialer und Bildungsgüter könnte mehr Menschen ins Spiel bringen, den Dritten Sektor verlebendigen und manche alten Strukturen verflüssigen.
Zwei Beispiele nur:

- Könnten sich die Länder und die Kommunen dazu entschließen, nicht die Angebote an *Kindertagesstätten* zu subventionieren, sondern durch Geld oder durch Gutscheine die Kaufkraft jener Eltern zu stärken, die aus sozialen Gründen auf eine Unterstützung für die Tagesbetreuung ihrer Kinder angewiesen sind, dann käme rasch Leben in die Szene, und viele bisher arbeitslose Erzieherinnen könnten sich zusammentun und besonders paßgerechte Angebote etwa für die Betreuung von Kindern berufstätiger Mütter machen. Ein erster Schritt in die richtige Richtung wäre eine Dezentralisierung der Landesmittel für Kindertagesstätten bei den Kommunen und eine Deregulierung der Landesvorschriften.
- Eine ähnliche belebende Wirkung könnte ausgehen von Refor-

men der Finanzierung im *Bildungs- und Hochschulwesen*. Man kann, ja man sollte durchaus festhalten an der sozialen Verpflichtung, jedem Kind und jedem Jugendlichen, unabhängig von seiner sozialen Herkunft, eine möglichst gute Ausbildung zu geben. Daraus folgt, daß der Staat die *Finanzierung* der Nachfrage nach Bildungsgütern in bestimmten oder in allen Fällen übernimmt. Daraus folgt nicht, daß die *Produktion* solcher Güter und Dienste, daß die entsprechenden Einrichtungen (Schulen und Universitäten etwa) in staatlicher Regie und als verstaatlichte Anstalten betrieben werden müssen. Das Motto könnte lauten: Gebt das Geld oder die Gutscheine in die Hände derer, die sie brauchen, und ihr werdet die Einrichtungen nicht wiedererkennen – und mehr Menschen hätten eine Chance. Die Trennung von Finanzierung und Produktion von Bildungsgütern würde Arbeitsmärkte öffnen, die Qualität der Schulen und Hochschulen verbessern – und nicht zuletzt eine zielgerichtete und großzügigere soziale Studienförderung ermöglichen.

Diese beiden Beispiele werfen vier Fragen auf, um deren Beantwortung man sich freilich langfristig ohnehin nicht drücken kann:

- *Erstens:* Wie läßt sich erreichen, daß bestimmte soziale oder Bildungseinrichtungen möglichst optimal arbeiten, also einmal mit den gegebenen Mitteln eine möglichst gute Wirkung erzielen (»more for less«?) und zum anderen ihr Angebot auch tatsächlich an den Wünschen und Bedürfnissen der Nachfrager, der Kunden orientieren? Von einer Schule, die nur funktioniert, wenn die Eltern oder am besten gleich die Lehrer regelmäßig Nachhilfe geben; von einem Kindergarten, der gerade dann dicht macht, wenn berufstätige Mütter noch arbeiten; von einem Altenheim, das sinnigerweise den Aufenthaltsraum unmittelbar neben die Aussegnungshalle plaziert, läßt sich dies gerade nicht behaupten.
- *Zweitens:* Reformvorschläge wie diese mobilisieren Widerstand. Es

gibt Personen und Gruppen, die vom Status quo profitieren. Man kann nicht mit der Fackel des Fortschritts durch die Menge laufen, ohne da und dort einen alten Bart anzusengen. Deshalb bedarf es einer öffentlichen Debatte über die Frage: Gibt es ein fachliches oder gar moralisches Argument dafür, daß *manche* (Erzieherinnen etwa oder [Hochschul-]Lehrer) lebenslänglich und mit Vollzeit beschäftigt sind, derweil *andere* ganz draußen vor der Tür bleiben, und das für lange Zeit?

- *Drittens:* Wie lassen sich die Anreize so setzen, daß Hauptamtliche einen Sinn darin sehen, vielleicht sogar dafür »belohnt« werden, wenn sie möglichst viele Freiwillige mobilisieren – und nicht die berechtigte Sorge haben müssen, daß sie sich damit aus der Sicht sparwütiger Amts- und Behördenleiter nur selbst überflüssig machen?
- *Viertens* und vor allem anderen: Was ist in einer solchen Perspektive sozialer Arbeit die Aufgabe und das Selbstverständnis einer Kommune, überhaupt der Politik?

Wer wird den Dritten Sektor bevölkern?

Reformen müssen den Dritten Sektor verändern: ihn aufwerten; mehr Menschen motivieren und beschäftigen; die Strukturen verflüssigen. Das alles geht freilich nicht ohne politische Entscheidungen. Was geschieht beispielsweise, wenn – wie abzusehen ist – die Wehrpflichtarmee in naher Zukunft von einer Freiwilligenarmee abgelöst wird? Dann könnte man zur Tagesordnung übergehen, in Sonntagsreden zum Einsatz für den Nächsten auffordern und überhaupt das Hohelied des Ehrenamts singen, aber an Werktagen, im politischen Alltagsbetrieb, jetzt, da der Wehrdienst abgeschafft ist, gar nichts mehr von jungen Menschen erwarten, außer daß sie eben ihren persönlichen Interessen und Leidenschaften nachgehen. Der Sinn dieser Doppelbotschaft wäre eindeutig: Opfert Zeit für andere! Doch wer das nicht tut, kommt im Leben schneller voran!

Die Alternative wäre eine öffentliche Debatte darüber, wie wenigstens Wettbewerbs*nachteile* derer, die ein gewisses Maß an sozialer Zeit der Gemeinschaft zur Verfügung gestellt haben, abgemildert werden können: Durch Bonus-Regelungen bei der Vergabe von Studienplätzen. Durch Personalchefs, die das deutlich in der Personalakte vermerken und bei Einstellungen darauf achten. Durch die Aufnahme des bürgerschaftlichen Engagements in die Qualifizierungs- und Rentenbiographie. Schließlich: Warum sollte man nicht von allen erwarten können, daß sie in ihrem Leben eine gewisse Zeit dem Gemeinwesen zur Verfügung stellen?

Auf diese Weise könnten Zeiten und Zahlen derer vermehrt werden, die im Dritten Sektor tätig sind.

Eine ähnliche Wirkung haben andere Reformvorschläge wie zum Beispiel die Kombination von Niedrigeinkommen mit Sozialeinkommen oder das Prinzip der Gegenseitigkeit in der Sozialhilfe, wie es der britische Premier Tony Blair formuliert hat: Die Gesellschaft hat die Pflicht, jedem in Not zu helfen. Wer etwas von der Gesellschaft bekommt, hat auch die Pflicht, etwas zurückzugeben.

Wenn eine Prognose verläßlich ist, dann die: Die Menschen werden in Zukunft mehr Zeit jenseits der Erwerbsarbeit haben, jeder für sich und die Gesellschaft insgesamt. Es wird zu einer Neuaufteilung der Zeitbudgets der Menschen kommen. Die Zeitpakete werden neu geschnürt werden: Erwerbsarbeitszeit. Bildungszeit. Sozialzeit. Zeit für Familie und Zeit für Freunde. Freie Zeit. Es gibt Phasen und Gruppen, die wenig Zeit haben (junge Eltern mit Kindern), und Phasen und Gruppen, die viel Zeit haben (Alte, Arbeitslose). Wie schafft man hier einen Ausgleich? Wie bringt man sie zusammen? Noch ist Zeitpolitik eine unbekannte Größe im politischen Denken, eine Umverteilung von Zeit zwischen Phasen und Gruppen noch mehr. Das wird ein großes Thema der Zukunft.

Die Frage, *wer* denn das alles machen solle im Dritten Sektor, führt also mitten hinein in das Zentrum des Wandels der Gesellschaft. In der alten Arbeitsgesellschaft war die alles beherrschende Frage:

Wie bekommen wir Leute, die Arbeit suchen, unter: auf dem Markt, beim Staat, in »Beschäftigungs*maßnahmen*« (ein verräterischer Begriff übrigens). Die Bürgergesellschaft dagegen fragt: Was gibt es alles zu tun? Wie gewinnen, motivieren und qualifizieren wir Menschen für gesellschaftlich und wirtschaftlich sinnvolle Tätigkeiten? Es gibt gegenwärtig und künftig genug zu tun: Im kulturellen und Bildungsbereich. Auf sozialem Gebiet. Beim Schutz der Umwelt und bei der Erneuerung von Städten und Gemeinden. Wie bekommen wir es hin, daß sich möglichst alle daran beteiligen? Wie können wir das organisieren, und wie können wir für die vorhandene Nachfrage auch, wenn nötig, die erforderliche Kaufkraft mobilisieren?

Es werden unterschiedliche Anreize sein, die Menschen für den Dritten Sektor mobilisieren: moralische Überlegungen. Ökonomische und soziale Anreize. Auch Zwang. – Ist die Debatte über einen verpflichtenden Sozialstaat ohne das schmückende Beiwort »freiwillig« für alle Zeiten erledigt durch den bloßen Hinweis auf den Reichsarbeitsdienst Adolf Hitlers? Was ist denn überzeugender für eine Politik und besser für eine Jugend: Wenn Bund und Länder klammheimlich die Bildungsausgaben relativ zu der Zahl der Schüler und Studenten senken und die Summe für die Ausbildungsförderung von Studierenden zwischen 1992 und 1999 glatt halbiert wird, Staat und Gesellschaft dafür aber auch von Jugendlichen nichts erwarten – oder wenn Staat und Jugend einen Pakt der wechselseitigen Verpflichtung schließen, bei dem die einen wissen und danach handeln, was sie den Zukunftschancen der jungen Generation schuldig sind, und die anderen wissen und danach handeln, was sie einem sozialen Gemeinwesen schuldig sind?

Was *soll da alles geschehen?*

Die Tätigkeiten und Aktivitäten, die im Dritten Sektor warten; die Dienste, die hier erbracht, die Güter und Waren, die hier hergestellt werden können, sind im Prinzip grenzenlos:

- Warum sollten arbeitslose Kfz-Mechaniker nicht die Fuhrparks gemeinnütziger Verbände warten können?
- Warum sollten sich nicht arbeitslose Psychologinnen, Therapeuten und Pfleger in einer Initiative zusammentun, um Drogenkranken, die sonst keine Therapie bekommen, wieder auf die Beine helfen?
- Könnten unbeschäftigte Informatiker nicht EDV-Dienstleistungen erledigen, zum Beispiel Datenbanken für Umweltprojekte von einzelnen Initiativen einrichten?
- Freigesetzte Führungskräfte könnten doch ihr Potential bei der Entwicklung gemeinnütziger Aufgabenfelder oder der Leitung von Verbänden und Vereinen entfalten, anstatt es durch einen allzu frühen Ruhestand verkümmern zu lassen.

Es war Heide Simonis, die Ministerpräsidentin von Schlewig-Holstein, eine Pionierin auf dem weiten Feld einer modernen Gesellschaftspolitik, die mit diesen Fragen im November 1996 einen bemerkenswerten Kongreß ihrer Landesregierung *(Zukunft der Arbeitsgesellschaft: Soziale Integration durch gemeinnützige Arbeit)* eröffnet hat. Man könnte diese Fragen beliebig fortsetzen und das Feld des Dritten Sektors weit aufmachen, erst recht, wenn man einmal aufgehört hat, die Arbeitsmärkte abzuzählen wie Kindermurmeln (erster, zweiter, dritter Arbeitsmarkt ...), und das alles nur, um den ersten, den »ordentlichen« Arbeitsmarkt unter den besonderen Schutz der staatlichen Ordnung und der Nürnberger Anstalt zu stellen.

Was ist der Dritte Sektor? »Zum Dritten Sektor in der Bundesrepublik Deutschland zählt ein breites Spektrum von Organisationen, das von Freizeit-, Sport- und Kulturvereinen, lokalen Umweltinitiativen und soziokulturellen Zentren bis hin zu den karitativen Einrichtungen der Wohlfahrtsverbände und den international tätigen Hilfsorganisationen reicht. Sie sind in einem Bereich angesiedelt, der zwischen den

Polen ›Staat‹, ›Markt‹ und ›Familie‹ liegt. Sie unterscheiden sich von der öffentlichen Verwaltung durch ein geringeres Maß an Amtlichkeit. Im Gegensatz zu Firmen streben sie nicht nach Gewinnmaximierung, sondern verfolgen ideelle Ziele und orientieren sich dabei am Gemeinwohl. Die Differenz zur Familie, in die man hineingeboren wird, liegt in der Freiwilligkeit von Mitgliedschaft und Mitarbeit.
Selbständigkeit und Solidarität sind dabei die zentralen Elemente der Dritte-Sektor-Organisationen, die – aufgrund der Freiwilligkeit von Mitgliedschaft und Mitarbeit – maßgeblich auf solidarische Unterstützung in Form von ehrenamtlichem Engagement und privaten Spenden angewiesen sind. Ihre Handlungslogik basiert dementsprechend nicht in erster Linie auf individuellen Nutzenkalkülen, sondern beruht vorrangig auf dem Prinzip der Gegenseitigkeit.
Da die Organisationen des Dritten Sektors eine Zwischen- bzw. Mittlerstellung zwischen den Sektoren ›Staat‹, ›Markt‹ und ›Familie‹ einnehmen – was auch als Intermediarität bezeichnet wird –, sind sie prädestiniert als Moderator einer gesamtgesellschaftlichen Modernisierung.
In der aktuellen Diskussion wird auf die Intermediarität der Dritte-Sektor-Organisationen hinsichtlich der Neubestimmung von Arbeit, des Umbaus des Sozialstaates und der Revitalisierung der Demokratie Bezug genommen.« (Institut für Politikwissenschaft der Universität Münster/Prof. Dr. Annette Zimmer [Hrsg.]: »Infrastruktur nationaler und internationaler Förderung bürgerschaftlichen Engagements«, Münster, im Juni 1997)

Die Aktivitäten und Tätigkeiten des Dritten Sektors finden ihre Grenze nicht in diesem oder jenem, was a priori verboten, ausgeschlossen oder undenkbar wäre, sondern in der Kommerzialisierung auf der einen und in der Verstaatlichung auf der anderen Seite. Nicht, *was* geschieht und getan wird, sondern *wie* es geschieht und getan wird, ist das entscheidende Kriterium für den Dritten Sektor: »Die Stärke des Non-Profit-Sektors liegt darin, daß er Vertrauen produziert. Das können weder der Staat noch der Markt. Im Non-Profit-Bereich finden sich mehr Menschen, die inhaltlich, nicht nur monetär motiviert sind. Er ist Produzent gesellschaftlicher Werte.« So hat es Christoph Badelt, Professor an der Wiener Wirtschaftsuniversität und ein Experte auf diesem Gebiet, einmal formuliert.

Als Produzent gesellschaftlicher Werte, als Anbieter sinnvoller Tätigkeiten für Menschen, die sonst nur von den Wohlfahrtsschecks der Sozialbürokratien, nicht aber für eine Aufgabe leben würden, findet der Dritte Sektor seine Wachstumspotentiale vor allem in den folgenden Bereichen:

- *im Umweltbereich:* Dazu gehören Verschmutzungskontrollen, Landschaftspflege, Abfallmanagement.
- bei den *personenbezogenen sozialen Dienstleistungen:* Kinderbetreuung, Tagesmütter, Altenbetreuung, einschließlich der privaten Dienstleistungen für Familien und im Haushalt.
- *im kulturellen und im Freizeitbereich:* Hier könnte sich der Bogen spannen von Freizeit- und Urlaubsberatungen über Renovierung von Kulturgütern bis hin zu Aus-, Fort- und Weiterbildungsangeboten, die in Zukunft nicht mehr auf einem derart reglementierten »Markt« angeboten werden müsssen, wie das gegenwärtig der Fall ist.
- Transport, Entrümpelung, Wohnumfeld.
- handwerkliche Arbeiten, Reparaturen.
- audiovisuelle Aktivitäten: Die Arbeit der Internet-Freaks wird gleitende Übergänge haben. Viele werden aus ihrem Hobby eine Beratungstätigkeit für andere entwickeln und dabei auf große Nachfrage stoßen.

Es ist ein weites, und es ist ein neues Feld. Auch hier gilt, was für die gewerbliche Wirtschaft und ihre Ordnung, den Markt, selbstverständlich war und ist: Niemand kann im vorhinein sagen, was sich wie entwickeln wird. Wer auf das Ziel wartet, bis er den ersten Schritt tut, wird nie ankommen. Schon der Versuch, Sicherheit über Ergebnis und Ziel haben zu wollen, verrät wenig Phantasie und außerdem ein zentralistisches, obrigkeitliches Denken. Die berühmte Garage von Bill Gates stand im Dritten Sektor. Markt und Wettbewerb, Dezentralisierung und der Abbau von Diskriminierungen lösen einen innovativen Suchprozeß aus, sie mobilisieren Phantasie, Ideen und Wissen, von denen sich am Anfang niemand hat etwas träumen lassen. Die Argumente, die vor Jahrzehnten in Deutschland die marktwirtschaftliche Ordnung theoretisch und politisch begründet und durchgesetzt haben, taugen auch dazu, den Dritten Sektor aus seinen Fesseln zu befreien. Es sind liberale Argumente für soziale Ziele und Zwecke.

Wo soll das alles stattfinden? – Die Frage nach den Orten und Räumen

Diese Frage ist rasch beantwortet. Die Antwort besteht aus zwei banalen Hinweisen. Zum einen: Ideen suchen sich, wenn man sie nur läßt, ihre Räume ganz von selbst. Wie gesagt: Bill Gates Garage stand im Dritten Sektor. Nicht in einer staatlichen Bürokratie, nicht in einem großen Unternehmen. Zum anderen: Gerade im sozialen Bereich, bei Initiativen, Selbsthilfegruppen, Mütterzentren, könnte viel Sinnvolles mit wenig Geld bewegt werden, wenn die Gemeinden oder auch die großen Wohlfahrtsverbände Räume zur Verfügung stellen oder sich auch nur an Miete und Heizungskosten beteiligen. Räume stehen leer, zum Beispiel in den Schulen am Nachmittag, und Kinder und Jugendliche wissen derweil nicht, wohin. Die Not freilich macht auch hier erfinderisch, und es ist kein Zufall, daß gute Beispiele hier gerade aus den neuen Bundesländern kommen: Kindergärten, die sonst geschlossen werden müßten, werden von Elterninitiativen übernommen. Die Räume öffnen sich für Kindergeburtstage und andere Feste, die Familien in beengten Wohnverhältnissen ohnehin nicht zu Hause feiern können. Es kommt Leben in die Nachbarschaft und diese oder jene Mark in die Kasse der Elterninitiative. Hinter der ganz prosaischen

Raumfrage steckt die zentrale Anfrage an unsere Gesellschaft: Ob sie genügend soziale Räume hat und will für Kinder, Familien, sozial engagierte Initiativen und Gruppen. Jeder Sozialdezernent, jeder Bürgermeister hat es in der Hand, auf diese Frage Antworten zu geben oder auch nicht.

Gemeinwesen und Dritter Sektor als Orte der Existenzsicherung

Die Trierer Sozialpädagogin Susanne Elsen schildert in einem wichtigen Beitrag über gemeinwesenorientierte Ökonomie konkrete Beispiele, wie durch genossenschaftliche Organisationen auch in den »Kulturen der Armut« vorhandene Kompetenzen genutzt und soziale Potentiale erschlossen werden können: »Im ›sozialen Brennpunkt‹ des Stadtteils Trier-Nord hat, wie im gesamten südwestdeutschen Bereich, Schrotthandel eine lange Tradition. Die Männer, die in diesem Bereich als Unternehmer tätig sind, genießen in ihrem Wohngebiet ein hohes Ansehen. Dies gründet auf der Tatsache, daß sie unter den widrigsten Bedingungen eine höchst anspruchsvolle unternehmerische Tätigkeit betreiben. Im Gegensatz zu herkömmlichen Unternehmen genießen sie keinerlei Subventionen und Vergünstigungen. Sie erhalten keine Investitionshilfen und kommen nicht in die Vorteile einer starken berufsständischen Organisation. Sie arbeiten mit absolut unzureichenden Produktionsmitteln, mit schrottreifen Fahrzeugen, werden gesellschaftlich geächtet und müssen sich häufig mit Anzeigen und Mängelrügen rumschlagen. Neben ihrem eigenen Unterhalt und meist auch dem ihrer Familien sind sie zuverlässige ›Arbeitgeber‹ für den notwendigen Nebenverdienst anderer Menschen im Gemeinwesen. Tatsache ist, daß die Schrotthändler in einem wichtigen Sektor tätig sind, der in das örtliche Wertstoffkonzept integriert werden müßte. Die Förderung dieses traditionellen Ansatzes ökonomischer Selbsthilfe bestünde primär in der Anerkennung, Beratung und Gewährung materieller Hilfen, die auch anderen örtlichen Unternehmern zustehen. Darüber hinaus ist die Schulung, Aus- und Fortbildung in diesem umweltrelevanten Bereich in einer adäquaten und kulturspezifischen Weise notwendig. Lager- und Sortieranlagen, Werkstätten zur Fahrzeugreparatur, Recyclinganlagen und Verkaufsstellen für Gebrauchtwaren könnten Bestandteile eines Entwicklungskonzeptes

sein. Gemeinsame Dienstleistungseinrichtungen mit anderen Stadtteilbetrieben, wie etwa die Buchhaltung, sind sinnvoll. Eine gute berufsorientierte Steuerberatung und Rechtsvertretung könnte ebenfalls sinnvoll sein, wenn die Menschen, die sich unter den widrigsten Bedingungen als Konkurrenten um knappe Ressourcen gegenüberstehen müssen, ihre gemeinsamen Interessen selbstbewußt vertreten könnten.
Unsere langjährigen Erfahrungen im Stadtteil Trier-Nord haben uns gezeigt, daß gemeinwesenorientierte Tätigkeitsfelder und die gemeinsame Arbeit für das eigene Gemeinwesen aufgrund direkt wirksamer Verstärkungsmechanismen auch ›arbeitsmarktferne‹ Gruppierungen zu beachtlicher Identifikation mit dem gemeinsamen Ziel zu motivieren vermögen. Häufig entsteht der Eindruck, daß Kompetenzen lange auf ihre Befreiung gewartet haben.« (Susanne Elsen: »Gemeinwesen als Orte der Existenzsicherung«, in: Heinz A. Ries/Susanne Elsen u.a. [Hrsg.]: Hoffnung Gemeinwesen, Neuwied 1997)

Im übrigen wird es auch hier so sein wie überall auf diesem weiten, unübersichtlichen Gelände des Dritten Sektors: Die räumlichen und sozialen Orte, wo sich diese Aktivitäten abspielen, werden sehr bunt und sehr verschieden sein. An dem einen Ende der Möglichkeiten werden weiterhin soziale Bürokratien zu finden sein, an dem anderen Ende werden wir neue Sozialfiguren wiedererstehen sehen wie den privaten Hauslehrer, und diesen – keine Angst – durchaus nicht nur für Reiche. Warum sollten nicht Lehrer, die den Streß einer ganzen Klasse nicht mehr ertragen, jungen Ausländern Deutschunterricht geben, im Auftrag sozialer Einrichtungen? Was im internationalen Bereich längst selbstverständlich und heilsam ist, der wachsende Einfluß von NGOs, also nichtstaatlicher Organisationen, auf den Gang der Dinge und auf die Entwicklung von unten, das wird sich auch im sozialen Leben in unseren Städten und Gemeinden mehr und mehr durchsetzen: der wachsende Einfluß von CBOs, von *Community Based Organisations*. Und was sie sind und (möglich) machen, das wird sich nicht unter einem Etikett beschreiben lassen. Auch nicht unter dem Stichwort »Bürgerarbeit«.

Bürger*arbeit?*

Wie stark das Paradigma der *Arbeits*gesellschaft auch in jenen verwurzelt ist, die es ausdrücklich und mit guten Gründen kritisieren, zeigen die Vorstellungen der Zukunftskommission der Freistaaten Bayern und Sachsen zum Thema »Bürgerarbeit«. Es gibt wenige andere Untersuchungen, die so scharfsinnig und empirisch so gut belegt den »tiefgreifenden Umbruch der arbeitnehmerzentrierten Industriegesellschaft« analysiert haben wie die drei Berichtsbände dieser Kommission. Aber so wie dem König Midas einst alles zu Gold wurde, was er anfaßte, so wird heute (fast) allen alles zur Arbeit, was sie andenken. Es gibt Trauerarbeit, Lernarbeit, Beziehungsarbeit, Trennungsarbeit und jetzt, geadelt durch Ulrich Beck, auch noch »Bürgerarbeit«, und es wäre keine richtig deutsche Kommission, wenn sie das freie Gelände nicht gleich wieder abgrenzen und einhegen würde – mit (Wohlfahrts-?)»Ausschüssen für Bürgerarbeit«, Projektleitern, Verbotsschildern (keine Bezahlung, »stehen dem Arbeitsmarkt nicht zur Verfügung ...«). Wenn das schon am grünen Holze geschieht ...!?

Erwerbsarbeit durch Bürgerarbeit ergänzen »Zugleich mit der Erhaltung und Schaffung marktgängiger Arbeitsplätze im Niedriglohnbereich soll der Wandel von der arbeitnehmerzentrierten Industrie- zur unternehmerischen Wissensgesellschaft flankiert werden durch die Erschließung nicht-marktgängiger, aber gemeinwohlorientierter Arbeit: Bürgerarbeit. Durch diese Bürgerarbeit sollen zum einen die Folgen des Bedeutungsschwundes von Erwerbsarbeit in Teilbereichen der Volkswirtschaft und der mit ihnen einhergehenden Krise des Sozialstaates gemildert werden. Zum anderen soll durch sie der zunehmenden Individualisierung der Gesellschaft Rechnung getragen und einer möglichen Erosion der Demokratie vorgebeugt werden ...

Die Bürgerarbeit wird nicht ent-, aber immateriell und materiell belohnt. Die immaterielle Belohnung besteht in der Erlangung von Qualifikationen und Ehrungen. Materiell erhalten diejenigen ein Bürgergeld, die hierauf existentiell angewiesen sind. Die Vorausetzungen sind die gleichen wie bei Gewährung von Sozial- bzw. Arbeitslosenhilfe. Die erforderlichen Mittel werden den Haushalten der Sozial- und Arbeitslosenhilfe entnommen. Doch sind die Bezieher von Bürgergeld – bei sonst gleichen Voraussetzungen – weder Empfänger von Sozial- noch von Arbeitslosenhilfe. Auch stehen sie während einer Projektbeteiligung dem Arbeitsmarkt nicht zur Verfügung, es sei denn, sie wünschen das. Sie sind keine Arbeitslosen.« (Kommission für Zukunftsfragen der Freistaaten Bayern und Sachsen: *Erwerbstätigkeit und Arbeitslosigkeit in Deutschland – Entwicklung, Ursachen und Maßnahmen,* Teil III, Bonn 1997)

Mit wessen Unterstützung *oder:* *Wer soll das alles bezahlen?*

Quibus auxiliis? Wer waren, wer sind die »Helfershelfer«? Nicht nur für die Aufdeckung eines Verbrechens ist das eine wichtige Frage. Auch wenn es um eine andere, um eine bessere Gesellschaft geht, um soziales Leben jenseits von Markt und Staat, stellt sich die Frage: Woher kommt die finanzielle Unterstützung? Wer soll das alles bezahlen? Bei Julius Gaius Caesar waren die »auxilia« die Hilfstruppen, die den Nachschub sicherstellten und so während des »Bellum Gallicum« die militärischen Erfolge in fernen Ländern möglich machten. Heute geht es um zivile Erfolge beim Übergang in eine andere, noch unbekannte Formation der Gesellschaft. Diese Erfolge zählen nicht weniger als damals militärische Siege. Aber hier wie dort braucht es mehr als gute Worte: Woher soll das Geld kommen?

Finanzfragen sind Wertfragen. An den Antworten läßt sich ablesen, was einer Gesellschaft wirklich wichtig ist. Die Bürgergesellschaft ist kein Billigangebot, und sie ist schon gar nicht gratis zu haben. Einige Non-Profit-Unternehmen werden sich im Lauf der

Zeit selbst finanzieren. Andere Aufgaben des Dritten Sektors liegen im öffentlichen Interesse und bleiben ohne öffentliche oder gesellschaftliche Unterstützung liegen. Vor allen Finanzierungsmethoden steht deshalb die Grundfrage eines neuen gesellschaftlichen Ausgleichs zwischen Staat, Wirtschaft und Drittem Sektor, genauer: die Frage der Umverteilung von der globalen Gesellschaft/Wirtschaft hin zur lokalen Gesellschaft/Wirtschaft. In der Sprache der ökonomischen Theorie: Es geht um die externen sozialen Kosten als Folgen von individuell rationalem Verhalten von Unternehmen und anderen wirtschaftlichen Akteuren.

Die ökologische und die soziale Frage: Ein neues Leitbild

Das Problem ist bekannt: Der internationale Wettbewerb zwingt Unternehmen zu rationalisieren. Die Rationalisierungsgewinne fallen beim Unternehmen als Kostenvorteile an, die Rationalisierungsverluste fallen bei der Gesellschaft als soziale Kosten zunächst in Form höherer Arbeitslosigkeit, später möglicherweise als soziale Desintegration in Städten und Gemeinden an. Für Unternehmen ist es rational, Gewinne zu maximieren und soziale Kosten zu externalisieren, so wie es im sozialen Bereich »vernünftig« ist, für seine einbezahlten Beiträge möglichst viel »herauszuholen«. Wenn das aber alle tun, dann führt die individuelle Rationalität zu einem kollektiven Desaster.

Die Zusammenhänge sind nicht neu und nicht auf das Thema Arbeitslosigkeit beschränkt. In ähnlicher Weise war es betriebswirtschaftlich vernünftig, die Umweltkosten der Produktion zu externalisieren und auf die Umwelt abzuwälzen. Inzwischen hat sich das Leitbild geändert. Wichtig für das Umdenken war der Bericht des Club of Rome von 1972 über die Grenzen des Wachstums. Danach hat sich in der Politik und in der Lebenswelt der Menschen (Mülltrennung) ein neues Leitbild durchgesetzt: Wachstum ja, aber nicht um den Preis einer Verwüstung der natürlichen Umwelt. Eine neue Balance zwischen Ökonomie und Öko-

logie wurde gesucht, langsam, mühsam, stockend, aber Richtung und Leitbild hatten sich geändert. Und mit dem Leitbild, je mehr es sich weltweit durchsetzt, ändert sich auch langsam die wirtschaftliche Rationalität: Nun haben jene einen Vorteil, die sich früh auf die ökologische Frage eingelassen und sie bei der Produktion berücksichtigt haben.
Jetzt geht es um einen vergleichbaren Paradigmenwechsel bei *der* neuen sozialen Frage, die Globalisierung, Digitalisierung und Individualisierung aufwerfen. Eine Entwicklung ist vorstellbar und, jedenfalls auf mittlere Sicht, auch *ökonomisch* vorteilhaft, bei der unglaubliche Rationalisierungsgewinne bei den Unternehmen als Wettbewerbsvorteile anfallen, die aber gleichwohl, als externe Kosten, den Standort Deutschland sozial verwüsten würden. Wirtschaftliche Prosperität um den Preis der sozialen Stabilität. Materieller Reichtum in einem unwirtlichen Land.

Die sichtbare Hand über dem Abgrund

In dieser Lage sind drei Reaktionen denkbar. Die erste: Man findet sich damit ab nach dem Motto: Lieber soziale Schäden riskieren, als den Standort Deutschland wirtschaftlich zu ruinieren. Die zweite: Man versucht, das Rationalisierungstempo zu verlangsamen, den technologischen Fortschritt abzubremsen, die traditionelle Arbeitsgesellschaft zu schützen und dies alles nach dem Motto: Lieber wirtschaftliche Schäden riskieren, als das deutsche und europäische Modell sozial zu ruinieren. Die dritte Möglichkeit: ein neuer »contrat social« zwischen Wirtschaft und Gesellschaft unter der Moderation des Staates, ein Sozialvertrag, in dem sich alle Seiten auf zwei Maximen einigen, nämlich:

- die Gesellschaft im Sozial- und Bildungswesen so zu restrukturieren, daß der wirtschaftliche Standort Deutschland wettbewerbsfähig bleibt. Diese Maxime formuliert die *ökonomische Verantwortung des Sozialen*.

- Die zweite Maxime: einen Teil der Rationalisierungsgewinne, einen Teil des wirtschaftlichen Reichtums der Nation, in die Gesellschaft zu investieren mit dem Ziel, das Land sozial zu kultivieren, wo sonst soziale Verwüstungen drohen. Diese Maxime formuliert die *soziale Verantwortung der Wirtschaft*.

Beide Maximen zusammen schlagen eine Brücke über den Abgrund, der sonst die Gesellschaft zerreißt. Dieser neue Vertrag formuliert die gemeinsamen Anstrengungen, eine Art Lastenausgleich zwischen Staat, Wirtschaft und Gesellschaft. Alle müssen neu denken. Vor allen Einzelfragen steht eine öffentliche Debatte über geteilte Werte: gemeinsame Verantwortung. Einen ökonomischen und sozialen Lastenausgleich.

Was der Staat tun kann

Auf den Staat kommen durch einen solchen Vertrag mehr und andere Aufgaben zu, als Geld zu verteilen und Gebote/Verbote zu erlassen. Nötig ist einmal ein anderer *Sozial*staat: Die Arbeitslosigkeit und die Bekämpfung der Armut kosten schon jetzt viel Geld. Diese sozialen Ausgaben dienen überwiegend dem sozialen Konsum, und oft kann es auch gar nicht anders sein: wenn alte Menschen von ihrer Rente leben oder andere von der Sozialhilfe. Oft wären die Mittel freilich besser angelegt, wenn sie nicht für den sozialen Konsum, sondern als soziale Investition in Menschen und Strukturen ausgegeben würden. Ein Teil der Finanzierung des Dritten Sektors könnte also über die Umwidmung von Sozialtransfers in langfristige Lohnkostenzuschüsse erfolgen, mit denen dann auch Betriebe im Dritten Sektor aufgebaut werden könnten.

Und wir brauchen zum anderen einen anderen Sozial*staat:* Wenn gegenwärtig Bund, Länder und Gemeinden aktiv sind, dann bedeutet dies vor allem: Umverteilung aus sozialen Gründen und Bereitstellung sozialer Einrichtungen. Der Sozialstaat hat sich als ein verteilender und als ein anbietender Staat etabliert. Nun bleibt die Rolle des Staates wichtig gerade für eine Gesellschaft, die eine neue Balance zwischen Staat, Wirtschaft und Drittem Sektor sucht. Die Frage, ob mehr oder weniger Staat, führt in die falsche Richtung. Es wird ein *anderer* Staat sein müssen. Ein Staat, der vor allem investiert: in Menschen und in soziale Infrastrukturen. Ein *investierender Staat*. Ein die sozialen Aktivitäten und die unternehmerischen Potentiale der Menschen *ermöglichender* und *unterstützender Staat*. In Deutschland und Europa ist es ein vertrauter und anerkannter Gedanke, daß der Staat die *wirtschaftlichen Infrastrukturen* vorzuhalten hat, damit die Wirtschaft blühen und gedeihen kann. Was geschieht, wenn man eine Marktwirtschaft einführt, nicht aber daran gedacht hat, die nicht-ökonomischen Voraussetzungen zu schaffen, konnte man nach 1989 allenthalben in den ehemals sozialistischen Ländern beobachten. Weder der wirtschaftliche noch der soziale Erfolg einer Gesellschaft kommt von selbst. Warum ist es so schwer zu verstehen, daß es in gleicher Weise Aufgabe des Staats, des Bundes, der Länder und der Kommunen ist, die *sozialen Infrastrukturen* vorzuhalten, damit die Gesellschaft blühen und gedeihen kann, wie es auch ihre Aufgabe ist, die wirtschaftlichen Infrastrukturen vorzuhalten?

Was Wirtschaft und Unternehmen tun können

Rationalisierungsgewinne entstehen, weil der Faktor Arbeit an Bedeutung für die Wertschöpfung verliert. Wichtiger werden Wissen und Humankapital. Die Produktions- und Produktivitätssteigerungen werden heute und morgen weniger durch den traditionellen Arbeitseinsatz und mehr durch Kapital-, Informations- und Managementeinsatz erwirtschaftet.

Damit aber stellt sich die Frage, warum andere Formen der Wertschöpfung nicht auch andere Formen der Abschöpfung nach sich ziehen sollen. Da Information und Kommunikation immer wichtiger werden für die Wertschöpfung, denken manche an eine Informations- und Kommunikationssteuer. Andere, wie etwa die

Ministerpräsidentin Heide Simonis, schlagen, als Ausdruck einer »neuen Solidarität zwischen Kapital und Arbeit«, eine »kommunale Wertschöpfungsteuer« vor, auf breiter Steuerbasis und mit niedrigen Steuersätzen, und sehen darin eine verläßliche Finanzierungsquelle für die Beschäftigungspolitik der Städte und Gemeinden. Jeremy Rifkin denkt an die Besteuerung eines »kleinen Anteils von Vermögen, das durch die neue Cyberspacewirtschaft geschaffen wurde«.

»An erster Stelle steht die Gemeinschaft« Der US-Amerikaner Jeremy Rifkin, Autor des Buches *Das Ende der Arbeit und ihre Zukunft,* zu den Perspektiven des Dritten Sektors: »Was wir den Deutschen zu sagen haben, ist: Ihr habt eine Gesellschaft, die sich aus der Asche der Niederlage herausgezogen und buchstäblich den humanitärsten Sozialkontrakt in der Geschichte der Menschheit geschaffen hat. Die Deutschen haben dies fertiggebracht und die Skandinavier. Es ist doch lächerlich, sich dafür zu entschuldigen. ... Die Deutschen sollten sich fragen, wie man ihren Sozialstaat mit den Bedingungen des Informationszeitalters in Einklang bringt. Ich bin kein Freund des Mindestlohnes. Ich glaube, man benötigt etwas anderes, *Incentives,* Anreize. Wir müssen verstehen, daß es im Dritten Sektor sehr viele Betätigungsmöglichkeiten gibt. An erster Stelle kommt nicht der Markt oder die Regierung, sondern die Gemeinschaft. Man muß darüber nachdenken, wie man einen kleinen Teil der Steuern dazu verwendet, auf lokaler und regionaler Ebene bezahlte Arbeit zu schaffen, im Sport- oder Kulturbereich, im Umweltschutz oder in der Sozialarbeit. Es gibt da tausend Möglichkeiten ... Meiner Meinung nach würde eine fünfprozentige Steuer auf Hochtechnologie-Produkte nicht deren Verbreitung stoppen. Die Steuer müßte zweckbestimmt sein, auf kommunaler Ebene Arbeit anzubieten. ... Entscheidend wäre es, daß die organisierte Arbeitnehmerschaft den Dritten Sektor als Partner erkennt. Denn das ist die einzige Säule des Staates, die noch soziales Vertrauen erzeugt.« (»Hans-Herbert Holzamer im Gespräch mit Jeremy Rifkin«, in: *Süddeutsche Zeitung* vom 4./5. Oktober 1997)

Eine internationale Börsenumsatzsteuer (Tobin-Tax), deren Erträge in den Dritten Sektor fließen könnten, wäre eine feine Sache, nur hat bisher noch niemand eine Antwort gefunden auf die Frage, wie denn die internationalen Finanzmärkte reagieren würden, wenn in Frankfurt, London, Paris, nicht aber in der Wallstreet oder in Tokio eine solche Börsenumsatzsteuer erhoben würde.
Einen interessanten Vorschlag hat der stellvertretende Vorsitzende der IG Metall gemacht. Ausgehend von der Überlegung, daß sich »die Tarifpolitik in Zukunft neuen Leitbildern öffnen« muß, beispielsweise »der Ressourcenschonung und anderen ökologischen Aspekten«, hat Walter Riester angeregt, »ein Prozent der Lohn- und Gehaltssumme« für Fragen der Ökologisierung der Produktion zu verwenden. Ein Gedanke, der sich ausdehnen läßt auch auf die sozialen Ressourcen einer Gesellschaft und zur Bewältigung der externen Folgen einer hochrationalisierten Produktion, von der ja auch die Kernbelegschaften in Form hoher Löhne profitieren werden. Warum also nicht je ein halbes Prozent der Lohn- und Gehaltssumme für jedes der beiden Ziele? In die gleiche Richtung zielt der Vorschlag einer ökologischen Steuerreform, den Bündnis 90/Die Grünen seit Jahren in der Diskussion halten.
Viele vernünftige Vorschläge sind in einer globalisierten Welt schwer durchzuführen. Es ist wenig damit gewonnen, das gute Gewissen zu beruhigen und als unbeabsichtigte Folgen solcher Vorschläge die Situation eher zu verschlechtern, weil das Kapital abwandert. Doch dieser Einwand stellt um so dringlicher die Frage nach anderen »immobilen« Finanzierungsquellen wie zum Beispiel Mehrwert- und Mineralölsteuer sowie Steuern und Abgaben auf Grund und Boden, zumal dann, wenn diese durch öffentliche Planung und Erschließung an Wert gewinnen (Planungswertausgleich). Vor allem aber: Dieser Einwand spielt den Ball an Wirtschaft und Unternehmen zurück. Sie müssen sagen, welche Folgen der neue Sozialvertrag für sie hat, wenn sie ihn denn akzeptieren, und was sie als gesellschaftliche Akteure tun können, um ihrer

sozialen Verantwortung gerecht zu werden. Warum sollten Unternehmen nicht stärker aktiv werden, wenn es darum geht, in ihre soziale Umwelt zu investieren, damit diese die Folgen einer hochproduktiven Wirtschaft leichter auffangen kann? Über die Unterstützung einzelner sozialer Projekte hinaus könnten sie die Initiative ergreifen für die Gründung von Dritte-Sektor-Fonds, wie sie etwa der Ökonom Klaus Gretschmann vorgeschlagen hat. Dabei wird Geld akquiriert und aktiviert für einen Fonds, um es Projekten und Initiativen im Dritten Sektor zur Verfügung zu stellen: »So sehen die potentiellen Anleger, daß mit ihrem Geld etwas Sinnvolles gemacht wird, und akzeptieren einen entsprechenden Renditeabschlag für ihr eingesetztes Kapital.« Eine ähnliche Absicht und Wirkung haben die »Community Foundations«, die in den Vereinigten Staaten aus Spenden, Erbschaften und Aktienpaketen beträchtliche Summen für soziale Zwecke aufbringen. In Deutschland ist 1997 mit Unterstützung der Bertelsmann-Stiftung in Gütersloh die erste derartige Stadt-Stiftung gegründet worden.

Die kirchlichen Hilfswerke Adveniat, Misereor und Brot für die Welt zeigen, daß auch hierzulande eine beträchtliche Spendenbereitschaft besteht, wenn es gelingt, die richtigen Motive und Zwecke anzusprechen. Jenseits der kirchlichen Werke ist diese Fähigkeit unterentwickelt. Man sollte den Kapitalismus an seiner stärksten und an seiner schwächsten Stelle zugleich nehmen. Seine starke Seite ist die Akkumulierung von Kapital. Seine schwache Seite ist das Vakuum an Moral, das er aufreißt und nicht schließen kann. Auch der erfolgreichste, weil gewinnmaximierende Kapitalist hat nicht nur »selfish interests«, ist nicht nur auf den eigenen Vorteil bedacht, sondern hat auch ein Interesse an seinem moralischen Selbst, an seiner sozialen Respektabilität – und daß diese auch öffentlich bekannt werde. Es gibt eine Brücke zwischen Profit und dem Wunsch nach Unsterblichkeit: gutes Geld für gute Zwecke. Man kann es geben, und man muß es nehmen. Das setzt einen mentalen Wandel auf beiden Seiten voraus. Es gibt im Non-

Profit-Bereich ein tiefsitzendes Vorurteil gegen Profit. Nur öffentliches Geld ist danach gutes und reines Geld. Privates Geld ist durch Profitstreben besudelt und entweiht, also denken keusche Sozialarbeiter auch gar nicht daran, neue Wege im »Social Sponsoring« zu gehen. Man sieht: Vorurteile sind auf beiden Seiten der alten Barrikaden zu überwinden. Aber nicht nur Vorurteile, sondern auch ein altertümliches Stiftungsrecht.

Deutschlands Reiche sollen stiften: Ein Vorschlag von Antje Vollmer »Der Notstand der öffentlichen Kassen steht im Widerspruch zur privaten Wohlstandsentwicklung. Pro Jahr werden in der Bundesrepublik 300 Milliarden Mark vererbt, Tendenz steigend. Allein bis zum Jahr 2002 werden Vermögen in Höhe von 2 Billionen Mark von der Gründergeneration der Bundesrepublik in die Hände ihrer Nachfolger fließen. Eine gewaltige Summe.

Politiker aller Parteien wollen den Staat künftig stärker am Erbschaftsstrom beteiligen. Die Koalition hat sich zu einer moderaten Erhöhung der Erbschaftsteuern durchgerungen, bei SPD und Grünen sind höhere Steuersätze vorgesehen. Einen anderen als den etatistischen Weg hat jetzt Bundestagsvizepräsidentin Antje Vollmer angeregt. Mit einem Gesetzentwurf will sie die Gründung von Stiftungen erleichtern, den steuerlichen Anreiz für gemeinnützige Initiativen verbessern und die Bereitschaft zu privatem Engagement für öffentliche Zwecke erhöhen. Geht es nach der grünen Politikerin, soll Privatinitiative künftig eine ergänzende Rolle gegenüber staatlichen Aktivitäten spielen.

In den USA belaufen sich allein die *Erträge* privater Stiftungen auf vierzig Milliarden Mark pro Jahr, hierzulande liegt das *Gesamtvermögen* aller Stiftungen in dieser Größenordnung. Gab es um die Jahrhundertwende noch um die 100 000 Stiftungen in Deutschland, so sind es heute gerade noch 8000 bis 10 000. Genaue Zahlen fehlen.

Der jetzt vorgelegte Gesetzentwurf von Antje Vollmer will neben der steuerlichen Förderung vor allem die bestehende Rechtsunsicherheit über die Gründungserfordernisse einer Stiftung beseitigen. So soll es künftig – bei Einhaltung formaler Kriterien – ein ›Recht auf Stiftung‹

geben. Das bisherige Konzessionssystem, laut Antje Vollmer ›ein Relikt obrigkeitsstaatlichen Denkens‹, in dem der Staat sein Mißtrauen gegenüber bürgerlichem Engagement zum Ausdruck bringt, wird abgeschafft.
Mindestens ebenso wichtig wie verbesserte rechtliche Rahmenbedingungen ist allerdings die öffentliche Debatte über die Rolle von Stiftungen für die gesellschaftliche Innovation. ›Wir werben ausdrücklich darum, daß der unbekannte Reiche sich endlich vor Ort in einem mit ihm identifizierbaren Projekt outet‹, erklärt die Bundestagsvizepräsidentin. Damit Stiftungen nicht eine Form des Engagements für die Superreichen bleiben, sieht der Gesetzentwurf auch ›Sammelstiftungen‹ vor, in die verschiedene Stifter ihre ›Kompetenz, ihre Ideen und ihr Geld‹ für gemeinnützige Zwecke einbringen können.
Ausdrücklich richtet sich dieses grüne Vorhaben an die Generation der 68er. Antje Vollmer sieht darin die Chance einer eigenen sozialen und kulturellen ›Generationenhandschrift‹ im demokratischen Gemeinwesen.« (Matthias Geis: »Der Großzügigkeit auf die Sprünge helfen«, in: *Die Zeit* Nr. 49 vom 28. November 1997)

Den Dritten Sektor aus dem Schatten der Gesellschaft holen, damit all jene, die nicht mehr wie bisher über die beiden Königswege des Staats und des Markts sozial gerettet werden können, nicht in den toten Winkeln im Schatten der Gesellschaft passiv vor sich hindümpeln: das ist, in wenigen Worten, *die Idee*, die hinter dem Ganzen steht. Der Reichtum der Gesellschaft zeigt sich in ihrer Fähigkeit, die wirtschaftlichen und die sozialen Ressourcen zu aktivieren und zwischen beiden Bereichen eine positive, synergetische Beziehung zu schaffen.
Dazu braucht es Menschen, die etwas tun, etwas unternehmen: Unternehmer eben. Für den ersten Sektor der Gesellschaft, für die Wirtschaft, ist dies kein neuer Gedanke. Er gilt aber ganz genauso für den Dritten Sektor: Es braucht soziale Unternehmer, die etwas tun. Es braucht finanzielle Mittel (Kapital), damit etwas getan werden kann. Und es braucht Ideen, Wissen und Kön-

nen. Schließlich und nicht zuletzt bedarf es der richtigen Rahmenbedingungen, der geeigneten Ordnung, damit die Ideen, Mittel und Anstrengungen auch zu einem optimalen Ergebnis führen. Daß bei falschen Rahmenbedingungen auch fleißige und intelligente Zeitgenossen wenig erreichen können, dafür haben der real existierende Sozialismus im Osten und das real existierende Beamtentum im Westen viele Beispiele geliefert. Daß unter falschen Rahmenbedingungen nicht nur der ökonomische, sondern auch der soziale Sektor nicht gedeihen kann, kann man in Deutschland an vielen Beispielen studieren. Es ist die Ordnung, die den Unterschied macht.

All das ist, bezogen auf die Ordnung der Wirtschaft im engeren Sinne, bekannt, unstrittig und als Ordnungspolitik und -theorie breit entwickelt und ausführlich beschrieben. Um den Dritten Sektor zu stärken und aufzubauen, bedarf es, in vergleichbarer Weise, einer Ordnungspolitik für den Dritten Sektor, die dabei an alte Einsichten anknüpfen kann. Es geht darum, ein Stück neoliberaler Ordnungspolitik auch und gerade im Dritten Sektor zu verwirklichen, um auf diese Weise soziale Ziele und Zwecke besser erreichen zu können.

Die Stichworte sind bekannt: deregulieren. Restriktionen, Reglementierungen und Diskriminierungen abbauen. Was 1948 die Währungsreform war und das deutsche Wirtschaftswunder begründet hat, könnte heute eine Reform des Dritten Sektors sein und vielleicht ein kleines »Gesellschaftswunder« begründen. Wie damals vor der Währungsreform, wie in der früheren DDR vor 1989, behindern heute in ganz Deutschland eine Reihe von Vorschriften im Dritten Sektor die freie Entfaltung der sozialen Kräfte. Die Stichworte sind: Konkurrenzverbot. Zusätzlichkeitsgebot. Restriktive Kriterien der Gemeinnützigkeit. Keine Möglichkeiten der Kapitalbildung für freigemeinnützige Träger. Und der Staat wacht im Interesse der Gilden, Zünfte und Kammern eifrig und sorgfältig darüber, daß diese Diskriminierungen auch stets beachtet

werden, daß im Dritten Sektor nichts geschieht, was auch Handwerker machen könnten (zu einem vielfachen Preis) – was dazu führt, daß eben nichts geschieht.
Im Zentrum liberaler Ordnungspolitik steht bekanntlich der Gedanke des Wettbewerbs und der offenen Märkte. Warum gilt das nicht auch hier? Warum ist es so undenkbar, den ersten Sektor (die gewerbliche Wirtschaft) der Konkurrenz durch den Dritten Sektor auszusetzen?! Wettbewerb belebt auch hier das Geschäft.

Die gegenwärtige Lage ist freilich eine ganz andere. Mit viel Geld wird eine sogenannte aktive Arbeitsmarktpolitik subventioniert, deren Banner vor allem sozial engagierte Zeitgenossen hochhalten. Dabei sind ihre Ergebnisse eher dürftig, jedenfalls was die selbstgesteckten und auch vorgegebenen Ziele betrifft, nämlich Brücken zu bauen in den ersten Arbeitsmarkt. Man kann auch kurz und bündig von einer »öffentlichen Beschäftigungsillusion« sprechen, wie es der Gießener Sozialwissenschaftler Adalbert Evers tut. Das hat seine Gründe: Man schickt diese aktive Arbeitsmarktpolitik ins Rennen, mit allen guten Wünschen und vielen Hoffnungen, nachdem man ihr vorher die Beine gebunden hat.

Innere Widersprüche der staatlichen Beschäftigungspolitik

Achim Trube von der Universität Gesamthochschule Essen bringt das Dilemma auf den Punkt, wenn er schreibt: »Erobere mit denjenigen, die der Erste Sektor aus Gründen mangelnder Rentabilität ausgeschlossen hat – allerdings ohne Konkurrenz zu diesem – neue Marktsegmente und erwirtschafte dort unter Null-Summen-Spielbedingungen Erträge, die zur dauerhaften Finanzierung von Arbeitsplätzen reichen! Oder wenn Du das nicht schaffst, versuche die durch Arbeitslosigkeit Beeinträchtigten genau dem Arbeitsmarkt wieder ›anzudienen‹, der sie ausschloß, als sie noch nicht durch Arbeitslosigkeit stigmatisiert und depriviert waren, und das alles bei einer tendenziell sinkenden Anzahl von Arbeitsplätzen auf dem Markt.« (Achim Trube: »Der Dritte Sektor als Konkurrenz zum Ersten Arbeitsmarkt?«, in: *Zu-*

kunft der Arbeitsgesellschaft: Soziale Integration durch gemeinnützige Arbeit. Dokumentation des Kongresses der Landesregierung von Schleswig-Holstein vom 6. November 1996)

Eine Ordnungspolitik für den Dritten Sektor muß deshalb zuallererst diese Behinderungen abbauen und die Zugangschancen zum Markt erleichtern. Zu einer solchen Ordnungspolitik gehören unter anderem:

- »Der Abbau der staatlichen oder staatlich sanktionierten Schutzpolitik für den Ersten Sektor, das heißt zum Beispiel unter anderem die Ablösung des Zusätzlichkeitsgebots, des Konkurrenzverbots und der Ertragsverhinderung durch ein flexibel gestaffeltes Anreizsystem für die Beschäftigung von Dauerarbeitslosen sowohl im Hinblick auf den Dritten als auch im Hinblick auf den Ersten Sektor.« (Achim Trube)
- Poolung und Dezentralisierung sämtlicher (Förderungs-)Mittel für die bisher so genannte »aktive Arbeitsmarktpolitik« auf der lokalen Ebene, die sich damit konzeptionell, inhaltlich und finanziell ausweitet zu einer sozialen und ökonomischen Infrastruktur für den Dritten Sektor. Das bedeutet unter anderem:
- Ein Ende der zentralistischen Behörde namens »Bundesanstalt für Arbeit«, wie wir sie kennen. Ihre bisherige Doppelfunktion – Arbeitslosengeld und Arbeitslosenhilfe auszuzahlen und gleichzeitig Integration, Arbeitsvermittlung, Umschulung etc. zu betreiben – wird auf unterschiedliche Strukturen aufgeteilt:
- Die Funktion der traditionellen Arbeitslosenversicherung bleibt, wo sie ist, bei der Bundesanstalt für Arbeit. (Man könnte überlegen, ob sie andere Funktionen übernimmt, die gegenwärtig überhaupt noch nicht erfüllt werden, aber gesellschaftlich immer wichtiger werden: So schlägt der Publizist Martin Kempe vor, die alte Bundesanstalt »durch die Integration sozialer Tatbestände [zum Beispiel Pflegezeiten] in ihr Leistungsangebot zu einer ›besonderen

Form der Lebensversicherung‹« weiterzuentwickeln. Eine solche Bundesanstalt würde dann nicht nur finanzielle Transfers, sondern auch »soziale Zeiten« abrechnen.)

- Die Städte und Gemeinden werden zuständig für alle anderen Funktionen der bisherigen Bundesanstalt für Arbeit. Sie ermöglichen gesellschaftlich erwünschte und notwendige Arbeit. Sie sind verantwortlich für die soziale Integration der Menschen jenseits der Erwerbsarbeit. Die Kommunen erhalten mit den neuen Zuständigkeiten auch die dazu nötigen Mittel von der Nürnberger Bundesanstalt und von den Haushalten des Bundes und der Länder und/oder über einen anderen Finanzausgleich nach der Devise: Mehr Kompetenzen und mehr Ressourcen an die Basis der Gesellschaft.
- Ergänzt wird diese Gewährleistungspflicht der Kommunen durch einen individuellen Rechtsanspruch auf »Arbeit statt Sozialhilfe« für alle, die arbeiten können.
- Die Poolung sämtlicher Finanzzuwendungen (von Bund, Ländern und Gemeinden sowie der Bundesanstalt für Arbeit und der Europäischen Union) und die Dezentralisierung der operationellen Steuerung dieser Mittel auf lokaler Ebene sollen bewirken, daß die Mittel paßgerecht, zielgenau und synergetisch eingesetzt und daß die sozialen Transfers möglichst nicht als Konsum verbraucht, sondern als *soziale Investitionen in Menschen* getätigt werden.

Es wird deutlich: Es geht um mehr als nur um eine »Reform der Arbeitsverwaltung«. Es geht darum, den Dritten Sektor eigenständig zu begründen und zu legitimieren, zu organisieren und zu finanzieren. Das bedeutet keine Relativierung der globalen Wirtschaft und des Staats und von deren Bedeutung für Erwerbsarbeitsplätze. Aber es bedeutet eine entschiedene Aufwertung und Gleichrangigkeit des Dritten Sektors.

Diese Neugestaltung der Beziehungen zwischen Staat, Wirtschaft und Gesellschaft geht von einfachen Fragen aus:

- Wer trägt auf welche Weise zur Wohlfahrt der Gesellschaft bei?
- Wem kommt die Wohlfahrt der Gesellschaft auf welche Weise zugute?
- Wie läßt sich erreichen, daß möglichst alle Menschen diese Wohlfahrt sowohl mehren als auch genießen können? Also sowohl Konsumenten als auch Produzenten der gesellschaftlichen Wohlfahrt sind?

Der Reichtum der Gesellschaft: Zeit und Geld

Im Lauf der Zeit geschah es, daß die Wohlfahrt der Gesellschaft auf den ökonomischen Wohlstand der Nation verkürzt und daß dieser gemessen wurde am Bruttosozialprodukt. Es wächst von Jahr zu Jahr und mit ihm wächst, in dieser Logik, die Wohlfahrt der Gesellschaft. – Wirklich? Noch immer? In ökonomischer Hinsicht ohne Zweifel. Zwar gehören die hohen Wachstumsraten der fünfziger und sechziger Jahre weltweit und nicht nur in Europa und Deutschland der Vergangenheit an. Aber die Wirtschaft wächst weiter, auch wenn die Zuwachsraten inzwischen niedriger ausfallen. Dafür wird die produktive Basis, auf der diese berechnet werden, immer größer. Die Gesellschaft wird insgesamt wirtschaftlich nicht ärmer, sondern reicher.

Die steigende Arbeitslosigkeit aber, nicht nur ein deutsches, sondern ein europäisches Phänomen, *und* die bisher gescheiterten Versuche, diesen Trend wirksam zu wenden, zeigen aber schon rein äußerlich, daß der Zusammenhang zwischen wirtschaftlichem Reichtum und gesellschaftlicher Wohlfahrt zerrissen ist. Die Perspektive aus diesem Dilemma, die wirtschaftliche Prosperität und soziale Stabilität zusammendenkt, läßt sich über eine Aufwertung und einen Ausbau des Dritten Sektors erreichen.

Im Lauf der Zeit geschah es außerdem, daß Reichtum und Wohlfahrt nur noch in dem Medium *Geld* berechnet wurden, nicht mehr in der Zeit, die Menschen füreinander haben, nicht mehr in den Festen und Feiertagen, die sie miteinander begehen, nicht mehr in den Göttern, die sie miteinander verehrten. Das Geld als die einzige Währung für eine erfolgreiche Gesellschaft. Das gilt für Markt und Staat. In der *Markt*wirtschaft bekomme ich für meine Erwerbsarbeit Geld und kann mir dann dafür etwas kaufen. In der *Staats*wirtschaft oder im Sozial*staat* zahle ich Steuern, Abgaben, Beiträge und bekomme dafür Leistungen des Staats und Sozialtransfers, die in aller Regel in Geldeinheiten oder als geldwerte Sachleistungen bezahlt oder gewährt werden. Der Reichtum der Gesellschaft und der Menschen schlägt sich in monetären Einheiten nieder. Muß das auch in Zukunft ausschließlich so sein?

Man kann es auch anders und sehr einfach haben. Wenn eine Gesellschaft sich darüber verständigt hat, daß möglichst alle beitragen sollten zum Wohl und zum Gelingen des Ganzen; wenn eine Gesellschaft sich weiters darüber verständigt hat, daß auch alle in den Genuß des gemeinsamen Erfolges *(utilitatis communio)* kommen sollten, wobei durchaus sowohl Elemente der ausgleichenden *und* der austeilenden Gerechtigkeit, vulgo: Leistung, Beitragsäquivalenz und Caritas oder Diakonie zur Anwendung kommen können, dann könnte man sagen: Ein jeder soll das geben, was er (in Fülle) hat. Ein jeder soll das bekommen, woran er Mangel leidet. In Zukunft werden die Menschen weniger Arbeit und mehr Zeit haben. In der Vergangenheit hatten sie mehr Arbeit und weniger Zeit. Also macht es Sinn, nach neuen Wegen zu suchen.

In diese Richtung geht ein Vorschlag, den die Politikwissenschaftler Wolf R. Heinze und Klaus Gretschmann gemacht haben und der den Dritten Sektor weiters beleben würde. Wer eine bestimmte Zeitlang im gemeinnützigen Sektor gearbeitet hat, erhält »Sozialversicherungsgutscheine, die ihn berechtigen, bestimmte Anteile der Leistungen, die er selber erbracht hat, später einzuklagen«. In eine ähnliche Richtung zielt ein anderes Modell, das in der zweiten Hälfte der achtziger Jahre in den USA zur Debatte gestellt wurde: Steuern sollten nicht mehr nur in Geldeinheiten zahlbar sein, sondern auch in Beiträgen zu Aktivitäten im Dritten Sektor. Die Bürger haben in Grenzen die Wahlmöglichkeit, ob sie ihren »Beitrag zum Gemeinwohl in Geldleistungen oder über tatsächliche Sachleistungen durch eigenständige Arbeit in bestimmten als gemeinnützig betrachteten Bereichen« erbringen.

Wann *soll das alles geschehen?*

Auch diese Frage hat einen doppelten Aspekt. Wann ist damit zu rechnen, daß eine solche Orientierung in Politik und Gesellschaft Platz greift? Und: Wann sollen die Zeiten für den Dritten Sektor freigeschlagen werden, in der Gesellschaft insgesamt und in den Lebensläufen der Menschen?

Im gemeinnützigen Sektor geschehen viele gute Dinge. Insgesamt aber hat die Konzeption, die dahinter steckt, das Denken und Handeln in Politik und Gesellschaft eher behindert. Gemeinnützige Tätigkeiten und Einrichtungem sind etwas Schönes und Gutes. Beschäftigungsmaßnahmen sind besser als Arbeitslosigkeit. Solange sich allerdings eine Gesellschaft darauf verständigt hat, daß das für Mensch und Gesellschaft »Eigentliche« und »Wichtige« woanders abläuft, auf dem ökonomischen Markt oder über den Staat, kommen diese Bereiche aus den Nischen und aus dem Schatten der Gesellschaft nicht heraus. Den Ausgang aus der zum Teil selbst verschuldeten und oft genug beklagten Randständigkeit werden Jugendhilfe, Sozial- und Arbeitsverwaltung nur dann finden, wenn sie das Leitbild hinter sich lassen, ihre wichtigste Aufgabe bestünde darin, die Verletzten, Verwundeten, überhaupt die Verlierer der Modernisierung und Globalisierung aufzulesen, einzusammeln und zu versorgen. Als »Staubsauger, der all jene auffängt, die von der unsichtbaren Hand des Marktes in den Abgrund der globaltechnologischen Veränderungen getrieben worden sind« (wie es Klaus Gretschmann formuliert), hat der gemeinnützige, dieser vielfach behinderte Sektor der Gesellschaft, schlechte Karten für die Zukunft. Solange Markt und Staat und Familie, jeder für sich und alle gemeinsam, die großen Wachstums- und Sicherheitsdomänen der Gesellschaft waren, die das Leben großflächig abgedeckt haben, konnten sich gemeinnützige und ehrenamtliche Tätigkeiten tatsächlich auf den Rand der menschlichen und gesellschaftlichen Existenz beschränken. Doch das ist nicht länger der Fall. Was aus der Not der alten Arbeitsgesellschaft geboren wird, kann sich unter günstigen Bedingungen zu einem Kind der Lust auf eine angenehmere Gesellschaft auswachsen.

ZUSAMMEN*f*ASSUNG

1. Ein gutes und erfolgreiches Gemeinwesen gibt seinen Bürgern Luft und Raum für unterschiedliche Rollen, Interessen und Leidenschaften – als Staatsbürger, Wirtschaftsbürger, Sozialbürger, Familienmensch und/oder Privatperson. Eine Bürgergesellschaft braucht deshalb ein vernünftig geordnetes republikanisches Staatswesen, eine erfolgreiche Wirtschaft, »hilfreichen Beistand« für die Familien, den Schutz der Privatsphäre – und einen sozialen Raum, der öffentlich ist, aber nicht staatlich; freiwillig, aber nicht umsonst; bürgerlich, aber nicht privat. Dieser soziale Raum – *der Dritte Sektor* – ist in Deutschland unterentwickelt. Im Hinblick auf eine mögliche Bürgergesellschaft ist Deutschland ein Entwicklungsland.

2. Städte und Gemeinden sind die natürlichen sozialen Arenen des Dritten Sektors. Damit er sich besser entfalten kann, brauchen die Kommunen mehr politische Autonomie, also eine »Selbst«verwaltung, die diesen Namen auch tatsächlich verdient. Und sie brauchen mehr finanzielle Mittel in eigener Regie. Nötig sind deshalb Dezentralisierung und eine Poolung sämtlicher Ressourcen (für eine »aktive Arbeitsmarktpolitik«, für Kinderbetreuung, für eine soziale Infrastruktur) bei den Städten und Gemeinden.

3. Der Dritte Sektor braucht, um blühen und gedeihen zu können, nicht nur finanzielle Mittel, sondern auch qualifizierte und engagierte Menschen, die sich darauf verstehen, soziale Ressourcen zu mobilisieren und soziales Engagement *tutti quanti* zum Leben zu bringen (soziale Mäeutik). Zu diesem Zweck wird an den Schulen und Hochschulen, Krankenhäusern und Museen, an allen öffentlichen Einrichtungen und bei den Unternehmen eine kleine soziale »Task force« etabliert, mit ganz wenigen hauptamt-

lichen Mitarbeitern, deren Zahl und Bezahlung sich auf Dauer nicht danach richtet, wie viele Menschen sie betreuen, sondern danach, wie viele sie zu sozialem und bürgerschaftlichem Engagement bewegen können.

4. Soziale Aktivitäten werden nach Möglichkeit nicht länger dadurch finanziert, daß »Anträge« gestellt und von einem beamteten »Sachbearbeiter« dann beschieden werden – ein anonymer Prozeß, von dem die Öffentlichkeit keine Notiz nimmt. Die selbstbewußten Projekte, Initiativen, Bürger suchen nicht die Mauschelecken im wohlfahrtsstaatlichen Komplex, sie wollen die Öffentlichkeit, vor der sie sich legitimieren und wo sie Unterstützung finden. Der Dritte Sektor ist nicht eine Ansammlung von Fördertöpfen im politisch-gesellschaftlichen Halbdunkel, sondern eine öffentliche, republikanische Angelegenheit, bei der auch wettbewerbliche Elemente in den Dienst sozialer Zwecke gestellt werden: Die es am besten machen, bekommen das Geld. Wer die beste Idee hat, bekommt den Zuschlag. Der Staat, die Stadt, die Gemeinde schafft dafür den richtigen Rahmen und, wo nötig, die Ressourcen: indem sie die Nachfrage stärkt und nicht, indem sie die Anbieter subventioniert.

5. In einem solchen öffentlichen Ambiente hat der Dritte Sektor sein negatives, »soziales« Stigma verloren. In dem Maß, in dem sich beruflich erfolgreiche Menschen in dem früher so genannten »Ehrenamt« sehen lassen, wird es aufgewertet: materiell und ideell. Man kann das soziale Klima ändern. So wie es heute nicht mehr zum guten Ton gehört, sich öffentlich als ökologischer Trampel zu inszenieren, so kann es morgen gesellschaftlich geächtet sein, als sozialer Idiot (so hat Aristoteles jene bezeichnet, die sich nur um sich selbst kümmern) durch die Lande zu ziehen.

6. In einer entfalteten Bürgergesellschaft wird der Dritte Sektor ein eigenständiges Territorium behaupten, aber ohne Mauern und Grenzen. Es wird, ganz im Gegenteil, ein Land der Übergänge und der Aufbrüche sein: zu dem früher so genannten »ersten Arbeitsmarkt« und zu dem »öffentlichen Sektor«; in Phasen der Familie, des Nachdenkens oder auch des Faulenzens; in allerlei soziale und berufliche Abenteuer – Teil einer Gesellschaft der wechselseitigen Verpflichtung und der gemeinsamen Verantwortung. Vielfalt und soziale Fairneß, Aktivierung statt Betreuung, Ressourcen statt Defizite – das sind seine leitenden Ideen.

Epilog

ZUKUNFTSLAND.
Jenseits der Globalisierungsfalle

Zukunft braucht das Land. Es ist diese Botschaft, die sie alle immer wieder verkünden. Aber die geteilten Erfahrungen dieses Jahrhunderts, die guten wie die schlechten, haben Land und Leute eher unbeweglich gemacht. Es gibt Gründe für das, was manche Beobachter die *neue deutsche Lethargie* nennen, auch wenn sie damit allenfalls die halbe Wahrheit beschreiben.

Eine Erinnerung, die konservativ macht

- Da sind einmal *die schlechten Erfahrungen in der ersten Hälfte des 20. Jahrhunderts*: Als Antwort auf die Widersprüche und Verwerfungen der ersten Modernisierung hat das Land durchaus pathologische Aufbrüche erlebt, kollektive Anstrengungen ohnegleichen und auch breite Solidaritätswellen, welche die Menschen und ein ganzes Volk in die Katastrophe geführt haben. Wenn der Bundespräsident im April 1997 in seiner Adlon-Rede fordert, ein Ruck müsse durchs Land gehen, dann hat er ja recht. Aber wahr ist auch: Deutschland hat traumatische Erfahrungen mit Aufbrüchen aller Art gemacht – und mit sich selbst, wenn es sich Großes vorgenommen hat. – Aufbruch ja, aber Aufbruch wohin?
- Da sind zum anderen *die guten Erfahrungen aus der zweiten Hälfte des Jahrhunderts*, als die Bonner Republik allen weiterreichenden Am-

bitionen abgeschworen hatte. Die Deutschen haben Großes vollbracht, als sie nichts Besonderes sein mußten, sondern lediglich die Fehler der Vergangenheit vermeiden wollten. Nie lebten die Deutschen (West) angenehmer und komfortabler denn als »wirtschaftlicher Riese und politischer Zwerg«, wie die alte Bundesrepublik oft karikiert wurde. Als sie nichts anstrebten, ist ihnen das meiste gelungen: Das beste demokratische Staatswesen in der neueren deutschen Geschichte. Eine vorbildliche soziale Marktwirtschaft, die ihnen Wohlstand und Wohlfahrt gebracht hat, eine blühende Wirtschaft und eine befriedete Gesellschaft, und das alles verbunden mit einer großen Bereitschaft, Teile der nationalen Souveränität in einem vereinten Europa aufgehen zu lassen: Die verspätete Nation wurde zu einem Volk von frühen und engagierten Europäern, zu einem Motor der europäischen Integration. Im Laufe der Jahrzehnte haben die Deutschen mehr Ausländer, Asylanten, Aussiedler bei sich aufgenommen als jedes andere europäische Land. Alles in allem entwickelte sich Deutschland so, wie es Willy Brandt einmal als Horizont und Hoffnung beschrieben hatte: zu einem Volk von guten Nachbarn, nach innen wie nach außen.

Das kollektive Gedächtnis der Deutschen umfaßt also, wenn sie auf dieses bewegte Jahrhundert zurückblicken, ganz unterschiedliche Erinnerungen. Doch zusammen erklären diese konträren Erfahrungen, warum sie so verliebt scheinen in den Status quo. Die deutsche Befindlichkeit läßt sich in zwei Aussagen beschreiben: *So wie es war, sollte es nie mehr werden. So wie es ist, könnte es immer bleiben.* In diesen beiden Sätzen liegt der Erfolg der Bundesrepublik Deutschland beschlossen. Schwierigkeiten und Probleme können Kräfte freisetzen, diese zu überwinden, einen besseren Zustand zu erreichen. Erfolge können lähmen und so dazu beitragen, daß ein Land steckenbleibt, mit aktuellen Schwierigkeiten nicht mehr fertig – und zu Reformen nicht mehr fähig wird.

Die Berliner Republik wird eine andere sein

Doch der Eindruck täuscht. Die Diagnose von der deutschen Lethargie greift zu kurz. An den Graswurzeln von Wirtschaft und Gesellschaft ist vieles in Bewegung geraten. Und das magische Jahr 2000 wird zusätzlich eine frische Brise in die Segel des mentalen Wandels wehen. Die späten neunziger Jahre werden einmal als *Jahre des Übergangs* erinnert werden. Nach Jahren der Selbstzufriedenheit, der Euphorie und des Katzenjammers wird das Land langsam zu einer inneren Verfassung finden, in der es gelingen kann, kreative Antworten auf die großen Veränderungen der Zeit zu geben.

Nachdem sich die Euphorie über die Vereinigung ebenso gelegt hat wie die leichte Depression nach der Ent-Täuschung über ihre Folgen, wird das öffentliche Bewußtsein dort wieder anknüpfen, wo es gegen Ende der achtziger Jahre schon einmal fast angelangt war, bei der Einsicht nämlich, daß *der scheinbar immerwährende Fortschritt zu immer mehr von allem* an sein Ende gekommen ist, an ein Ende freilich auf vergleichsweise hohem Niveau. Doch anders als vor zehn Jahren wird diese Einsicht jetzt ergänzt durch die Erfahrungen, die man inzwischen als *Folgen der Globalisierung und der Digitalisierung* abzubuchen gelernt hat, und die altneue Erkenntnis wird inzwischen auch verschärft durch erste Ahnungen von den Abgründen einer gespaltenen Gesellschaft. Der Schock über die Globalisierung und über ein Wachstum ohne Arbeitsplätze wird sich erst allmählich lösen. Auch künftig wird gelten: Die Wirtschaft wächst, aber die Arbeitslosen haben wenig davon.

Die Deutschen West wissen im Grunde seit den achtziger Jahren, wie diffus auch immer, daß es mit der alten Wachstums- und Fortschrittsgesellschaft so nicht mehr endlos weitergehen kann – und ebendeshalb haben sie immer wieder den Weiter-so-Kanzler gewählt: Er wirkte so beruhigend, und sie wußten, was sie an ihm hatten. Die Deutschen wollen allesamt, die neuen Bundesbürger erst recht, nicht in einer sozial gespaltenen und kalten Gesellschaft leben – und ebendeshalb haben sie sich lange an den alten Sozialstaat geklammert: Er wirkte so sicher, und sie wußten, was sie an ihm hatten. An ihrem Ende verkörperte sich die alte Bundesrepublik und mit ihr der Sozialstaat noch einmal auf eine eindrückliche und mächtige Weise in einem Kanzler, der wirkte – der verstorbene *Zeit*-Redakteur Rolf Zundel hat es einmal so formuliert – wie ein deutscher Eichenschrank: groß und durch nichts zu erschüttern.

Das war einmal. Heute sind die Leute nur noch ratlos, und sie werden zunehmend nervös angesichts einer Politik bei Regierung wie Opposition, die sich in die Schützengräben zurückgezogen hat: Sie bewegt sich, aber nur noch in einer Art Stellungskrieg für die kommende Wahl»schlacht«: Was schafft wem taktische Vorteile oder Nachteile für den Tag der Bundestagswahl?

Doch die Menschen sind längst weiter und beginnen zu begreifen, daß der Exodus der Politik aus der Gesellschaft wenig mit Globalisierung und viel mit einem hausgemachten Versagen zu tun hat. Die Wähler wollen von den Politikern nicht vertröstet werden; sie wollen wissen, was sie zu erwarten haben.

Wenn etwas zur Zuversicht berechtigt, dann ist es die Veränderung, die in den Köpfen beginnt. Immer mehr Menschen lernen zu begreifen, daß sie Wohlstand und Wohlfahrt nicht in der Abwehr und aus der Defensive heraus verteidigen können, sondern durch neue Anstrengungen immer wieder neu erwerben müssen – und das gemeinsam auch können. Deutschland bleibt ein reiches Land, in dem zwar nicht mehr alle ein Recht und eine Garantie auf eine lebenslange Erwerbsarbeit haben (das sind die Debatten von gestern); es bleibt aber ein Land, in dem jeder ein Recht auf eine Aufgabe und den Anspruch auf eine sinnvolle Tätigkeit haben kann und niemand verelenden und aus der Gesellschaft ausgegrenzt werden muß. Ganze Bereiche der Gesellschaft warten darauf, zu einem neuen sozialen Leben erweckt zu werden. Wenn die alten Tabus (»Vollbeschäftigung«, »Die Renten sind sicher«) erst einmal gefallen sind, wenn sich erst einmal die politische Wahrheit von Kurt Biedenkopfs ironischer Wendung *»Die Renten sind so sicher wie die Vollbeschäftigung«* allüberall herumgesprochen hat, dann werden Wege frei für eine neue Sicht der Dinge und für eine neue Organisation der Gesellschaft.

Jahre des Übergangs, das bedeutet einfach und sinnfällig: Staat, Wirtschaft und Gesellschaft sind unterwegs zu einem anderen Ufer, das sie künftig besiedeln werden. In der Mitte des Flusses, vor allem wenn Stürme aufziehen, ist es gut, sich darüber im klaren zu sein, an welchem Ufer man ankommen will, und es ist wichtig, wenigstens das erste Stück des Weges in diese Richtung zurückzulegen. In den Jahren, die hinter uns liegen, haben die meisten Deutschen zurückgeschaut auf das Land, von dem sie aufgebrochen sind: auf ein Wirtschaftswunderland, das jedem, der wollte, einen sicheren und lebenslangen Beruf geboten hat. Auf einen Sozialstaat, dem offensichtlich die Mittel nie versiegen, der keinem etwas versagt und von keinem etwas verlangt hat außer Steuern und Beiträgen. Auf eine Welt der privaten Beziehungen, in der die traditionelle Familie Geborgenheit und die christlichen Kirchen Sinn gestiftet haben. Es waren Jahre des Rückblicks. Die Stimmung war gedämpft. Der Wandel wurde als Niedergang erlebt. Parlamente und Regierungen waren damit beschäftigt, Errungenschaften zu verteidigen und Haushalte zu sanieren. Lauter Abschiede. Von einer guten Zeit.

Täuscht der Eindruck, daß das geistige und gesellschaftliche Klima im Lande langsam umschlägt? Und sei es auch nur, weil die zeitlichen Abstände zum gelobten Land der alten Bundesrepublik allmählich immer größer werden – und die jungen Leute immer mehr, die stärker an ihre Zukunft als an ihre Herkunft denken? Die Nostalgie nach den guten alten Zeiten wird schwächer, die Neugier auf die Möglichkeiten, die die Zukunft bereit hält, größer, der Wandel wird mehr und mehr in seinen Risiken *und* Chancen erkannt, die es zu gestalten gilt. Allmählich spricht es sich herum: Es sind nicht so sehr die Veränderungen, sondern vor allem die Reaktionen darauf, die über die Zukunft des Landes und über die Lebenschancen der Menschen entscheiden.

Der Wandel als Chance und Aufgabe: Die Berliner Republik wird eine andere sein als die Bonner Demokratie. Nicht wie manche es befürchtet haben, wenn sie das bekannte Urteil des Schweizer Schriftstellers Fritz René Allemann über die alte Bundesrepublik: *Bonn ist nicht Weimar,* offen oder insgeheim ergänzt haben: ... *aber Berlin könnte wieder so werden.* Zwar gibt es viele, die befürchten, daß sich von Berlin aus eine Melange von preußischem Obrigkeitsstaat, alter Subventionsmentalität (West) und mentalen Sozialismusfolgen (Ost) übers Land legen könnte. Aber sie überschätzen zum Glück, was eine Hauptstadt künftig noch sein kann – und was Berlin sein wird.

Dennoch: Die Berliner Republik wird eine andere sein auf eine Art und Weise, wie es die einen nicht für nötig und die anderen nicht für möglich hielten. Nicht nötig, denn sie glaubten, der Sozialstaat müsse nicht tiefgreifend verändert, sondern allenfalls renoviert werden: Diesen Glauben teilten lange Zeit Regierung wie Opposition mit dem gesamten wohlfahrtsstaatlichen Komplex. Nicht möglich, resignierten die anderen: Die deutsche Gesellschaft könne nicht tiefgreifend verändert werden, weil die Kräfte der Beharrung zu stark seien, und deshalb sei das Land »zum Scheitern verurteilt«, wie es der Historiker Arnulf Baring formulierte. Beide haben sich getäuscht. Denn sie bewegt sich doch, die deutsche Gesellschaft.

Jahre des Übergangs. Die Tabus werden fallen. Das ist kein Anlaß zum Triumphieren. Aber es bietet die Chance für eine andere Sicht der Dinge und für eine andere Politik, wie sie in diesem Buch beschrieben sind. Führende Politiker wie Wolfgang Schäuble von der CDU, Gerhard Schröder von der SPD oder Joschka Fischer vom Bündnis 90/Die Grünen sind bereits dabei, die Versprechen ihrer

Parteien von gestern einer leisen Revision zu unterziehen. Daß die Arbeitsgesellschaft sich fundamental und ohne Hoffnung auf Wiederkehr ändern wird, das wird im Jahre 2000 keiner besonderen Begründung mehr bedürfen. Das Tabu der »sicheren Renten« dürften die politischen Wächter Norbert Blüm (CDU) und Rudolph Dreßler (SPD) noch eine Weile erfolgreich bewachen. Doch auch hier wird die Wirklichkeit bald zum politischen Gedanken drängen. Die Sozialversicherungsmaximen der einträchtigen Sozialpolitiker (*»Die Renten sind sicher«*) werden sich dann im Rückblick so lesen wie manche Sinnsprüche auf alten Bauernhäusern in Niederösterreich: *»Starke Bauernhand bannt Not von unserm Land.«* Beide Maximen hatten ihre Zeit. Beide Maximen waren einmal richtig und wichtig: für die Agrar- bzw. für die Industriegesellschaft. Aber im 21. Jahrhundert sollte man sich besser nicht allein auf die starke Bauernhand oder auf den starken Staat verlassen, wenn man will, daß die Menschen satt oder in Ruhe alt werden können.

Berlin wird nicht Weimar. Berlin bleibt nicht Bonn. Die Berliner Republik wird neue Antworten geben müssen auf die zweite Modernisierung. Es handelt sich dabei um eine Art konzeptionelle Neugründung der Bundesrepublik Deutschland an der Schwelle zum dritten Jahrtausend. Das Buch hat versucht, die Dimensionen und Ebenen dieser Aufgabe zu beschreiben und Pfade der Reform zu markieren:

1. *Die Grundlagen und Bedingungen einer nachhaltigen Demokratie müssen neu definiert werden*

Die politische Antwort auf das Industriezeitalter war der demokratische und der soziale Nationalstaat. In ihm fanden die Menschen eine Ordnung, die leistungsfähig war und die ihnen das Gefühl der Zugehörigkeit gab. Beides verstärkte sich wechselseitig: Weil sie sich zusammengehörig fühlten, waren sie erfolgreich beim Aufbau der Wirtschaft und des Sozialstaats. Weil sie dabei erfolgreich waren, wuchs bei ihnen das Gefühl der Zu(sammen)gehörigkeit.

Diese Einheit und Geschlossenheit wird es nicht mehr geben. Was die Menschen in ihrem Leben brauchen und von der Politik erwarten, werden sie von *einem* politischen System (dem nationalen und sozialen Staat) nicht mehr bekommen können. Die beschriebenen großen Veränderungen lösen die alten Zusammenhänge auf: Was den Standort Deutschland leistungs- und wettbewerbsfähig macht, unterhöhlt das Gefühl der Zugehörigkeit und gefährdet den sozialen Zusammenhalt. Die globale Wirtschaft ist überall und nirgendwo zu Hause. Es wird deshalb darauf ankommen, das Gefühl der Zugehörigkeit und der Legitimität an anderen Orten und mit anderen Mitteln neu aufzubauen und in besonderen Gemeinschaften zu verwurzeln, ohne die größeren Zusammenhänge und Verantwortlichkeiten aus den Augen zu verlieren. Globalisierung, Digitalisierung und Individualisierung führen zu einer Aufwertung der lokalen Gemeinschaften, der lokalen Wirtschaft, der lokalen Gesellschaft und der lokalen Politik, und daraus sind die politischen Konsequenzen zu ziehen. Sie sind in diesem Buch als (Ordnungs-) Politik für den Dritten Sektor beschrieben. Es ist kein Zufall, daß die Ideen der Kommunitarier gegen Ende des 20. Jahrhunderts über alle politischen, nationalen und ideologischen Grenzen hinweg Anklang finden. Sie lassen sich interpretieren als Antwort auf die Globalisierung, so wie sich die Idee einer sozialen und nationalen Demokratie als Antwort auf das Industriezeitalter verstehen läßt. Die Grundlagen und Bedingungen einer nachhaltigen Demokratie neu zu definieren bedeutet deshalb in der veränderten Welt, in der wir leben, vor allem, die Reform des Wohlfahrtsstaates als ein republikanisches Projekt voranzutreiben: Demokratie von der Basis her. Eine Wohlfahrtsgesellschaft für freie Menschen.

2. *Nationalstaat, Sozialstaat, Wohlfahrtsgesellschaft*

Warfare und *Welfare* waren einst die wichtigsten Aufgaben des Nationalstaats. Er sollte die Feinde draußen und die Armut drinnen bekämpfen – und besiegen. Aus beiden Aufgaben und ihrer

Erfüllung wuchsen ihm Legitimität und Loyalität. »Zur selben Zeit, als der Nationalstaat alten Stils auf den Schlachtfeldern von Verdun bis Stalingrad dahinging, wurde der Nationalstaat neuen Stils ins Leben gerufen: der Daseinsvorsorgestaat, der Steuerstaat, der Verwaltungsstaat, der allumfassende Wohlfahrtsstaat. ... Der Nationalstaat hat seine letzte Bastion dort gefunden, wo er fast unzerstörbar ist, nämlich in der engsten Verbindung mit Angst und Zukunftssorgen des Individuums, als Wohlfahrtsstaat«, so formuliert es der Erlanger Historiker Michael Stürmer. Von Bismarck ist am Ende nur noch Norbert Blüm übriggeblieben. Wenn das kein Fortschritt ist ...

Daß der »Nationalstaat alten Stils« seine Souveränität, Kriege zu führen, Völker zu morden, Städte in Schutt und Asche zu legen, verloren hat, wird man schwerlich bedauern. Nach seinem Ende sind neue Formen der transnationalen Zusammenarbeit entstanden. Wenn man in dieser Hinsicht von einer Krise des Nationalstaats sprechen will, dann war und wird es eine schöpferische Krise sein: eine Wachstumskrise, aus der die früheren Nationen mit mehr Lebenschancen für mehr Menschen hervorgehen werden. So kann die Transformation des Nationalstaats für alle ein Gewinn werden: in einer europäischen Gesellschaft mit reicheren Möglichkeiten, als sie jede einzelne europäische Nation für sich je hätte.

Daß der »Nationalstaat neuen Stils« seine Souveränität, die Armut zu bekämpfen und den sozialen Zusammenhalt der Gesellschaft zu garantieren, zu verlieren droht, weil er angeblich in der Globalisierungsfalle steckt, jagt den Menschen zu recht Angst und Schrecken ein. Nach dem Ende des Sozialstaats, wie wir ihn kennen, müssen neue Formen der gesellschaftlichen Zusammenarbeit und der sozialen Kohäsion gefunden werden, vor allem in den Städten und Gemeinden, und der Bund und die Länder müssen dazu mehr als nur »hilfreichen Beistand« leisten, wie die klassische Formel für die

Subsidiarität lautet. Dann aber kann die Devolution des nationalen Sozialstaats einhergehen mit der Evolution einer sozialen Bürgerschaft, kann der Wohlfahrtsstaat in einer Wohlfahrtsgesellschaft aufgehoben, und das heißt: bewahrt, negiert und überwunden werden. So könnte die Transformation des alten Wohlfahrtsstaats für alle ein Gewinn werden: in einer Gesellschaft der sozial reicheren Möglichkeiten, als sie der soziale Etatismus oder eine bloße Wirtschaftsgesellschaft je für sich anbieten könnten.

Der alte und der neue Nationalstaat sind bei uns an ihre Grenzen gekommen. Doch es gibt Regionen in Europa und in der Welt, in Ex-Jugoslawien beispielsweise oder in Vorderasien, deren Konflikte sich deshalb so schwer lösen lassen, weil sie weder den alten noch den neuen Nationalstaat haben. Sie führen Krieg nicht gegen die Armut oder gegen äußere Feinde, sondern gegen andere Ethnien, Rassen oder Klassen. Da ihnen weder eine nationale noch eine soziale Integration gelungen ist (weder »warfare« noch »welfare« im klassischen Sinn), auf die sie stolz sein und mit der sie sich identifizieren könnten, bleibt ihnen nur noch die blutige Inszenierung ihrer je eigenen Zugehörigkeit. Die Bürgergesellschaft als Reformperspektive also nur für die auf- und abgeklärten Demokratien des mittleren, westlichen und nördlichen Europa und der USA, die ihre Religions-, Bürger- und Nationalitätenkriege gerade hinter sich gebracht haben?

Man sollte sich nicht täuschen: Wenn in den Krisenländern dieser Erde auf etwas Verlaß ist, dann auf die Beziehungen diesseits von Markt und Staat: Ärmere und kriegerische Länder haben und brauchen einen starken Dritten Sektor, und eine kluge Friedens- und Entwicklungspolitik könnte daran anknüpfen. Und zum anderen: Was wir weit hinten in der Türkei, in Bosnien, in Algerien oder im Nahen Osten wähnen, könnte sich bald in etwas milderen Farben und Formen in den beschädigten Nachbarschaften mancher unserer Städte zeigen, nämlich neue nationale, ethnische, rassistische, auch religiöse Konflikte, ganz am unteren Ende der sozialen Skala, zwischen »Ausländern« der dritten Generation, die sich gar nicht mehr integrieren wollen, und jungen »deutschen« Männern ohne Ausbildung, ohne Arbeit, ohne Frauen, die sich nicht mehr integrieren können, zwischen Gruppen also, deren Mitglieder nichts mehr haben, worauf sie stolz sein könnten – außer Blut und Boden. Hier wie dort, in den sozialen Ghettos von morgen wie in den ethnisch, sozial und religiös zerklüfteten Gesellschaften weit weg, stellt sich das nämliche Problem: wie Ängste aufnehmen, ohne angst zu machen? Wie Zugehörigkeiten lassen, ohne Feindseligkeiten zu schaffen? Wie Gemeinschaften schützen, ohne Gewalt zu schüren?

Die Bürgergesellschaft kann man auch verstehen als eine politische Methode und eine gesellschaftliche Übereinkunft, auf eine zivile Weise mit wachsender Vielfalt und wachsenden Konflikten umzugehen. Man braucht dafür gewiß, hier wie dort, eine mehr oder weniger erfolgreiche Wirtschaft, also die »unsichtbare Hand des Marktes«. Man braucht dafür gewiß, hier wie dort, eine öffentliche Autorität, die zum einen das Monopol der Macht hat und es notfalls auch einsetzt und die sich zum anderen der Wohlfahrt der Menschen verpflichtet weiß: also die sichtbare Hand des Staates. Aber ebenso wichtig sind hier wie dort die vielen sichtbaren und unsichtbaren Hände und ihre Aktivitäten innerhalb und außerhalb der NGOs[1] und CBOs,[2] die wir in diesem Buch als Dritten Sektor beschrieben haben. Die Transformation von Gesellschaf-

1 NGOs: Non-Governmental-Organisations, also Nicht-Regierungsorganisationen, wie sie in der Entwicklungs- und Umweltpolitik in den vergangenen Jahrzehnten immer wichtiger geworden sind, zum Beispiel Greenpeace, Ärzte ohne Grenzen, die kirchlichen Werke Adveniat, Misereor, Brot für die Welt.

2 CBOs: Community Based Organisations, also Organisationen und Gemeinschaften, die aus der Mitte und von der Basis der Gesellschaft her entstehen – wie zum Beispiel Seniorengenossenschaften, Mütterzentren, soziale Betriebe, das Hamburger »Spendenparlament«, die Jenaer »Tafel« für Obdachlose, Arbeitsloseninitiativen – und die, bei entsprechenden Rahmenbedingungen, für die (kommunale) Sozialpolitik ähnlich wichtig werden könnten wie die NGOs in den globalen Bereichen.

ten in eine neue Balance von Staat, Markt und Drittem Sektor erfordert in unterschiedlichen Zeiten und Ländern gewiß unterschiedliche Prioritäten, aber sie orientiert sich an den nämlichen Werten, Zielen und Strukturprinzipien.

3. *Der Dritte Sektor – Kein Billiglohnland, sondern: Ein öffentlicher und sozialer Raum für freie und engagierte Menschen!*

Der Dritte Sektor diesseits von Staat und Markt hat es in Deutschland schwer, die notwendige öffentliche, politische und auch wissenschaftliche Anerkennung zu finden. Die einen sehen – zu Recht – die Wurzeln seiner Ursprünge in der Familie und schmekken deshalb – zu Unrecht – ein konservatives Aroma. Andere argwöhnen ganz im Gegenteil eine besondere Affinität zu Selbsthilfegruppen und alternativen Netzwerken und sehen somit eher ein linksalternatives Umfeld. Das »juste milieu« der Sozialdemokratie und der Gewerkschaften geht auf Distanz, weil es hinter der Idee des Dritten Sektors die Anerkenntnis von Niedriglöhnen sieht und damit eine Gefahr für das ganze Tarifvertragssystem. Staats-, Wirtschafts- und Sozialwissenschaftler wissen aus ihrer jeweiligen Tradition heraus mit Markt und Staat – und nur mit ihnen – sehr wohl etwas anzufangen: Das sind die sozialen Ordnungen und Steuerungsmechanismen, die sie kennen und denen sie vertrauen, die heimeligen Laternen eben, unter denen sie alle Schlüssel für eine gute Zukunft suchen. Von dem stets »unordentlichen« Dritten Sektor dagegen halten sie sich lieber fern. Man spielt doch nicht mit Schmuddelkindern … Klarstellungen tun deshalb not:

- Es ist weder ein ökonomisches noch ein soziales Ziel, aus Deutschland ein Billiglohnland zu machen. Es ist nicht nötig, weil Deutschland ein wettbewerbsfähiges Hochlohnland ist und bleiben soll. Und es ist nicht möglich, weil Deutschland gar nicht mit anderen Niedriglohnländern *in deren Logik* konkurrieren kann. »Die Deutschen sind vielleicht teuer und unflexibel, aber sicher hervorragend ausgebildet und kompetent«, so das Resümee des *Wallstreet Journal* – ein Kompliment, das die Stärken, aber auch die Schwächen des Standorts Deutschland ausleuchtet. Und es deutet in die Richtung, wo die Probleme liegen: Wer nicht »hervorragend ausgebildet und kompetent ist«, wird es in Deutschland immer schwerer haben. Dafür aber hat er dann um so bessere Chancen, das wachsende Heer der Langzeitarbeitslosen zu verstärken. Denn es gibt in Deutschland zu wenig Arbeitsplätze, vor allem im Bereich der einfachen Dienstleistungen, vor allem für die niedrig oder gar nicht Qualifizierten. Der Dritte Sektor beschränkt sich nicht auf solche Tätigkeiten, aber er bietet den schlechter Qualifizierten bessere Chancen. Er fängt jene auf, die im Hochlohnland Deutschland sonst durch alle Maschen und Netze fallen würden.

- Der Dritte Sektor ist nichts Neues, ganz im Gegenteil: Der Bismarcksche Sozialstaat konnte sich neben der Wirtschaft und dem Staat vor allem auf einen gut funktionierenden Dritten Sektor verlassen; er konnte, im doppelten Sinn des Wortes, mit der Familie, mit den Familienfrauen, mit den Hausfrauen »rechnen«. Unter dem deutschen sozialen Himmel haben die Männer gearbeitet. Die Frauen blieben zu Hause. Und solange das so war, war die Welt, von Phasen der Krise abgesehen, in Ordnung. Die Welt des Sozialstaats. Die Welt des Arbeitsmarkts. Die Welt der privaten Beziehungen. Auf der gesellschaftlichen Bühne war ein buntes, vielfältiges und ein umfassendes soziales Ensemble zu besichtigen, das alle gebraucht und alles gemacht hat: Erwerbsarbeit und Eigenarbeit. Familien- und Sozialarbeit. Die ganze gesellschaftlich notwendige Arbeit eben. Alle Rollen des sozialen Theaters waren kostümiert und besetzt, wenngleich die Scheinwerfer der öffentlichen Aufmerksamkeit nur einen Teil des Ensembles, die erwerbsarbeitenden Männer, ins rechte Licht gesetzt haben. Die anderen blieben im Dunkeln, und die im Dunkeln sieht man nicht …

- Diese Bühne ist abgeräumt. Die Kulissen sind gestellt für ein anderes Stück. Für die alten Texte und Rollen stimmen die Grundlagen nicht mehr. Die ökonomische Basis ist weggebrochen. Immer weniger Männer bringen einen Familienlohn nach Hause. Immer mehr Frauen *müssen* arbeiten, um den – inzwischen freilich anders definierten – Lebensstandard halten zu können. Die normativ-kulturelle Grundlage ist weggebrochen. Frauen bleiben nicht mehr schweigend im Schatten. Immer mehr Frauen *wollen* eine Perspektive und ein Drehbuch für ihr Leben jenseits der alten Vorgaben. Früher haben sie das Human- und Sozialkapital der Gesellschaft gebildet. Wenn sie sich von ihrer früheren Rolle verabschieden, ohne daß etwas geschieht, bleibt die Bühne leer, bleibt ein wichtiger und großer Teil der gesellschaftlich notwendigen Arbeit ungetan. Es sei denn, die Rollen werden neu gemischt. Es sei denn, es wird öffentlich sichtbar, was früher im Verborgenen getan wurde. Es sei denn, es wird als gesellschaftlich notwendig verstanden und anerkannt, was sich früher von selbst verstand und um Gottes Lohn geschah. Es sei denn, eine Gesellschaft kommt überein, nicht nur auf das Finanzkapital zu schauen, das »scheu ist wie ein Reh«, sondern auch auf das Human- und Sozialkapital zu achten, das sich genauso verflüchtigen kann, wenngleich man es mit bloßem Auge in der Regel erst bemerkt, wenn es zu spät ist. …

  Der Dritte Sektor bietet die Chance, die gesellschaftlich notwendige Arbeit als Aufgabe und Anliegen der *gesamten* Gesellschaft zu begreifen und zu gestalten. In der Gesellschaft von morgen wird es nicht fehlen an Sozialarbeitern. Aber es wird fehlen an alltäglicher sozialer Arbeit, die in die Öffentlichkeit hineinragt. Es wird fehlen an sozialen Aktivitäten, die freiwillig sind, aber nicht privat; öffentlich, aber nicht staatlich.

  Wenn aber ein großer Teil der gesellschaftlich notwendigen Arbeit nicht mehr von denen gemacht wird, die dies bisher gemacht haben, und wenn sie nicht mehr gemacht wird aus Motiven, die bisher getragen haben, um Gottes Lohn oder einfach aus sozialer

Konvention, dann stellen sich zwei Fragen: Wer wird, wer soll die Arbeit machen in diesem Bereich? Und: Wie kommt das nötige Geld in den Dritten Sektor?

ABM – und kein Ende?

Eine Antwort, genauer: eine Teilantwort auf diese Fragen gibt die Familienpolitik in Deutschland. Über Kindergeld, Steuererleichterungen, Erziehungsgeld, Ehegattensplitting geht viel Geld in den reproduktiven Bereich der Gesellschaft: Geld vor allem für soziale Transfers, weniger für eine soziale Infrastruktur, die Väter und Mütter mit Kindern unterstützt und entlastet. Die noch relativ große Zahl der Hausfrauen in Deutschland kann man auch so lesen: Deutschland ist ein zeitreiches Land, das sich seinen Zeitwohlstand auch etwas kosten läßt. Eine andere Teilantwort auf die Frage, woher denn die Menschen und die Mittel für den Dritten Sektor kommen sollen, gibt die »ABM-Gesellschaft«.

Was ist schiefgelaufen mit den Arbeitsbeschaffungsmaßnahmen (ABM)? Man kann es in einem Satz sagen: Die ABM-Philosophie ward geboren aus und blieb verhaftet der – rückblickend muß man es so nennen – Ideologie der Vollbeschäftigung und der traditionellen Arbeitsgesellschaft. Der Mythos des zweiten Arbeitsmarkts lebte von dem Mythos des ersten Arbeitsmarkts. Je mehr der erste zusammenbrach, desto mehr sollte der zweite ausgebaut werden. Unter der Oberaufsicht einer staatlichen Regie. Bezahlt von einer *Bundes*anstalt für Arbeit. Um ein *Übel* zu bekämpfen: die Arbeitslosigkeit. An dem Tropf des Staates und der Nürnberger *Anstalt* hingen unzählige Beschäftigungsgesellschaften, freie Träger und *Maßnahmen* (die Sprache der ABM-Gesellschaft wäre eine eigene Untersuchung wert: Es ist die Sprache der Betreuung, der Abhängigkeit, der sozialen Obrigkeit) – und das Schicksal von Millionen auch junger Menschen. Sie alle blickten nach Nürnberg und nach Bonn, wenn sie an ihre Zukunft dachten. Und auf den ersten Arbeitsmarkt, für den sie sich umschulten, auf den sie warteten und hofften (oder auch nicht mehr). Wartestellung, Warteschleifen. Die Dissonanzen dieser politischen Philosophie, die scheitern mußte, haben Nürnberg und Bonn immer wieder gemeinsam orchestriert. Aus den beiden Städten drangen unterschiedliche Melodien ins Land. Aus Nürnberg erfuhren die Betroffenen und die Beteiligten zu Beginn eines jeden Monats, daß es immer noch immer mehr Arbeitslose gab, und sie verstanden die Botschaft: Auf den ersten Arbeitsmarkt ist nicht mehr so richtig Verlaß. Aus Bonn hörten sie, daß die Wende bald in Sicht, die Zahl der Arbeitslosen bis zum Jahr 2000 halbiert sei, das alles aber nur, wenn die Wirtschaft entlastet und der Staat sparsam sei, weshalb die Zuschüsse an die Bundesanstalt für Arbeit und, in der Konsequenz, die Zahl der ABM-Stellen erst einmal sinken werden.

Im Kontext dieser *negativen* Begründungszusammenhänge (Bekämpfung der Arbeitslosigkeit. Finanzierung aus der Arbeitslosenversicherung. Zwangsbefristung für den einzelnen ABMler – denn er sollte ja wieder auf den ersten, den »ordentlichen« Arbeitsmarkt!) konnte auf die Dauer nichts Neues, nichts Positives entstehen. Es gibt keinen blühenden Dritten Sektor als Folge von ABM-Maßnahmen. Am Ende blieb, je illusorischer die Wende auf dem Arbeitsmarkt wurde, der negative Makel: ABM als eine andere Form der Arbeitslosigkeit. Was übrigens die ganze soziale Gemeinde auch bestätigte, indem sie alle, die am Tropf der Bundesanstalt für Arbeit hingen (1996 waren es fast 900 000), einfach zu den Nürnberger Arbeitslosenzahlen dazuzählte …

Niemand bestreitet, daß unter dem Dach der Bundesanstalt für Arbeit und in den Arbeitsbeschaffungsmaßnahmen viele notwendige und kreative Dinge gemacht worden sind, von denen die Beschäftigten und die Gesellschaft insgesamt einen Nutzen hatten. Aber sie alle hätten einen besseren Kontext – altmodisch: eine bessere Ordnung der Dinge – verdient, der sie herausholt aus dem Schatten der Gesellschaft.

Der Dritte Sektor, wie er in diesem Buch vorgestellt wurde, ist dagegen ein öffentlicher und sozialer Raum, in dem die unterschiedlichsten sozialen, ökologischen, kulturellen und andere Aktivitäten angeregt, gefördert und unterstützt werden, nicht um Defizite zu beheben, sondern um die Lebenschancen der Menschen und die soziale Qualität der Gesellschaft zu verbessern. Da es sich dabei um ein wichtiges, positives und allgemeines Anliegen der Gesellschaft handelt, werden die sozialen Investitionen in den Dritten Sektor aus Steuern finanziert und nicht aus Beiträgen der Arbeitslosenversicherung. Da es sich dabei nicht um die Behebung eines temporären Defizits auf dem Arbeitsmarkt handelt, sondern um Risiken und Chancen des gesellschaftlichen und globalen Wandels, werden Infrastruktur und Aktivitäten des Dritten Sektors nicht als Derivate, sondern konzeptionell eigenständig und aus sich selbst heraus begründet: Ressourcen mobilisieren, nicht Defizite und ihre Symptome kurieren.

Der Dritte Sektor also: kein Billiglohnland, vielmehr ein Land der Chancen und der neuen Übergänge, der Phasen und der Mischungen. Kein Land, das sein Territorium abgrenzt und verteidigt gegen den Staat oder gegen die Ökonomie, vielmehr eines, das weiß, daß es beide braucht, ohne sich jedoch ihren Logiken auszuliefern. Ein Land aber auch, dessen »Bewohner« von den großen gesellschaftlichen Mächten (Wirtschaft und Staat) nicht kolonisiert werden, sondern die ihnen gleichgestellt sein wollen. Mehr Lebenschancen für mehr Menschen erfordern ein neues und ein anderes Zusammenspiel zwischen Staat, Wirtschaft und Gesellschaft. Es könnte ein Spiel werden, bei dem alle gewinnen. Was in der Vergangenheit der Alp vieler Bürgermeister war, die Kommunalisierung der Arbeitslosigkeit, wird unter anderen Vorzeichen und mit neuen Ressourcen zu einer Kommunalisierung der sozialen Chancen. Das freilich setzt generell eine Kommunalisierung der Politik – und eine Politisierung der Kommunen voraus.

Es müssen mehr finanzielle Ressourcen in die Kommunen gehen, damit diese die sozialen Ressourcen der Gesellschaft mobilisieren und die Lebenschancen der Menschen verbessern können. Die Städte und Gemeinden sind das Land, wo der Dritte Sektor blühen und gedeihen wird – oder auch nicht. Wer wird das Land bevölkern?

- Es werden den Dritten Sektor besiedeln nicht nur, aber auch jene 200 000 Sozialhilfeempfänger, denen die Kommunen 1996 Arbeit statt Sozialhilfe gegeben haben.
- Es werden den Dritten Sektor beleben nicht nur, aber auch all jene, die künftig durch eine Subventionierung niedriger Einkommen (nach den Vorschlägen des Max-Planck-Direktors Fritz W. Scharpf) die Sozialhilfe ganz hinter sich lassen und ihren Weg zurück beginnen in eine Gesellschaft der Aktiven und Tätigen.
- Es werden den Dritten Sektor bevölkern nicht nur, aber auch alle, die bisher im klassischen Ehrenamt tätig waren, auch jene, die künftig im neoklassischen bürgerschaftlichen Engagement mit anderen und für andere aktiv sein werden, und das um so mehr, je stärker Ehrenamt und bürgerschaftliches Engagement auch von beruflich erfolgreichen Männern als ihre Sache angesehen wird.
- Es werden weiterhin wichtige Säulen des Dritten Sektors sein die großen Wohlfahrtsverbände und alle gemeinnützigen Einrichtungen, wenn und soweit sie in der Lage sind, den Wandel kreativ und innovativ zu verarbeiten.

Sie alle werden dafür sorgen, daß der Dritte Sektor keine dünnbesiedelte Brache bleibt. Und sie werden Gesellschaft bekommen von einem bunten Völkchen, dessen Vielfalt man nur ahnen, aber so wenig voraussagen kann wie 1948 vor der Währungsreform die Vielfalt und Buntheit des ökonomischen Angebots im Wirtschaftswunderland. Zu diesem bunten Völkchen werden beispielsweise gehören:

- Der verrückte Computerfreak, der aus seiner Passion einen Beratungsservice für andere gemacht hat, und das mit Erfolg und in großer Unabhängigkeit.
- Der Schreiner, der es leid ist, im Betrieb immer wieder die gleichen Tische, Schränke, Möbel herzustellen – das, so sagt er sich, können Maschinen besser und billiger –, und der statt dessen lieber weniger, aber bessere, eben einzigartige Stücke herstellt für Leute mit Geld und Geschmack.
- Der frühere Sozialarbeiter, der im Auftrag von Städten und Gemeinden in und für Schulen, Krankenhäuser, Bibliotheken und andere öffentliche Einrichtungen »Volunteers« sucht und findet und sie stark macht für soziales Engagement – und der für seine Tätigkeiten bezahlt wird nicht nach der Zahl der betreuten »Fälle«, sondern nach der Zahl der aufgespürten Volunteers.
- Der Teilzeitlehrer, der froh ist, wenigstens für einen Teil seines Lebens den schulischen Anstalten entfliehen und in der freien Zeit etwas anderes machen zu können, der beispielsweise als freier Lektor arbeitet oder sich ganz einfach mehr um seine beruflich erfolgreiche Frau und seine Kinder kümmert.
- Die arbeitslose Erzieherin, die mit den Betrieben der Region und für deren MitarbeiterInnen eine private Kinderbetreuung organisiert, womit dem Betrieb, den Mitarbeiterinnen und natürlich ihr selbst geholfen ist.
- Und, und, und …

Anders als die großen gleichförmigen Anstalten von Staat und Wirtschaft in der Industriegesellschaft, die alle nach der Idee einer Kaserne konzipiert zu sein scheinen, wird der Dritte Sektor all jene, die sich auf ihm tummeln, nicht mit Haut und Haaren und auch nicht rund um die Uhr in Beschlag nehmen. Manche werden ganz, viele nur zeitweise, die einen ein Leben lang, die anderen nur in bestimmten Phasen, im Dritten Sektor aktiv und tätig sein. Auf der einen Seite des Spektrums wird es vielfältige Kombinationen von Einkommen und Sozialtransfers geben und auf der anderen Seite ein Portfolio mit »festen« und freiberuflichen und sozialen und Familientätigkeiten. Dazwischen liegt ein weites Feld. Der Dritte Sektor ist eine Arena der gewollten Vielfalt und der unbegrenzten Möglichkeiten, irgendwo zwischen Spiel und Kampf, ein soziales Feld, auf dem es Autonomie und Freiheiten *gibt* (nicht: wo sie *gewährt* werden) – auch auf die »Gefahr« hin, daß Fehler gemacht und die Standards der Perfektion nicht erreicht werden, auch auf das Risiko hin, daß da und dort, jawohl, neue Ungerechtigkeiten und Ungleichheiten entstehen werden. Es wird natürlich Unterschiede geben, Neid und Intrige, Ehrgeiz und Rivalitäten, Erfolgreiche und Erfolglose, sogar Reiche und Arme. Aber die Übergänge sind fließender. Die sozialen Zustände nicht so zementiert. Die Bilanzen des Lebens nicht so einfach auszumachen. Welche Mischung aus Zeit und Geld, Lebensqualität und Bankkonto dem Glück der Menschen und ihrem Ansehen in der Gesellschaft besser bekommt, wird zu einer offenen Frage im Horizont vielfältiger Möglichkeiten. Der Dritte Sektor wird keine Idylle und Gartenlaube und keine Insel der Seligen. Aber er wird neue Allianzen und neue Tauschbeziehungen zwischen Geldwohlstand und Zeitwohlstand sehen. Die Karten für ein gutes Leben, die Maßstäbe für eine gute Gesellschaft werden neu gemischt.

4. *Die Balance der Kompetenzen zwischen dem Nationalstaat, Europa und den lokalen Gemeinschaften muß neu austariert werden*

Die Globalisierung wird zu einer neuen Aufwertung der lokalen Gemeinwesen führen. Soll sich diese Entwicklung nicht destruktiv, sondern konstruktiv für die Menschen auswirken, muß sie gestaltet werden. Das alles erfordert eine neue Debatte über die Balance der Zuständigkeiten, die noch kaum begonnen hat, ohne die aber weder auf der europäischen Ebene noch auf der lokalen Ebene Fortschritte zu erzielen sind:

- *Europa* könnte zuständig sein für die äußere (und die innere?) Sicherheit, für Außenhandel und Wohlstand, für Ökonomie und Wettbewerbsrecht und auch für soziale Mindeststandards. Die gemeinsame Währung wird eine Homogenisierung auch anderer Politikbereiche nach sich ziehen: der Wirtschafts- und der Steuer-, der Geld- und der Finanzpolitik – und ganz am Ende auch der Sozialpolitik.

- *Der Nationalstaat,* in Deutschland also der Bund, bleibt bis auf weiteres unentbehrlich für die Sicherung der Grund-, Menschen- und Bürgerrechte, für die innere Sicherheit und, nicht zuletzt, für die finanzielle Dimension der Armutspolitik und für die damit verbundenen Fragen der Umverteilung der Ressourcen: Die Verteilungsfrage wird sich künftig schärfer stellen und schwerer beantworten lassen. Viele verschweigen sie aus Angst vor den alten Antworten. In den Zeiten der Globalisierung wird die Besteuerung sich stärker auf die »immobilen« Steuern konzentrieren müssen, auf Steuern und Abgaben also, denen man sich nicht durch »Flucht« entziehen kann. Jedenfalls kann dem nationalen Staat niemand die Frage abnehmen: Wer bezahlt und wer bekommt die staatlichen Transferleistungen?
  Darüber hinaus wird den europäischen Nationalstaaten bis weit in das kommende Jahrhundert hinein mit dem *Management der Transformation* eine bedeutende, bisher zuwenig beachtete Aufgabe zuwachsen. Transformation in beide Richtungen: hin zu transnationaler Zusammenarbeit und hin zu der aktiven Ermöglichung einer lokalen politischen Autonomie, die diesen Namen auch tatsächlich verdient. Auf mittlere Sicht, bis zur »Gründung« einer politischen Europäischen Union, bleiben die notwendigen Reformen auf dem Arbeitsmarkt, bei den Sozialversicherungen und im Steuerrecht nationale Aufgaben. Alles in allem aber und auf lange Sicht wird sich die Stärke des Nationalstaats, seine innere Souveränität, ein letztes Mal im Management seiner eigenen Transfor-

mation erweisen. Jene Nationalstaaten, die aus Schwäche an dieser Aufgabe scheitern, werden dann in nationaler Unabhängigkeit oder in zentralstaatlicher Impotenz einen langsamen und (mehr oder weniger) sanften Niedergang erleben. Für diese Möglichkeit dürfte Frankreich bald ein Beispiel geben. Das Britannien Tony Blairs ist gerade dabei zu zeigen, wie ein Land durch Dezentralisierung, eine neue Wohlfahrtspolitik und eine sachte, aber konsequente Öffnung nach Europa als Gewinner aus den großen Veränderungen hervorgehen kann. Und Deutschland? Wenn es einmal die Reformblockaden gelockert haben wird, hat es alle Chancen, nicht nur nicht scheitern zu müssen, sondern ein weiteres Mal und auf neue Weise eine Art Modell für eine gelungene Gesellschaft bieten zu können. Ob dies gelingen wird, hängt nicht nur von seiner nationalen Performance auf der Bundesebene ab – also von den großen Reformen bei den Steuern und den Renten, im Sozialstaat und auf dem Arbeitsmarkt –, sondern auch von seiner Fähigkeit, den Föderalismus aus seiner Leichenstarre zu erlösen und die Städte und Gemeinden als *eigenständige* politische Akteure und als Ort der Bürgergesellschaft zu begreifen und zu behandeln.

- *Die lokalen Gesellschaften* müssen die Macht und die Möglichkeiten, die formalen Zuständigkeiten und die finanziellen Ressourcen bekommen, Demokratie, Solidarität und eine zivile Wohlfahrtsgesellschaft von der Basis her (»bottom up«) zu praktizieren. Der Sozialstaat und die Sozialstadt werden vor allem in Menschen und in die soziale Infrastruktur investieren (müssen). In den Städten und Gemeinden wird es sich erweisen, welche der Entwicklungen, die in den Megatrends der Zeit angelegt sind, einmal Wirklichkeit werden. Entweder werden die Kommunen zu Stätten der Endlagerung oder der Entsorgung jener sozialen Probleme und Gruppen verkommen, die die Globalisierung und Digitalisierung an ihre Gestade spülen, oder aber sie werden sich entwickeln zu Orten und Arenen einer aktiven Bürgergesellschaft, die weiß und danach handelt, daß es keine eindimensionalen Wege in eine gute Zukunft mehr gibt. Das ist die andere, die positive Vision jenseits der Globalisierung: *eine aktive Bürgergesellschaft*, die stark und glaubwürdig ist, den Wirtschaftsbürger, den Staatsbürger und den Sozialbürger anzusprechen und auch in die Pflicht zu nehmen. In der die globalisierte Wirtschaft, aber auch die lokalen Gemeinschaften und in ihnen die Lebenswelten und die privaten Beziehungen der Menschen blühen und gedeihen können. Eine Bürgergesellschaft, die nicht auf Gefahrenabwehr fixiert, sondern auf Lebenschancen abonniert ist. Eine Bürgergesellschaft, die manch alte Strukturen geschleift hat, weil sie den alten und den neuen Werten wieder eine Chance geben will: der sozialen Fairneß und dem sozialen Engagement. Der Vielfalt und der Differenz. Der Integration und der Teilhabe. Eine wirtschaftlich *und* sozial produktive Bürgergesellschaft. Eine Utopie?

5. *Jenseits von links und rechts: Eine neue Figuration für Reformen?*

Bleibt deshalb am Ende die Frage: Wird es, kann es eine neue Figuration, eine neue Konstellation für Veränderungen geben?
Die späten neunziger Jahre werden die Politik wieder zu neuem Leben erwecken und den Beginn eines neuen Anfangs sehen. Die Politik wird sich wieder zurückmelden. Weil es gar nicht anders geht. Die Probleme, die anstehen, lassen sich durch ein bloßes Durchwursteln (»muddling through«) nicht bewältigen. Es war gut und recht, aber keine besondere Kunst, in Zeiten des immerwährenden Wachstums den Sozialstaat auf- und auszubauen. Es war notwendig und recht, aber keine besondere Kunst, den Sozialstaat in Zeiten knapper Kassen auf hohem Niveau wieder etwas abzubauen – dort, wo es politisch nicht weh tut. In Zukunft aber geht es um neue Antworten auf eine veränderte Lage. Manche haben ihr Urteil schon gefällt: eine Generation, die die Plätze besetzt, sie aber nicht ausfüllt. »Langeweiler von der sägenden Sor-

te«, wie sie der Schriftsteller Klaus Harpprecht nennt. So könnte es sein – oder ganz anders. Es könnte auch eine Generation an die Macht kommen, die den fälligen sozialen Wandel, den fälligen Um- und Neubau von Staat und Gesellschaft gestaltet, und das alles bei laufenden Motoren, trotz befestigter Besitzstände und ohne daß das Land durch Krieg und Katastrophe zuvor ideell und materiell abgeräumt worden wäre.

Wolfgang Schäuble, Gerhard Schröder, Joschka Fischer werden die Gesichter dieser Generation sein. Sie alle haben eines gemeinsam: Der Seele ihrer jeweiligen Partei sind sie ferner als andere vor und neben ihnen, aber alle sind sie auch, auf undogmatische Weise, näher dran an den Problemen der Zeit. Sie haben keine Schicksale, wenn man dabei an Front und Exil, an Diktatur und Widerstand denkt. Die Zukunft wird, in welchen Kombinationen auch immer, ein Bündnis von Traditionen und Ideen, Parteien und Personen sehen, bei dem die einen ihren Marsch durch die Institutionen lange hinter sich haben – und dabei von den Institutionen verändert worden sind –, während die anderen als linke oder auch rechte Konservative begonnen haben und sich jetzt daranmachen (müssen), die alten Institutionen und Ideologien zu verändern. Dabei werden die einen wie die anderen merken, daß ihnen die alten Landkarten wenig helfen. Was 1997 mit der spektakulären Wahl Tony Blairs zum britischen Premier begann, wird sich weiter fortsetzen und die Politik der Zukunft bestimmen: Mehrheiten und Möglichkeiten liegen jenseits von links und rechts. Der Wohlstand der Gesellschaft wird neu definiert, der Gemeinsinn neu buchstabiert werden. Das eine läßt sich nicht mehr alleine am Bruttosozialprodukt, das andere nicht mehr alleine am Staat festmachen. Auf eine neue Mischung von Staat, Markt und sozialen Gemeinschaften wird es ankommen.

Schließlich werden die späten neunziger Jahre Europa und die europäischen Gesellschaften verändern. Mit der Einführung des Euro wachsen die Handlungsmöglichkeiten nach außen, es wächst aber auch der Veränderungsdruck nach innen. Das Alte stürzt. Es ändert sich die Zeit. Und neues Leben blüht aus den Ruinen? Das wird sich zeigen. Jedenfalls stehen die Chancen besser als noch vor wenigen Jahren. Es bildet sich ein neuer Konsens, der zunächst einmal weiß, was nicht mehr gehen und was es nicht mehr geben wird: die Sicherheit des Status quo. Die Hoffnung auf revolutionäre Veränderung. Die Träume also und die Alpträume dieses Jahrhunderts. Dazwischen und jenseits aber bleiben die beiden Möglichkeiten, an denen sich die Zukunft des Landes und die Lebenschancen der Menschen entscheiden werden: sanfter Niedergang oder kreative Anpassung. Vorläufige Sicherheit am alten Ufer oder Aufbruch in ein neues Land, das die alten Strukturen, nicht aber die alten Werte hinter sich gelassen hat.

Die Krisen und Widersprüche der ersten Modernisierung haben zu Beginn des Jahrhunderts regressive, faschistische Antworten gefunden. Die Krisen und Widersprüche der zweiten Modernisierung haben am Ende des Jahrhunderts andernorts eine eindimensionale Politik (Reagan, Thatcher) oder aber große Vereinfacher und rechtsradikale Parteien stark gemacht (Le Pen, Haider). Die Deutschen haben lange gebraucht, um sich auf die Veränderungen der »zweiten Moderne« einzulassen. Das hatte immerhin den Vorteil, daß sie nicht vorschnell auf falsche Alternativen verfallen sind, von den alten Abgründen ganz zu schweigen. Nun sind sie dabei, die Chancen des Wandels zu ergreifen, der Not gehorchend, nicht dem eigenen Triebe. Dabei können sie von den Fehlern der einen ebenso lernen wie von den Erfolgen der anderen, und sie werden, dies vor allem, die Abstürze der Vergangenheit vermeiden: ein Zukunftsland, das seine schlimmen Erinnerungen nicht verdrängt und seine besten Traditionen nicht vergessen hat. Aber auch nicht die Zeichen der Zeit – und die Chancen der Zukunft.
Ein Land, in dem man gerne leben und auf das man am Ende, ohne es recht zu merken, sogar stolz sein möchte.

Dank

Dieses Buch handelt vom Lebensort Deutschland im 21. Jahrhundert. Die großen Veränderungen der Zeit geben, recht verstanden, keinen Anlaß zur öffentlichen Tristesse, sondern allen Grund zu einem bedingten Optimismus angesichts der Möglichkeiten, die vor uns liegen. Damit aus Veränderungen Chancen werden, braucht es allerdings Mut zu strukturellen Reformen. Das Buch hat versucht, die Lage zu analysieren und Pfade der Reform zu markieren.

Am Beginn eines jeden Kapitels sind die wichtigsten Thesen in aller Kürze, am Ende jeweils eine Zusammenfassung und ein Ausblick zu finden. Jedes Kapitel sollte für den (eiligen) Leser aus sich selbst heraus verständlich sein. Aus ebendiesem Grund waren auch gelegentliche Redundanzen nicht nur nicht zu vermeiden, sie sind sogar beabsichtigt.

Entstanden ist dieses Buch nicht zuletzt aus zahlreichen Vorträgen und Diskussionen bei Evangelischen Kirchentagen und Katholischen Kongressen, bei Gewerkschaften und Unternehmerverbänden, aus Debatten mit Sozialarbeitern und Wissenschaftlern und (fast) allen politischen Parteien, in Akademien und Bildungsstätten der verschiedensten Art. Bei aller Sorge über die Folgen der Globalisierung, des technologischen Fortschritts und der Individualisierung habe ich dort stets eine große Bereitschaft gefunden, alte Strukturen und Routinen neu zu denken, aber auch einen engagierten Willen, an Werten wie Solidarität und sozialer Verantwortung festzuhalten. Diesen Diskussionen verdanke ich viel, und

ich möchte mich für die Kritik und die Anregungen bedanken, die ich dabei erhalten habe.
Wenn etwas meine Zuversicht begründet hat, dann waren es meine Erfahrungen bei solchen Gelegenheiten. Deutschland hat die inneren und äußeren Ressourcen, nach dem sozial befriedeten Wirtschaftswunderland früherer Zeiten im nächsten Jahrhundert aufs neue ein Modell zu entwerfen und zu praktizieren, das politische und persönliche Freiheit, sozialen Zusammenhalt und wirtschaftliche Dynamik in einzigartiger Weise miteinander verbindet. Es werden wenige Länder sein, die das von sich werden sagen können.

Meiner Frau Gisela Anna Erler habe ich zu danken für viele Anregungen und Aufregungen nicht nur beim Schreiben dieses Buches. Ohne ihr intellektuelles und auch sonstiges Temperament, ohne unsere gemeinsamen Konflikte und Kooperationen und Balancen wären mein Denken und Schreiben und Leben nicht so, wie sie sind. Ihr und unseren Kindern Daniel und Benedikt, Philipp und Stephanie Dettling und Daniel und Brendan Erler widme ich dieses Buch. Sie alle haben die Abenteuer und auch die Leiden familiärer Beziehungen in diesen Zeiten mit einer bemerkenswerten Gelassenheit und Tapferkeit, nicht ohne Witz und Humor und immer in kritischer Loyalität gelebt. Das ist eigentlich mehr, als man erwarten kann. Ihnen und ihren Zeitgenossen wünsche ich, daß sie in eine Zeit und in eine Gesellschaft hineinwachsen, in der ihre Lebenschancen aus einem neuen Gleichgewicht von persönlicher Entfaltung und wechselseitigen Verpflichtungen erwachsen mögen, im Kleinen und Besonderen wie im Großen und Ganzen. Nicht zuletzt dazu möchte dieses Buch beitragen.

München und Schloß Primmersdorf (Niederösterreich),
im Advent 1997
W. D.

Literaturhinweise

Prolog

Bellah, Robert N.: *Gewohnheiten des Herzens: Individualismus und Gemeinsinn in der amerikanischen Gesellschaft*, Köln 1987

Kirsch, Guy/Mackscheidt, Klaus: *Staatsmann, Demagoge, Amtsinhaber. Eine psychologische Ergänzung der ökonomischen Theorie der Politik*, Göttingen 1985

Schmierer, Joscha: *Mein Name sei Europa. Einigung ohne Mythos und Utopie*, Frankfurt a. M. 1996

Schoenbaum, David/Pond, Elizabeth: *Annäherung an Deutschland. Die Strapazen der Normalität*, Stuttgart 1997

1. Kapitel: Der Wohlfahrtsstaat

Dahrendorf, Ralf: »An der Schwelle zum autoritären Jahrhundert?«, in: *Die Zeit* Nr. 47 vom 14. November 1997

Dahrendorf, Ralf: »Weltmarkt und Sozialökonomie«, in: »Kapitalismus als Schicksal? Zur Politik der Entgrenzung«, *Merkur* 582/583, Stuttgart 1997

Döring, Diether/Hauser, Richard (Hrsg.): *Soziale Sicherheit in Gefahr. Zur Zukunft der Sozialpolitik*, Frankfurt a. M. 1995

Elias, Norbert: *Über den Prozeß der Zivilisation*, Frankfurt a. M. 1997

Esping-Andersen, Gosta: *The Three Worlds of Welfare Capitalism*, Cambridge 1990

Kaufmann, Franz-Xaver: *Herausforderungen des Sozialstaates*, Frankfurt a. M. 1997

Swaan, Abram de: *Der sorgende Staat. Wohlfahrt, Gesundheit und Bildung in Europa und den USA der Neuzeit*, Frankfurt a. M./New York 1993

2. Kapitel: Strukturwandel und Systemveränderung

Hoffmann, Jürgen: *Politisches Handeln und gesellschaftliche Struktur. Grundzüge deutscher Gesellschaftsgeschichte*, Münster 1996

Nipperdey, Thomas: *Deutsche Geschichte 1866–1918. Band I: Arbeitswelt und Bürgergeist*, München 1994

Schulze, Hagen: *Staat und Nation in der europäischen Geschichte*, München 1994

Ullrich, Volker: *Die nervöse Großmacht 1871–1918. Aufstieg und Untergang des deutschen Kaiserreichs*, Frankfurt a. M. 1997

Wehler, Hans-Ulrich: *Deutsche Gesellschaftsgeschichte. Dritter Band: 1849 bis 1914*, München 1995

3. Kapitel: Individualisierung, Globalisierung, Digitalisierung

Aaron, H. J. u. a. (Hrsg.): *Values and Public Policy*, Brookings Institution, Washington 1993

Beck, Ulrich (Hrsg.): *Kinder der Freiheit*, Edition Zweite Moderne, Frankfurt a. M. 1997

Beck, Ulrich: *Was ist Globalisierung?* Edition Zweite Moderne, Frankfurt a. M. 1997

Beck, Ulrich/Beck-Gernsheim, Elisabeth (Hrsg.): *Riskante Freiheiten. Individualisierung in modernen Gesellschaften*, Frankfurt a. M. 1994

Berger, Peter L. (Hrsg.): *Die Grenzen der Gemeinschaft. Konflikt und Vermittlung in pluralistischen Gesellschaften. Ein Bericht der Bertelsmann-Stiftung an den Club of Rome*, Gütersloh 1997

Bertram, Hans (Hrsg.): *Das Individuum und seine Familie in Deutschland*, Opladen 1995

Etzioni, Amitai: *Die Verantwortungsgesellschaft. Individualismus und Moral in der heutigen Demokratie*, Frankfurt a. M./New York 1997

Geißler, Heiner: *Das nicht gehaltene Versprechen. Politik im Namen Gottes*, Köln 1997

Hondrich, Karl Otto: *Krise der Leistungsgesellschaft? Empirische Analysen zum Engagement in Arbeit, Familie und Politik*, Opladen 1988

Kirsch, Guy: *Das freie Individuum und der dividierte Mensch. Der Individualismus – von der Norm zum Problem*, Baden-Baden 1990

Klages, Helmut u.a.: *Werte und Wandel. Ergebnisse und Methoden einer Forschungstradition*, Frankfurt a. M./New York 1992

Martin, Hans-Peter/Schumann, Harald: *Die Globalisierungsfalle. Der Angriff auf Demokratie und Wohlstand*, Reinbek bei Hamburg 1996

Miegel, Meinhard/Wahl, Stefanie: *Das Ende des Individualismus. Die Kultur des Westens zerstört sich selbst*, München 1993

Schmidtchen, Gerhard: *Wie weit ist der Weg nach Deutschland? Sozialpsychologie der Jugend in der postsozialistischen Welt*, Opladen 1997

Teufel, Erwin (Hrsg.): *Was hält die moderne Gesellschaft zusammen?* Frankfurt a. M. 1996

4. Kapitel: Der Wandel der privaten Beziehungen

Bertram, Hans (Hrsg.): *Die Familie in Westdeutschland. Stabilität und Wandel familialer Lebensformen. DJI-Familiensurvey 1*, Opladen 1991

Bertram, Hans (Hrsg.): *Die Familie in den neuen Bundesländern. Stabilität und Wandel in der gesellschaftlichen Umbruchsituation. DJI-Familiensurvey 2*, Opladen 1992

Bertram Hans/Bayer, Hiltrud/Bauereiß, Renate: *Familien-Atlas. Lebenslagen und Regionen in Deutschland. Karten und Zahlen*, Opladen 1993

Bertram, Hans: *Familien leben*, Gütersloh 1997

Bien, Walter (Hrsg.): *Familie an der Schwelle zum neuen Jahrtausend. Wandel und Entwicklung familialer Lebensformen. DJI-Familiensurvey 6*, Opladen 1996

Borchert, Jürgen: *Renten vor dem Absturz? Ist der Sozialstaat am Ende?* Frankfurt a. M. 1993

Erler, Gisela Anna: *Frauenzimmer. Für eine Politik des Unterschieds*, Berlin 1985

Fünfter Familienbericht. Familien und Familienpolitik im geeinten Deutschland – Zukunft des Humanvermögens, hrsg. vom Bundesministerium für Familie und Senioren, Bonn 1994

Schaeffer-Hegel, Barbara/Leist, Andrea: »Sozialer Wandel und Geschlecht: Für eine Neubestimmung des Privaten«, in: *Aus Politik und Zeitgeschichte. Beilage zur Wochenzeitung Das Parlament*, B 42/96 vom 11. Oktober 1996

Wingen, Max: *Familienpolitik. Grundlagen und aktuelle Probleme*, Stuttgart 1997

5. Kapitel: Jenseits der Vollbeschäftigung

Alt, Franz: *Das ökologische Wirtschaftswunder. Arbeit und Wohlstand für alle*, Berlin 1997

Bergmann, Christine/Engelen-Kefer, Ursula: *Innovation, Beschäftigung, Wachstum und Wettbewerb. Strategien zur Halbierung der Arbeitslosigkeit, erarbeitet vom erweiterten Beirat »Arbeitsmarktpolitik« der Senatsverwaltung für Arbeit, Berufliche Bildung und Frauen*, hrsg. von der Senatsverwaltung für Arbeit, Berufliche Bildung und Frauen, April 1997

Bertelsmann Stiftung u. a. (Hrsg): *Zehn ordnungspolitische Eckpunkte für die Erneuerung der sozialen Marktwirtschaft*, Gütersloh 1977

Hengsbach, Friedhelm: *Abschied von der Konkurrenzgesellschaft. Für eine neue Ethik in Politik, Wirtschaft und Gesellschaft*, München 1995

Hoffmann, Hilmar/Kramer, Dieter (Hrsg.): *Arbeit ohne Sinn? Sinn ohne Arbeit?* Weinheim 1994

Kaus, Mickey: *The End of Equality*, New York 1995

Kempe, Martin: *ZukunftsArbeit. Wege aus der sozialen Krise*, Frankfurt a. M./Wien 1995

Kommission für Zukunftsfragen der Freistaaten Bayern und Sachsen: *Erwerbstätigkeit und Arbeitslosigkeit in Deutschland. Entwicklung, Ursachen und Maßnahmen*, Bonn 1996 und 1997

Die Ministerpräsidentin des Landes Schleswig-Holstein: *Zukunft der Arbeitsgesellschaft: Soziale Integration durch gemeinnützige Arbeit*, Dokumentation des Kongresses vom 6. November 1996 (mit Beiträgen von

Heide Simonis, Jeremy Rifkin, Klaus Gretschmann, Achim Trube u. v. a. m.)
Pinkerton, James K.: *What Comes Next? The End of Big Government – And the New Paradigm Ahead*, New York 1995
Rifkin, Jeremy: *Das Ende der Arbeit und ihre Zukunft*, Frankfurt a. M./New York 1995
Schmid, Thomas (Hrsg): *Befreiung von falscher Arbeit*, Berlin 1986
Schulze-Böing, Matthias (Hrsg.): *Die Zukunft des Arbeitsmarktes. Institutionenreform und neue Wege in der Arbeitsmarktpolitik*, Hans Böckler Stiftung, Düsseldorf 1994
Soltwedel, Rüdiger: *Wettbewerb, Verantwortung und Solidarität. Soziale Marktwirtschaft als Erfolgsfaktor in einer zusammenwachsenden Welt*, Gütersloh 1997
Zwick, Michael M. (Hrsg.): *Einmal arm, immer arm? Neue Befunde zur Armut in Deutschland*, Frankfurt a. M./New York 1994

6. Kapitel: Reformperspektive Bürgergesellschaft

Badelt, Christoph (Hrsg.): *Handbuch der Nonprofit-Organisation: Strukturen und Management*, Stuttgart 1997
Becker, Joachim: *Der erschöpfte Sozialstaat. Neue Wege zur sozialen Gerechtigkeit*, Frankfurt a. M. 1994
Böhme, Rolf: *Beeilt euch zu handeln, bevor es zu spät ist zu bereuen. Von der Veränderung der Städte*, Freiburg i. Brsg. 1997
Dettling, Warnfried: *Politik und Lebenswelt. Vom Wohlfahrtsstaat zur Wohlfahrtsgesellschaft*, Gütersloh 1995
Dettling, Warnfried/Kirsch, Guy/Mackscheidt, Klaus/Herder-Dorneich, Philipp: *Jenseits von Markt und Macht. Eine Ordnung für den Menschen*, Baden-Baden 1982
Etzioni, Amitai: *Die Entdeckung des Gemeinwesens. Ansprüche, Verantwortlichkeiten und das Programm des Kommunitarismus*, Stuttgart 1995
Evers, Adalbert/Olk, Thomas (Hrsg.): *Wohlfahrtspluralismus. Vom Wohlfahrtsstaat zur Wohlfahrtsgesellschaft*, Köln/Opladen 1996
Fink, Ulf: *Die neue Kultur des Helfens*, München 1987

Gaskin, Katharine/Smith, Justin Davis/Paulwitz, Irmgard, u. a.: *Ein neues bürgerschaftliches Europa. Eine Untersuchung zur Verbreitung und Rolle von Volunteering in zehn Ländern* (hrsg. von der Robert Bosch Stiftung), Freiburg i. Br. 1996

Glück, Alois: *Der Weg zu einer neuen Sozial- und Bürgerkultur,* hrsg. von der CSU-Fraktion im Bayerischen Landtag, München, Mai 1997

Gorz, André: *Kritik der ökonomischen Vernunft. Sinnfragen am Ende der Arbeitsgesellschaft,* Hamburg 1989

Gretschmann, Klaus/Heinze, Rolf G.: *Neue Technologien und soziale Sicherung: Antworten auf die Herausforderungen des Wohlfahrtsstaates,* Opladen 1989

Grottian, Peter: »Die Arbeitslosigkeit halbieren – mit einer anderen Logik und Phantasie«, in: Grehn, Klaus: *Arbeitslos in Deutschland. Hilfe für Betroffene – Konzept für eine andere Politik,* München 1994

Heinze, Rolf G./Gretschmann, Klaus (Hrsg.): *Schattenwirtschaft,* Göttingen 1984

Heinze, Rolf G./Offe, Claus: *Organisierte Eigenarbeit. Das Modell Kooperationsring,* Opladen 1990

Hummel, Konrad (Hrsg.): *Bürgerengagement. Seniorengenossenschaften, Bürgerbüros und Gemeinschaftsinitiativen,* Freiburg 1995

Jung, Rüdiger H./Schäfer, Helmut M./Seibel, Friedrich W. (Hrsg.): *Economie Sociale. Fakten und Standpunkte zu einem solidarwirtschaftlichen Konzept,* Frankfurt a. M. 1997

Keupp, Heiner: »Handeln in Gemeinschaft als Quelle der Selbstverwirklichung – für einen bundesrepublikanischen Kommunitarismus«, in: Stiftung Mitarbeit u. a. (Hrsg.): *Solidarität inszenieren. Freiwilligen-Agenturen in der Praxis,* Bonn 1997

Kreft, Dieter/Mielenz, Ingrid: *Handbuch für soziale Arbeit,* Weinheim/Basel 1996

Naschold, Frieder/Oppen, Maria/Wegener, Alexander: *Innovative Kommunen. Internationale Trends und deutsche Erfahrungen,* Stuttgart/Berlin/Köln 1997

Osborne, David/Gaebler, Ted: *Reinventing Government* (Deutsche Ausgabe: *Der innovative Staat.* Mit *Unternehmergeist zur Verwaltung der Zukunft.* Mit einem Vorwort von Erwin Teufel, Wiesbaden 1997)

Organization for Economic Cooperation and Development (OECD): *Reconciling Economy and Society. Towards a Plural Economy*, OECD, Paris 1996

Ries, Heinz A./Elsen, Susanne/Steinmetz, Bernd/Homfeldt, Hans Günther (Hrsg.): *Hoffnung Gemeinwesen. Innovative Gemeinwesenarbeit und Problemlösungen in den Bereichen lokaler Ökonomie, Arbeitslosigkeit, Gesundheit, Benachteiligung*, Neuwied 1997

Simonis, Heide: *Kürzen ist noch keine Politik. Das Konzept für einen neuen Sozialstaat*, Frankfurt a. M. 1998

Smith, Adam: *Der Wohlstand der Nationen. Eine Untersuchung seiner Natur und seiner Ursachen*, (London 1789) 5. Auflage, Stuttgart 1996

Wendt, Wolf Rainer (Hrsg.): *Zivilgesellschaft und soziales Handeln*, Freiburg i. Brsg. 1996

Yankelovich, Daniel: *Coming to Public Judgement. Making Democracy Work in a Complex World*, New York 1991

Epilog

Barber, Benjamin: *Starke Demokratie. Über die Teilhabe am Politischen*, Hamburg 1994

Giddens, Anthony: *Jenseits von Links und Rechts*, Edition Zweite Moderne, Frankfurt a. M. 1997

Guéhenno, Jean-Marie: *Das Ende der Demokratie*, München 1994

Horx, Matthias: *Das Zukunftsmanifest. Wie wir uns auf das 21. Jahrhundert vorbereiten können*, Düsseldorf/München 1997

Weidenfeld, Werner (Hrsg.): *Demokratie am Wendepunkt. Die demokratische Frage als Projekt des 21. Jahrhunderts*, Berlin 1996